ISBN 978-0-364-17118-9
PIBN 11281264

1 MONTH OF
FREE
READING

at

www.ForgottenBooks.com

By purchasing this book you are eligible for one month membership to ForgottenBooks.com, giving you unlimited access to our entire collection of over 1,000,000 titles via our web site and mobile apps.

To claim your free month visit:
www.forgottenbooks.com/free1281264

English
Français
Deutsche
Italiano
Español
Português

www.forgottenbooks.com

Mythology Photography **Fiction**
Fishing Christianity **Art** Cooking
Essays Buddhism Freemasonry
Medicine **Biology** Music **Ancient
Egypt** Evolution Carpentry Physics
Dance Geology **Mathematics** Fitness
Shakespeare **Folklore** Yoga Marketing
Confidence Immortality Biographies
Poetry **Psychology** Witchcraft
Electronics Chemistry History **Law**
Accounting **Philosophy** Anthropology
Alchemy Drama Quantum Mechanics
Atheism Sexual Health **Ancient History**
Entrepreneurship Languages Sport
Paleontology Needlework Islam
Metaphysics Investment Archaeology
Parenting Statistics Criminology
Motivational

F. P. Wilmsen's

Deutscher Kinderfreund

für Schule und Haus.

Nach der **146**ften Original=Ausgabe

befonders für den Gebrauch

Deutscher Volksschulen Nord=Amerika's

zum erften Male, durchgesehen und eingerichtet

von

einem hier lebenden praktischen Schulmanne.

❧

Nebst einem verbefferten Anhange,

enthaltend:

**eine kurzgefaßte Geographie von Amerika und insbefondere
von den Ver. Staaten,**

fo wie

eine kurze Geschichte der Ver. Staaten,

nach den beften Quellen bearbeitet.

Zweite Ausgabe.

Durch alle Agenten der „Alten und neuen Welt" zu beziehen.
☞ Preis gebunden 50 Cents.

Urtheile über Wilmsen's Kinderfreund.

Philadelphia, den 3. Mai 1839.

Herr J. G. Wesselhoeft!

Ihre Auflage des deutschen Kinderfreundes von Wilmsen, dem so verdienst-
vollen Verfasser so vieler vortrefflichen Jugendschriften, ist eine freundliche Erscheinung, und sollte als eine solche von allen deutschen Eltern, Schulern und
Lehrern begrüßt werden. Dieses gute Schulbuch bietet nicht nur zweckmäßige
Leseübungen, sondern auch reichhaltigen Stoff zur Verstandesbildung dar, und
sollte daher in keiner deutschen Schule fehlen. Alles kommt nun auf den guten Willen der Schüler und Lehrer an. Auf die Schüler, es anzukaufen; auf
die Lehrer, seinen Werth anzuerkennen, es zu empfehlen und in ihrer Schule
keinen gedankenlosen Gebrauch davon zu machen.

Mit wahrer Hochachtung empfiehlt sich Ihrem geneigten Wohlwollen

Ihr ergebenster   **J. G. Schmauk,**
Lehrer an der St. Michaelis- und Zions-Gemeinde.

Vor einigen Wochen erschien bei J. G. Wesselhoeft der gewiß jedem deutschen Lehrer und Jugendfreunde bekannte und von jedem geschätzte „Kinderfreund von Wilmsen."

Eltern und Lehrern, die es fühlen, wie unentbehrlich nothwendig ein guter
Schulunterricht für das geistige, ja oft auch körperliche Wohl des Kindes ist,
und wer sollte dies nicht erkennen, und die wissen, wie nothwendig beim Unterricht ein methodisch geordneter Leitfaden ist, muß diese Erscheinung, nachdem die erste Auflage, die vor neun Jahren in diesem Welttheile erschien, ver-
griffen, von Herzen willkommen sein.

Das Buch, das auch dem Aeußern nach recht gut ausgestattet wurde, enthält das Wissenswürdigste aus den meisten Wissenschaften, so weit es der Jugend verständlich ist, eine schöne Sammlung religiöser Kinderlieder, wovon
einige die göttliche Sendung, das Leben, Leiden, den Tod und die Auferstehung
unsers Herrn Jesu Christi besingen, ausgesuchte Sprüchwörter und Denksprüche
so wie eine Geographie und Geschichte der Ver. St. unsers neuen lieben Vaterlandes, so daß es gewiß auch für Erwachsene sehr lehrreich und unterhal-
tend sein wird, das Buch zu lesen. Dabei ist der Preis im Verhältniß zum
Umfang sehr billig. Der Unterzeichnete, der Exemplare der ersten Auflage seit
mehren Jahren in der Schule gebraucht, hat Gelegenheit gehabt, sich von der
Zweckmäßigkeit und dem vielfachen Nutzen des Buches zu überzeugen und kann
es daher mit voller Ueberzeugung empfehlen.

Philadelphia, den 21. Mai 1839.   **Fr. Gentner,**
Lehrer an der Schule in den Nördl. Freiheiten.

Ich halte dieses Werk für sehr zweckmäßig zur Entwickelung des jugendlichen Verstandes und Herzens, und daher werth als Lesebuch für Schule und
Haus, der deutschen Bevölkerung unsers Landes empfohlen zu werden.

Heinrich Ginal,
Prediger der deutschen evangelischen Gemeinde in Philadelphia.

Zu den erfreulichsten Erscheinungen im Gebiete des Schulwesens unsers Landes gehört gewiß auch die Herausgabe von Schulbüchern, die insonderheit in
Deutschland, das in Rücksicht auf Jugendbildung eine Ehrenstelle unter den
gebildeten Völkern verdient, sich den Ruf allgemeiner Zweckmäßigkeit erworben haben. Dahin rechnen wir denn auch das Erscheinen des deutschen
Kinderfreundes von Wilmsen, herausgegeben von J. G. Wesselhoeft in
Philadelphia. Niemand, der dieses Lehrbuch kennt, wird ihm das Recht allgemeiner Tauglichkeit für Elementarschulen streitig machen. Der Reichthum
und die Gemeinnützigkeit seines Stoffes, frei von einseitigem Sectengeist, wodurch es allen Schulen zugänglich wird, und die Einfachheit und Gemüth-
lichkeit der Sprache, machen es zu einem empfehlenswerthen Lehrbuch für die
Jugend. Damit verbindet es den auf dem Titel angegebenen Vortheil, zugleich ein nützliches Lesebuch in den Händen des Landmannes zu werden;

denn die darin enthaltenen Belehrungen über das Weltgebäude und die Erde insbesondere, über Naturgeschichte, Menschenkunde, Gesundheitslehre u. s. w. enthalten vieles zum Nachdenken und zur Beherzigung einer Menschenklasse, die in unserm Lande leider so seltsam Gelegenheit findet, über diese wichtigen Gegenstände auch nur die nothdürftigste Kenntniß zu erlangen.

Herr Wesselhoeft, der dieses Buch mit besonderer Rücksicht auf die Schulen unseres Landes und mit zweckmäßigen Veränderungen herausgab, hat sich dadurch für die Jugendbildung ein wesentliches Verdienst erworben, wofür wir ihm, so wie für die frühere Herausgabe von Stephani's Lesefibel unsern herzlichen Dank sagen, in der Ueberzeugung, daß alle, denen die Bildung der Jugend am Herzen liegt, mit uns hierin übereinstimmen werden. Möge darum dies edle Streben bei dem deutschen Publicum die gehörige Würdigung und Unterstützung finden, damit Herr Wesselhoeft zur Herausgabe ähnlicher nützlicher Schulbücher ermuntert werde.

Der Anhang über Geographie und Geschichte kann, von sachverständigen Lehrern benutzt, gleichfalls einen guten Unterrichtsstoff darbieten.

Die typographische Ausstattung des Buches ist schön, und bei seiner Wohlfeilheit kann es nicht schwer fallen, es zu einem allgemeinen Schulbuche zu machen.

Baltimore, den 21. Mai 1839.   **H. Scheib,**
Prediger an der deutschen Zions-Kirche.

P. M. Wolsieffer,
Lehrer an der deutschen Zions-Schule.

Herr J. G. Wesselhoeft!

Aus dem mir gütigst zugeschickten Exemplare von Wilmsen's Kinderfreund ersehe ich, daß derselbe in die Presse verlassen hat. Sie haben durch Herausgabe desselben einem gefühlten Bedürfnisse abgeholfen, und sich ein großes Verdienst um die deutschen Schulen Amerika's erworben, welches nur derjenige gehörig zu schätzen im Stande ist, welcher den Mangel an guten Schulbüchern fühlt. — Papier, Druck, Format und Einband, so wie der beispiellos wohlfeile Preis zeichnen das Buch vortheilhaft aus. Möge dasselbe in allen deutschen Schulen und Familien Eingang finden.

Achtungsvoll Ihr ergebener   **C. M. Stieff,**
Baltimore, den 15. Mai 1839.   Lehrer.

F. P. Wilmsen's deutschen Kinderfreund meinen geehrten deutschen Landsleuten durch Aufzählung des Vortrefflichen, welches das Buch enthält, empfehlen zu wollen, wäre unnöthig, da Alle dasselbe kennen, indem es durch 146 Ausgaben in Deutschland verbreitet ist. Eben so ist diese für die deutschen Volksschulen Nordamerika's eingerichtete Ausgabe von den wackersten Schulmännern und vielen einsichtsvollen Aeltern unsers Landes so approbirt, daß der aufrichtige Wunsch eines Jeden, dem das Wohl der Jugend am Herzen liegt, nur der sein kann, daß jeder Familienvater die ersten die besten Schillinge zum Ankaufe dieses Buchs verwenden und seine Kinder mit Liebe zum fleißigen Lesen desselben anhalten möchte. Kein Geld wird solche Interessen bringen, als das! Auch Erwachsene werden Neues finden, oder manches Alte, was wieder neu wird; keiner aber ohne Vergnügen das Buch aus der Hand legen, der ein kindliches Gemüth im Busen trägt.

New York, den 12. Februar 1840.

Carl F. E. Stohlmann,
Prediger der „vereinigten deutschen evangelisch lutherischen Kirchen in der Stadt New York."

Schon von früher Jugend auf war „Wilmsen's deutscher Kinderfreund" eins von meinen Lieblingsbüchern. Das Werk selbst ist schon zu allgemein rühmlich bekannt, als daß es meiner Empfehlung bedürfe. Die für Nordamerika's deutsche Volksschulen veranstaltete Wesselhoeft'sche Ausgabe dieses Werkes ist eine erfreuliche Erscheinung in der Geschichte amerikanischer Literatur, und ist in jeder Hinsicht werth, allen Aeltern und Jugendlehrern, so wie Allen, denen es bei der Erziehung nicht bloß um Zeitvertreib, sondern auch um Belehrung und Besserung zu thun ist, auf's wärmste anempfohlen zu werden.

New York, den 12. Februar 1840.

Eduard Meyer,
Prediger an der deutschen reformirten Kirche in New York.

Vorrede zur ersten Auflage.

Unter den vielen Kinder= und Jugendschriften, welche in den letzten Jahrzehnten in Deutschland erschienen sind, hat Wilmsen's Kinderfreund beständig einen ehrenvollen Platz eingenommen. Es war nicht blos der durch die ausgedehnte Abnahme möglich gemachte billige Preis, der diesem Buche einen beispiellosen Abgang in so vielen Ausgaben verschaffte, sondern es war vielmehr der innere Gehalt und Werth und die Brauchbarkeit desselben, welche es so weithin empfohlen und so annehmlich gemacht haben. Aus diesem Grunde hat daher, wie es scheint, dieser Kinderfreund auch in diesem an deutschen Jugendschriften so armen Lande, schon früher hie und da in den Schulen Eingang gefunden und ist selbst vor 9 Jahren abgedruckt und, mit einer Zugabe versehen, herausgegeben worden. Wer jedoch den Kinderfreund in seiner unveränderten Gestalt hier in Schulen gebraucht hat, der wird gefunden haben, daß er, ungeachtet seiner Gediegenheit, etwas störend Fremdartiges an sich hatte, das aus der Beziehung auf die dem Mutterlande eigenthümlichen Verhältnisse hervorging, für die das amerikanische Kind in seiner Heimath keine nahe Anschauung hatte. Diesem Uebelstande abzuhelfen und der amerikanischen Jugend deutscher Zunge ein zweckmäßiges, so allgemein ersehntes Lesebuch zu verschaffen, hat die Wesselhoeft'sche Buchhandlung in löblichem Bestreben eine neue Auflage des Wilmsen'schen Kinderfreundes veranlaßt und dafür Sorge getragen, daß die neue Gestalt, in welcher er nun erscheint, den Anforderungen an ein zweckmäßiges amerikanisch-deutsches Lesebuch möglichst entspreche.

Man hat dabei keineswegs die Absicht gehabt, das Buch zu vermehren oder es gänzlich umzugestalten. In seinem Wesen ist es ganz dasselbe geblieben. Nur das, was in Folge der Ver-

schiedenheit seines neuen Vaterlandes von dem alten als un=
brauchbar oder fremdartig erschien, ist verändert oder hinwegge=
lassen oder an die Stelle des Letztern Solches hinzugefügt worden,
was man für zweckmäßiger und einheimischer hielt.

Obgleich uns nun bei der Verfolgung dieses Zweckes ein red=
liches Bestreben geleitet hat, so machen wir doch keineswegs
übergroße Ansprüche auf die Anerkennung, diesen Zweck voll=
ständig erreicht zu haben. Jeder, den Kenntniß und Erfah=
rung zu einem unparteiischen Urtheile hierin berechtigen, wird
zugeben müssen, daß ein Unternehmen, wie das unsrige, immer
mit vielen Schwierigkeiten begleitet sei. Die ehrerbietige Scheu
vor den Manen des würdigen Wilmsen, und die mit jeder neuen
Prüfung erhöhete Ueberzeugung von der Tüchtigkeit und dem
Werthe seiner Arbeit im Vergleich mit dem Selbstbewußtsein un=
seres eigenen Zurückstehens haben uns in der Ausführung oft mehr
im Wege gestanden, als ein rügender Richterblick billigen wird.

Aber um so weniger dürfen wir andrerseits Anstand nehmen,
den dringenden Wunsch auszusprechen, daß dieses treffliche Buch
allen deutschen Schulkindern zugänglich gemacht werden möge.
Die Schreibart desselben ist meistentheils so kindlich=einfach, daß
Kinder, so bald sie nur die gewöhnlichsten Schwierigkeiten im Lesen=
lernen überwunden haben, im Stande sein müssen, die Sprache
des Buches zu verstehen. Sie ist so klar und sie berechnet das zu
entwickelnde Denk= und Vorstellungsvermögen des jugendlichen
Lesers mit einer Umsicht, wie sie nur bei einem so erfahrnen
Schulmanne, wie dem seligen Wilmsen, zu erwarten war. Viel,
viel Stoff ist auf wenigen Bogen in sorgsamer Auswahl zusam=
mengedrängt und das Nützliche und Wissenswerthe in der Außen=
welt und im Innern in allgemeinen und doch bestimmten Um=
rissen mit der möglichst folgerichtigsten Faßlichkeit zur An=
schauung gebracht. Es ist ein kostbarer Baustoff, welcher für
alles später darauf Aufzuführende zum sichern Grunde dient.

Soll aber ein Buch wie dieses in seiner Absicht und ganzen

Ausdehnung dem Kinde nützlich werden und ein „Kinderfreund‟ in seiner wahren Bedeutung sein, so müssen auch die Lehrer das gewissenhaft beherzigen, was ihrerseits zur Erreichung dieses Zweckes ihnen obliegt. Ein sogenanntes Lesebuch, wäre es auch mit allen nur denkbaren Vorzügen ausgestattet, bleibt in der Hand des Kindes etwas Gleichgültiges, Lebloses, so lange nicht der ältere Freund, der Lehrer, ein Gedankenleben hineinzuhauchen versteht. Läßt man das Kind nur der Leseübung wegen Absätze und Seiten darin gedankenlos abplappern, — wie es hie und da und besonders in englischen Schulen üblich — und beschränkt sich die Thätigkeit des Lehrers nur auf die Verbesserung der im Lesen vorfallenden Fehler, so geht der Hauptzweck und der Hauptgewinn, den das Buch gewähren sollte, gänzlich verloren; denn das dadurch etwa Erlangte beschränkt sich in diesem Falle blos auf eine nichts sagende und nichts denkende Leseferigkeit, und das im Kindesalter ohnedies so lebhaft=flüchtige, nach dem Reize immer neuer Erscheinungen begierige, Gemüth wird bald dem einförmigen, reizlosen Eindrucke, den das mechanische Ablesen verursacht, abhold, und diese erste schädliche Richtung äußert sich dann früh genug in einer Abneigung gegen alle Anstrengung und Selbstthätigkeit des Denkvermögens. Um dieses nun zu vermeiden, muß der Lehrer Alles aufbieten, um das zu Lesende dem Schüler so annehmlich und anziehend, als möglich zu machen. Er muß es nicht bei der Vermuthung bewenden lassen, daß der Letztere das Gelesene auch verstehe; er muß zum Verständniß behilflich sein und den gelesenen und behandelten Gegenstand in allen Reiz der Mannigfaltigkeit einzukleiden suchen. Der Erwachsene verfällt leicht in die Täuschung, daß das, was ihm so klar, so einfach, so leicht begreiflich erscheint, auch für das Auffassungsvermögen des Kindes ebenso einfach und begreiflich sein müsse. Darum hebe man Gedanken für Gedanken, Satz für Satz einzeln heraus, suche den Gegenstand mit andern Worten, mit Beispielen und Belegen zu erklä=

ren und zu erläutern und schreite nicht eher fort, bis man die
Gewißheit hat, daß der Zögling Alles in seinem Denkver=
mögen völlig und fest aufgenommen habe und das Aufgenommene
in seiner eigenen Sprache wiederzugeben vermöge. Man muß
eifrigst mitwirken, mit weiser Vorsicht und Geduld die zarten
Fäden der Denkkräfte des Kindes aufsuchen und den Stoff hin=
einweben. Durch ein solches Verfahren bekämpft man mit gutem
Erfolge, selbst bei vernachlässigten Kindern, jene, während des
Leseunterrichts nach dem gewöhnlichen Schlendrian, oft so sicht=
bare Langeweile, für welche nicht selten diejenige Partei bestraft
wird, welche in der Veranlassung vielleicht am unschuldigsten
war. Wir konnten nicht umhin, diese Bemerkungen dem vorlie=
genden Buche voranzuschicken, da sein Gehalt vorzugsweis eine
solche Behandlung verlangt und wir damit nur ausgesprochen
haben, was schon längst von Seiten erfahrener Schulmänner als
Haupterforderniß eines guten Lehrers anerkannt worden. Es
bedarf, solchen Anforderungen zu entsprechen, keines gelehrten
Schulmeisters, noch großen Weisheitskrames; es bedarf nur
eines redlichen Willens, eines gesunden Menschenverstandes und
jenes erhabenen Wohlwollens für das wahre Glück unseres ge=
meinsamen Brudergeschlechts, welches die Haupttriebfeder aller
unserer Handlungen, unsere höchste Lebensaufgabe und hienieden
unser süßester Gewinn sein soll.

Dem Buche selbst ist im kurzen Abrisse eine allgemeine Geo=
graphie von Amerika und eine Uebersicht der Geographie und
Geschichte von den Ver. Staaten beigefügt worden. Wir hoffen,
daß diese Zugabe als zweckmäßiger Leitfaden im Unterrichte über
diese Gegenstände sich eignen und als Unterlage eines ausgedehn=
teren Vortrages dienen möge.

Philadelphia, im April 1839.

G. F. K.

Der deutsche Kinderfreund für Schule und
Haus von F. P. Wilmsen ist nächst dem kleinen
„Schulfreund" für Anfänger im Lesen und Denken und
dem „Volksschulfreund" von Carl Friedr. Hempel, das
beste Volksbuch, welches existirt. Der berühmte Gelehrte
und Pair, Prof. Cousin in Paris, bekennt in seinem
Bericht über die im Auftrag der französischen Regierung
in den Jahren 1831 — 33 unternommene Reise nach
Deutschland zur Untersuchung des deutschen Schulwesens
offen, daß ihres Gleichen in keiner Nation zu finden seien.
— Der Glasgower Gelehrte, Prof. Robert Russel,
welcher sich schon früher sechs Jahre in Deutschland auf-
hielt, um das Volksschul- und deutsche Unterrichtswesen
gründlich zu studiren, bedauert in seinem geistreichen
Werke über den Zustand der deutschen Lehranstalten die
englische Nation, daß sie aus Stolz (!) sich nicht schon
längst diese Volksbücher angeeignet habe. In Deutschland selbst erlebte Wilmsen's Kinderfreund in etwa 40
Jahren 149 Auflagen und zwar, weil er in alle Nach-
barländer, wo Deutsche wohnen und Unterricht genießen,
verbreitet wurde.

Das Buch enthält 19 Hauptabschnitte, die eine völlig folgerechte Entwickelung des kindlichen und jugendlichen Geistes und Herzens umfassen und besonders darauf berechnet sind, das eigene Nachdenken und Aufmerken anzuregen und richtig zu leiten, ohne die Gesichtskreise der Jugend zu überschreiten und ohne, wie es die meisten mangelhaften, ja tadelhaften englischen Schulbücher thun, zu vorgefaßten Meinungen und Urtheilen zu verleiten.

Zu den Vorzügen des Wilmsen'schen Kinderfreundes gehört ferner, daß er eine Reihe verschiedener Lehr- und Schulbücher entbehrlich macht. Er enthält nicht nur vortreffliche Abschnitte zur Erweckung des Nachdenkens und zur Beförderung guter Gesinnung, sondern er verbreitet sich auch über das Weltgebäude, die Erde und ihre Bewohner und Producte; gibt das Wichtigste der menschlichen Natur und behandelt die Gesundheitslehre (Volks-Diät) ausführlich; verbreitet sich über die Religionslehre und die heilige Schrift, ohne einer Glaubenspartei zu nahe zu treten; belehrt über die Zeitrechnung und den Calender und über die merkwürdigen Naturerscheinungen, über Europa, Deutschland und über die Rechte und Pflichten der Bürger in wohl eingerichteten Staaten u. s. w. und enthält endlich einen in dieser neuesten Auflage bedeutend vermehrten und verbesserten Abriß der Geographie und Geschichte von Amerika.

Es muß ein Lehrer daheim durchaus keinen Beruf

und kein Geschick zum Lehren haben, wenn er mit einigen leidlichen Hilfsmitteln sich durch dieses Buch nicht in
den Stand gesetzt finden will, der Jugend dieses Landes
seinen Unterricht sehr nützlich zu machen und endlich das
vielfältige Vorurtheil überwinden zu helfen, daß der Unterricht und eine Entwickelung der schlummernden geisti-
gen Anlagen die Jugend verderbe (!). Besonders em-
pfehlenswerth ist dieses Buch auch denen Deutschen in
diesem Lande, die keinen anderen Unterricht, als den in
englischen Schulen erhalten konnten, damit sie sich endlich überzeugen, wie viel anders und besser sie hätten unterrichtet werden können und wie leicht es auf diesem
Wege sei, schon in der frühesten Jugend sittliche und
christliche Begriffe zu erhalten und daneben über das
Wissenswertheste aufgeklärt zu werden. Daher eignet
sich dieses Buch vorzugsweise zum Lesebuch für Jünglinge und Jungfrauen, die es unter ihrer Würde halten, mit den Gewöhnlichsten in eine Classe geworfen zu
werden.

Bereits haben die besten deutschen Schulen dieses
Landes dieses Volksschulbuch angenommen und eingeführt und immer neue Anfragen von solchen Gemeinden,
die es in ihre Schulen einzuführen wünschen, haben diese
neue Auflage jetzt schon nöthig gemacht.

Es wäre zu wünschen, daß alle einsichtigen Lehrer dem
Herrn Verleger alle ihre Meinungen, Zweifel und Urtheile über einzelne Theile des Buchs, so wie sie ihnen

bei dessen Gebrauch aufsteigen, im Verlaufe der Zeit mit-
theilten, um bei einer neuen Bearbeitung benutzt zu werden und dem Buche den möglichsten Grad von Brauchbarkeit für dieses Land zu geben.

Im April 1841.

W.

Inhalt.

Inhalt.

Anhang.

I.

Kurze Sätze zur Erweckung der Aufmerksamkeit und des Nachdenkens.

Ich gehöre zu den Kindern. Kinder wissen noch nicht viel, und darum müssen sie unterrichtet werden und lernen. Dadurch werden sie verständig.

Ich werde in der Schule von Lehrern unterrichtet. Ich bin meinem Lehrer Dankbarkeit und Gehorsam schuldig. So lange ich unterrichtet werde, bin ich ein Schüler. Ein guter Schüler ist aufmerksam; er hört nur auf das, was der Lehrer sagt, und denkt nur an das, was er thun, oder begreifen und behalten soll.

Ein guter Schüler kommt gern in die Schule, ist fleißig, ordentlich, reinlich, sittsam und friedfertig. Er kommt nie zu spät in die Schule, ist nicht wild bei dem Herausgehen aus der Schule und treibt sich nicht auf der Straße herum, sondern geht auf dem geraden Wege nach Hause. Ich will ein guter Schüler sein.

Das Buch, worin ich lese, ist zu meiner Belehrung geschrieben. Es ist mir sehr nützlich, wenn ich mit Aufmerksamkeit und Nachdenken darin lese. Ich will mich bemühen, das Gelesene zu verstehen. Wenn ich etwas nicht verstehe, so will ich meinen Lehrer bitten, daß er es mir erkläre.

Wenn ich aufmerksam und mit Nachdenken in diesem Buche lese, und das, was ich gelesen habe, nicht vergesse, so erlange ich allerlei nützliche Kenntnisse, und werde verständiger. Nicht alle Kinder erlangen durch den Unterricht nützliche Kenntnisse. Manche bleiben unwissend und unverständig. Welche?

Jetzt wird mir es noch schwer, lange und anhaltend achtsam zu sein, aber es wird mir künftig leichter werden, wenn ich im Anfange die Mühe nicht scheue. Aller Anfang ist schwer. Jetzt kann ich auch noch nicht ohne Anstoß lesen; aber wenn ich mir Mühe gebe, so werde ich es bald können, und mich dann freuen, daß ich eine Fertigkeit im Lesen erlangt habe.

1

Ich kenne mein Lesebuch, denn ich weiß, wie der Titel desselben heißt. Er steht auf der ersten Seite des Buches. Auf eben dieser Seite steht auch der Name der Stadt, in welcher das Buch gedruckt ist; der Name der Buchhandlung, in welcher es verkauft wird, und das Jahr, in welchem es gedruckt ist (die Jahreszahl). — Ich kenne mein Lesebuch nicht bloß an dem Titel, sondern auch an dem Einbande oder Deckel.

Eine Anstalt, in welcher Bücher gedruckt werden, heißt eine Buchdruckerei. Ich kenne noch einige andere gedruckte Bücher. Das erste gedruckte Buch, worin ich gelesen habe, weiß ich zu nennen.

Der, welcher ein Buch verfertigt oder verfaßt, heißt der Verfasser des Buches. Gewöhnlich steht der Name des Verfassers auf dem Titel des Buches. Erst wird das Buch geschrieben, dann wird es gedruckt, und durch das Drucken kann man ein Buch in kurzer Zeit mehre tausend Male vervielfältigen. Diese Kunst wird die Buchdruckerkunst genannt.

Ein jedes Buch besteht aus mehren Bogen. Diese Bogen werden von dem Buchbinder zusammengeheftet — eingebunden —, damit sie nicht verloren gehen, oder in Unordnung gerathen können, und damit sie zum Gebrauche bequemer sind.

Wenn ich einige Jahre älter bin, und nicht mehr wachse, so gehöre ich zu den Erwachsenen. Dann bin ich größer, als jetzt, und dann werde ich auch verständiger sein, wenn ich jetzt nicht träge bin, und nicht müßig gehe, anstatt zu lernen und zu arbeiten. Der Müßiggänger lernt nichts, und Niemand hat ihn lieb.

In der Schule muß ich nicht bloß fertig lesen, sondern auch deutlich und schön schreiben, und mit Fertigkeit rechnen lernen. Wer nicht Geschriebenes lesen und nicht selbst schreiben kann, kommt in der Welt nicht fort, und wer das Rechnen nicht versteht, wird oft betrogen, und weiß sich in vielen Fällen nicht zu helfen. Ich will mir recht viel Mühe geben, fertig lesen, schreiben und rechnen zu lernen.

Manche Kinder lassen sich gern belehren; es macht ihnen Freude, wenn sie etwas Neues lernen können. Solche Kinder nennt man gelehrige Kinder.

Als ich ein Jahr alt war, konnte ich noch nicht gehen, noch nicht sprechen, und noch nichts begreifen. Im zweiten Jahre meines Lebens lernte ich gehen und sprechen; aber ich verstand noch nicht Alles, was Andere mir sagten. Damals gab man mir noch kein Brot und kein Fleisch zu essen; denn ich hatte noch nicht alle Zähne, und konnte also keine feste Speise vertragen.

Ich heiße mit meinem Vornamen —; mit meinem Vaternamen heiße ich —. Ich weiß mein Lebensalter nach Jahren und Monaten anzugeben.

Ich weiß, wie die Zeit eingetheilt wird. Sieben Tage gehören zu einer Woche; vier Wochen und zwei oder drei Tage machen einen Monat aus. Zwölf Monate, oder 365 Tage, gehören zu einem Jahre. Sechs Monate machen ein halbes Jahr, und drei Monate ein Vierteljahr aus. Die Namen der zwölf Monate heißen nach der Ordnung also: Januar, Februar, März, April, Mai, Juni, Juli, August, September, October, November und December.

Wenn 52 Wochen oder 12 Monate verflossen sind, so ist ein Jahr zu Ende, und dann fängt sich ein neues an. Der erste Tag eines neuen Jahres heißt der Neujahrstag. An diesem Tage wünschen Anverwandte, Hausgenossen, Nachbarn und Freunde einander Glück und Freude.

Wenn hundert Jahre verflossen sind, so ist ein Jahrhundert zu Ende. Das Jahrhundert, in welchem wir leben, heißt das neunzehnte Jahrhundert. Wir fangen nämlich bei der Geburt des göttlichen Lehrers und Heilandes der Menschen, der Jesus Christus hieß, die Jahre an zu zählen, und nun sind schon über 1800 Jahre verflossen, seitdem er geboren ward.

In den ersten beiden Monaten des Jahres und in dem letzten Monate ist es bei uns sehr kalt; es fällt Schnee, und das Wasser wird zu Eis. Diese Zeit des Jahres wird der Winter genannt.

In den drei Monaten, welche auf den Februar folgen (wie heißen sie?), ist es nicht mehr so kalt; das Eis schmilzt; es schneiet nur noch sehr selten und sehr wenig; die Bäume bekommen Knospen, Blüthen und Blätter; die Schwalben lassen sich wieder sehen; und einige Blumen blühen, besonders

Sumpfkohl (Stinkkraut), Märzbecher, Leberblümchen, Blut-
wurzeln, Anemonen, Veilchen und Maiblumen. Diese schöne
Jahreszeit wird der Frühling genannt.

Im Juni, Juli und August brennt die Sonne, die Luft
wird oft sehr heiß, man klagt über Hitze, und muß schwitzen.
Aber die Hitze ist gut, denn sie bringt viele schöne Früchte zur
Reife, z. B. Erdbeeren, Johannisbeeren, Stachelbeeren, Kirschen, Birnen, Aepfel, Melonen, Pfirsichen, Aprikosen und
Pflaumen. Diese Zeit des Jahres wird der Sommer genannt.

Im September, October und November werden alle Früchte
in den Gärten und auf den Feldern eingesammelt und in die
Vorrathskammern, auf den Boden und in den Keller gebracht.
Der Landmann hat schon im Juli und August das Getreide
mit der Sense abgeschnitten, in große Bündel gebunden, und
in die Scheune gebracht, wo es ausgedroschen wird. Nun
erntet er auch das Welschkorn (Mais) ein, gräbt die Kartoffeln
und Rüben aus, schneidet die dicken Kohlköpfe ab, und bringt
das, was er selbst nicht braucht, zum Verkauf in die Stadt.
Das ausgedroschene Getreide schüttet er in große Säcke, und
bringt es dem Müller, damit es in der Mühle zu Mehl gemahlen werde. Diese Zeit des Einsammelns der Früchte wird der
Herbst genannt.

Es gibt also vier Jahreszeiten; wie heißen sie? In
welcher Zeit des Jahres befinden wir uns jetzt? Wann ist diese
Jahreszeit zu Ende? Und welche folgt darauf? Welches ist die
angenehmste Jahreszeit?

———

Wer hungrig ist, will essen, wer durstig ist, will trinken,
wer müde ist, will ausruhen; wer neugierig ist, will Alles
wissen und Alles sehen; wer mitleidig ist, will gern dem Unglücklichen helfen; wer eigensinnig ist, will immer seinen Willen haben; wer zänkisch ist, will nicht im Frieden leben; wer
friedfertig ist, will nicht zanken; wer krank ist, will gesund
werden; wer gefallen ist, will wieder aufstehen; wer undienst-
fertig ist, will Andern keinen Dienst erzeigen.

Wer nichts weiß, soll etwas lernen; wer krank ist, soll
sich des Essens enthalten; wer nicht arbeiten mag, soll auch

nicht essen; wer seinen Aeltern und Lehrern nicht gehorcht, soll
Strafe leiden; wer nicht hören will, wenn man ihn ermahnt,
soll fühlen.

Wer sich beschmutzt hat, muß sich waschen; wer gesund
bleiben will, muß mäßig essen und trinken; wer etwas lernen
will, muß fleißig und aufmerksam sein; wer gut schlafen will,
muß am Tage fleißig arbeiten, und weder zu viel essen, noch
zu viel trinken; wer bei seinen Hausgenossen beliebt sein will,
muß dienstfertig, aufrichtig und freundlich sein; wer etwas
begreifen will, muß nachdenken; wer sich nicht verirren will,
muß nach dem rechten Wege fragen; wer satt werden will,
muß essen; wer gelobt sein will, muß sich anständig und vernünftig betragen; wer seinen Aeltern Freude machen will, muß
in der Schule fleißig, zu Hause sittsam und gehorsam, und bei
fremden Leuten artig sein; wer seine Kleider lange haben will,
muß sie schonen und reinlich halten; wer schnell nach einem
Orte hinkommen will, muß eilen, und nicht säumen.

Wer viel Geld einnimmt, kann auch viel Geld ausgeben,
oder er kann auch etwas ersparen. Wer ein Handwerk gelernt
hat, kann sich selbst ernähren. Wer krank und schwach ist,
kann sich nicht selbst ernähren. Wer in der Schule nicht
fleißig und aufmerksam ist, kann nichts lernen.

Ich wohne in einem Hause, welches mehre Stockwerke,
mehre Stuben und Kammern, Küche und Keller und einen
Boden hat. In großen Häusern haben mehre Familien Wohnungen. Diejenigen sind meine Hausgenossen, welche mit
mir in Einem Hause wohnen. Ich gehöre zu einer Familie,
und diese Familie besteht aus meinen Aeltern, Geschwistern und
Verwandten.

Der, welchem ein Haus gehört, heißt der Wirth, oder der
Eigenthümer oder auch der Besitzer des Hauses. Wer
kein eigenes Haus besitzt, muß sich in dem Hause eines Andern
eine Wohnung miethen. Er bezahlt nämlich dafür, daß er in
einem fremden Hause wohnen darf, jährlich ein gewisses Geld
an den Eigenthümer des Hauses. Dieses Geld wird die
Miethe oder der Zins genannt.

Zu einer guten Wohnung gehören helle, geräumige und
trockene Stuben, luftige und geräumige Kammern, bequeme

und helle Treppen. Die Küche, der Keller und der Boden
müssen ebenfalls geräumig und luftig sein. Solche Häuser,
deren Mauern und Wände bloß von Steinen aufgeführt sind,
werden massive Häuser genannt, und sind die dauerhafte=
sten. Ein massives Haus kann einige hundert Jahre stehen,
wenn es von Zeit zu Zeit gehörig ausgebessert (reparirt) wird.

Zu manchen Häusern gehören auch Wohnungen für Thiere,
oder Ställe. Die Ställe haben selten Fenster, und niemals
Oefen. Warum nicht? In den Ställen findet man auch nicht
Stühle, Tische, Spinden oder Schränke. Aber in manchen
Ställen steht ein Bette. Für wen?

Ich bin ein Mensch, denn ich kann nach freiem Willen
oder willkürlich handeln; ich kann empfinden, begehren, denken
und sprechen. Ich habe schon Schmerz, Freude, Mitleiden,
Angst und Furcht empfunden. Auch die Thiere können Ver=
gnügen und Schmerz empfinden. Der Hund freuet sich, wenn
er seinen Herrn siehet; er wimmert und heult vor Schmerz,
wenn er von einem andern Hunde gebissen worden ist. Ich
kann meine Freude und meinen Schmerz durch Wörte zu er=
kennen geben, ich kann sprechen; das Thier kann nicht sprechen.

Ich gehe aufrecht, kann meinen Kopf in die Höhe richten,
und ihn nach allen Seiten herumdrehen. Die Thiere gehen
zur Erde gebückt, und können den Himmel nicht ansehen. Ich
kann sehen, hören, fühlen, schmecken und riechen. Dies können
die Thiere auch; sie haben, gleich den Menschen, fünf Sinne.
Manche Thiere können sogar schärfer sehen und schärfer riechen,
als die Menschen.

Ich weiß, daß ich meine Füße zum Gehen, meine Augen
zum Sehen, meine Ohren zum Hören, meine Zunge zum
Schmecken, meine Nase zum Riechen gebrauchen, und daß ich
an allen Theilen meines Körpers fühlen kann; aber ein Thier
weiß dies nicht.

Ich kann darüber nachdenken, wozu man Eisen, Steine,
Kalk, Holz und andere Dinge gebraucht; aber die Thiere kön=
nen nicht nachdenken. Ich kann begreifen, warum ein
Ding so sein muß, wie es ist; z. B. warum ein Haus Fenster,
Thüre und Schornsteine haben; warum der Ofen von Thon=

erde oder Eisen, und nicht von Holz gemacht werden; warum
man die Pflanzen begießen und die Erde umgraben muß. Ich
kann begreifen, warum der Topf einen Henkel haben, und warum ein Messer vorn scharf, am Rücken aber glatt und stumpf
sein muß. Ich weiß, warum meine Schuhe von Leder, und
nicht von Holz oder Blech oder von Tuch gemacht sind, und
warum ein Wagen nicht mehr als vier Räder haben darf.

Ich kann einsehen, warum ich nicht immer thun darf,
was ich will; warum ich thun soll, was meine Aeltern und
Lehrer wollen; warum ich folgsam, fleißig und aufmerksam
sein soll. — Ich weiß, warum die Thüren hoch, die Dächer
schräge, die Keller gewölbt sind, warum die Küchen und Ka-
mine einen Heerd von Steinen und nicht von Holz haben, und
die Straßen gepflastert sein müssen.

Ich bemerke, daß der Tisch und die Bank einander ähn=
lich sind, und weiß auch, worin diese Aehnlichkeit besteht.
Ich bemerke, daß beide aus Holz gemacht sind, beide sich durch
den Gebrauch abnutzen, beide im Feuer verbrennen (brennbar
sind), und beide Füße haben. Aber ich sehe auch ein, daß
beide einander unähnlich oder von einander verschieden
sind; denn ich bemerke an dem einen Manches, was an dem
andern nicht ist, z. B. —

Die Rose ist der Nelke ähnlich; denn beide sind Blu=
men; beide haben einen schönen Geruch und schöne Farben;
beide haben eine Wurzel, Blätter und Stengel; beide entstehen
aus einer Knospe; beide blühen eine kurze Zeit, und verwelken
dann. Aber die Rose ist auch von der Nelke verschieden;
denn sie hat einen andern Geruch, sie hat nur Eine Farbe, die
Nelke aber ist gewöhnlich bunt. An der Rose sind Stacheln,
aber an der Nelke nicht. Die Rose hat breite und runde Blätter, die Nelke hat schmale und längliche. Ich habe jetzt die
Rose mit der Nelke verglichen, ich habe aber auch beide von
einander unterschieden. Dies können die Thiere nicht,
denn sie haben keinen Verstand.

Ich kenne allerlei Dinge, welche ich mit Aufmerksamkeit
betrachtet habe. Ich kenne eine Menge Pflanzen, welche in
dem Garten wachsen, z. B. Mohrrüben (Möhren), Bohnen,
Erbsen, Gurken, Weinstöcke, Salatkräuter, allerlei Arten von

Kohl oder Kraut, Petersilie, Schnittlauch, Salbei, Spargel, Pfefferkraut. Ich kenne das Unkraut, und weiß es von den nützlichen Pflanzen zu unterscheiden.

Auf dem Felde wächst Roggen, Weizen, Gerste, Hafer, Welschkorn, Flachs, Hanf und Kohl. Auch Linsen, Bohnen, Erbsen und Kartoffeln wachsen auf dem Felde, und werden daher Feldfrüchte genannt.

In den Baumgärten wachsen Birnen, Aepfel, Pflaumen (Zwetschen), Kirschen, Aprikosen, Pfirsichen und Nüsse. Zwischen den Bäumen stehen allerlei Stauden und Sträucher. Daran wachsen Johannisbeeren, Stachelbeeren, Brombeeren, Himbeeren u. a. m. Alle diese Früchte kann man essen (sie sind eßbar und gesund), wenn sie reif sind. Unreife Früchte sind schädlich.

Die Bäume versorgen uns nicht nur mit ihren saftigen Früchten, sondern sie erfreuen uns auch im Frühling durch ihre schneeweißen und rosenrothen Blüthen, erquicken uns an heißen Sommertagen durch ihren Schatten, und wärmen uns im Winter durch ihr Holz.

Der Baum steht fest, weil er eine starke Wurzel hat, welche tief in die Erde hinein gehet. Auf der Wurzel steht der Stamm, welcher mit einer festen Rinde, wie mit einem Kleide umgeben ist. Um die Spitze des Stammes herum sitzen die Aeste, und an den Aesten sitzen die Zweige, an den Zweigen die Blätter und die Früchte. Im Anfange des Frühlings sind noch keine Blätter und keine Früchte an den Zweigen zu sehen, sondern nur Knospen. Diese brechen endlich auf, und daraus entstehen dann Blüthen und Blätter. Aus den Blüthen entstehen die Früchte. Die Blätter zieren den Baum, und schützen die Früchte vor der brennenden Sonne. Wenn ein Baum seine Blätter verliert, ehe die Früchte reif sind, so verdorren oder vertrocknen die Früchte.

Wenn die Rinde eines Baumes beschädigt ist, so wird der Baum krank, und stirbt endlich ab. Darum ist es sehr unrecht, und verdient harte Strafe, wenn Kinder aus Muthwillen in die Rinde der Bäume schneiden, oder die Rinde abreißen. Ich will nie einen Baum beschädigen; aber ich will mich über einen gesunden und blühenden Baum freuen.

Die Thiere haben nicht einerlei Gestalt; es ist ein großer Unterschied zwischen einem Hunde, einem Sperling, einem Hecht, einem Frosch, einer Spinne und einer Schnecke. Der Hund hat vier Füße, und säugt seine Jungen; er gehört daher zu den vierfüßigen Säugethieren. Der Sperling hat nur zwei Füße, er legt Eier und ist gefiedert; er gehört deswegen zu den Vögeln. Der Hecht hat keine Füße und keine Flügel; er hat auch keine Haare, wie der Hund, und keine Federn, wie der Sperling, sondern Schuppen. Er kann nicht gehen, wie der Hund, und nicht fliegen, wie der Sperling, aber er kann schwimmen, d. h. sich im Wasser schnell von einem Orte zum andern bewegen. Dazu gebraucht er die Floßfedern und den Schwanz. Er gehört zu den Fischen, und lebt nur im Wasser.

Der Frosch hat zwar vier Füße, aber seine Hinterfüße sind lang, und er gebraucht sie weniger zum Gehen, als zum Schwimmen. Er kann auch nicht gehen, sondern nur hüpfen oder springen. Er lebt im Wasser und auf dem Lande, und gehört zu den Amphibien.

Die Spinne (Kanker) hat acht Füße, und kein rothes und warmes, sondern kaltes weißliches Blut. Ihr Leib hat mehre Einschnitte oder Kerben. Sie gehört zu den Insecten. — Die Schnecke hat keine Füße, und kann nur kriechen. Sie hat auch kaltes weißliches Blut, und gehört zu den Würmern.

Fast jedes Thier hat eine besondere Stimme. Die Fische, die Würmer und die Insecten scheinen keine Stimme zu haben. Die angenehmste Stimme hat der Mensch. Ich habe gehört, wie der Spottvogel, die Walddrossel und die Oriole singt, der Hahn kräht, der Hund bellt und knurrt, die Ziege meckert, das Schaaf blökt, der Pfau schreit, das Ferkel quikt, die Maus pfeift, das Pferd wiehert, der Schwan zischt, der Frosch quakt und blökt, und die Grille zirpt.

Die Thiere haben von Natur eine warme Kleidung. Einige sind mit starken Haaren, oder mit Wolle, andere mit Federn, noch andere mit Schuppen, einige mit Borsten oder Stacheln, oder mit einer knöchernen Schale bedeckt.

Die wilden Thiere, welche in den Wäldern leben, und sich vor dem Menschen fürchten, suchen sich selbst ihre Nahrung.

Die zahmen Thiere werden von den Menschen gefüttert. Ihre Nahrungsmittel sind sehr verschieden. Einige bringen andere Thiere um (würgen sie), und fressen sie dann auf; diese heißen **Raubthiere.** Andere fressen todte Thiere, wenn sie auch schon in Fäulniß gerathen sind (Aas); noch andere leben von Gras, Kräutern, Wurzeln, Knospen, Blättern, Holz, Blumensäften, Körnern, Spreu, und sogar von giftigen Pflanzen.

Ochsen, Kühe, Schaafe, Pferde und Ziegen fressen Gras und Kräuter; Hunde und Katzen fressen Fleisch; Hühner und Gänse Körner, besonders Gerste. Die Bienen nähren sich von Blumensäften; die meisten Würmer von Wurzeln; die Raupen von Blättern.

Die äußeren G l i e d e r der Thiere sind sehr verschieden. Einige haben Arme und Beine, nämlich die Affen; andere haben weder Arme, noch Beine, noch irgend ein anderes hervorstehendes Bewegungswerkzeug, wie die Schlangen und Würmer. Einige haben zwei, andere vier, noch andere sechs oder acht, ja einige sogar mehr als hundert Füße. Der Kellerwurm, ein Insect, hat 14 Füße. Einige haben Flügel, andere Flossen, noch andere Fühlhörner und Fühlfäden. Ich weiß einige Thiere zu nennen, welche Fühlhörner, und einige, welche Fühlfäden haben.

Einige Thiere haben außerordentlich s c h a r f e S i n n e. Die Raben und die Hunde haben einen überaus scharfen Geruch, und der Adler hat ein bewundernswürdig scharfes Gesicht. An einigen Thieren, z. B. an dem Regenwurm, bemerkt man gar keine Sinnenwerkzeuge, keine Ohren, keine Augen und keine Nase.

Die Thiere schlafen, wenn sie ermüdet sind, und einige schlafen mit offenen Augen, z. B. die Hasen; andere im Stehen, z. B. die Pferde; manche nur am Tage, weil sie des Nachts auf Raub ausgehen, z. B. die Eulen, und verschiedene wilde Thiere. Einige Thiere schlafen den ganzen Winter hindurch, und wachen nicht eher auf, als bis die Luft warm wird.

Jedes Thier hat F e i n d e, gegen die es sich wehren, oder in Sicherheit setzen muß; aber jedes Thier weiß sich auch gegen seinen Feind zu schützen, wenn es angegriffen wird. Durch Beißen, Ausschlagen mit den Hinterfüßen, Stoßen, Stechen,

Laufen oder Verkriechen wissen sie ihre Feinde abzuwehren, oder sich vor ihnen in Sicherheit zu setzen. Einige, die im Wasser leben, wissen das Wasser trübe zu machen, wenn sie verfolgt werden; andere vertreiben durch einen Gestank, den sie von sich geben, ihre Feinde; noch andere stellen sich todt, oder rufen durch ängstliche Töne Hilfe herbei.

Mit großer Sorgfalt pflegen und nähren die Thiere ihre Jungen. Ehe diese noch geboren sind, haben sie schon ein weiches, warmes und sicheres Lager für sie bereitet. Einige Thiere, wie z. B. die Hunde, Katzen, Pferde, Kühe und Ziegen, bringen lebendige Junge zur Welt, und säugen sie an ihren Brüsten — (Zitzen) —, daher sie Säugethiere genannt werden. Die Vögel und die Fische legen Eier, aus welchen nach einiger Zeit, vermittelst der Wärme, die Jungen entstehen.

Die Vögel leben in der Luft, und haben eine leichte Bekleidung von Federn; andere Thiere leben im Wasser, und diese sind meistentheils mit schleimigen Schuppen bekleidet, wie die meisten Fische; noch andere leben unter der Erde, wie die Murmelthiere (Marmots), Maulwürfe, Ratten, Mäuse und Würmer, und diese haben entweder eine Bedeckung von Haaren, oder eine glatte dehnbare Haut. In sehr kalten Ländern haben die Thiere eine vorzüglich warme Bekleidung.

Die Säugethiere haben eine sehr verschiedene Bedeckung. Ihre Haut ist entweder mit Haaren, oder mit Wolle, oder mit Borsten, bei einigen auch mit Stacheln, Schuppen oder Schilden bewachsen.

Der Nutzen, welchen die Säugethiere den Menschen gewähren, ist unbeschreiblich groß. Ohne Schaafe, Ochsen und Kühe würden wir nicht leben können; denn das Schaaf muß seine Wolle hergeben, damit wir uns Kleider machen können; das Fleisch des Ochsen (Rindfleisch) ist unser kräftigstes Nahrungsmittel, und seine Haut ist uns unentbehrlich, weil daraus das Leder gemacht wird, wovon der Schuhmacher die Schuhe und Stiefeln verfertigt. Der Ochse ist in vielen Ländern bei der Bebauung des Ackers unentbehrlich, denn er zieht den Pflug. Die Kuh gibt uns Milch, woraus Butter und Käse, zwei vorzügliche Nahrungsmittel, gemacht werden. — Auch die Pferde sind überaus nützlich zum Reiten, Fahren und Pflügen, und die Esel sind in bergigen Ländern unentbehrlich, weil sie so starke und unermüdete Lastträger sind.

Eben die Dienste, welche uns Pferde und Ochsen leisten, leistet in kalten Ländern das Rennthier, und in heißen Ländern das Kameel und das Lama.

Die Vögel erfreuen uns durch ihren Gesang, dienen uns zur Speise, und sind uns noch auf mancherlei Weise nützlich; theils durch ihre Federn und Eier, theils dadurch, daß sie todte Thiere verzehren, viele schädliche Thiere vertilgen, und besonders die Frösche, Schlangen und Eidechsen, welche sich so sehr vermehren, wegfangen und vermindern. Es gibt Hausvögel oder hühnerartige Vögel, Wasservögel oder Schwimmvögel, Sumpfvögel, Singvögel, Waldvögel und Raubvögel. Ich weiß einen Hausvogel, einen Wasservogel, vier Singvögel, einen Sumpfvogel und einen Raubvogel zu nennen.

Die Fische sind dem Menschen als Nahrungsmittel sehr nützlich. Es gibt Länder, deren Einwohner das ganze Jahr hindurch oft einzig und allein von Fischen leben. Auch der Thran der Heringe und die Haut mancher Fische ist sehr brauchbar.

Auch unter den Amphibien gibt es verschiedene, welche den Menschen zur Nahrung dienen, besonders die Schildkröten und die Frösche.

Die Insecten werden uns vorzüglich dadurch sehr nützlich, daß sie eine große Menge Unkraut theils im Keim ersticken, theils vertilgen, wenn es aufgewachsen ist. Auch verzehren sie das Aas, oder die todten Thiere, welche sonst die Luft verderben würden. Verschiedene Insecten sind eßbar, z. B. die Krebse und die großen Heuschrecken. Von den Bienen erhalten wir den süßen Honig und das nützliche Wachs. Manche Insecten geben schöne Farben. Die spanischen Fliegen sind ein vortreffliches Heilmittel.

Unter den Würmern sind auch verschiedene eßbar, z. B. die Austern. Die Muschelschalen werden von den Künstlern auf mancherlei Weise verarbeitet, besonders die Perlenmutter. Der so nützliche Badeschwamm ist das Gehäuse eines Wurmes. Die Blutigel sind ein sehr wirksames Heilmittel.

1. Die Thiere, deren H ä u t e sehr brauchbar sind, weil Leder daraus gemacht wird, sind folgende: Ochsen, Büffel, Elen, Kälber, Schaafe, Pferde, Schweine, Ziegen, Hirsche, Rehe und Esel. Auch aus der Haut eines Fisches, welcher der Sägefisch heißt, wird Sohlenleder gemacht. Das Leder, welches aus Ochsenhäuten gemacht wird, heißt Rindleder, und das, was aus Pferdehäuten gemacht wird, heißt Roßleder, weil man die Pferde auch Rosse nennt. Den zahmen Schweinen wird die Haut nicht abgezogen, sondern nur den wilden. Alte Bücher sind gewöhnlich in Schweinsleder eingebunden.

Aus der Eselshaut macht der Pergamentmacher schönes Pergament, worauf man mit Bleistift schreiben, und das Geschriebene wieder auslöschen kann.

Wenn die F e l l e oder H ä u t e der Thiere dicht mit weichen wolligen Haaren bewachsen sind, so werden Pelze daraus gemacht. Wie heißt der Mann, welcher die Pelze macht? Sind die Haare zu kurz, so kratzt man sie ab, und gebraucht sie zur Verfertigung der Hüte.

14. Die Thiere, deren F l e i s c h gegessen wird, sind folgende: Ochsen, Kälber, Hammel, Lämmer, Schweine, Ziegen, Hirsche, Rehe, Hasen, Hühner, Gänse, Enten, Puter, Tauben, Krammetsvögel, Lerchen, Fasanen, Rebhühner u. a. m. Auch das B l u t und die M i l c h einiger Thiere gehört zu den Nahrungsmitteln der Menschen, besonders die Milch der Kühe, Schaafe und Ziegen. In manchen Ländern wird auch Pferdemilch getrunken. Die Eselsmilch ist sehr gesund, und wird sogar als ein Heilmittel bei manchen Krankheiten gebraucht.

15. Zur Speise dienen dem Menschen die Früchte der Bäume und Stauden, und die Wurzeln und Blätter vieler Pflanzen und Kräuter, z. B. die Wurzeln der Petersilie und des Sellerie, die Zuckerwurzeln, die Blätter der Kohlpflanzen, des Sauerampfers, des Spinats und der Salatpflanzen.

16. Der Mensch soll mit den Speisen nicht bloß seinen Hunger stillen, sich sättigen, sondern sie sollen ihm auch gut schmecken, er soll sich mit Vergnügen sättigen. Darum hat Gott so gütig dafür gesorgt, daß es Dinge gibt, womit man die Speisen w ü r z e n, das heißt, ihnen einen Wohlgeschmack geben kann, und einige dieser Gewürze sind fast überall im Ueberfluß vorhanden.

Die Gewürze, welche bei uns häufig wachsen und gefunden werden, sind: Salz, Salbei, Majoran, Thymian, Dill, Petersilie, Zwiebeln, Schnittlauch, Knoblauch, Kümmel und Kerbel. Die ausländischen Gewürze sind: Baumöl, Pfeffer, Zimmt, Muskatennüsse und Muskatenblüthe, Nägelein, Ingwer und Kardamomen. Auch der Essig und Zucker gehört zu den Gewürzen. — Man hat Bier=, Wein= und Cideressig.

Nächst dem Brote sind die Kartoffeln das allgemeinste und wohlfeilste Nahrungsmittel. Man kann sie auf mancherlei Art, auch als Mehl und Stärke benutzen, und sie lassen sich den ganzen Winter hindurch in Kellern und Gräbern aufbewahren. Auch als Viehfutter sind sie sehr brauchbar.

Es gibt mancherlei Arten von Erde, z. B. Sand, Lehm, Thon, Kreide, Kalk. Den Sand gebraucht der Maurer, um ihn mit Kalk zu vermischen. Den feinen Sand streut man auf die nasse Schrift, damit sie nicht verlösche; auch bestreut man an manchen Orten die Stuben damit. — Der Lehm wird von dem Ziegelbrenner zu Ziegeln oder Backsteinen gebrannt, welche man zum Bauen gebraucht. Die Scheunen und Ställe haben hie und da einen Fußboden von festgestampftem Lehm. Der Thon wird von dem Töpfer zu Töpfen, Schüsseln, Näpfen und Krügen verarbeitet. — Die Kreide wird zum Schreiben, Malen und zu Fensterkitt, der Kalk und Lehm zum Bauen gebraucht.

Die Steine werden auf mancherlei Weise benutzt. Einige, welche Sandsteine heißen, werden zum Mahlen oder Zermalmen des Getreides in der Mühle gebraucht, und daher Mühlsteine genannt, wenn sie behauen und abgerundet sind. Andere gebraucht man zum Schleifen der Messer, Scheeren, Beile und Degen; noch andere zum Bauen und Pflastern der Straßen, besonders die Kalksteine, Sandsteine und Kieselsteine; auch den Marmor, welcher sehr schön aussieht, wenn er geschliffen und polirt ist. Einige kostbare und vorzüglich schöne Steine dienen den Menschen zum Schmuck, und diese heißen Edelsteine. Der Diamant ist ein Edelstein, und zwar ein sehr nützlicher Edelstein; denn man kann Glas damit zerschneiden, und er ist dem Glaser unentbehrlich.

Zu den nutzbarsten Steinen gehört der Feuerstein oder aber auch zur Verfertigung des Glases in den Glashütten. Auch der Schiefer gehört zu den brauchbarsten Steinen. Er wird zum Dachdecken, aber auch als Schreibmaterial, und als Werkzeug zum Schreiben gebraucht (Griffelschiefer).

Der Kryftall hat den Glanz und die Farbe des schönsten weißen Glases. Die Namen der vorzüglichsten Edelsteine sind folgende: Diamant, Chalcedon, Karneol, Achat, Jaspis, Chrysopras, Granat, Hyacinth, Rubin, Smaragd, Topas, Sapphir. Welche Steine sind aber die allernützlichsten? —

In der Erde findet man Gold, Silber, Kupfer, Eisen, Zinn, Blei, Steinkohlen, Torf, Steinsalz, Edelsteine, Schwefel. — Aus Gold, Silber und Kupfer macht man Münzen oder Geld. Dukaten, Louisd'ore und Eagles sind Goldmünzen. Von welchen Metallen werden Cents und halbe Thalerstücke gemacht? —

In einem Lande liegen Städte, Flecken und Dörfer. In den Dörfern wohnen die Landleute oder Bauern, welche sich mit dem Ackerbau und der Viehzucht beschäftigen. In den Wäldern wohnen die Jäger und die Kohlenbrenner. An den Flüssen und Seen wohnen die Fischer. Zwischen den Städten und Dörfern liegen Felder, Wiesen, Wälder, Gebüsche, Berge, Felsen, Hügel, Gebirge, Thäler, Ebenen, Moräste und Sümpfe, Seen, Teiche, Flüsse, Bäche und Quellen.

Alles, was außerhalb einer Stadt oder eines Dorfes liegt, wird Feld genannt, oder auch Acker, wenn es ein bebautes, d. h. eingezäuntes, gepflügtes und besäetes Feld ist. Ein Feld, welches einen sehr feuchten Grund oder Boden hat, und auf welchem von selbst Gras und Klee wächst, wird eine Wiese genannt. Ist es nur ein großer, offener mit Gras bewachsener Platz, der in einem Dorfe oder in einer Stadt liegt, so wird er ein Anger genannt, oder auch eine Weide (Viehweide). Aber wie nennt man ein solches Stück Land, welches mit einem Zaun oder mit einer Mauer, oder einer Hecke eingeschlossen, und mit Obstbäumen, Blumen und Küchengewächsen bepflanzt ist? —

Ein großes Feld, auf welchem starke und hohe Bäume in großer Menge, aber nicht nach der Ordnung, bei einander stehen, wird ein Wald genannt. Wie wird aber ein solches Feld genannt, auf welchem keine Bäume, sondern viele Sträucher bei einander stehen? Ich weiß, daß ein Baum nur Einen starken Stamm, ein Strauch aber mehre kleine und schwache Stämme hat.

Auf vielen Feldern gibt es Hügel, oder kleine Erhöhungen des Bodens. Sind diese Erhöhungen sehr groß, so daß man viel Zeit und Mühe gebraucht, um auf die Spitze zu kommen, so werden sie Berge, und wenn sie ganz aus Steinen bestehen, Felsen genannt. Zuweilen sieht man auf den Feldern ganz kleine Erhöhungen von frischer Erde; diese rühren von den Maulwürfen her, welche die Felder durchwühlen und, wenn sie in großer Anzahl vorhanden, vielen Schaden anrichten. Felder, welche gar keine Erhöhungen haben, werden Ebenen genannt.

Der ebene Raum, welcher von zwei oder mehren Bergen eingeschlossen ist, wird ein Thal genannt. Ist dieser Raum so enge, daß man kaum mit einem Wagen hindurch fahren kann, so heißt er eine Schlucht oder ein Hohlweg. Zuweilen sind in den Bergen Vertiefungen, oder Höhlen, in welchen mehre Menschen oder Thiere Platz finden können; diese werden Grotten oder auch Felsklüfte genannt. — Aber wie nennt man eine ganze Reihe von hohen Bergen, welche neben und über einander liegen? Manche Berge sind so hoch und steil, oder jähe, daß man sie nicht von allen Seiten ersteigen kann. Ein Weg, der über hohe Berge geht, wird ein Paß genannt.

Auf den Feldern kommt man zuweilen an solche Stücke Land, welche voll Wasser, und daher so weich sind, daß man einsinkt, wenn man darauf gehen will; diese werden Moräste genannt. Wo der Boden ganz mit Wasser bedeckt ist, und zwar mit einem trüben übelriechenden Wasser, da ist ein Sumpf. Ein ganz kleiner Sumpf, der vom Regen entstanden ist, wird eine Pfütze, oder auch ein Pfuhl genannt. Da, wo Sümpfe sind, halten sich verschiedene Vögel auf, welche daher Sumpfvögel genannt werden, besonders Reiher,

Störche, Kraniche, Rohrdommeln, Schnepfen, Kiebitze und Wasserhühner.

Auch Seen findet man sehr häufig, beinahe in jedem Lande. Ein See ist ein großes und tiefes Gewässer, welches von allen Seiten mit Land umgeben ist, und nicht fließt, wenigstens nur ganz unmerklich. Da, wo der Boden sumpfig oder morastig ist, kann man auch einen See machen, indem man eine Vertiefung gräbt, in welche sich das Wasser sammelt. Einen solchen künstlichen See nennt man einen Teich. Auf den Seen und Teichen halten sich die Wasservögel auf, besonders Schwäne, Gänse, Enten, Taucher und Möven; denn diese Vögel nähren sich theils von Fischen, und die Seen sind gemeiniglich sehr fischreich. In den Seen wächst das Schilf, welches von den Korbmachern gebraucht wird.

An manchen Orten sieht man das Wasser aus der Erde hervorsprudeln. Ein solches Wasser wird eine Quelle genannt. Wo mehre Quellen zusammenkommen, entsteht ein Bach oder ein kleiner Fluß. Das Wasser der Quellen ist gewöhnlich kalt, aber manche Quellen haben ein so heißes Wasser, daß man sich darin verbrennen kann. Vielen Kranken ist es sehr zuträglich, wenn sie sich in solchem Quellwasser baden, nachdem es sich ein wenig abgekühlt hat. Manche Quellen fließen beständig, manche nur zu gewissen Zeiten. Wenn eine Quelle nicht mehr fließt, so sagt man von ihr, sie ist versiegt.

Wenn man eine Stunde lang rasch hinter einander fort gehen muß, um von einem Orte zum andern zu kommen, so liegen diese beiden Oerter drei bis vier Meilen von einander. — Ein breiter Fahrweg, der zwischen Feldern, Wiesen und Bergen, oder auch über Berge und Thäler hinweg von einer Stadt zur andern führt, und mehre Meilen lang ist, wird eine Landstraße genannt. Ein Weg, der an beiden Seiten mit Bäumen besetzt ist, heißt eine Allee.

Man kann auf mancherlei Art von einem Orte zum andern kommen oder reisen: zu Fuße, zu Pferde, zu Wagen, und zu Schiffe. Am schnellsten reist man auf Eisenbahnen und in Dampfschiffen, aber am sichersten reist man mit der Post. So nennt man einen Wagen, welcher an bestimmten Tagen und zu einer bestimmten Stunde von einem Orte zum andern fährt, und nicht nur allerlei Sachen, Briefe und Geld, sondern auch Reisende mitnimmt. Wer in einem solchen Wagen reist, wird ein Passagier genannt. Straßen, auf welchen der Postwagen fährt, werden mit besonderer Sorgfalt ausgelegt, geebnet und im Stande gehalten, damit die Post Tag und Nacht und zu jeder Jahreszeit ohne Hinderniß von einem Orte zum andern gelangen könne. Solche Straßen heißen Kunststraßen. Warum?

Wer einen Brief mit der Post wegschicken will, muß ihn versiegeln, und darauf den Namen und den Wohnort Desjenigen, welcher den Brief erhalten soll, deutlich schreiben. Dies nennt man die Adresse des Briefes. So wird er in dem Posthause abgegeben, und ein bestimmtes Geld dafür bezahlt, welches das Briefporto genannt wird. Je nachdem der Brief leicht oder schwer ist, und aus einem oder mehren Blättern besteht, wird wenig oder viel dafür bezahlt.

Eine Reise, welche man in einem Tage vollenden kann, wird eine Tagereise genannt. Die größte Reise, welche ein Mensch machen kann, ist die Reise um die Erde. Wer diese macht, hat wenigstens einen Weg von 25,000 Meilen zu machen. Da die Erde von allen Seiten mit einem sehr großen und tiefen Wasser, welches das Meer genannt wird, umgeben ist, so kann man am besten zu Schiffe um die Erde herum reisen. Dies haben auch schon viele Menschen versucht, und die meisten sind glücklich wieder zurückgekommen.

An den Landstraßen, in den Städten, Flecken und Dörfern findet man Häuser, in welchen jeder Reisende Wohnung, Nahrung (Zehrung) und Bequemlichkeiten für Geld haben kann. Diese Häuser heißen Wirthshäuser, oder Gasthöfe, oder Herbergen. Der, welchem ein solches Haus gehört, heißt ein Gastwirth.

Wer oft auf Reisen gewesen ist, hört und sieht sehr Vieles, lernt allerlei Menschen, Thiere, Pflanzen, allerlei Städte und Länder kennen, bekommt viel Erfahrung. Wer noch nicht viel gesehen und gehört hat, ist unerfahren. Kinder haben noch wenig Erfahrung. Warum?

Die Stadt, in welcher ich wohne, heißt —; die Stadt liegt in einem Lande, welches — genannt wird. Dies Land nenne

ich mein Vaterland, weil—? Mein Vaterland ist groß, es
liegen viele Städte, Flecken und Dörfer darin, in welchen viele
tausend Menschen wohnen. Alle die Menschen, welche in
einem Lande beisammen wohnen, und einerlei Sprache reden,
machen zusammengenommen ein **Volk** aus. Ich weiß, daß
mein Vaterland ein Theil eines sehr großen Landes ist, welches
die **Vereinigten Staaten** heißt. Ich habe gehört, daß
mehr als 1000 Städte in diesem Lande liegen, und daß viele
Millionen Menschen darin wohnen. Die größten unter diesen
Städten weiß ich zu nennen. Sie heißen: **New York,
Philadelphia, Baltimore, New Orleans, Cincinnati, Charleston, Boston** und **Washington.**

Dieses große Land mit seinen vielen Städten, Flecken und
Dörfern macht doch nur einen sehr kleinen Theil von einem viel
größeren Lande aus, welches **Amerika** heißt, und auch das
große Amerika ist nur ein kleiner Theil der unermeßlich großen
Erde; die Erde ist aber wiederum ein sehr kleiner Theil der
Welt, d. h. alles dessen, was Gott geschaffen hat. Denn zu
der Welt gehören alle die unzählbaren Gestirne, die wir in einer
hellen Nacht am Himmel erblicken, und die Sonne ist allein
viele tausend Male größer, als unsere Erde.

Wenn wir aus unserem Vaterlande wegreisten, und bis
dahin kämen, wo es sich endigt, und ein anderes Land sich
anfängt, so wären wir an die Grenze unseres Vaterlandes
gekommen.

In großen Städten wohnen **Soldaten** mit ihren **Offi-
zieren, Künstler, Kaufleute, Gelehrte, Handwer-
ker, Tagelöhner** und **Bettler** oder **Arme,** in schlechten,
guten, schönen und prächtigen Häusern. Eine Stadt, in welcher die Regierung eines Staates sich befindet, wird eine **Hauptstadt** genannt. **Harrisburg** ist die Hauptstadt von **Pennsylvanien, Albany** von **New York, Boston** von **Massachusetts, Richmond** von **Virginien, Columbus** von **Ohio** und
Washington von **den Vereinigten Staaten.**

Eine Stadt, in welcher sehr viele Kaufleute wohnen, und
wo also ein starker Handel getrieben wird, nennt man eine
Handelsstadt. Die Handelsstädte liegen gewöhnlich an
großen Flüssen oder am Meeresufer, weil man große Lasten

am besten zu Schiffe von einem Orte zum andern bringen kann. Diejenigen Dinge, welche ein Kaufmann zum Verkauf ausbietet, werden Waaren genannt. Ein Haus, oder ein großes Zimmer, worin die Waaren in großer Menge aufbewahrt werden, heißt ein Waarenlager.

Nicht alle Waaren werden auf einerlei Art verkauft. Manche werden gemessen, manche gewogen, manche gezählt. Einige werden stückweise, nach der Größe oder Schönheit verkauft. Das, womit man mißt, wird ein Maßstab oder ein Maß genannt. Das Holz wird mit einem hölzernen Maßstabe gemessen, welcher ein Schuh oder Fuß heißt, weil er ungefähr so lang ist, wie der Fuß eines erwachsenen Menschen. Die Leinwand, das Tuch, und überhaupt alle baumwollenen und seidenen Zeuge werden gewöhnlich mit einer Yard gemessen. Drei Fuß machen eine Yard, zwölf Zoll einen Fuß.

Die flüssigen Dinge, z. B. Oel, Wein, Bier, Essig, Syrup und Milch, werden nach Gallonen, Quarten und Pinten gemessen: Man bedient sich dazu verschiedener Gefäße von einer genau bestimmten Größe. — Die Butter, der Zucker, das Brot, und viele andere Waaren werden auf einer Waage gewogen. Man bedient sich dazu verschiedener Gewichte, welche Unzen und Pfunde heißen.

Früchte werden entweder gezählt, gemessen oder gewogen. Auch die Eier werden gezählt. Zwölf Stück nennt man ein Dutzend. Das Getreide wird gewogen oder nach Scheffeln (Bushels) und Vierteln (Pecks) gemessen.

Dasjenige, womit ein Mensch sich beschäftigt, und wodurch er sich nährt, nennt man sein Gewerbe. Ackerbau, Gartenbau, Viehzucht und Handel sind Gewerbe. Auch die verschiedenen Handwerke und Künste gehören zu den Gewerben. Wer sich mit dem Ackerbau beschäftigt, heißt ein Bauer (Farmer) oder ein Landmann. Wer sich auf den Gartenbau versteht, heißt ein Gärtner. — Uhrmacher, Bildhauer, Maler, Kupferstecher sind Künstler. Tischler, Drechsler, Schlosser, Maurer, Zimmerleute, Bäcker, Brauer sind Handwerker. Ich weiß die Handwerke zu nennen, welche sich mit der Verarbei-

tung des Eisens beschäftigen. Ich kenne auch diejenigen, welche
für die Kleidung und Nahrung arbeiten.

Ueberall, wo Menschen wohnen, hat Gott dafür gesorgt,
daß sie, bei Fleiß und Sorgfalt, Alles haben, was sie zur Befriedigung ihrer Bedürfnisse gebrauchen. Denn wenn gleich
nicht jedes Land so viel hervorbringt, als seine Bewohner zu
ihrer Erhaltung bedürfen, so können sie sich doch durch den
Handel das Fehlende leicht verschaffen. Aber welches sind
denn die Bedürfnisse des Menschen?

Wenn ich mir den Mund und die Nasenlöcher zustopfte, so
würde ich sterben; denn ich müßte ersticken. Unaufhörlich muß
der Mensch durch den Mund und die Nase Luft einziehen oder
einathmen, wenn er leben soll.

Wenn ein Mensch das Unglück hätte, auf eine wüste Insel
zu gerathen, wo er weder Speise noch Trank, also gar keine
Nahrungsmittel fände, so müßte er vor Hunger und Durst sterben. — Wer im harten Winter weit über das Feld gehen muß,
und zuletzt nicht mehr fort kann, der erstarrt endlich vor Frost,
und muß sterben; denn ohne Wärme kann kein Mensch leben.

Wenn man ein neugebornes Kind auf das freie Feld hin-
legte, und weder für seine Ernährung, noch für seine Reinigung, Erwärmung und Bekleidung sorgte, so müßte es umkommen, oder es würde wenigstens nicht verständig werden,
nicht sprechen und nicht aufrecht gehen lernen; denn die Kinder
lernen vorzüglich dadurch gehen und sprechen, daß sie den Gang
und die Sprache der Erwachsenen nachahmen, und werden besonders durch die Anweisungen und Belehrungen der Erwachsenen verständig. — Also Luft, Wärme, Nahrung, Kleidung,
Wohnung und Beisammensein mit seines Gleichen ist, dem
Menschen zur Erhaltung seines Lebens nothwendig. Alles dies
bedarf jeder Mensch, um zu leben; es sind Bedürfnisse.

Aber wir Alle können leben, wenn wir auch keinen Wein
zu trinken, keinen Kuchen zu essen, und keine seidene Kleider
anzuziehen hätten. Diese Dinge bedarf der Mensch also
nicht; sie sind nicht nothwendig zu seiner Erhaltung, sie gehören nur zum Wohlsein und Behagen. Wer recht müde
ist, der schläft auch auf der bloßen Erde sanft und ruhig, aber

er schläft freilich lieber auf einem weichen Bette. Auf der har=
ten Bank läßt sich's recht gut sitzen und ausruhen; aber freilich
sitzt es sich auf dem weich gepolsterten Stuhle bequemer und
angenehmer. Ein Rock von dem gröbsten Tuche thut recht
gute Dienste, denn er schützt vor Kälte, Wind und Regen; aber
es ist freilich angenehmer, einen Rock von feinem Tuche zu
haben, der mit schönen Knöpfen besetzt ist. Also weiche Bet=
ten, gepolsterte Stühle und kostbare Kleidungsstücke oder Putz,
gehören nicht zu den Bedürfnissen, sondern zu den Bequem=
lichkeiten und Annehmlichkeiten des Lebens, und zur Pracht
oder zum Aufwande. Aber wozu gehört der Spiegel, die Uhr
und die Violine?

Wenn wir hinreichende und gesunde Nahrung, brauchbare
Kleider und eine gute Wohnung haben, so wollen wir zufrieden
sein, wenn auch die Nahrung nicht ausgesucht und lecker, die
Kleidung nicht kostbar und glänzend, die Wohnung nicht
prächtig oder nicht ganz gemächlich ist.

Die Kleider schützen meinen Leib vor Kälte und Sonnen=
hitze, vor Wind, Regen und Staub, und erwärmen ihn.

Einige Kleidungsstücke sind auch manchen Handwer=
kern bei ihrer Arbeit nützlich und nothwendig, z. B. die Schür=
zen den Bäckern, Töpfern, Maurern und Zimmerleuten (wo=
zu?); das Schurzfell dem Bergmann; das blaue oder weiße
Hemde, welches über den Rock gezogen wird, dem Fleischer
u. a. m. Daher kann man auch oft schon an der Kleidung
merken, was für ein Gewerbe Jemand treibt, oder zu welchem
Stande er gehört. An seiner Kleidung kann ich den Soldaten
von dem Handelsmanne, den Bedienten von seinem Herrn,
den Bauer von dem Einwohner der Stadt, den Prediger von
dem Kaufmann, den Bäcker von dem Schornsteinfeger meisten=
theils unterscheiden.

Die Kleidung eines Soldaten wird die Montur genannt.
Die Kleidung eines Bedienten nennt man die Livree, und
die Kleidung eines Offiziers die Uniform.

An seiner Montur (Kleidung) kann ich einen Kavalle=
risten (einen Soldaten, der zu Pferde dient) von einem In=
fanteristen (einem Soldaten, der zu Fuße dient) unterscheiden.

„ Die Kleider dienen nicht bloß zur Beschützung und Erwärmung des Körpers, sondern auch zur Verschönerung
desselben. Wenn sie besonders schön und kostbar sind, so werden sie Putz genannt. Der beste Putz ist eine reinliche Kleidung, welche nett und ordentlich sitzt, und ein gesundes, fröhliches Gesicht.

Ich weiß alle meine Kleidungsstücke zu nennen, und anzugeben, welche von Wolle, welche von Leder, welche von Baumwolle, und welche von Flachs gemacht sind.

Ich weiß, wer meinen Hut gemacht hat, und wovon er
gemacht ist; wer die Leinwand zu meinen Hemden verfertigt;
wer das Leder zu meinen Schuhen gemacht hat.

Ich kann mit meinem Körper verschiedene Bewegungen
machen, welche die Thiere nicht machen können. Ich kann
nicht nur gehen, laufen, springen, sondern auch schnell aufsprin-
gen, mich bücken, meinen Körper nach allen Seiten wenden,
tanzen, rutschen, knieen, mich niederlegen, niedersetzen und aufstehen. Ich kann Andern meine Gedanken, Wünsche, Vorstellungen und Empfindungen durch Worte zu verstehen geben,
oder sprechen; die Thiere können nicht sprechen. Um zu
sprechen, gebrauche ich folgende Werkzeuge: die Lunge, die
Luftröhre, den Gaumen, die Zunge, die Zähne, die Lippen und
die Nasenlöcher.

Ich kann sehen, denn ich habe zwei gesunde Augen. Ich
kann hören, denn ich habe zwei——. Ich kann schmecken,
denn ich habe eine Zunge und einen Gaumen. Ich kann riechen, denn ich habe eine Nase. An meinem ganzen Körper
kann ich fühlen; ein besonders zartes Gefühl habe ich in den
Fingern.

Ich sehe den Mond, die Sonne und die Sterne am Him-
mel; und auf der Erde sehe ich Menschen, Thiere, Bäume,
Pflanzen, Kräuter, Steine, Berge, Hügel, Felder, Flüsse,
Seen, Teiche, Bäche, Quellen, Städte und Dörfer. In der
Luft sehe ich Vögel, Fliegen, Mücken, Schmetterlinge; in der
Erde erblicke ich Würmer; im Wasser sehe ich Fische, Frösche,
Schnecken und Würmer.

Ich höre den Gesang der Vögel, das Rollen des Donners,
den Schall der Glocken, das Knallen einer Peitsche, das Wie-

hern eines Pferdes, das Rieseln eines Baches, die Töne der Musik, und den leisen Schlag einer Taschenuhr. Ich kann in weiter Ferne das Bellen eines Hundes, das Krähen eines Hahnes, den Schall einer Glocke und den Knall einer Flinte oder Kanone hören.

Ich f ü h l e, daß das Feuer brennt, und das frische Quellwasser kühlt, daß die Sonnenstrahlen mich erwärmen, daß der Stein hart, die Wolle weich, das Eis kalt, der Spiegel glatt, und der Hut rauh ist. — Ich s ch m e ck e die Süßigkeit des Zuckers, die Säure des Essigs und die Bitterkeit der Mandel.

Ich r i e ch e mit Wohlgefallen den Duft der Rose, des Veilchens, der Hyacinthe und der Aurikel. Ich rieche mit Mißfallen den Duft einiger Blumen, und empfinde den übeln Geruch des frischen Mistes.

Ich e r i n n e r e mich einer Geschichte, die ich vor einiger Zeit gehört; eines Fremden, den ich einmal gesehen; eines Schmerzes, den ich einmal empfunden; eines Vergnügens, das ich vor langer Zeit genossen; und dessen, was ich gestern in der Schule gelernt habe. Ich kann mir v o r s t e l l e n, wie ein Schiff aussieht; denn ich habe schon oft Schiffe gesehen. Ich kann mir vorstellen, wie mein Vater, meine Mutter und mein Bruder aussehen, ob ich sie gleich jetzt nicht vor mir sehe.

Ich kann mich an Alles, was ich gesehen, gehört, empfunden und gefühlt habe, deutlich erinnern, oder ich kann mir dies Alles vorstellen, ohne dazu meinen Kopf, meine Hand, meinen Fuß, meine Augen, Ohren und Nase zu gebrauchen. Die Kräfte, mit welchen ich mir etwas vorstelle, mich an etwas erinnere, über etwas nachsinne, etwas empfinde, oder etwas will, oder etwas verlange, sind keine Kräfte meines Leibes, sondern K r ä f t e m e i n e r S e e l e, oder Seelenkräfte. Meine Seele ist in mir, aber ich kann sie nicht sehen, sondern ich kann nur an meinen Vorstellungen, Gedanken und Empfindungen merken, daß ich eine Seele habe.

Hätte ich keine Seele, so könnte ich nichts begreifen, nichts lernen, nichts verstehen: ich könnte weder rechnen, noch schreiben, noch lesen; denn indem ich lese, oder rechne, muß ich zugleich d e n k e n, und denken kann ich nur mit meiner Seele.

Mit meiner Seele denke ich, indem ich rechne, an die

Zahlen, welche ich zusammenzählen oder abzählen, theilen oder vervielfältigen soll. Mit meiner Seele denke ich an den Menschen, von welchem der Lehrer etwas erzählt, oder von dem ich im Lesebuche etwas lese. Mit meiner Seele denke ich an das Spiel, welches ich spielen will, wenn die Schulzeit zu Ende ist. Mit meiner Seele denke ich, indem ich plaudern will, an die Strafe, welche der Lehrer auf das Plaudern gesetzt hat.

Ich könnte nichts Verständiges sagen, wenn ich keine Seele hätte, und nicht mit meiner Seele denken könnte. Ich spreche mit meinem Lehrer, ich antworte auf seine Fragen. Diese Antworten habe ich nicht erst auswendig gelernt, um sie dann herzusagen; ich habe über die Fragen meines Lehrers nachgedacht, und dann habe ich geantwortet. —

Ich möchte meinen Rock nicht mit dem zerlumpten Rocke eines Müßiggängers vertauschen; denn ich habe beide mit einander verglichen, und bemerkt, daß mein Rock nicht zerrissen und nicht abgetragen, also besser als der Rock des Müßiggängers ist. Indem ich beide Röcke mit einander vergleiche, und dann urtheile, daß der meinige besser ist, gebrauche ich meine Seele oder meinen Verstand. Ich entschließe mich, meinen alten Rock gegen einen neuen zu vertauschen, und gebrauche dabei meinen Willen oder meine Willenskraft.

Ich habe gesehen, wie es der Bauer macht, wenn er das Feld bauen, seinen Acker bestellen, oder ihn zur Saat zubereiten will. Er spannt Ochsen oder Pferde vor ein kleines Fahrzeug, welches der Pflug heißt, und aus einem Gestell besteht, an welchem ein breites und scharfes Eisen befestigt ist, welches der Pflugschaar genannt wird. Mit diesem Pfluge fährt der Bauer über den Acker. Das scharfe Eisen schneidet tief in die Erde ein; ein zweites breiteres Eisen reißt sie auf, und macht, daß das Unterste oben kommt, indem das aufgerissene Stück Erde sich umwendet. Dann wird der umgepflügte Acker mit Saamen von Roggen oder Gerste, Hafer oder Weizen bestreut; und dieser Saame wird vermittelst eines hölzernen Werkzeugs, das die Egge heißt, und aus mehren zusammengesetzten Harken besteht, unter die Erde gebracht. Indem ich dies Alles sah, erhielt ich einen Begriff vom Ackerbau.

Wer bis hieher mit Aufmerksamkeit und Nachdenken gelesen hat, wird folgende Fragen richtig beantworten können.

Was will der Hungrige? Was will der Durstige? Was will der Fleißige? Was will der Faule? Was will der Kranke? Was will der Eigensinnige? Was will der Dieb?

Alles, was man essen kann, heißt? Alles, was man sehen kann, heißt? Alles, was nicht viel kostet, heißt? Alles, was man nicht gebrauchen kann, heißt? Alle Thiere, welche ihre Jungen säugen, heißen? Alle Thiere, welche fliegen können, nennt man? An jeder Hand habe ich —. An jedem Fuße habe ich —. Mit meinen Händen kann ich —. Mit meinen Füßen kann ich —. Mit meiner Zunge kann ich —.

Die Kinder, welche ihren Aeltern nicht gehorchen, heißen? Die Kinder, welche ihren Aeltern Freude machen, heißen?

Was soll der Unwissende? Was soll der Kranke? Was soll der Unartige? Was kann der Reiche? Was kann der Geschickte? Was kann der Starke? Was kann der Gesunde?

Welche Thiere kann der Mensch bei dem Ackerbau nicht entbehren? Welches Thier macht, daß er ruhig schlafen kann? Welchem Thiere verdanken wir es, daß wir sanft schlafen, und ein weiches Lager haben? Welche Thiere singen uns bei der Arbeit etwas vor? Welche ahmen die Sprache der Menschen nach? Welche Thiere sind unentbehrlich? Welche verwüsten unsere Gärten? Welche verwüsten die Felder?

Weißt du Alles zu nennen, was in diesem Zimmer vom Schlosser verfertigt worden ist? Aber auch Alles, was der Tischler verfertigt hat? Bemerkst du in diesem Zimmer auch Dinge, welche der Drechsler gemacht hat? Weißt du mir auch ein Ding zu nennen, welches von einem Künstler verfertigt, und zwar in dieser Stube befindlich, aber nicht sichtbar ist? Aber wie heißt das Ding, welches in keiner Stube fehlen darf, ob es gleich den größten Theil des Jahres ganz unbrauchbar ist? Was bemerkst du in dieser Stube, und besonders an deinen Kleidungsstücken, das sonst an einem Thiere gesessen hat? Nenne mir die hölzernen, die eisernen und die kupfernen Geräthschaften, welche in keiner Küche fehlen dürfen.

Nenne mir alle Theile deines Kopfes — alle deine Bedürfnisse — Alles, was du in der Schule gebrauchst — alle die

Thiere, deren Fleisch du gegessen hast. — Jetzt nenne mir einige
wilde vierfüßige Thiere, und nun einige Vögel. Ich weiß
einige Fluß = und einige Seefische, einige Gewürze und einige
Erdarten zu nennen, auch einige Edelsteine. Jetzt kenne ich
die wilden Thiere, deren Fleisch gegessen wird, und die=
jenigen, deren Pelz kostbar ist. — Weißt du auch einige Thiere zu
nennen, welche unter der Erde wohnen?

Nenne mir einige Dinge, welche von Natur eine grüne
Farbe haben, und einige, welche von Natur schwarz
sind. Jetzt einige, welche sehr leicht sind — aber auch einige,
welche sehr schwer sind. Nenne mir den zehnten Buchstaben
des Alphabets, den ersten Tag einer Woche, den sechsten Mo=
nat im Jahre, die Wintermonate, einen Frühlingsmonat und
einen Herbstmonat. Nun auch den Monat, in welchem du ge=
boren bist. Nenne mir einige Dinge, welche im Wasser größer
und weicher werden —; einige, welche im Wasser schmelzen,
und einige, welche auf dem Wasser schwimmen. — Nenne mir
etwas sehr Süßes, etwas sehr Saures und etwas Bitteres.

Wie heißen die Theile eines Holzwagens, eines Spinn=
rades, eines Messers, einer Feder, eines Fensters und einer
Thür? Nenne mir einige Fehler, welche Kindern eigen sind,
und die Tugenden eines guten Schülers.

Im Herbste ist die Luft — im Sommer ist sie — Im Herbste
werden die Früchte — Im Frühling bekommen die Bäume —
Im Winter wird das Wasser zu — Wer im Winter nicht frieren
will, muß —

Wer nicht arbeiten mag, sondern lieber müßig geht, heißt
ein — Mensch. Wer in der Schule nicht fleißig und aufmerk=
sam ist, kann nichts — und bleibt —.

Wenn im Winter viel Schnee gefallen ist, so fährt man in
— Auf dem Wasser fährt man in — oder —.

Im Wasser leben die — In der Luft leben die — In der
Erde wohnen die — Im Sumpfe leben die —.

Alle Bäume, welche saftige, eßbare Früchte tragen, heißen
— Ein Garten, in welchem solche Bäume in Menge wachsen,
heißt — Die Birke trägt keine —, aber ihr Holz ist sehr — Die
Eichen und die Roßkastanien tragen zwar Früchte, aber sie sind
nicht — Die Bäume, welche uns Brennholz und Bauholz geben

sind folgende: — Große abgehauene Bäume sägt man von einander, um — daraus zu machen. Die Bretter gebraucht der —. Die Federn gebraucht man zum — die Pinsel zum — die Schiefertafeln zum — die Nadeln zum — die Füße zum — die Augen zum — die Ohren zum — die Nase zum — die Zunge zum — und zum — die Füße zum — und — die Hände zum — die Zähne zum — das Wasser zum — und — das Netz braucht der — zum — die Flinte braucht der — wobei?

Wer nicht hören kann, den nennt man? Wer nicht sehen kann, den nennt man? Wer nicht reden kann, ist — Wer nicht gehen kann, heißt —. Wer über solche unglückliche Menschen spotten und lachen kann, der verdient —.

Sehr gern höre ich den schönen Gesang einer — und einer — Aber das häßliche Geschrei des — mag ich nicht gern hören. Der Sperling kann nicht — Der Hahn kann nur — Die meisten Thiere geben irgend einen Laut von sich, wenn sie böse oder hungrig, oder fröhlich sind. Das Schwein — der Hund — das Schaaf — das Pferd — der Ochs — die Maus — das Huhn —.

Welche Handwerker beschäftigen sich mit der Verarbeitung des Holzes? Welche verarbeiten die Wolle, und welche den Flachs? — Wessen Beruf ist es, in der Nacht zu wachen, damit die übrigen Menschen ruhig und sicher schlafen können? Welche Menschen müssen mitten in der Nacht arbeiten, damit ihre Mitbürger am Morgen essen können? Welche Menschen können sich bei ihren Berufsgeschäften nicht rein halten? Und welche müssen bei ihrem Gewerbe viel Gestank ausstehen?

Nenne mir einige Handwerker, welche nur solche Dinge verfertigen, die entweder zur Bequemlichkeit, oder zum Vergnügen, oder zur Pracht dienen. Nenne mir die Künstler, welche durch ihre Kunstwerke unser Auge ergötzen. Nenne mir die Kunst, welche uns bequeme und schöne Wohnungen verschafft.

Welche Menschen müssen knieend arbeiten? Welche müssen bei ihrer Arbeit klettern? Welche müssen kriechen und rutschen? Welche müssen unter der Erde arbeiten? Welche im Wasser und auf dem Wasser? Welche in den Wäldern? Welche müssen beständig gehen, um ihr Brot zu verdienen? Welche müssen mit den Händen und Füßen zugleich arbeiten? Welche müssen viel Hitze bei ihrer Arbeit ausstehen? Welche viel Kälte? Welcher Menschen Beruf erfordert es, fast immer auf Reisen zu sein? Welche müssen beständig Blut vergießen? Von welchen Handwerkern könnte man sagen, sie leben vom Winde?

Was nicht geschehen kann, ist unmöglich. Es ist unmöglich, daß ein Schüler etwas lerne, wenn er nicht aufmerksam und fleißig ist. Es ist unmöglich, daß derjenige gesund bleibe, welcher unmäßig ißt und trinkt. Es ist unmöglich, daß ein todter Mensch lebendig wieder erscheine, und daß ein tauber Mensch sich an schöner Musik ergötze. Was ist einem Blinden unmöglich? Was ist einem Kinde von sechs Monaten unmöglich? Was einem Kranken?

Was sein und geschehen soll oder muß, ist nothwendig. Es ist also nothwendig, daß der Mensch gesunde Nahrungsmittel genieße (warum?). Es ist nothwendig, daß der müde Arbeiter sich ausruhe und schlafe (warum?). Es ist nothwendig, daß der Kranke Arznei nehme und sich ruhig verhalte (warum?). Ist es nothwendig, daß ein jedes Haus eine Thür und ein Dach habe? Warum? Alle Menschen müssen sterben; warum? Alle Blumen müssen vergehen; warum? Alle Kinder müssen lernen; warum? Muß man Alles nachahmen, was Andere thun? Warum nicht? — Ist es nothwendig, daß alle Tische roth angestrichen sind, und daß alle Wagen vier Räder haben? Würde der Tisch kein Tisch, und der Wagen kein Wagen sein, wenn der Tisch weiß angestrichen wäre, und der Wagen zwei Räder hätte? Wie aber, wenn der Tisch keine Füße, und der Wagen keine Räder hätte? Müssen die Pferde vor den Wagen gespannt werden, um den Wagen fortzuziehen, oder können sie eben so gut auch hinter den Wagen gespannt werden? Muß der Hund mit Fleisch, und das Pferd mit Gras und Hafer gefüttert werden, oder könnte es auch umgekehrt sein?

Alles, was an einem Dinge sein und auch nicht sein kann, ohne daß das Ding aufhört, dieses Ding zu sein, nennt man zufällig, oder auch Beschaffenheiten des Dinges. Würde der Tisch kein Tisch mehr sein, wenn er, anstatt viereckig zu sein, rund wäre, oder wenn er, statt eines Kastens, zwei Ka-

sten hätte, oder wenn er nicht blau, sondern roth angestrichen,
oder wenn er gar nicht angestrichen wäre? Daß also ein Tisch
viereckig ist, einen Kasten hat, und blau angestrichen ist, dies
sind lauter zufällige Eigenschaften des Tisches. Daß er
Füße und eine Platte habe, sind nothwendige Eigenschaf=
ten. Warum?

Daß vor einem Hause des Abends ein Hund heult, und
daß in diesem Hause bald nachher ein Mensch stirbt, ist etwas
Zufälliges; denn der Hund hätte auch heulen, und es hätte
kein Mensch sterben können. Daß einer, der in die Lotterie
gesetzt hat, etwas gewinnt, ist zufällig; er hätte auch einsetzen
und nichts gewinnen können.

Es geht ein Mann mit einer Angel an das Ufer eines
Flusses. Er hält die Angel in's Wasser, und wendet kein Auge
davon. Thut er das Alles ohne Ursache? Nein, sondern er
will dadurch etwas erlangen, er will einen Fisch fangen, dies
ist die Absicht seiner Handlung. Es geht ein Anderer an den
Fluß, zieht alle seine Kleidungsstücke aus, und geht nackend in
das Wasser hinein. Hat dieser auch eine Absicht? und welche?

Meine Aeltern schicken mich in die Schule. Sie haben
dabei die Absicht, daß ich— Christian ging auf's Eis, fiel, und
zerbrach sich den Arm. War Christian auf das Eis gegangen,
um seinen Arm zu zerbrechen? Dies war also nicht seine Ab=
sicht. Hatte er gar keine Absicht? Welche? Ein Mann gräbt
ein tiefes Loch, setzt einen hohen und starken Pfahl hinein,
schüttet das Loch wieder zu, und stampft die Erde mit den
Füßen fest. Dann nimmt er noch einen eben so großen Pfahl,
und gräbt ihn nicht weit von dem ersten ein. An diesen beiden
Pfählen nagelt er starke Bretter fest. Was will er durch dies
Alles zu Stande bringen? Es ist also seine Absicht, einen —
zu machen. Aber warum will er ihn machen? Hat er dabei
auch eine Absicht? Welche?

Karl wollte gern eine reife Birne von einem hohen Baume
herunter haben. Er schüttelte den Baum, aber die Birne fiel
nicht herunter. Jetzt versuchte er es, den Baum zu erklettern,
aber auch dies gelang ihm nicht. Nun holte er eine lange
Stange herbei, und schlug damit so lange an den Zweig, wor=
an die Birne saß, bis sie herunter fiel. Karl suchte also auf

dreierlei Art seine Absicht zu erreichen. Dasjenige, wodurch man seine Absicht zu erreichen sucht, nennt man ein Mittel. Wie vielerlei Mittel hatte Karl angewandt, um seine Absicht zu erreichen? Wie waren die beiden ersten Mittel? Wie war das dritte?

Welche Absicht hat der Kranke, wenn er Arznei einnimmt? Wofür hält er also die Arznei? Welche Absicht hat der Lehrer, wenn er den nachlässigen Schüler bestraft? Was soll die Strafe sein? Welche Absicht hat der, welcher sich im Schreiben übt? Wofür hält er also die Uebung?

Welches ist das beste Mittel, um satt, um fröhlich, um verständig zu werden? Welches ist das beste Mittel, um sich vor Krankheit, vor langer Weile, vor Strafe und Verdruß zu schützen? Welches ist das Mittel, um etwas zu finden, um von Andern etwas zu erlangen, um sich vor Unglücksfällen zu bewahren, um sich zu erwärmen, um seine Kleider lange zu erhalten, um sich Eßlust zu verschaffen, um nach einem entfernten Orte zu kommen, um die Länge eines Tisches zu erfahren, um sich bei Andern beliebt zu machen, um ein Schiff in Bewegung zu setzen? — Welche Mittel wendet der Bauer an, um seinen Acker zur Saat zuzubereiten? Welches Mittels bedient man sich, um ein Pferd zu regieren, um eine große Last in die Höhe zu heben, um die Schwere einer Sache zu erfahren, um einem Entfernten eine Nachricht zu geben?

Fritz sollte seinem Vater ein Messer aus der Küche holen, als es schon finster war. Nimm ein Licht mit, sagte der Vater. Aber Fritz meinte, er könne das Messer auch im Finstern finden, und lief ohne Licht fort. Es dauerte keinen Augenblick, so hörte ihn der Vater fallen. Schnell kam er mit dem Lichte herbei gelaufen. Fritz war im Finstern über ein Stück Holz gefallen, das im Wege lag, und hatte sich das Gesicht am Heerde zerschlagen. Er mußte den ganzen Abend viel Schmerzen leiden. Woher kam es, daß Fritz einen so schlimmen Fall that? Nicht wahr, daher, weil er dem Rathe seines Vaters nicht folgen wollte, oder weil er eigensinnig war? Dasjenige, woraus etwas entsteht, oder wodurch etwas hervorgebracht wird, nennen wir die Ursache, und dasjenige, was aus der Ursache entsteht, nennen wir die Wirkung. Welches war nun hier die Ursache? Und welches war die Wirkung?

Karl wurde von seinen Aeltern zu einer Tante geschickt, um etwas zu bestellen. Die Tante gab ihm ein großes Stück Kuchen, und einige Aepfel; und Karl aß auf dem kurzen Wege nach Hause das ganze Stück Kuchen nebst den Aepfeln auf. Am folgenden Tage hatte er heftige Leibschmerzen. Was war die Ursache seiner Krankheit, oder wovon war die Krankheit eine Wirkung?

Gottlieb hatte schöne Blumen, aber an einem heißen Tage hatte er vergessen, sie zu begießen; da wurden die Blumen welk, und neigten sich zur Erde. Was war die Ursache, daß die Blumen welk wurden? Gottlieb nahm nun frisches Wasser und begoß die welken Blumen. Sehr bald zeigten sich die guten Wirkungen des Begießens: die Blumen richteten sich wieder auf, und waren nach einigen Wochen so frisch, wie zuvor.

Der Arbeiter ist müde und hungrig. Was ist die Ursache hiervon? Die Müdigkeit und der Hunger sind also Wirkungen; wovon? Des Morgens vergeht die Dunkelheit, und es wird hell. Welches ist die Ursache hiervon? Sage mir die Wirkungen des Schlafes und des Essens, die Wirkungen des Fleißes, der Faulheit, der Kälte, der Hitze, des Müßiggangs, des Branntweins, des kalten Wassers und des Feuers. Gib mir die Ursache an von einem Schalle, einem Schusse und einem Getöse.

Eine Wirkung kann auch zu einer Ursache werden. Du gehst durch einen Wald. Auf ein Mal geschieht in deiner Nähe ein Schuß. Der heftige Knall ist die Wirkung des Schusses, aber er wird auch zugleich die Ursache, daß du dich erschrickst, und daß ein Hase todt niederfällt. Ist die Ursache eher da, oder die Wirkung?

Das Wort Ursache bedeutet aber nicht immer dasjenige, woraus etwas entsteht, oder woher etwas kommt, sondern oft auch: warum etwas so ist, wie es ist, oder warum etwas geschieht.

Karl ging mit seinem Vater über ein Feld, und sah, daß eine Menge Krähen einem Bauer, welcher pflügte, auf dem

Fuße nachfolgten. Warum mögen die Thiere das thun?
fragte Karl. Der Vater sagte ihm, daß die Krähen sich von
den Würmern nähren, welche in der Erde liegen, und besonders
von den Engerlingen, woraus die Maikäfer entstehen. Indem
der Pflug die Erde aufreißt, kommen die Würmer hervor, und
darum gehen die Krähen beständig hinter dem Pfluge her. Nun
wunderte sich Karl nicht mehr über das, was er sah, denn er
wußte nun die Ursache davon, oder den Grund. Ich weiß
die Ursache, weswegen die Schwalbe ihr Nest unter dem Dache
baut; warum der Reiher in der Nähe eines Teiches oder Sees
nistet; warum man die Hühner auf dem Hofe, und nicht im
Garten hat; warum jede Schreibfeder eine Spalte, und jedes
Wohnhaus einen Schornstein haben muß; und warum ich jetzt
nicht schlafen möchte.

II.
Erzählungen zur Beförderung guter Gesinnungen und zur Schärfung des Verstandes.

1. Die ungezogenen Kinder.

Wenn Franz und Christian aus der Schule kamen, so
sah man sie nie still und ordentlich nach Hause gehen, sondern
immer stürzten sie mit lautem Geschrei aus dem Schulhause
heraus, wenn sie merkten, daß der Lehrer ihnen nicht nachsähe.
Kaum waren sie auf die Straße gekommen, so jagten sie sich
wild herum, und warfen einander mit Erdklößen, oder wohl
gar mit Steinen. Hatte es geregnet, so gingen sie nicht, wo
es trocken war, sondern sie wateten mitten durch die Pfützen
hindurch, und bespritzten einander mit dem schmutzigen Wasser.
Wenn sie ein Huhn oder eine Ente, oder ein anderes Thier auf
ihrem Wege antrafen, so jagten sie es vor sich her, warfen es
mit Steinen, und hatten eine boshafte Freude daran, das arme
Thier, so viel sie konnten, zu ängstigen. Als sie sich eines Tages
auch so ungezogen auf der Straße betrugen, kam ein alter
Mann gegangen, und verwies ihnen ihre Ungezogenheit. Ihr
solltet euch schämen, sagte er; denn es schickt sich nicht für Kinder, welche aus der Schule kommen, wo sie so viel Gutes

gehört haben; wild und ungezogen zu sein. Aber die bösen
Knaben hörten kaum, was der alte Mann sagte, und liefen
lachend und tobend fort. Die Aufführung dieser Knaben miß=
fiel also dem alten Manne sehr. Konnte sie wohl irgend einem
verständigen Menschen gefallen? Was verständigen Men=
schen mißfällt, das ist unanständig.

Ich will mich immer so betragen, daß verständige Menschen
mein Betragen mit Wohlgefallen bemerken können.

2. Die Versuchung.

Ernst und August gingen eines Tages in das Freie, und
kamen vor einem Garten vorbei, welcher offen stand. Sie
gingen aus Neugierde hinein, und fanden einige Pflaumbäume,
welche so voll von reifen Früchten hingen, daß man sie hatte
stützen müssen. Sieh, August, sagte Ernst, hier können wir
uns recht satt essen; es ist kein Mensch in dem Garten zu sehen;
laß uns geschwind einen Zweig abbrechen, und damit fort=
laufen. Nein, antwortete August, das dürfen wir nicht thun,
denn die Pflaumen gehören uns ja nicht. Ei, was schadet das?
rief Ernst; der Mann, dem sie gehören, kann es doch unmög=
lich merken, daß wir ein Paar genommen haben, er hat so viele,
daß man sie nicht zählen kann. Aber es ist doch Unrecht, wenn
wir es thun, erwiederte August, denn man soll Nichts heimlich
wegnehmen, was Andern gehört, wenn es gleich nur eine Klei=
nigkeit ist. Weißt du nicht mehr, was der Vater neulich sagte,
als er uns die Geschichte von dem Diebe erzählte, welcher in
Ketten vor unserm Hause vorbeigeführt wurde? Nun, was
sagte denn der Vater? fragte Ernst. Er sagte: bei dem Klei=
nen fängt man an, und bei dem Großen hört man
auf. Ernst wurde nachdenkend, und sagte endlich: Du hast
Recht, lieber August; wir wollen weiter gehen.

Ernst war in großer Versuchung gewesen, etwas Un=
rechtes zu thun, indem er die Begierde fühlte, Pflaumen zu
essen, welche ihm nicht gehörten. Wie gut war es, daß ihn
August warnte.

3. Die üble Gewohnheit.

So lange Franz in dem Hause seiner Aeltern war, ging
er alle Tage, so bald es dunkel wurde, zu Bette, oder er schlief

sitzend ein, und mit großer Mühe mußte man ihn dann ermun=
tern: oft mußte ihn die Mutter sogar wie ein kleines Kind aus=
ziehen und zu Bette bringen, weil er sich gar nicht ermuntern
konnte.   Dennoch schlief er so lange, bis es Tag wurde, und
im Sommer sah man ihn sogar bei hellem Sonnenschein im
Bette liegen.   Die Mutter ermahnte ihn oft, sich diese Träg=
heit abzugewöhnen, weil er es künftig nicht immer würde, so
treiben können; sie gab ihm den Rath, des Abends in der
Stube umher zu gehen, so bald er merkte, daß ihm der Schlaf
ankäme, und des Morgens rasch aufzustehen, so bald er geweckt
würde, oder von selbst erwachte.   Aber Franz befolgte diese
Ermahnungen nur sehr wenig, und blieb bei seiner üblen Ge=
wohnheit.   In seinem vierzehnten Jahre kam er zu einem Bäcker
in die Lehre.   Dieser verlangte von ihm, daß er des Abends
bis gegen 10 Uhr wachen, und allerlei Geschäfte besorgen, auch
im Sommer und Winter früh um 5 Uhr wieder aufstehen sollte.
Aber dies war dem verwöhnten Franz unmöglich.   Da er nun
nicht mehr früh zu Bette gehen durfte, so schlief er beständig
bei der Arbeit, ja zuweilen sogar stehend ein.   Einige Mal fiel
er um, und beschädigte sich dabei den Kopf.   Sein Lehrherr
bestrafte ihn oft wegen seiner Trägheit, aber es half nichts.
Franz konnte sich das viele Schlafen nicht abgewöhnen.   Nach
Verlauf eines Monats schickte ihn sein Lehrherr wieder nach
Hause, mit der Versicherung, daß er ihn unmöglich behalten
könne, weil er gänzlich unbrauchbar sei.   Franz wurde auch
niemals ein thätiger und ganz brauchbarer Arbeiter.   So
schwer ist es, eine üble Gewohnheit abzulegen!

4. Die kleinen Diebe.

Klausens Kinder hatten bemerkt, daß in dem Garten des
Nachbars Ehrmann zwei Birnbäume standen, welche herrliche
Früchte trugen.   Sie kamen auf den Gedanken, über den Zaun
zu steigen, und sich einige Birnen zu holen.   Was war das für
ein Gedanke? Der Nachbar merkte endlich, daß er bestohlen
wurde, und versteckte sich eines Tages, als es dunkel wurde, im
Garten, um den Dieb zu ertappen.   Es dauerte auch nicht
lange, so sah er Klausens Kinder über den Zaun steigen.
Scheu und ängstlich sahen sie sich um, und als sie keinen Men=

schen im Garten erblickten, liefen sie eilig nach den Birnbäumen hin. Eben wollten sie mit der gemachten Beute davon gehen, als der Herr des Gartens hervorkam, und ihnen in den Weg trat. Wie beschämt und erschrocken standen nun die kleinen Diebe da; wie flehend baten sie Ehrmann, daß er ihnen doch die schlechte Handlung vergeben, und sie nicht bei ihrem Vater verklagen möchte! Ehrmann ließ sich erbitten, weil sie ihm versprachen, daß sie nimmermehr wieder Etwas wegnehmen wollten. Aber die bösen Kinder hielten nicht Wort, denn nach einigen Wochen fand Ehrmann eines Morgens alle seine reifen Weintrauben abgerissen. Nun ging er zu seinem Nachbar, und bat ihn, seine Kinder wegen ihrer wiederholten Diebereien zu strafen. Aber diese leugneten hartnäckig, daß sie Obst gestohlen hätten, und der Vater glaubte ihnen. Ehrmann ging seufzend fort, und sagte beim Weggehen: Kinder, euch wird es einmal in der Welt nicht wohlgehen, denkt an mich! Diese Vorhersagung ging auch wirklich in Erfüllung. Die kleinen Diebe blieben bei ihrer schändlichen Gesinnung, wurden Betrüger, und nahmen ein trauriges Ende.

5. Der Tagedieb.

Siegmund war der Sohn wohlhabender Aeltern, und daher konnte er manches Vergnügen haben, welches andere Kinder entbehren müssen. Seine Aeltern gingen oft mit ihm spazieren, und kehrten dann immer irgendwo ein, um allerlei Erfrischungen zu genießen. Gab es in der Stadt etwas Neues zu sehen, z. B. fremde Thiere oder eine Komödie, oder waren Musikanten im Gasthofe angekommen: so gingen sie gewöhnlich mit Siegmund hin, um ihm ein Vergnügen zu machen; sie hofften, er würde dann auch desto mehr darauf bedacht sein, durch Fleiß und Aufmerksamkeit in der Schule diese ihre Güte zu verdienen. Aber diese Hoffnung erfüllte der leichtsinnige Siegmund nicht. Er bekam einen übermäßigen Hang zum Vergnügen, und suchte sich beständig von der Arbeit wegzuschleichen. Mit Widerwillen ging er in die Schule, und machte daher gewöhnlich große Umwege, wenn er dahin gehen mußte; ja er kam sogar zuweilen gar nicht in die Schule, sondern spielte während der Schulzeit im Freien mit andern Knaben, welche ihm ähnlich waren. Seine Aeltern erfuhren dieß zwar, aber Siegmund wußte dann immer allerlei Entschuldigungen vor=zubringen, versprach auch beständig, sich zu bessern. Die Ar=beiten, welche er zu Hause machen sollte, machte er entweder gar nicht, oder so flüchtig, daß der Lehrer unmöglich damit zu=frieden sein konnte. Nichts war ihm angenehmer, als Spielen und Spazierengehen, und man sah ihn halbe Tage auf dem Felde umher laufen, stundenlang zusehen, wenn die Soldaten exercirten; und wenn es in der Stadt Etwas zu sehen gab, so fehlte Siegmund nie. Sein Lehrer nannte ihn oft einen Tage=dieb, weil er die Zeit leichtsinnig verschleuderte, und so oft die Stunden, welche der Arbeit und dem Lernen bestimmt waren, zu seinem Vergnügen mißbrauchte; denn dadurch raubte er sich ja selbst die kostbarste Zeit zum Lernen, welche nie wiederkommt. Siegmund nahm nur an Alter und an körperlicher Stärke, aber nicht an Kenntnissen und Geschicklichkeiten zu; und die Vor=herfagung seines redlichen Lehrers, daß er nie ein brauchbarer Mensch werden würde, ging genau in Erfüllung.

6. Der kleine Verschwender.

Vater Erich hielt seine Kinder früh dazu an, daß sie durch Arbeit Etwas erwerben mußten. Seine Töchter näheten und strickten auch außer den Schulstunden, und er kaufte ihnen dann zuweilen ihre kleinen Arbeiten ab. Seine Söhne drechselten, oder machten allerlei Papparbeiten. Auch diese kaufte ihnen Erich ab, wenn sie sauber und nett gemacht waren. Diese Kinder hatten also immer Geld in Händen, welches sie nach ihrem Willen verwenden konnten; aber der Vater ermahnte sie oft, es nützlich anzuwenden, und damit sparsam umzügehen. Marie und Karl, die beiden jüngern Kinder Erich's, befolgten auch diese Ermahnungen, und kauften sich für ihr gesammeltes Geld allerlei Dinge, welche sie nöthig hatten, z. B. Papier, Federn, Bleistifte, Messer und Scheeren. Wie groß war immer ihre Freude, wenn sie einige Cents durch ihre Arbeit erwor=ben hatten, und wie lieb war ihnen Alles, was sie für ihr eige=nes Geld gekauft hatten! Aber Gustav, Erich's ältester Sohn, ging nicht so haushälterisch mit seinem Gelde um. Alles, was er sah, und was ihm auf den ersten Anblick gefiel, wollte er

haben, und daher kaufte er oft ganz unnütze Dinge, oder auch
solche, die er jetzt gerade nicht bedurfte. Er hatte z. B. ein
recht gutes Messer; aber nun sah er eins, welches eine schönere
Schaale hatte, oder ein wenig größer war; gleich kaufte er es,
und gab dann, was die Leute forderten, daher er immer viel zu
theuer einkaufte. Wenn er hinterher etwas Nothwendiges zu
kaufen hatte, so fehlte es ihm an Geld, und er wollte dann von
seinen Geschwistern Etwas borgen; aber das hatte der Vater
strenge verboten. Nun bat er den Vater oder die Mutter, daß
sie ihm noch Etwas schenken möchten, aber er bekam dann im=
mer zur Antwort: lerne mit deinem Gelde s p a r s a m umgehen,
kaufe nichts Unnützes und nichts Unnöthiges, so wird es dir
nie an dem Nöthigen fehlen.

7. Das wohlthätige Kind.

Vor einigen Jahren brannte nahe bei der Stadt B. ein
ganzes Dorf ab, indem bei einem heftigen Sturme das Feuer
mit unbeschreiblicher Schnelligkeit ein Haus nach dem andern
ergriff, ehe die Nachbarn zur Rettung herbeieilen konnten.
Einige achtzig Menschen, und darunter schwache, gebrechliche
Greise und Matronen, unmündige Kinder und arme Tagelöh=
ner, verloren in einer einzigen Stunde ihre Wohnungen, ihre
Kleidung und alle ihre Habseligkeiten. Gott, was war das
für ein Jammer, diese Unglücklichen mit ihren armen, zum Theil
kranken, Kindern, von Kälte erstarrt (denn es war spät im
Herbst), seufzend und weinend in der Irre herumlaufen, und
ängstlich ein Obdach suchen zu sehen! Der rechtschaffene Predi=
ger dieses unglücklichen Dorfes, der selbst Alles verloren hatte,
war nicht so sehr auf seine eigene Rettung bedacht, als vielmehr
darauf, wie er den Unglücklichen, die um ihn her jammerten,
schnelle Hilfe verschaffen könnte. Er ging daher auf den be=
nachbarten Dörfern umher, und suchte die Abgebrannten bei
mitleidigen Leuten unterzubringen; er sammelte in der Nähe
und in der Ferne Geld, Nahrungsmittel und Kleidungsstücke
ein, und ließ eine rührende Erzählung von dem schrecklichen
Brande in den Zeitungen abdrucken. Seine Bemühungen
waren auch nicht vergebens. Von allen Seiten kamen ihm
ansehnliche Beiträge an Geld und Lebensmitteln zu, und der

redliche Mann theilte Alles mit eben so großer Freude, als mit
Gewissenhaftigkeit und Vorsicht unter die Abgebrannten aus.
Unter andern kam auch ein Knabe aus einem benachbarten
Dorfe zu ihm. Schüchtern trat er in die Stube und sagte:
ich hätte wohl eine große Bitte an Sie, lieber Herr Prediger,
wenn Sie es nicht übel nehmen wollen. Sage mir nur, ant=
wortete dieser freundlich, womit ich dir helfen kann, ich will es
recht gern thun. Ach nein, helfen sollen Sie mir nicht, erwie=
derte der Knabe; ich bitte nur, daß Sie dieses Geld und diesen
alten Rock für die armen Abgebrannten annehmen wollen; es
ist freilich nur sehr wenig, aber ich habe nicht mehr, und ich
möchte doch so gern für unsere verunglückten Nachbarn etwas
thun, denn sie jammern mich sehr. Meine Schwester meinte
zwar, mit einer solchen Kleinigkeit dürfte ich nicht kommen, die
könnte ja doch nur wenig oder gar nichts helfen; aber ich könnte
es doch nicht lassen, hierher zu gehen und es Ihnen anzubieten.
—Du hast ganz recht gethan, liebes Kind, sagte der Prediger,
und Thränen der Rührung standen ihm dabei in den Augen.
Eine jede Gabe, die aus gutem Herzen gegeben wird, hat ihren
Werth, und also auch die deinige. Bleibe immer bei dieser
guten Gesinnung, und sei redlich bemüht, das Gute nach deinen
Kräften zu befördern, so wirst du stets ein fröhliches Herz
haben, und Gott wird es dir wohl gehen lassen. Lukas 21,
Vers 1—4.

8. Das ordentliche und reinliche Kind.

Albert hatte arme, aber sehr rechtschaffene und verständige
Aeltern. Sie wohnten in einem engen Stübchen, aber dennoch
sah es immer ordentlich und reinlich in ihrer Wohnung aus;
denn Alberts Mutter konnte es nicht leiden, daß die Sachen
umher lagen, oder daß der Fußboden voll Staub und Schmutz
war. Des Morgens war es ihr erstes Geschäft, die ganze
kleine Wohnung zu reinigen, die Betten zu machen, und frische
Luft in die Stube zu bringen. Wie hätte wohl Albert ein un=
ordentlicher Mensch werden können, da seine Mutter ihm ein
so gutes Beispiel gab! Man sah auch an ihm recht deutlich,
wie gut es ist, wenn Kinder sich früh an Ordnung und Rein=
lichkeit gewöhnen. Albert hätte sich z. B. nimmermehr ent=

schlossen, mit herumhängenden Haaren oder schmutzigen Händen, wie manche unordentliche Kinder, in die Schule zu gehen;
es wäre ihm nicht möglich gewesen, Tage lang den Schmutz
an seinen Stiefeln sitzen zu lassen, oder die mit Dinte befleckten
Hände an seinen Kleidungsstücken abzuwischen, wie es so viele
unreinliche Kinder thun. Nie sah man ihn anders, als mit
ausgekämmten Haaren und gewaschenen Händen in die Schule
gehen; sein Rock war immer sorgfältig ausgebürstet, seine
Stiefeln waren gesäubert, und in seinen Schulbüchern war kein
Fleck und kein Ohr zu finden. Seinen Hut warf er nie unter
den Tisch, und mit der Dinte ging er immer sehr behutsam um;
auch fehlte es ihm nie an einem Taschentuche. Der reinliche
und ordentliche Albert war die Freude seiner Aeltern und seiner
Lehrer.

9. Der Lügner.

Heinrich wurde von seinen Aeltern nach dem Posthause
geschickt, um einen Brief abzugeben, an welchem sehr viel gelegen war. Auf dem Wege begegnete ihm Franz mit einigen
andern Knaben. Franz war ein zänkischer Knabe, und besonders war er mit Heinrich beständig im Streit, weil dieser
eine heftige Gemüthsart hatte, und also leicht gereizt war.
Auch dies Mal geriethen sie mit einander in Streit, weil keiner
dem andern aus dem Wege gehen wollte. In der Hitze des
Streits ließ Heinrich den Brief fallen, trat darauf, und be-
schmutzte ihn dabei so sehr, daß die Aufschrift nicht mehr zu
lesen, und das Papier durchlöchert war. Was sollte er nun
anfangen? Wenn er zu Hause kam, und Alles gestand, was
vorgefallen war, so hatte er die härteste Strafe zu erwarten,
denn sein Vater war sehr strenge, und hatte ihm dies Mal aus-
drücklich gesagt: bestelle ja den Brief recht ordentlich, denn es
ist mir sehr viel daran gelegen. Heinrich kam endlich auf den
schlimmen Gedanken, sich durch eine Lüge aus der Noth zu
helfen. Er versicherte also dem Vater auf dessen Frage mit
großer Dreistigkeit, daß er den Brief richtig bestellt habe; doch
schlug ihm das Herz bei dieser Lüge. Als nach zehn Tagen
keine Antwort auf den Brief kam, ging Heinrichs Vater selbst
nach dem Posthause, um sich zu erkundigen, ob auch der Brief
wirklich abgegangen wäre. Wie erstaunte und erschrak er, als

man ihm aus den Büchern zeigte, daß sein Brief gar nicht ab=
gegeben worden sei. Heinrich sollte nun gestehen, was er mit
dem Briefe angefangen habe. Lange leugnete er hartnäckig,
daß er ihn nicht abgegeben habe; aber als ihm sein Vater ver=
sprach, daß er ihm Alles vergeben wolle, wenn er gestände, was
aus dem Briefe geworden sei, so gestand er endlich Alles. Aber
wie sehr mußte Heinrich seine Lüge bereuen, als er hörte, daß
er seinem Vater durch ein früheres aufrichtiges Geständniß
einen großen Verlust, sich selbst große Angst und Beschämung
erspart hätte, und daß sich dann noch Alles hätte wieder gut
machen lassen. Er nahm sich fest vor, nie wieder zu lügen,
und lieber eine verdiente Strafe zu leiden, als die Unwahrheit
zu sagen. Aber es dauerte lange, ehe er seines Vaters Zu=
trauen wieder gewinnen konnte, und dies that ihm sehr wehe.

10. Wer sich muthwillig in Gefahr begibt, kommt darin um.

Christian Kaßmann war der Sohn armer Aeltern.
Seine Mutter starb, als er erst drei Jahr alt war. Sein Vater
war den ganzen Tag außer dem Hause auf Arbeit, und konnte
sich daher wenig um den Knaben bekümmern. Er würde also
ganz ohne Aufsicht geblieben, und gänzlich verwildert sein,
wenn nicht ein gutgesinnter Nachbar, der sich im Wohlstande
befand, den muntern und wohlgebildeten Knaben an Kindes
Statt angenommen und erzogen hätte. Aber Christian machte
seinen Pflegeältern wenig Freude, denn er war wild, ungehor=
sam und faul. Oft warnten und straften sie ihn, aber er besserte
sich immer nur auf kurze Zeit. Besonders machte ihnen seine
Verwegenheit oft Besorgniß und Schreck. Kein Baum war
ihm zu hoch, er kletterte hinauf; kein Sprung war so gefährlich,
den Christian nicht gewagt hätte, um sich vor andern Knaben
etwas sehen zu lassen. Die Verwegenheit brachte ihm endlich
den Tod. Höret die schreckliche Begebenheit, und nehmt euch
vor, daß sie euch zur Warnung dienen soll. Eines Tages
spielte Christian mit einigen andern Knaben. Mit der größten
Wildheit liefen sie die hohe und steile Treppe des Hauses hin=
auf und hinunter. Endlich kam Christian auf den unglücklichen
Einfall, heute wieder etwas zu versuchen, was er schon einige

Mal versucht hatte, nämlich sich mit dem halben Leibe über das Geländer der Treppe zu hängen, und so von oben hinab zu rutschen. O hätte er doch in diesem Augenblicke an die Warnungen seiner Pflegeältern gedacht, welche ihm dies Wagestück so oft untersagt hatten! Aber in seiner Wildheit dachte er nicht daran, hängte sich über das Geländer, bekam das Uebergewicht, stürzte hinab, und war auf der Stelle todt.

11. Der ehrliche Knabe.

Klaus spielte vor der Thür, als ein Nachbar ihn herbeirief, und ihn freundlich bat, daß er ihm den Gefallen thun, und vor der Stadt die Post erwarten möchte, um ihm sogleich Nachricht geben zu können, wenn er sie in der Ferne kommen sähe. Klaus war sehr bereitwillig, diesen Auftrag zu vollführen, denn er war ein dienstfertiger Knabe. Eilig lief er vor die Stadt, und stellte sich auf eine Anhöhe, wo er die Landstraße auf eine weite Strecke übersehen konnte. Er hatte schon eine gute halbe Stunde gewartet, als Heinrich vorbeikam. Da er Klausen ansichtig wurde, rief er ihm zu: komm mit mir, drüben auf der Wiese sind alle unsere Schulkameraden, wir wollen zusammen Ball spielen! Klaus versicherte ihm, daß er jetzt nicht mitkommen könne, so gern er auch mitspielen möchte; denn er habe seinem Nachbar versprochen, hier auf die Post zu warten, und es ihm zu sagen, so bald er sie kommen sähe. Aber wie lange willst du denn hier in der Sonne stehen? erwiederte Heinrich; das hast du ja gar nicht nöthig, und du hast nun schon lange genug gewartet; ich dächte, du kämest immer mit. Doch Klaus war nicht zum Weggehen zu bewegen, so sehr auch der leichtsinnige Heinrich über seine Einfalt spottete; denn er hatte oft von seinem Vater gehört: ein ehrlicher Mann hält sein Wort. Zwar mußte er noch eine volle halbe Stunde warten, ehe die Post kam, und hatte dabei viel Sonnenhitze auszustehen; aber wie groß war auch dann seine Freude, als er endlich den Postwagen in der Ferne erblickte, und nun seinem Nachbar die erwünschte Nachricht bringen konnte. Was würdet ihr gethan haben, wenn ihr in demselben Falle gewesen wäret?

12. Wer nicht hören will, muß fühlen.

Karl kam an einem sehr kalten Wintertage aus der Schule. Es hatte seit zwei Tagen stark gefroren, und indem er mit einigen andern Knaben über eine Brücke ging, sah er, daß der Fluß mit Eis belegt war. Komm, sagte er zu ihnen, wir wollen auf's Eis gehen! Alle waren sogleich dazu bereit, und nun liefen sie eine Treppe hinunter, die nach dem Flusse führte. Da kam ein alter Mann gegangen; Kinder! rief er, wo wollt ihr hin? Traut dem Eise nicht, es ist noch lange nicht stark genug, um euch zu tragen; ihr werdet einbrechen! Da stutzten alle, und scheueten sich, auf das Eis zu gehen; nur der leichtsinnige Karl kehrte sich an die wohlgemeinte Warnung nicht, sondern ging doch auf das Eis; er spottete sogar über die Andern, und rief ihnen zu: schämt euch, ihr habt kein Herz; wer wird sich fürchten! Aber er war kaum einige Schritte gegangen, da brach er schon ein, und lag bis an den Hals im Wasser. Alle liefen schreiend davon, und Karl wäre verloren gewesen, wenn nicht der alte Mann, welcher aus gutherziger Besorgniß in der Nähe geblieben war, hinzugelaufen wäre, und ihn gerettet hätte. Karl zitterte wie ein Espenlaub, war todtenblaß, und konnte Anfangs kein Wort hervorbringen. Ob man sich gleich Mühe gab, ihn bald wieder zu erwärmen, so wurde er doch recht krank, und mußte einige Tage im Bette liegen. Merke dir, sagte der Vater, als er wieder gesund geworden war, die Warnung: wer nicht hören will, muß fühlen.

Aber wenn nun Alles gut abgelaufen, und Karl nicht eingebrochen wäre, hätten die andern Knaben wohl Ursache gehabt, es zu bereuen, daß sie der Ermahnung des alten Mannes gefolgt wären?

13. Der Freund in der Noth.

Höre, liebe Mutter, sagte der kleine Hartmann, als er eines Tages aus der Schule zu Hause kam: dem armen Niklas, der keinen Vater und keine Mutter mehr hat, geht es recht traurig; er ist sehr krank geworden, und die bösen Leute, welche ihn zu sich genommen haben, lassen ihn in einer abgelegenen Kammer ganz allein liegen, ohne ihn zu warten und zu pfle-

gen; das jammert mich sehr, und ich möchte wohl den armen
kranken Niklas recht oft besuchen, wenn du es erlauben wolltest.
Sehr gern, mein Sohn, antwortete die Mutter, denn es ist
recht und gut, daß Freunde sich einander in der Noth beistehen,
aber sei auch dabei vorsichtig, und erkundige dich zuvor, ob die
Krankheit deines Freundes nicht ansteckend, und für dich also
keine Gefahr dabei zu besorgen sei. Sogleich lief Hartmann
hin, um sich zu erkundigen; und brachte die Nachricht, daß die
Krankheit nicht ansteckend wäre. Nun ging er alle Tage zu
seinem kranken Freunde, saß stundenlang an seinem Bette,
holte Alles herbei, was er bedürfte, und brachte sogar einige
Stunden des Nachts bei ihm zu. Als Niklas sich wieder erholte, las ihm Hartmann aus guten Büchern Etwas vor, und
brachte ihm stärkende Speisen, welche er sich von seiner guten
Mutter erbeten hatte. Einer seiner Mitschüler sagte einst zu
ihm: du bist doch ein rechter Thor, daß du stundenlang bei
dem kranken Niklas sitzest; ich würde mich dafür bedanken.
Würde es dir nicht sehr wohl gefallen, antwortete Hartmann,
wenn du krank und von allen Menschen verlassen wärest, und
ein Freund nähme sich deiner an, spräche dir Trost zu und
pflegte dich?

Niklas wurde bald wieder gesund, und dankte seinem
Freunde Hartmann mit inniger Rührung für seinen liebreichen
Beistand. Wie wollte ich mich freuen, sagte er, wenn ich dir
auch wieder etwas zu Liebe thun könnte, guter Hartmann;
aber ich bin arm, und weiß auch nicht, womit ich dir eine Freude
machen kann. Nach einiger Zeit kam Hartmann eines Tages
in sein kleines Gärtchen, welches er sich auf dem Hofe selbst angelegt und eingerichtet hatte. Wie erstaunte er, als er alles
Unkraut ausgerauft, die kleinen Beete sorgfältig umgegraben,
geharkt und mit schönen Blumen besetzt fand. Er konnte gar
nicht begreifen, wie das zugegangen war, denn noch den Abend
zuvor war er in seinem Gärtchen gewesen. Anfangs dachte er,
seine Aeltern hätten ihm dies Vergnügen gemacht; aber weder
sie, noch die Leute im Hause wußten Etwas davon. Endlich
erfuhr Hartmann von einem Nachbar, daß der dankbare Niklas
die Blumen früh am Morgen gebracht und eingesetzt habe.
Seit dieser Zeit lebten Beide in der herzlichsten Freundschaft,

und hätten wohl ihr Leben für einander gelassen, wenn sie jemals in diesen Fall gekommen wären.

14. Der Zanksüchtige.

Gottlieb lebte mit seinen Geschwistern und Mitschülern beständig im Streit. Wenn seine kleine Schwester nur Etwas anrührte, was ihm gehörte, so schimpfte er gleich, und schlug auch wohl nach ihr. Wenn er sie nach der Schule brachte, oder aus der Schule abholte, so hatte er beständig mit ihr zu zanken; denn bald ging sie ihm zu schnell, bald zu langsam, und oft schleppte er das arme Mädchen unbarmherzig neben sich her, wenn sie nicht mitkommen konnte. Saß sie vor der Thür, so sagte er: geh weg, ich will da sitzen; und wenn sie nicht freiwillig wegging, so stieß er sie mit Gewalt fort. Eben so machte er es in der Schule, und daher wollte endlich Niemand mehr neben dem zänkischen Gottlieb sitzen. Er suchte sogar eine Ehre darin, Jedem Trotz zu bieten, und verließ sich dabei auf seine Leibesstärke; besonders hatten die armen Kleinen und die Schwachen, welche sich nicht wehren konnten, vor ihm keine Ruhe. Beständig spottete er über sie, und seine Neckereien hatten kein Ende. Auch auf der Straße fing er Händel an; aber da er hier oft einen Gegner fand, der ihm an Stärke oder Gewandtheit überlegen war, so hatte er beständig ein zerschlagenes Gesicht, und einst bekam er bei einer Schlägerei eine so gefährliche Beule am Kopfe, daß er einige Wochen heftige Schmerzen ausstehen mußte, und Lebenslang eine Narbe davon behielt. Aber auch dies Unglück besserte den verwilderten und zornigen Gottlieb nicht; denn als er erwachsen war, brachte er einst bei einer Schlägerei in der Wuth seinem Gegner eine tödtliche Wunde bei, und da dieser auch wirklich an der Wunde starb, mußte der unglückliche Gottlieb als ein Mörder fast seine ganze übrige Lebenszeit im Zuchthause zubringen! So schrecklich sind die Folgen der Zanksucht und des Jähzorns!

15. Die muthwilligen Zänker.

In einer Schule waren zwei Knaben, welche von ihren Aeltern sehr schlecht erzogen wurden, und daher eine Freude darin fanden, überall Schaden anzurichten, und nützliche Dinge zu verderben. In der Schule schnitten sie heimlich allerlei Figuren und Namen in die Tische und Bänke, suchten ihren Nachbarn die Schreibebücher mit Dinte zu beschmutzen, ihnen die Federn aufzuspalten, und ihre Sachen zu verstecken. Auf der Straße machten sie es nicht besser. Den Fruchthändlerinnen, welche auf dem Markte saßen, warfen sie auf eine listige Weise ihre Körbe um, oder bewarfen sie aus irgend einem Schlupfwinkel mit Koth und Steinen. Gingen sie des Abends auf der Straße, so schlugen sie mit großen Stöcken an die Fensterladen, um die Leute zu erschrecken, oder zogen an den Klingeln der Häuser, und liefen dann schnell fort, oder versteckten sich. Aber eben bei diesem schändlichen Muthwillen wurden sie einst ertappt, und erhielten nun die Strafe, welche sie längst verdienten. Ein Mann, den sie schon sehr oft durch Anschlagen an die Fensterladen erschreckt hatten, ließ ihnen mehre Abende nach einander aufpassen, und endlich gelang es ihm, sie auf der That zu ergreifen. Er überlieferte sie der Obrigkeit, und sie wurden, zur Warnung für andere muthwillige und schadenfrohe Kinder, gezüchtigt. Verdienten sie wohl Mitleiden? Wer war aber hierbei sehr zu bedauern?

16. Der Unzufriedene.

Adolph hatte wohlhabende und sehr gütige Aeltern. Da sie nur den einzigen Sohn hatten, so wandten sie sehr viel an ihn, und Adolph hatte daher Alles, was er sich nur wünschen mochte: gute Kleider, alle Tage gut zu essen, und manches Vergnügen. Aber eben darum, weil es ihm zu wohl ging, wurde er ungenügsam und unzufrieden, das heißt: er freuete sich niemals über das, was er hatte, und fand immer Etwas daran zu tadeln, daher er beständig etwas Anderes und Besseres verlangte. Wenn er z. B. einen neuen Rock bekam, so hatte er entweder an den Knöpfen Etwas auszusetzen, oder er war ihm zu weit, zu lang, zu enge u. s. w. Gingen seine Aeltern mit ihm spazieren, so klagte er bald über die Hitze, bald über den weiten Weg, seufzte beständig, und sagte fast alle Augenblicke: wenn wir doch nur erst da wären! War man endlich angekommen, so gefiel es ihm wieder an diesem Orte nicht, und er wünschte, daß seine Aeltern mit ihm nach einem andern Orte gegangen wären. Auf diese Art verbitterte sich der unzufriedene Adolph fast jedes Vergnügen, und wurde seines Lebens nicht froh. Er hatte keine Freunde; denn wer möchte wohl gern mit einem solchen Unzufriedenen umgehen? Er hatte aber auch fast niemals ein fröhliches Herz, und genoß das Gute, welches er hatte, wenig oder gar nicht. Möchtet ihr ihm wohl ähnlich werden?

17. Der Barmherzige.

Kunz und Klaus gingen an einem sehr kalten Winter= tage mit einander über Feld. An der Straße fanden sie einen unbekannten Menschen im Schnee liegen, welcher fest zu schla= fen schien. Kunz hatte Mitleiden mit ihm, und aus Besorgniß, daß er erfrieren möchte, näherte er sich ihm, um ihn aus dem Schlafe zu wecken. Aber so viel er ihn auch rüttelte, so er= wachte er doch nicht. Den kannst du lange rütteln, rief Klaus lachend; er wird nicht aufwachen, er ist betrunken; laß den Kerl liegen, und komm; es ist kalt. Nein, antwortete Kunz; so unbarmherzig kann ich nicht sein; wie leicht könnte der arme Mensch erfrieren, und mag er immerhin betrunken sein, er ist ein Mensch, und zwar ein hilfsbedürftiger Mensch; ich will thun, was ich kann, um ihm das Leben zu retten. Nun so mache, was du willst, rief Klaus unwillig; ich mag nicht länger hier stehen und frieren; und damit ging er weiter. Kunz be= deckte nun eiligst den Schlafenden mit Schnee, weil er gehört hatte, daß der Schnee wärme, und lief dann so schnell wie möglich nach dem nächsten Dorfe, um einen Wagen zu holen. Glücklicher Weise fand er auch gleich einen menschenfreundlichen Bauer, der eben aus der Stadt gefahren kam, und mit dessen Hilfe er den halbtodten Fremden sehr bald in's Leben brachte. Fröhlich wanderte er nun nach Hause. Was urtheilt ihr von Kunz? und was urtheilt ihr von Klaus? Wessen Betragen wollet ihr zum Muster nehmen?

18. Die Furchtsame.

Wilhelmine hatte eine abergläubische Wärterin, welche ihr oft Gespenstergeschichten erzählte; dabei hatte man es ihr angewöhnt, immer bei einer Lampe, und nie allein zu schlafen. Dadurch wurde sie furchtsam. Sie war schon zehn Jahre alt,

als es sich traf, daß alle ihre Geschwister krank wurden, und da
ihr Vater gerade verreist war, so mußte es sich Wilhelmine zum
ersten Male gefallen lassen, allein zu schlafen. Daher gerieth
sie nun in große Angst, besonders da die Mutter keine Lampe
in ihrer Kammer wollte brennen lassen, sondern meinte, das
große Mädchen könnte auch wohl einmal im Finstern zu Bette
gehen. Gar zu gern hätte sie in der Krankenstube geschlafen;
aber dies wollte die Mutter nicht zugeben, weil sie dadurch
leicht hätte angesteckt werden können. Weinend ging Wilhel=
mine in ihre Kammer, zog sich hastig aus, und steckte aus Furcht
den Kopf unter das Deckbett. Von Zeit zu Zeit zog sie ihn
dann scheu hervor, um Luft zu schöpfen, und sich ängstlich in
der Kammer umzusehen. Auf ein Mal glaubte sie an der
Kammerthür eine lange weiße Gestalt zu erblicken. Voller
Schrecken zog sie sich das Deckbett über den Kopf, und der
Angstschweiß lief ihr von der Stirn. Lange konnte sie es in
dieser Lage nicht aushalten; sie wagte es endlich auf einen
Augenblick, den Kopf hervor zu ziehen, und siehe da, die schreck=
liche weiße Gestalt stand nicht nur immer noch an der Kammer=
thür, sondern bewegte sich auch. Jetzt fing Wilhelmine laut
an zu schreien, und in dem Augenblicke trat ihre Mutter in die
Kammer. Aber Kind, was ist dir denn! rief sie ihr zu: träumst
du? oder wachst du? Ach Mutter! Mutter! die weiße Ge=
stalt! Ich glaube gar, du siehst Gespenster, erwiederte die
Mutter; ermuntre dich, und fasse Muth. Was ängstigt dich
denn? Es kam nun heraus, daß Wilhelmine ein weißes Hand=
tuch, welches an der Kammerthür hing, und worauf der Mond
schien, für eine weiße Gestalt gehalten hatte. Die Mutter
hatte an der Kammerthür gehorcht, ob Wilhelmine schliefe, und
indem sie die Thür öffnete, hatte sich das Handtuch bewegt.
Wilhelmine schämte sich ihrer kindischen Furchtsamkeit, und sah
seit dieser Zeit nicht wieder Gespenster.

19. Die gute Tochter.

Wilhelm war sehr krank, und seine gute Mutter hatte,
aus zärtlicher Besorgniß, schon drei Nächte hintereinander bei
ihm gewacht. Marie, seine zwölfjährige Schwester, fürchtete

daß ihre Mutter von den vielen Nachtwachen endlich auch
krank werden möchte. Daher bat sie ihre Mutter herzlich, sie
möchte ihr doch erlauben, die vierte Nacht bei dem kranken
Bruder zu wachen. Aber die zärtliche Mutter wollte dies nicht
zugeben, theils weil Marie sehr schwächlich war, theils weil sie
fürchtete, sie möchte einschlafen, und Wilhelm dann ganz ohne
Hilfe sein. Nun wurde es Abend, und die Mutter mußte sich
doch endlich auf's Bette legen, weil ihr vor Mattigkeit die
Augen zufielen. Marie hatte sich zwar auch, auf Befehl ihrer
Mutter, zu Bette gelegt, aber aus Liebe und Besorgniß konnte
sie nicht einschlafen. Als sie hörte, daß ihre Mutter fest schlief,
stand sie sacht auf, nahm ihr Strickzeug, und setzte sich neben
dem Bette ihres kranken Bruders auf die Erde. Hier gab sie
genau auf ihn Acht, und so bald er sich bewegte, war sie sogleich
bei der Hand, um sich zu erkundigen, was er verlange. So
trieb sie es bis an den Morgen, und wie groß war nun ihre
Freude, daß sie der guten Mutter eine ruhige Nacht hatte verschaffen können!

Bald nachher wurde die Mutter auch krank, erholte sich
aber bald wieder; nur fehlte es ihr an Kräften. Der Arzt
hatte in Mariens Gegenwart gesagt: wenn die Kranke nur
täglich ein wenig Wein trinken könnte, so würde sie bald wieder
zu Kräften kommen. Aber wo sollte die arme Frau das Geld
zum Wein hernehmen? Wilhelm's Krankheit hatte gar zu viel
gekostet. Marie hörte, daß in dem Hause, wo sie wohnte, Jemand gesucht würde, der das klein gehauene Holz im Keller
aufschichten könnte. Sie bat, daß man ihr die Arbeit übertragen möchte, und versprach, recht emsig dabei zu sein. Nach
vier sauren Stunden hatte sie wirklich so viel verdient, daß sie
für ihre Mutter ein wenig Wein kaufen konnte. Obgleich sie
von der ungewohnten Arbeit sehr ermüdet war, so lief sie doch
so schnell, als ob sie heute noch gar nicht gearbeitet hätte. Unbeschreiblich groß war ihre Freude darüber, daß sie durch ihrer
Hände Arbeit der guten Mutter diese Erquickung hatte verschaffen können. Die Mutter war so gerührt über Mariens
kindliche Liebe, daß sie Freudenthränen vergoß. Wenn doch
alle Kinder so gesinnt wären, wie die gute Marie!

4

20. Der ungegründete Verdacht.

Dem Kaufmann Müller waren seit einiger Zeit verschiedene Flaschen mit Wein aus dem Keller gestohlen worden, und er konnte nicht herausbringen, wer wohl der Dieb sein möchte. Eines Tages kam sein Sohn Ferdinand ganz außer Athem zu Hause, und erzählte, nun wisse er ganz gewiß, wer die Flaschen aus dem Keller geholt hätte. Nun, wer denn? fragte der Vater begierig. Kein Andrer, sagte Ferdinand, als der kleine Ewald; denn ich habe ihn eben mit zwei Flaschen sehr ängstlich aus dem Keller schleichen sehen. Der kleine Ewald war in dem Hause des Herrn Müller bisher viel aus- und eingegangen, und hatte, als ein armes Kind, manche Wohlthaten in dem Hause genossen. Man hielt viel auf den kleinen muntern Knaben, und hatte ihn bisher den ehrlichen Ewald genannt. Daher war Herr Müller nicht wenig erstaunt, als er hörte, daß Ewald ihn bestehle, und wollte es durchaus nicht glauben; aber Ferdinand wußte es so wahrscheinlich zu machen, daß ihm am Ende doch das Betragen Ewald's verdächtig vorkommen mußte. Er ließ also den Knaben rufen, und als er erschien, sah er ihn eine Weile ernsthaft an. Hast du ein gutes Gewissen? fragte er ihn dann. Bei dieser Frage schien Ewald verlegen zu werden, und erröthete; antworte ehrlich auf diese Frage, fuhr Herr Müller fort. Ich weiß nicht, sagte der Kleine stammelnd, was ich Böses gethan habe. Dein Erröthen verräth dich, erwiederte Herr Müller mit Unwillen, und sah ihn dabei finster und drohend an. Bist du heute in meinem Keller gewesen? Hast du zwei Flaschen aus dem Keller weggetragen? Das Alles konnte Ewald nicht leugnen, aber als ihm nun geradezu Schuld gegeben ward, daß er die gestohlnen Flaschen Wein weggenommen habe, versicherte er ohne Furcht, daß er unschuldig sei, und rechtfertigte sich auch wirklich. Er erzählte nämlich, daß er heute für seine Mutter zwei Flaschen Bier geholt, und diese in den Keller bei Seite gesetzt habe, um einem Schulkameraden, der einen schweren Korb zu tragen hatte, und ihn nicht mehr allein fortbringen konnte, zu Hilfe zu kommen; als er wieder zurück gekommen sei, habe ihn ein großer Junge geneckt und verfolgt, bis er den Keller erreicht habe. Als er nun wieder herausgekommen wäre, hätte er sich schüch-

tern umgesehen; ob sich der böse Junge nicht etwa wo versteckt
habe. Herr Müller erkundigte sich bei Ewald's Mutter, und
fand diese Umstände vollkommen richtig. Nun that es ihm sehr
leid, daß er den ehrlichen und dienstfertigen Ewald in einem so
bösen Verdacht gehabt hatte. Um ihn für dieses erlittene Un=
recht zu entschädigen, schenkte er ihm einige ganz neue Klei=
dungsstücke; seinem Sohne aber gab er die Lehre: sei künftig
behutsamer und hüte dich sorgfältig, irgend einem Menschen
ohne hinreichende Gründe etwas so Böses, wie Diebstahl ist,
zuzutrauen; denn du hast jetzt die Erfahrung gemacht, wie
leicht der Schein trügt.

21. Das neugierige Mädchen.

Margarethe war als ein höchst neugieriges Mädchen
bekannt, und schon oft hatten sie ihre Aeltern wegen ihrer
thörichten Neugierde bestraft. So bald sie nur das geringste
Geräusch auf der Straße hörte, lief sie an das Fenster, um zu
sehen, was es gäbe; und eines Tages machte die heftige Neu=
gierde sie so blind, daß sie mit dem Kopfe gegen die Fenster=
scheibe fuhr, und sich sehr beschädigte, indem sie nicht einmal
bemerkt hatte, daß das Fenster zugemacht war. Nicht selten
verlor sie auf der Straße ihr Strickzeug, oder was sie eben in
der Hand hielt, indem sie hastig lief, um zu sehen, weswegen
sich die Leute versammelten. Beinahe wäre sie einst dabei um's
Leben gekommen; denn indem sie in ihrer Unbesonnenheit zu=
sah, wie ein Ochse, der sich losgerissen hatte, und eben wieder
gefangen worden war, mit Stricken gebunden wurde, riß sich
das wüthende Thier los, und nur mit genauer Noth flüchtete
sich Margarethe in ein Haus, büßte aber doch darüber ihre
Schürze ein, welche der Ochse im Vorbeirennen mit den Hör=
nern faßte und ihr vom Leibe riß. Ihre Neugierde verleitete
sie auch, zu horchen, und man sah sie oft des Abends unter
den Fenstern stehen, um zu hören, was die Leute in der Stube
sprachen. Aber bei diesem Horchen lief sie einst sehr übel an;
denn ein Mann, der sie dabei ertappte, züchtigte sie ohne Um=
stände dafür recht derb, und ließ sie dann mit der Warnung
gehen: künftig horche nicht wieder, sonst hast du noch etwas
Schlimmeres zu erwarten!

4*

22. Das wißbegierige Mädchen.

Karoline zeigte schon in ihrer frühesten Kindheit eine große Begierde zu lernen, und sich nützliche Kenntnisse zu erwerben. Wenn sie etwas Neues sah, so ruhte sie nicht eher, bis sie es genauer kennen gelernt hatte. Konnte sie nicht durch eigenes Nachdenken herausbringen, wozu eine Sache nützlich wäre, und warum sie so sein müßte, wie sie war: so hörte sie nicht auf, zu fragen, bis ihre Wißbegierde befriedigt war. Sehr gern ging sie in die Schule, und wenn auch das Wetter noch so schlecht war, dennoch scheute sie nie den weiten Weg nach der Schule. Außerordentlich groß war ihre Freude über ein neues lehrreiches Buch. Sie blätterte nicht etwa bloß darin, wie es viele Kinder machen, sondern sie las es langsam und mit großer Aufmerksamkeit durch, und daher blieb sie auch nie die Antwort schuldig, wenn man sie fragte: was in dem Buche enthalten sei? Beinahe in allen weiblichen Arbeiten, und besonders im Nähen und Stricken, war sie sehr geschickt, und um es noch mehr zu werden, wurde sie die Gehilfin einer Frau, welche sie unter der harten Bedingung unterrichten wollte, daß sie ein ganzes Jahr hindurch, vom frühen Morgen bis zum späten Abend, für sie arbeiten sollte, ohne Bezahlung dafür zu verlangen. Aber als dies saure Jahr endlich überstanden war, hatte sie auch die Freude, nicht nur sich selbst durch ihrer Hände Arbeit redlich ernähren zu können, sondern auch ihrer alten kränklichen Mutter eine Stütze im Alter zu sein. Da ihre Wißbegierde sie antrieb, den Umgang verständiger Menschen zu suchen, von welchen sie lernen konnte, so blieb sie vor vielen Thorheiten und Versuchungen bewahrt, und erfreute sich der Achtung und Liebe aller guten Menschen.

23. Menschenfreundliche Gesinnungen.

Anton war ein überaus gutherziger Knabe. Seine größte Freude war die, Andern eine Freude zu machen, und gern gab er etwas hin, was ihm selbst lieb und werth war, wenn er dadurch Andere, und besonders seine Geschwister, erfreuen konnte. Wenn er von unglücklichen Menschen hörte, so empfand er inniges Mitleiden, und oft standen ihm die Thränen in den Augen, wenn sein Vater über Tische von einem Unglücksfalle

erzählte, welcher sich ereignet hatte. Einst erzählte der Vater
von einem Schuhmacher, den Anton sehr gut kannte, daß er
sich jetzt mit seiner Frau und drei kleinen Kindern in einer recht
traurigen Lage befände. Die armen Leute, sagte er, jammern
mich sehr, denn sie sind, ganz ohne ihre Schuld, bloß dadurch
herunter gekommen, daß sie von schlechten Menschen, denen sie
Redlichkeit zutrauten, um beträchtliche Summen betrogen wur=
den. Jetzt bekommt der arme Mann gar keine Arbeit mehr,
denn er hat nicht einmal so viel Geld, um sich Leder zu kaufen,
und seine besten Sachen sind bereits verkauft. Wenn ich es
nur einigermaßen übrig hätte, gern wollte ich ihm Geld leihen,
damit er sich wieder helfen könnte. Anton hatte dies Alles sehr
aufmerksam angehört. Nach Tische kam er zum Vater, und
sagte: lieber Vater, wenn ich doch dem armen Martin (so hieß
der Schuhmacher) das Goldstück, welches mir mein Pathe ge=
schenkt hat, hintragen dürfte; erlaubst du es wohl? Der Vater
hatte Anfangs einiges Bedenken; denn es war vorauszusehen,
daß Martin auch diese Paar Thaler nie würde wieder bezahlen
können. Doch Anton hörte nicht eher auf, zu bitten, bis der
Vater seine Erlaubniß gab. Froher war der gute Anton noch
nie gewesen, als in diesem Augenblicke, da er sein Goldstück
dem armen Manne hintragen durfte. Martin konnte nun einen
kleinen Vorrath von Leder einkaufen, Anton's Vater verschaffte
ihm durch Fürsprache Arbeit genug, und bald ward dem armen
Manne so weit geholfen, daß er seine Betten, welche er in der
Noth hatte versetzen müssen, wieder einlösen konnte, und von
Nahrungssorgen frei war. Freilich hat nicht jedes Kind ein
Goldstück wegzuschenken, wie Anton; aber jedes Kind kann
doch Etwas thun, um Unglücklichen zu helfen und sie zu erfreuen.

24. Was heißt Schmollen?

August hatte eine große Untugend, das Schmollen oder
Maulen, an sich; denn wenn er von Jemand beleidigt zu sein
glaubte, so war er viele Tage lang unfreundlich und mürrisch,
sprach kein Wort mit ihm, antwortete auch nicht, wenn man
ihn fragte, und sah so finster aus, als ob er alle Augenblicke
um sich schlagen wollte. Nach langer Zeit war er erst wieder
gesprächig und freundlich.

Er betrug sich aber nicht nur so unartig gegen seine Geschwister und Spielkameraden, sondern auch sogar gegen seine Aeltern, wenn er von ihnen wegen eines Fehlers bestraft worden war.

Um ihm nun diese Unart abzugewöhnen, befahl der Vater Allen im Hause, wenn August mit irgend Jemand auf diese Art schmollte oder maulte, so sollten Alle eben so gegen ihn sich betragen, und wenn er alsbann aufhörte, so sollten sie gerade noch einmal so lange mit ihm schmollen, als seine Unfreundlichkeit gedauert hätte. Als dies einige Mal geschehen war, lernte er die Häßlichkeit seines Fehlers einsehen, und besserte sich.

25. Die Wahrsagerin.

Eine Zigeunerin kam in ein Dorf, und wollte den Leuten für Geld wahrsagen. Einige waren auch wirklich so einfältig und abergläubig, daß sie den Reden der listigen Frau zuhörten. Diese sagte nun einem Jeden der Umstehenden Etwas, das er gern hören mochte: dem Einen weissagte sie eine reiche Erbschaft, dem Andern eine glückliche Heirath u. s. w. Dafür wurde sie dann auch reichlich beschenkt.

Unterdeß hatten die Gerichte von dieser Landstreicherin gehört; und weil solche Betrügereien strenge verboten sind, so wurde sie unvermuthet aufgehoben, und nach der Stadt in Verwahrung gebracht. Hätte sie nun wirklich wahrsagen, das heißt: das Zukünftige vorher wissen können, so würde sie auch ihre eigene Gefangennehmung gewußt haben, und derselben durch die Flucht entgangen sein.

Dennoch aber glaubten die Meisten das, was die Zigeunerin ihnen gesagt hatte, darum, weil sie wünschten, daß es wahr sein möchte; und so wurden sie zum Theil dadurch unglücklich. Denn Derjenige z. B., welchem eine reiche Erbschaft geweissaget war, vernachlässigte seine Wirthschaft, in der Hoffnung, bald ohne Mühe reich zu werden. Lange blieben die schädlichen Wirkungen dieses Betrugs in dem Dorfe noch sichtbar.

26. Der Glücksspieler.

Stephan diente schon seit vielen Jahren als Gärtner bei einem vornehmen Herrn, und hatte das Lob eines fleißigen,

geschickten und treuen Arbeiters. Er lebte dabei auch sehr zu=
frieden, und wünschte weiter Nichts, als daß er es nur bis an
sein Ende so gut haben möchte; denn sein Herr liebte und
schätzte ihn.

Eines Tages kam sein Freund Anton mit schnellen Schrit=
ten zu ihm in den Garten, und meldete ihm voller Freude, daß
er 500 Thaler in der Lotterie gewonnen habe. Nun bin ich
auf ein Mal aus meiner Noth! rief er; so kümmerlich, wie bis=
her, darf ich nun mein Bißchen Brot nicht mehr verdienen.
Ich gebe meinen Dienst bei der Herrschaft auf (er war Be=
dienter bei demselben Herrn), und lege mir einen kleinen Handel
zu; da will ich mich schon gemächlicher nähren. Und wenn ich
dir rathen soll, lieber Stephan, fuhr er fort, so versuche du dein
Glück auch in der Lotterie. Ist es nicht besser, daß wir unsere
eigenen Herren werden? Und was haben wir, wenn wir alt
und schwach werden, für Pflege und Wartung zu hoffen, so
lange wir in Diensten sind?

Stephan schüttelte den Kopf, wußte aber doch nicht viel
dagegen zu sagen, und Anton machte ihm den Gewinn in der
Lotterie so wahrscheinlich, stellte ihm auch den Zustand der Un=
abhängigkeit so angenehm vor, daß er sich endlich entschloß,
eine Kleinigkeit daran zu wagen. Er setzte also in die Lotterie,
und gewann bei der nächsten Ziehung Nichts. Da er muthlos
werden wollte, munterte ihn Anton auf, und sagte: er sollte
den Einsatz nur ein Mal verdoppeln, und fortfahren, am Ende
müsse sein Loos herauskommen; so habe er seine 500 Thaler
auch gewonnen.

Stephan wollte sein Geld nicht gern verloren haben, und
setzte also von Neuem ein. Das that er auch die folgende Zeit,
aber statt der Treffer wurden immer Nieten für ihn gezogen.
Zuletzt konnte er den Einsatz nicht mehr aus eigenen Mitteln
bestreiten, und doch wollte er nicht aufhören, einzusetzen, weil er
sich in den Kopf gesetzt hatte, er müsse ein Mal gewinnen.
Und was that er, um das Geld zum Einsatz zusammen zu brin=
gen? Er betrog seinen Herrn beim Verkauf der Gartenfrüchte.
Vorher war er der ehrlichste und treueste Diener gewesen; so
sehr hatte also die Gewinnsucht sein Gemüth geändert; seine

Untreue blieb nicht lange verborgen, und daher jagte ihn sein Herr fort.

Nun wollte er seine Zuflucht zu seinem Freunde Anton nehmen; allein dieser hatte mit seinem Gelde übel gewirthschaftet, und auch wieder in die Lotterie gesetzt, ohne zu gewinnen. Dadurch war er in Schulden gekommen, und mußte landflüchtig werden.

Es blieb also dem unglücklichen Stephan Nichts übrig, als ebenfalls aus dem Lande zu gehen, weil Niemand ihn, als einen Betrüger oder Dieb, in seine Dienste nehmen wollte. Er starb in großer Dürftigkeit.

Wer auf andere Art, als durch Arbeit und redliches Bemühen, Geld erwerben will, wird am Ende immer unglücklich.

27. Aberglaube.

Gustav war so leichtgläubig, daß er Alles für wahr annahm, was er hörte, ohne zu untersuchen, ob es auch wahr sein könne. Diese Leichtgläubigkeit hatte ihn auch zum Aberglauben gebracht; denn wenn ihm Jemand sagte: in diesem oder jenem Hause spukt ein Gespenst, so glaubte er es, und erzählte es Andern als zuverlässig gewiß; oder wenn man ihm weismachte, in dem Hause, vor welchem eine Eule schreie, oder ein Hund heule, müsse Jemand sterben, so zweifelte er nicht im geringsten daran, und er legte also eine Wirkung einer solchen Ursache bei, die unmöglich diese Wirkung hervorbringen konnte, das heißt: er war abergläubig.

Einstmals bekam er einen Schaden aus heiler Haut, wie man zu sagen pflegt. Anstatt daß er nun einen ordentlichen Arzt hätte um Rath fragen sollen, ließ er sich vielmehr von einer alten Frau bereden, die Wunde mit einem sogenannten Johannishölzchen (ein Holz, welches am Johannistage von einem Baum geschnitten worden ist) zu berühren, und glaubte, daß sie dadurch allein, ohne andere Mittel, heilen werde. Da die Frau ihm versicherte, daß dieses schon Mehren geholfen hätte, welche sie namentlich anführte; so verließ er sich so fest darauf, daß er an keine ordentliche Kur dachte.

Indessen ward die Wunde immer gefährlicher, und endlich schlug gar der kalte Brand dazu. Nun mußte er doch nach einem Arzte schicken, der ihm das Bein abnahm, und er mußte froh sein, daß er nicht gar das Leben dabei einbüßte.

Aberglaube ist die Quelle manches Unglücks; und doch beherrscht er so viele Menschen!

28. Die Folgen des Fleißes und der Faulheit.

Moritz war der einzige Sohn eines reichen Gutsbesitzers. Mit ihm war Christoph, der Sohn eines Dreschers, auf dem Gute seines Vaters, in gleichem Alter. Diese beiden Kinder wuchsen also zusammen auf, und Christoph wurde von dem alten Moritz so herzlich geliebt, als ob es sein eigener Sohn wäre: er ließ ihn nicht nur oft an seinem Tische essen, und kleidete ihn, sondern schickte ihn auch frei in die Schule.

Christoph hatte zwar keine außerordentlichen Fähigkeiten, und es ward ihm daher Alles sehr schwer, was er lernen sollte; aber er gab sich viel Mühe. Sorgfältig merkte er auf Alles, was der Lehrer sagte, lernte zu Hause fleißig, was ihm in der Schule aufgegeben war, und übte sich in Allem selbst, ohne daß ihn Jemand antreiben durfte. Durch diesen unermüdeten Eifer brachte er es bald dahin, daß er seinen Mitschülern gleich kam, auch denen, welche bessere Geistesgaben von Gott empfangen hatten, als er. Jedermann liebte ihn, und wünschte dem Vater Glück zu einem solchen Sohne.

Moritz aber war leichtsinnig, und achtete nicht auf die guten Lehren, die er in der Schule hörte. Spielen, Reiten, Fischen und dergleichen Vergnügungen waren ihm lieber, als Lernen. Wenn er ermahnt wurde, fleißig zu sein, so sagte er: ich werde ein Landwirth, und der braucht nicht viel zu wissen; wenn ich lesen, schreiben und rechnen kann, so bin ich geschickt genug, und dazu habe ich noch immer Zeit.

So ging ein Jahr nach dem andern hin, und weil er glaubte, immer noch Zeit genug zu haben, so lernte er auch das Lesen, Schreiben und Rechnen nur sehr mittelmäßig. Der Vater hätte es freilich lieber gesehen, wenn sein Sohn fleißiger gewesen wäre; aber zwingen wollte er ihn nicht, und überdies dachte er ebenfalls, daß sein Sohn in seinem künftigen Stande nicht viel zu wissen brauche, und daß es ihm nicht fehlen könne, wenn er ihm das Gut wohl eingerichtet hinterließe. Aber beide irrten sehr; denn sie dachten nicht daran, daß die Gewöhnung an unnütze Beschäftigungen noch weit schlimmere Folgen habe, als die bloße Versäumniß der Gelegenheiten, etwas Nützliches zu erlernen.

Als Moritz in die Jahre trat, wo er die Schule verlassen mußte, wollte ihn der Vater zur Wirthschaft anführen, und trug ihm also bald diese, bald jene Geschäfte auf; aber Moritz ging lieber seinen gewohnten Lustbarkeiten nach. Anstatt auf dem Felde zu sein, und die Knechte zur Arbeit anzutreiben, ritt er in die Stadt zu seinen Bekannten, spielte, und ließ die Knechte arbeiten, so viel sie wollten.

Der Vater schalt ihn zwar deswegen hart, aber es half nichts, und er starb, wie man sagt, vor Verdruß über die Liederlichkeit seines Sohnes. Nun war Moritz Herr des Gutes, und konnte ganz nach seinem Willen handeln. Nach dem Sprichwort: jung gewohnt, alt gethan, blieb er auch eben so leichtsinnig, wie er vorher war. Er lebte immer in den Tag hinein, ohne sich um die Wirthschaft zu bekümmern, und in ein Paar Jahren war das Gut so verschuldet, daß es öffentlich verkauft werden mußte.

Ein benachbarter Edelmann kaufte es, und Christoph, der bisher als Verwalter auf demselben gestanden, und durch Fleiß und Sparsamkeit sich Etwas erworben hatte, nahm es in Pacht.

Das Geld von dem verkauften Gute reichte nicht einmal zu, Moritzens Schulden zu bezahlen, und also hätte er ein Landläufer werden müssen, wenn sich Christoph nicht, aus Dankbarkeit und Mitleiden, seiner angenommen, und ihm freie Wohnung und freien Tisch gegeben hätte.

Fleiß und Sparsamkeit bewahren vor vielem Bösen, aber Müßiggang lehrt alle Laster.

29. Näscherei.

Friederike hatte die üble Gewohnheit, Alles zu benaschen, was sie von Eßwaaren und Getränken sah. Sie war deshalb oft von ihren Aeltern bestraft worden, weil Näscherei nicht nur sehr unanständig ist, sondern weil sie auch Ursache wird, daß man überhaupt seine Begierden nicht mäßigen und beherrschen lernt.

Friederike ließ sich durch keine Strafe abhalten, wenn ihr die Lust ankam, zu naschen. Die Gartenthür mußte um ihrentwillen beständig verschlossen sein, so lange Obst im Garten war; denn sie pflückte Alles, was sie erreichen konnte, sogar unreif, ab, biß die Aepfel und Birnen an, und warf sie weg, wenn sie noch hart waren. So verdarb sie fast eben so viel Obst, wenn sie einmal in den Garten kam, wie das Ungeziefer.

Gar zu gern schlich sie sich in die Milchkammer, wo sie die Sahne mit den Fingern aus den Milchgefäßen nahm. Anfangs glaubte man, daß die Katze diese Näscherin wäre, und schaffte sie ab; aber bald entdeckte sich's, daß Friederike den Schlüssel zur Milchkammer sehr gut zu finden wußte. Es war also nicht zu verwundern, daß die Aeltern gar kein Zutrauen mehr zu ihr hatten, und Alles vor ihr verschlossen, wie vor einem Diebe. Einige Mal war sie sogar über den Wein gerathen, welchen der Vater für Freunde in einem Eßschranke stehen hatte, und war davon berauscht und tödtlich krank geworden.

Eines Tages war sie in der Stube allein, und solche Zeiten pflegte sie gern zu ihren Näschereien zu benutzen. Sie sah sich um, ob irgend ein Schrank offen stände, oder ob Schlüssel da wären; endlich bemerkte sie oben auf dem Schranke ein Näpfchen.

Sogleich machte sie Anstalt, zu sehen, ob Etwas für sie zu naschen darin wäre. Sie setzte einen Stuhl an den Schrank, und da dieser noch nicht hoch genug war, rückte sie auch den Tisch hinan, stieg vom Stuhle auf den Tisch, und nahm das Näpfchen herunter. Es war etwas Weißes darin, wie gestoßener Zucker, sie tauchte die Fingerspitzen ein, und kostete; es schmeckte süß, und sie leckte also begierig.

Plötzlich trat die Mutter zur Thür hinein. Friederike erschrak so sehr, daß sie fast vom Tische gefallen wäre; aber noch größer war der Schreck der Mutter, da sie sah, daß Friederike Gift aß, welches für die Fliegen hingesetzt war. Unglückskind! rief sie, was machst du? — Sie hob sie gleich vom Tische, schickte zu dem Arzte, gab ihr Milch ein, daß sie brechen sollte, und wandte alle Mittel an, sie von einem schmählichen Tode zu retten. Bald aber fühlte sie die entsetzlichsten Schmerzen in den Eingeweiden, und schrie, daß man es einige Häuser weit hören konnte.

Der Arzt kam, verordnete, daß sie immer noch mehr Milch trinken sollte, gab ihr auch noch andere Arzneien; allein sie mußte doch schon zu viel genascht haben; zwar blieb sie am Leben, behielt aber doch einen sehr schwachen Verstand, und ein beständiges Zittern der Glieder.

Wer strafbaren Begierden blindlings folgt, den stürzen sie endlich in's Verderben.

30. Der Thierquäler.

Der kleine Hartmann fand ein Vergnügen daran, Thiere ohne Noth zu quälen. Er glaubte ein Recht zu haben, sich dieses Vergnügen zu machen, so oft er die Gelegenheit und Gewalt dazu hatte. Ohne zu bedenken, daß Thiere auch gegen Schmerz empfindlich sind, mißhandelte er sie oft so grausam, als ob sie seine ärgsten Feinde wären, da sie ihm doch Nichts zu Leide gethan hatten.

Er fing Maikäfer, band sie mit einem Faden an einen Stock, und ließ sie so um denselben herumfliegen, bis sie ganz abgemattet waren.

Die unschuldigen, und in mancher Hinsicht nützlichen Frösche, durchstach er mit Nadeln, und ergötzte sich an ihren Zuckungen, bis sie eines langsamen Todes starben.

Besonders übte er seine Kunst zu quälen an einem kleinen Hunde aus, den ihm sein Vetter geschenkt hatte. Den ganzen Tag führte er ihn an einem Stricke mit sich herum; und um Andern zu zeigen, daß er Herr über diesen Hund sei, schlug er ihn bei der geringsten Veranlassung, stieß ihn mit den Füßen, und zwackte ihn an den Ohren, so daß ihm oft fremde Leute darüber Vorwürfe machten.

Als er größer wurde, jagte er Pferde zu Tode, und fing an, das Gesinde übel zu behandeln; daher viele, sonst brauchbare Personen, um seinetwillen aus dem Dienste gingen. Unglücklicher Weise sahen die Aeltern ihm nach, weil er ihr einziges Kind war.

Da er endlich seine eigene Wirthschaft erhielt, hätte man meinen sollen, er würde sich nun vernünftiger betragen; allein er setzte — nach dem Sprichwort: jung gewohnt, alt gethan — seine vorige Aufführung fort, und lebte mit allen Menschen in beständigem Streit, so daß die Prozesse wegen Ersetzung des Schadens, den er Menschen und Vieh zufügte, gar nicht aufhörten, und er seines Lebens nicht froh ward.

Der Gerechte erbarmet sich seines Viehes, aber das Herz der Gottlosen ist unbarmherzig.

31. Unvorsichtigkeit.

Henriette wurde von Allen, die sie kannten, die unvorsichtige und unbesonnene Henriette genannt. Gereichte ihr dieser Name zur Ehre? Wenn ihr das Folgende gelesen habt, so möget ihr selbst beurtheilen, ob sie diesen Namen verdiente.

Einst saß sie am Tische, und schrieb nach einer Vorschrift, welche ihr der Lehrer mit nach Hause gegeben hatte. Auf ein Mal hörte sie eine Kutsche kommen, welche vor dem benachbarten Hause still hielt. Dabei konnte sie unmöglich ruhig bleiben, ihre Neugierde mußte erst befriedigt sein. Schnell sprang sie auf, und in der Eile warf sie das Dintenfaß und den Stuhl um. Die Dinte lief über den ganzen Tisch hinweg auf den Boden. Wie erschrak Henriette, als sie sah, was sie mit ihrer Unvorsichtigkeit angerichtet hatte; was sollte sie nun thun, damit ihre Aeltern Nichts hiervon merkten? In der Hast ergriff sie ein Tuch, um die Dinte wegzuwischen; aber es fiel ihr nicht ein, das Tuch zu besehen, und siehe da, es war ihres Vaters Halstuch, womit sie die Dinte weggewischt hatte. War sie vorher schon erschrocken, so erschrak sie nun noch weit mehr. Aber es war nun einmal geschehen, und sie konnte nichts Besseres thun, als sich selbst bei ihrer Mutter anklagen. Dies Mal kam sie mit einem nachdrücklichen Verweise davon. Sie nahm sich vor, künftig behutsam zu sein; aber schon am folgenden Tage beging sie eine ähnliche Unvorsichtigkeit. Als ihre Mutter das Mittagsessen zubereitete, befahl sie ihr, einen Topf mit Wasser, der auf dem Ofen stand, auszuschütten, und ihr den Topf zu bringen. Henriette ging, ergriff aber statt des Wassertopfes einen Topf mit Fleischbrühe, und schüttete die schöne Brühe zum Fenster hinaus. Eine wohlgekleidete Frau, die

unter dem Fenster vorbei ging, sah sich auf ein Mal über und
über mit Brühe begossen. Ihr ganzes Kleid war verdorben.
Sie kam zu Henriettens Mutter, beschwerte sich sehr, und verlangte, daß sie ihr das Kleid bezahlen sollte. Dies Mal blieb
es nicht bei einem nachdrücklichen Verweise; sondern Henriette
erhielt Strafe. — Was konnte Henriette wohl von sich nicht
leugnen? Womit konnte sie sich entschuldigen? Ernstlicher, als
jemals, nahm sie sich vor, vorsichtig und bedächtig zu
werden. Aber wie wenig sie ihrem Vorsatze getreu blieb, wird
die Folge zeigen. — Es war ungefähr acht Tage nachher, als
sie allerlei häusliche Geschäfte zu verrichten hatte, wobei sie sich
wenig Zeit nehmen durfte. Indem sie rasch aus der Küche in
die Stube gehen will, bemerkt sie die Wanne nicht, welche sie
eben erst selbst hingesetzt und mit Wasser angefüllt hatte, stol-
pert darüber, stürzt hin, und schlägt sich an einer Tischecke zwei
Zähne aus. Wem hatte sie dies Unglück zuzuschreiben? Sie
weinte bitterlich über ihre Unbesonnenheit, und konnte sich
lange nicht zufrieden geben; denn sie war durch den Verlust
ihrer Zähne sehr entstellt. Nun hätte man denken sollen, daß
ein so empfindliches Unglück sie bessern würde. Wirklich
war sie auch in den nächsten Wochen behutsamer, als jemals;
aber ganz gebessert war sie doch noch nicht, denn ihr Leichtsinn
war zu groß. Dies zeigte sich eines Tages, als sie ihrer Mutter beim Plätten der Wäsche half. Eben hatte sie ein heißes
Eisen aus dem Feuer genommen, und wollte es nun auf eine
umgekehrte Schüssel setzen. Ihre Mutter saß an demselben
Tische, und hatte ihr kleinstes Kind auf dem Schooße. Das
Kind spielte am Tische, und hatte eben sein kleines Händchen
auf der Schüssel liegen, als die unvorsichtige Henriette, welche
das nicht bemerkte, das heiße Biegeleisen darauf setzte. Jämmerlich schrie das Kind auf, und Henriette verlor vor Schrecken
fast das Bewußtsein. Die ganze Hand war verbrannt, und
das arme Kind mußte die heftigsten Schmerzen ausstehen.
Henriette weinte weniger über die Vorwürfe und die Strafe,
welche sie erhielt, als über das Unglück, welches sie angerichtet
hatte. Seit dieser Zeit wurde sie aufmerksamer auf sich selbst,
und besonnener, und wenn sie sich gleich die Unvorsichtigkeit
nicht auf ein Mal ganz abgewöhnen konnte, so legte sie diesen

Fehler doch immer mehr ab, und ward endlich, durch unab-
lässige Anstrengung, ganz frei davon.

32. Die Klätscherin.

Sophie wäre ein recht gutes Mädchen gewesen, wenn sie
nur nicht einen so großen Fehler an sich gehabt hätte, der ihr
sehr viel Verdruß und Schande zuzog, den Fehler des Klat-
schens. Sie konnte Nichts für sich behalten; Alles, was sie
von Andern sah und hörte, oder erfuhr, mußte sie wieder erzählen; es war ihr nicht möglich zu schweigen. Alles, was in der
Nachbarschaft vorging, wußte sie; denn beständig saß sie am
Fenster und vor der Thür, und wenn sie dann eine Bekannte
ansichtig wurde, so hatte sie ihr alle Mal Etwas von diesem
oder jenem Nachbar, oder von ihren Aeltern, Geschwistern und
Hausgenossen zu erzählen. Alles, was in der Schule vorfiel,
plauderte sie aus, und wenn ein Kind Strafe erhalten hatte,
so brachte sie es bald in der halben Stadt herum; denn Jedem,
der ihr begegnete, erzählte sie es, und gewöhnlich setzte sie noch
Etwas hinzu, so daß in ihrem Munde Alles größer und schlimmer wurde, als es wirklich war. Durch diese häßliche Neigung
zum Klatschen zog sie sich mit ihren Mitschülerinnen fast allgemeinen Haß zu; denn nur diejenigen, welche ihr ähnlich waren,
hielten es mit ihr, alle übrigen verachteten sie. Das that ihr
freilich weh, aber sie war doch nicht darauf bedacht, sich die
häßliche Plauderhaftigkeit abzugewöhnen.

Als sie erwachsen war, mußte sie bei fremden Leuten in
Dienste gehen; denn ihre Aeltern waren sehr arm. Anfangs
war man immer sehr wohl mit ihr zufrieden, denn sie war rein-
lich, ordentlich und willig; aber bald machte sie sich durch ihre
Klätschereien so verhaßt, daß man ihr den Dienst aufsagte.
So ging es bei jeder Herrschaft, und endlich war sie in so übeln
Ruf gekommen, daß sie gar keine Herrschaft mehr finden konnte.
Sie mußte also ihre Vaterstadt verlassen, und da sie es auch an
fremden Orten nicht besser machte, so hatte sie überall dasselbe
Schicksal, und kam zuletzt so herunter, daß sie nur sehr kümmer-
lich von der Tagelöhnerarbeit sich nähren konnte.

33. Ein guter Denkspruch ist ein Freund in der Noth.

Eines Tages, da viele Kinder in der Schule zu Mildheim den aufgegebenen Denkspruch nicht ordentlich auswendig wußten, erzählte der Lehrer folgende lehrreiche Geschichte, welche sich zu Mildheim zugetragen hatte.

Valentin, ein junger Bauer, der gute Sohn eines bösen Vaters, hatte noch bei Lebzeiten desselben den äußerst verschuldeten, und vernachlässigten Ackerhof übernommen, um seiner Mutter ein ruhiges Alter zu verschaffen. Der arme Valentin hatte aus kindlicher Liebe eine große Last auf sich geladen. Mit Kummer erwachte er am Morgen, mit Sorgen legte er sich Abends zur Ruhe. Er hatte nicht einmal so viel Geld, um Korn zur Aussaat zu kaufen, oder die Bestellung seines Ackers zu bezahlen. Zwar hatte ein Nachbar aus Mitleiden sich erboten, ihm einen Theil seines Ackers bis zur Besäung zu bestellen; aber wo sollte der arme Valentin das Geld hernehmen, um Saatkorn zu kaufen? Er sann hin und her. Zu borgen war ihm bedenklich, denn wovon sollte er wieder bezahlen, da die Schuldenlast schon so groß war? Doch blieb ihm zuletzt nichts weiter übrig. Er wendete sich mit seinem Anliegen an einen reichen Mann in der Nachbarschaft, bei dem er früher gedient und durch seine gute Aufführung sich das Lob eines braven, ordentlichen Menschen erworben hatte. Deshalb gewährte der reiche Mann ihm nicht nur seine Bitte, sondern machte ihm auch das nöthige Saatkorn zum Geschenke. Von einer schweren Sorge war nun doch der arme bekümmerte Valentin frei. Freudig verkündigte er sein Glück dem Nachbar, der sogleich bereit war, ihm die Saat unterzueggen. Jetzt begab er sich auf seinen Acker, um die Saat auszustreuen. Er that es unter Thränen; denn wie traurig war noch immer seine Lage. „Was wird aus dir, aus deiner alten Mutter, deinen Brüdern und Schwestern werden, dachte er bei sich selbst, wenn die Saat nicht gedeihen sollte! Vielleicht wäre es besser, du dientest bei guten Leuten, als daß du ein Ackergut besitzest, dessen Schuldenlast dich zu Boden drückt!" Auf einmal wurde er heiter, und faßte Muth; denn ihm fiel ein tröstlicher Denkspruch ein, den er in den Knabenjahren gelernt hatte. Dieser Spruch hieß: die mit Thränen säen, werden mit

Freuden ernten," oder mit andern Worten: wer mit
Sorge und Kummer eine Unternehmung anfängt, wird Freudenthränen weinen, wenn sie gelingt. Valentin fühlte sich getröstet und gestärkt, indem er dachte: auch meine Kummer-
thränen können ja durch Gottes Güte in Freudenthränen verwandelt werden, wenn die Ernte kommt; ich will das Beste
hoffen, und redlich thun, was ich kann. Täglich dachte er an
seinen Trostspruch, und nun wurde er nicht wieder muthlos.
Er hatte wirklich das Glück, eine sehr reiche Ernte zu machen,
und bald half er sich wieder so weit, daß er ein Pferd anschaffen
konnte. Damit bearbeitete er den kleinen Acker, welcher noch
unverschuldet war, und im Winter that er damit Fuhren für
Lohn. Das eine Pferd brachte ihm so viel ein, daß er bald ein
zweites, und endlich noch ein drittes anschaffen, eine Schuld
nach der andern bezahlen, und sich nach Verlauf einiger Jahre
ganz von Schulden frei machen konnte. Noch lebt der brave
Valentin in einem hohen Alter und im Wohlstande, und nie
spricht er von seinem ehemaligen traurigen Schicksal, ohne hin-
zuzufügen: „die mit Thränen säen, werden mit
Freuden ernten."

34. Verführung.

Stephan, der Sohn eines Tagelöhners, war so gesund
und stark, daß er schon in seinem vierzehnten Jahre völlig ausgewachsen war. Seine beiden Brüder waren Maurer, und
Stephan wünschte auch ein Maurer zu werden. Er wurde
daher mit ihnen auf Arbeit geschickt. Hier war er nun fast
unter lauter ruchlosen und verwilderten Menschen, welche beständig fluchten, sich zankten, und, wenn sie einig waren, un-
züchtige Lieder sangen. Dabei tranken sie beständig Branntewein. Sehr bald forderten sie den jungen Stephan auf, mit
ihnen zu trinken. Dieser weigerte sich anfangs, weil er schon
ein Mal einen Schluck Branntewein getrunken hatte, und davon ganz betäubt worden war. Aber nun spotteten die Gesellen
seiner, und einer sagte zu ihm: Junge, wenn du ein tüchtiger
Maurer werden willst, so mußt du Branntewein trinken lernen.
(Was meinet ihr, hatten sie Recht?) Durch das viele Zureden
wurde Stephan endlich dahin gebracht, daß er den Brannte-

5

wein versuchte; er schmeckte ihm nicht übel, und es dauerte
nicht lange, so trank er so gut seinen Schnaps, wie die Gesellen.
(War das gut?) Da Stephan sah, daß die Gesellen beständig
Taback im Munde hatten, so glaubte er, das Tabackskäuen
gehöre ebenfalls zu den Eigenschaften eines guten Maurers.
Er schaffte sich also bald welchen an. Aber er mußte viel aus=
stehen, ehe er es dahin brächte, mit Fertigkeit zu kauen. Oft
wurde ihm so übel und weh, daß er den Taback gar nicht mehr
anzurühren beschloß; allein die Neckereien seiner Kameraden
brachten ihn immer wieder dahin, daß er auf's Neue ver=
suchte, und endlich waren die Schwierigkeiten überwunden.
(War er deswegen glücklich zu preisen?) Nun hielt sich Ste=
phan im Ernste für einen ganzen Mann, weil er Alles mit=
machen konnte, was die Andern machten. — Aber nach einiger
Zeit schien er nicht mehr recht gesund zu sein. — Die frische,
rothe Gesichtsfarbe, welche er sonst gehabt hatte, verlor sich; er
ward blaß und mager, war immer träge und verdrossen, und
hatte keine Luft zum Essen, ja er konnte sogar manche Speisen
nicht mehr verdauen, die ihm sonst recht gut bekommen waren.
Bald that ihm der Kopf weh, bald hatte er Leibschmerzen, und
oft zitterten ihm Hände und Füße. (Was war wohl die Ur=
sache, daß Stephan so sehr abnahm, und so schwach wurde?)
Unvernünftige Leute riethen seinen Aeltern, daß sie ihm zuwei=
len ein wenig Branntewein geben möchten. (Warum war dies
kein guter Rath?) Sie thaten es, weil sie hofften, ihn dadurch
zu stärken; aber sie schwächten ihn nur noch mehr, und Stephan
mochte nicht gestehen, was für eine unordentliche Lebensart er
seit einiger Zeit geführt hatte. (War es ein Wunder, daß Ste=
phan nie wieder recht gesund wurde?)

Das war noch nicht alles Böse, wozu sich der leichtsinnige
Stephan verführen ließ. An einem Sonntage, als er nicht
wußte, womit er sich die Zeit vertreiben sollte, sah er einige
Kameraden in ein Wirthshaus gehen, wo Musik gemacht
wurde. Da geht es lustig zu, dachte Stephan, und ging hin=
ein. Einige seiner Kameraden saßen da in einer niedrigen
Stube, deren Wände von Tabacksdampf ganz schwarz waren,
an einem langen Tische, und zechten tüchtig. Von den vielen
brennenden Cigarren war die Stube so voll Dampf, daß man

nicht einen Schritt weit um sich sehen konnte. Nachdem man
eine Weile bei einander gesessen hatte, that einer den Vorschlag,
ob man nicht Karten spielen wollte. Alle waren es zufrieden,
und Stephan wurde auch dazu eingeladen; aber er verstand
das Spiel nicht. Doch bald fand sich einer, der sich erbot, es
ihn zu lehren, und ehe der Abend zu Ende ging, hatte es Stephan schon gelernt. Am nächsten Sonntage fand er sich wieder
ein, und nun sollte er schon um Geld spielen. Er hielt es für
schimpflich, dies auszuschlagen, und siehe da, er hatte das Glück,
zu gewinnen. Wir wollen hören, ob das ein so großes Glück
war. Stephan bekam nun sehr viel Lust zum Spielen, aber
er war nicht immer so glücklich, wie im Anfange; oft verlor er
das letzte Geld, welches er sehr nöthig gebrauchte, um sich Frühstück und Abendbrod zu kaufen, und dann mußte er hungern.
Das gefiel ihm freilich nicht, aber dennoch konnte er von dem
Spielen nicht loskommen; denn wenn er auch manch' Mal
sich vornahm: heute will ich gewiß nicht wieder in's Wirthshaus gehen und spielen! so ließ er sich doch immer wieder verführen, wenn einer seiner Kameraden kam, und ihm zuredete.
Die Hoffnung, das Verlorene wieder zu gewinnen, trieb ihn
immer wieder in das Wirthshaus und an den Spieltisch; aber
wie traurig schlich er dann des Abends nach Hause, wenn er
nun abermals verloren, oder doch Nichts gewonnen hatte! Einst
war er dadurch in so große Geldnoth gerathen, daß er sich gar
nicht mehr zu helfen wußte, und da kam er auf den schrecklichen
Gedanken, in einem Hause, wo er arbeitete, zu stehlen. Er nahm
einen Rock und einen silbernen Löffel weg, nicht ohne große
Angst und Beklemmung. O, hätte er doch lieber gehungert,
oder Andere um eine Gabe angesprochen! Als er den Löffel
verkaufen wollte, ward er als verdächtig angehalten, sein Diebstahl kam heraus, und er mußte lange im Gefängnisse sitzen.
Dadurch kam er vollends herunter, und von dieser Zeit an
wurde er nie wieder recht fröhlich, und gelangte auch niemals
zu einigem Wohlstande. Wie traurig sind die Folgen
der Spielsucht!

35. Der undankbare Schüler.

Anton wurde von seinen Aeltern zwar in die Schule ge-

5 *

schickt, aber nicht dazu angehalten, die Schule ordentlich zu besuchen; daher kam er oft zu spät, und manche Tage gar nicht in die Schule. Wenn der Lehrer dann nach ihm fragte, so hieß es immer: Anton habe für seine Aeltern weggehen müssen, oder er sei krank, oder auch: er könne heute nicht kommen, weil er zu Hause nothwendig zu thun habe. Damit war der Lehrer freilich nicht zufrieden; denn wie war es wohl möglich, daß Anton in Kenntnissen weiter kam, wenn er die Schule so oft versäumte? Aber was den Lehrer vorzüglich verdroß, war dies, daß Anton sich gar nichts aus dem Unterrichte machte, sich immer treiben ließ, und keinen Lerneifer zeigte, besonders nachdem er endlich so weit gekommen war, daß er ein wenig lesen und schreiben könnte; denn dieser Knabe war thöricht genug, zu meinen, er thue nur dem Lehrer damit einen Gefallen, wenn er in der Schule fleißig und aufmerksam sei. Es fiel ihm gar nicht ein, dies für seine Schuldigkeit zu halten. Er hatte daher die vier Jahre, in welchen er die Schule besuchte, schlecht genug angewandt, und wenig gelernt. Desto mehr erstaunte der Lehrer, als Anton eines Tages in die Schule trat, und ihm anzeigte, daß er nun nicht mehr in die Schule kommen würde. Will dich dein Vater in eine andere Schule bringen? fragte der Lehrer. Nein, antwortete Anton, ich soll nun gar nicht mehr in die Schule gehen, mein Vater braucht mich zu Hause. Darüber muß ich mich wundern, erwiederte der Lehrer; denn du gehst ja erst seit vier Jahren in die Schule, und hast in dieser Zeit wenigstens drei Mal in der Woche gefehlt, bist auch nie recht fleißig gewesen. — Mein Vater sagt, ich wüßte nun genug, und er wäre auch nur bis zum vierzehnten Jahre in die Schule gegangen; nun müßte er mich auf's Handwerk thun, damit ich mir bald selbst mein Brot erwerben könnte. — Aber meinst du denn, sagte der Lehrer, daß der Meister einen Lehrling annehmen wird, der weder fertig lesen, noch fertig schreiben und rechnen kann? Und wie willst du künftig fertig werden, wenn du nun selbst Meister geworden bist, und eine Rechnung schreiben, oder Etwas ausrechnen sollst? — Anton wußte hierauf weiter Nichts zu antworten, als daß sein Vater gesagt habe, er hätte auch nicht mehr gekonnt, als er aus der Schule gekommen wäre. Das war nun freilich wahr, aber

Antons Vater hatte es auch dafür nie weit gebracht; er lebte
von seinem Handwerke sehr kümmerlich, und doch würde es ihn
reichlich ernährt haben, wenn er in der Jugend mehr gelernt
hätte. Anton nahm also Abschied von der Schule, das heißt:
er kam nicht wieder, dankte auch seinem Lehrer nicht für den
Unterricht und die Mühe, welche er sich mit ihm gegeben hatte.
Gefällt euch dieses Betragen? Wolltet ihr auch einmal so von
der Schule Abschied nehmen, wie dieser Knabe?

36. Falsche Scham.

Es gibt Menschen, welche sich schämen, wenn sie etwas
Anständiges und Gutes thun sollen, aber sich nicht schämen,
etwas Unanständiges oder Unrechtes zu thun, ja wohl gar sich
rühmen, Etwas gethan zu haben, was unerlaubt und schändlich ist. Solch ein Mensch war Philipp, der Sohn eines
Kaufmannes. Er schämte sich nicht, auf der Straße ungezogen
und wild zu sein, zu toben und zu lärmen, und sich mit seinen
Gespielen herum zu bälgen; er schämte sich nicht, diejenigen
auf eine höchst gemeine Art zu schimpfen, welche ihm auf irgend
eine Weise zu nahe kamen; ja er rühmte sich sogar ein Mal,
daß er einen seiner Mitschüler, der ihm nicht aus dem Wege
gegangen sei, tüchtig abgeprügelt, und auf die Erde geworfen
habe. Waren denn dies wirklich rühmliche Handlungen? Einst
war Philipp gegen seinen Lehrer trotzig und widerspenstig gewesen. Sein Vater erfuhr es, denn er hatte sich seines Trotzes
schamlos gerühmt, als ob er ganz recht daran gethan hätte, sich
seinem Lehrer zu widersetzen. Philipp sollte nun, auf Befehl
seines Vaters, dem Lehrer Abbitte thun, und Besserung versprechen; aber dazu war er nicht zu bewegen; er schämte
sich, sein Unrecht wieder gut zu machen, und meinte, daß es
doch eine gar zu große Schande sei, wenn er abbitten sollte; er
wollte sich lieber jeder andern Strafe unterwerfen, wenn sie
auch noch so hart sei. Wie gefällt euch dieses Betragen Philipps? Glaubet ihr wohl, daß es nachahmungswürdig sei?
Philipp mußte sich freilich zuletzt zur Abbitte entschließen, aber
er that es mit einem solchen Widerwillen, als ob es eine schändliche Handlung wäre, das Böse, was man gethan hat, wieder

gut zu machen. Was würdet ihr gethan haben, wenn ihr an seiner Stelle gewesen wäret?

Anton, der Bruder dieses Philipps, hatte zwar eine bessere Gesinnung, aber er schämte sich auch zuweilen, wo er sich nicht zu schämen brauchte. Er hatte z. B. einmal in der Schule eine sehr schöne Erzählung auswendig lernen müssen; nun sollte er vortreten und sie vor seinen Mitschülern hersagen, weil er die Geschicklichkeit hatte, nicht nur sehr deutlich, sondern auch in dem rechten Tone zu lesen. Aber er schämte sich, und wollte anfangs durchaus nicht vortreten, ob er gleich sonst seinem Lehrer gehorsam war. Erst nach vielem Zureden, und als der Lehrer ihm ernstlich drohete, sagte er seine Erzählung her; aber er that es mit niedergesenktem Kopfe, und sprach dabei so leise und undeutlich, daß der Lehrer unmöglich mit ihm zufrieden sein konnte. Jetzt, da er seine Sache so schlecht gemacht hatte, durfte er sich wohl schämen; aber zuvor auch?

37. Der unbesonnene Spaß.

Wenn Ferdinand Gespenstergeschichten hatte erzählen hören, so konnte er oft die ganze Nacht nicht einschlafen, denn er war unglaublich furchtsam, und ob ihm gleich seine Aeltern und Lehrer oft genug gesagt hatten, daß es thöricht sei, sich vor Gespenstern zu fürchten, so konnte er doch die Furcht davor nicht unterdrücken. Als er zu einem Schlossermeister in die Lehre gekommen war, mußte er mit den beiden Söhnen seines Meisters auf einer Bodenkammer schlafen. Diese Knaben hatten es dem treuherzigen Ferdinand bald angemerkt, daß er sich vor Gespenstern fürchte, und beschlossen, sich ein Mal mit ihm einen Spaß zu machen. Der Eine gab daher eines Abends vor, daß er sehr müde wäre, und früh zu Bette gehen wolle. Er hatte aber mit seinem Bruder verabredet, daß er sich unter Ferdinands Bette legen, und wenn dieser im Bette wäre, erst mit Ketten rasseln, dann plötzlich hervorkommen, und, in ein weißes Betttuch gehüllt, an sein Bette treten wolle; der Bruder sollte die Thür der Schlafkammer verschließen, damit Ferdinand nicht entwischen könne. Was meint ihr zu dieser Verabredung? — Alles geschah, wie es verabredet war, und der furchtsame Ferdinand wurde auch wirklich durch das Rasseln

der Ketten unter seinem Bette so sehr getäuscht, daß er in das
größte Schrecken gerieth, und in seinem Bette Angstschweiß
schwitzte. Er rief endlich um Hilfe, bekam aber keine Antwort.
Nun stieg seine Angst auf's Höchste: er sprang aus dem Bette
und wollte zur Thür hinaus, als die weiße Gestalt vor ihn
trat, und ihn packte. Ohnmächtig stürzte Ferdinand auf die
Erde, und gab keinen Laut von sich. Endlich merkten die bösen
Buben, was sie mit ihrem unbesonnenen Spaß angerichtet
hatten, und wollten nun den armen Ferdinand aus seinem Irr=
thum reißen; aber jetzt war es zu spät, Ferdinand lag leblos
da. Angstvoll riefen sie ihre Aeltern herbei, und mit großer
Mühe ward der ohnmächtige Ferdinand wieder in's Leben ge=
bracht; aber er erholte sich sobald nicht wieder, denn ein hitziges
Fieber war die Folge der Angst, welche er ausgestanden hatte.
Nun bereueten die beiden Knaben ihren Spaß, denn sie hatten
sich nicht vorgestellt, daß er so übel ablaufen könnte. Der
Vater strafte sie hart dafür, und bemühte sich, Ferdinanden von
seiner thörichten Furchtsamkeit nach und nach zu befreien.

38. Ehrlich währt am längsten.

Leonhard war zwölf Jahre alt, als er das Unglück hatte,
daß ihm sein Vater starb. Nun hatte er keinen Versorger
mehr, denn seine Mutter war so kränklich, daß sie ihn unmög=
lich mit ihrer Hände Arbeit ernähren konnte. Leonhard faßte
daher den Entschluß, selbst sein Unterkommen zu suchen, um
seiner Mutter nicht zur Last zu fallen. Kann ich doch fertig
lesen, schreiben und rechnen! dachte er bei sich selbst; wie sollte
ich nicht durch die Welt kommen, wenn ich fleißig und ehrlich
bin? Er nahm von seiner Mutter Abschied, und wanderte nach
einer nahe gelegenen Stadt, wo ein Freund seines Vaters
wohnte, der ein wohlhabender Kaufmann war. Bei diesem
meldete sich Leonhard, erzählte ihm sein trauriges Schicksal,
und bat ihn um Unterstützung. Gern will ich von Morgen
bis zum Abend arbeiten, sagte er, wenn Sie sich nur meiner
annehmen wollen. Herr Schulz (so hieß der Kaufmann)
war bereit, den vaterlosen Knaben in sein Haus und in seine
Dienste zu nehmen, wenn er verspräche, ihm treu und ehrlich
zu dienen. Das versprach Leonhard mit so vieler Treuherzig=

keit, daß Herr Schulz Zutrauen zu ihm faßte. Er übertrug
ihm nun allerlei kleine Geschäfte, wobei er Gelegenheit hatte,
seine Geduld und Sorgfalt kennen zu lernen, und fand Ursache,
mit ihm zufrieden zu sein. Besonders gefiel ihm die Aufrich-
tigkeit, mit welcher Leonhard oft sich selbst anklagte, wenn er
Etwas nicht recht gemacht, oder vergessen hatte, und die Lern-
begierde, welche er bei jeder Gelegenheit zeigte. Bald hatte
der gute Knabe so sehr das Zutrauen seines Wohlthäters gewonnen, daß dieser ihm sogar die Schlüssel zu seiner Stube
anvertraute, wenn er des Abends ausging; und es hätte seinem
Glücke Nichts gefehlt, wenn nicht die alte bösartige Haushälterin des Herrn Schulz seine Feindin geworden wäre; denn
diese gab sich alle ersinnliche Mühe, ihn anzuschwärzen, und
aus dem Hause zu bringen, weil sie an ihm einen lästigen Aufseher hatte, und nun nicht mehr, wie zuvor, auf Unkosten ihres
Herrn, ihre Klatschschwestern tractiren konnte. Glücklicher
Weise gehörte Herr Schulz nicht zu den argwöhnischen Menschen, und war also sehr geneigt, den Leonhard so lange für
einen guten Knaben zu halten, bis er Gründe hatte, das Gegentheil zu glauben. (Welches ist das Gegentheil?) Er hielt
die Beschuldigungen der alten Haushälterin daher für falsch,
beobachtete aber aus Vorsicht Leonharden desto sorgfältiger,
und setzte seine Ehrlichkeit zuweilen auf eine schwere Probe.
Da er ihn aber nie auf einer Lüge betraf, so traute er ihm auch
keine Betrügerei zu. Oft schickte er ihn aus, um etwas einzukaufen, und gab ihm dann mehr Geld mit, als er brauchte;
aber immer brachte Leonhard das Uebrige treulich wieder, und
nicht selten hatte er wohlfeiler eingekauft, als Herr Schulz gedacht hatte. — Einst ließ dieser mit Vorsatz ein Goldstück in
einer leeren Geldtüte, um zu sehen, ob Leonhard wohl ehrlich
genug sein würde, es nicht zu behalten. Leonhard fand das
Goldstück, als gerade ein Diener des Herrn Schulz gegenwärtig
war. Dies ist ein guter Fund! rief dieser freudig aus, dafür
wollen wir uns einen guten Tag machen, lieber Leonhard; denn
so einfältig wirst du doch wohl nicht sein, das Goldstück dem
Herrn wieder zu geben? Allerdings werde ich es unserm Herrn
wiederbringen, antwortete Leonhard, denn ihm gehört es, und
nicht uns. Mit gutem Gewissen können wir es nicht behalten,

und ich mag mein gutes Gewissen nicht verlieren. Er lieferte
es auf der Stelle seinem Herrn ab, und dieser war darüber so
erfreut, daß er es ihm zum Geschenk machte. Seit dieser Zeit
verlor er niemals das Zutrauen seines Wohlthäters; und da
dieser keine Kinder hatte, so setzte er den ehrlichen und treuen
Leonhard zum Erben seines ganzen Vermögens ein.

39. Jugendliche Unbesonnenheit.

Hermann hatte einen redlichen, aber sehr strengen Vater,
der ihn beständig zur Arbeit anhielt, und ihm nur selten ein
Vergnügen erlaubte, weil er der Meinung war, daß es jungen
Leuten sehr heilsam sei, wenn sie frühzeitig dazu gewöhnt wurden, anhaltend zu arbeiten, und es sich sauer werden zu lassen,
damit sie nicht hernach den Muth verlieren, wenn sie die Müh-
seligkeiten ihres Berufs ertragen sollen. Hermann hatte einige
Schulfreunde, welche nicht so strenge erzogen wurden, und diese
setzten ihm in den Kopf, sein Vater ginge zu hart mit ihm um,
und er habe nicht nöthig, sich das gefallen zu lassen. Wie
kannst du, sagten sie, bei dieser Lebensart deines Lebens froh
werden; du darfst ja nicht ein Mal des Sonntags ausgehen,
wohin du willst? Wenn ich wie du wäre, sagte einer unter
ihnen, ich machte es, wie es schon Viele gemacht haben, und
ginge in die weite Welt. So hat Mancher sein Glück gemacht,
und ich habe noch kürzlich von einem Manne gelesen, der auf
diese Art in einem andern Lande zu großem Reichthum gelangt
ist. Du wärest ja ein Narr, wenn du dich länger quältest!
Diese thörichten Zuredungen fanden endlich bei Hermann Eingang, und er ging nun wirklich damit um, seinen guten Aeltern
zu entlaufen. Da er eine ziemlich volle Sparbüchse hatte, so
meinte er, es sei nicht möglich, daß er in Noth gerathen könnte.

Eines Tages machte er sich in aller Frühe mit seinem kleinen Schatze auf den Weg, nicht ohne Herzklopfen; denn er
fühlte es doch, daß er sich an seinen Aeltern sehr versündigte.
Indeß beruhigte er sich bald durch die eitle Hoffnung, daß er
sein Glück machen, und dann sehr leicht Vergebung erhalten
würde. Er wanderte einige Tage nach einander fort, und erschrak nicht wenig, als er bemerkte, daß seine Baarschaft zu
Ende ging. Nun machte er einige Versuche, bei guten Leuten

unterzukommen; allein überall wies man ihn ab, theils weil er
nicht sehr ordentlich aussah, theils weil er noch sehr jung und
schwächlich war. Dennoch setzte Hermann seine Wanderschaft
fort; denn er schämte und fürchtete sich nun, zu seinen Aeltern
zurück zu kehren. Wie oft mag er in seinem Elende reuig an
das Herzklopfen gedacht haben, das er empfand, als er das
älterliche Haus verließ, und das ihm sagte, daß er auf bösem
Wege wäre, und ihn weiterzugehen warnte! Würdest du da=
mals umgekehrt sein? — Der Hunger zwang ihn endlich, einen
Bauer zu bitten, daß er ihn in seine Dienste nehmen möchte,
und der Bauer war auch bereit dazu; allein Hermann sollte
nun allerlei schwere Arbeiten thun, und bekam dabei so schlech=
tes Essen, daß er es bald nicht mehr aushalten konnte. Nun
kam er zur Besinnung, bereuete schmerzlich, was er gethan
hatte, und beschloß, zu seinen Aeltern zurück zu kehren. In
einem höchst traurigen Zustande, bleich, abgezehrt und zerlumpt
kam er in seiner Vaterstadt wieder an, und wartete den Abend
ab, um sich dann im Dunkeln nach dem Hause seiner Aeltern
hinzuschleichen. Sein Vater erkannte ihn anfangs nicht, und
erschrak über den kläglichen Zustand, in welchem er ihn vor sich
sah. Sehr ernsthaft, aber doch gütig, empfing er ihn; seine
Mutter weinte Freudenthränen über ihren verlornen, und nun
wieder gefundenen Sohn. Reuevoll gestand er, daß er nicht
mehr werth sei, ihr Sohn zu heißen, und demüthig unterwarf
er sich der verdienten Strafe. Sie bestand darin, daß er eine
Zeit lang nicht an dem Tische seiner Aeltern essen, und in ihrer
Gesellschaft sein durfte, sondern in einem entfernten Zimmer
des Hauses einsam seine Zeit zubringen mußte. Hermann
wurde von dieser Zeit an ein guter Sohn.

40. Unterschied zwischen Sparsamkeit und Geiz.

In einer kleinen Stadt wurden von der Obrigkeit einige
gutdenkende Bürger von Haus zu Haus umhergeschickt, um
eine Beisteuer für die verarmten Einwohner der Stadt einzu=
sammeln. Sie kamen unter andern frühmorgens auf den Hof
eines wohlhabenden Bauers. Sie fanden ihn vor dem Stalle,
und hörten, als sie sich ihm näherten, wie er es dem Knechte
eifrig verwies, daß er die Stricke, woran die Pferde gespannt

gewesen waren, über Nacht in Regen gelassen, und nicht in's
Trockne gebracht hätte. „O weh! der Mann ist genau!"
sprach Einer zum Andern, „hier wird es nicht viel geben!"
Wir wollen wenigstens v e r s u c h e n, sagte ein Anderer, und
sie gingen näher. Der Herr empfing die Fremden sehr freund=
lich, und indeß er mit ihnen in sein Haus ging, brachten sie ihr
Begehren an. Wie groß war ihre Verwunderung, als er
ihnen sehr bereitwillig ein ansehnliches Geschenk an Gelde gab,
und noch versprach, er wolle alle Jahre um die Zeit eben so
viel geben. Die Bürger konnten in ihrer dankbaren Rührung
sich nicht enthalten, dem wohlthätigen Manne zu gestehen, daß
seine Mildthätigkeit ihnen ganz unerwartet sei, indem der Ver=
weis, den er vorher dem Knechte wegen einer so unbedeutenden
Kleinigkeit gegeben hätte, sie auf den Argwohn gebracht habe,
daß er wohl sehr genau sein müsse.

„Lieben Freunde," war seine Antwort, „eben dadurch, daß
ich das Meinige jeder Zeit zu Rathe hielt, kam ich in den
glücklichen Zustand, wohlthätig sein zu können."

Schäme dich nicht der Sparsamkeit, und halte sie nicht für
Geiz, nur des Geizes mußt du dich schämen! Weigere dich nicht,
wohlthätig zu sein, indem du die Wohlthätigkeit fälschlich für
Verschwendung hältst. Aber sei auch am r e c h t e n Orte
wohlthätig, und gehe darum bei deinem Wohlthun mit Vor=
sicht zu Werke.

41. Der Bienenstock.

Vater Biedermann hatte vier Kinder; sie hießen: K a r l,
B e r n h a r d, L o t t e und H a n n c h e n. Eines Tages sagte
er zu ihnen: hört, Kinder, wer von euch morgen früh um sechs
Uhr aufsteht, ohne daß ich ihn wecke, dem will ich ein rechtes
Fest machen. Die Kinder horchten hoch auf. Was denn für
ein Fest? lieber Vater, fragte Lotte. — Steh' du nur zu rechter
Zeit auf, ohne daß ich dich wecke, so wirst du erfahren, was es
für ein Fest ist, sagte der Vater. — O, ich will gewiß noch vor
sechs Uhr aufstehen, ohne daß du mich weckst! rief Lotte. —
Ich auch! ich auch! riefen Alle.

Jetzt schlug die Glocke zehn. Nun war es Zeit, zu Bette
zu gehen. Sie sagten Alle dem Vater gute Nacht, und jedes

Kind. sprach dabei: du sollst sehen, Väter, daß ich morgen früh um sechs Uhr aus dem Bette sein will. Nun legten sie sich zu Bette, und jedes sagte für sich, ehe es einschlief: halb sechs Uhr! halb sechs Uhr! Bernhard schrieb sogar mit Kreide über sein Bette: morgen um halb sechs Uhr steht Bernhard auf! — Da sah man recht, daß der Mensch Alles kann, was er recht ernstlich will. Kaum hatte es am andern Morgen ein Viertel auf Sechs geschlagen, so waren schon alle Kinder munter. Jedes stand auf, zog sich an, und schlich sich zur Kammer hinaus; denn jedes glaubte das erste zu sein. Aber fast zu gleicher Zeit kamen sie alle in der Wohnstube an. Guten Morgen! riefen sie freudig eins dem andern zu. Nun, sagten sie, wollen wir doch sehen, was für ein Fest uns der Vater machen wird!

Sie gingen zum Vater. Ei, sprach dieser, wenn der Vater verspricht, den Kindern ein Fest zu machen, dann können sie Alle früh aufstehen. Nun, ich halte Wort. Aber erst thut, Kinder, was alle gute Kinder thun, sobald sie aus dem Bette kommen. — Da kämmten sie sich, wuschen sich die Hände und das Gesicht, und spülten den Mund mit frischem Wasser aus. Nun kamen sie wieder zum Vater, und Hannchen fragte ungeduldig: machst du uns nun ein Fest? — Da ist's! rief der Vater, und warf jedem Kinde eine Kappe über den Kopf. Vor den Augen, der Nase und dem Munde war ein Gitter von Drath, und der ganze übrige Kopf war mit einem Tuche bedeckt.

Merkt ihr was? sprach Bernhard zu den andern Kindern, der Vater schneidet gewiß Honig.

Richtig! sagte der Vater, gefällt euch dieser Spaß?

O ja! o ja! riefen alle, und folgten dem Vater, der nun auch eine Kappe über den Kopf nahm, und jedem Kinde Etwas zu tragen gab. Bernhard trug eine Pfanne voll Kohlen, die glühend waren; Karl ein Büschel Wermuth; von den Mädchen jedes ein langes Messer; der Vater und die Mutter folgten mit einem Siebe und einem Paar Schüsseln nach.

Jetzt kam der ganze Zug im Garten an, und nun ging das Fest recht an. Der Vater machte das Haus auf, in dem die Bienen waren, und trug jeden Stock von seinem Platze weg; dann nahm er ein Büschel Wermuth, das er auf die Kohlen

gelegt hatte, und ließ den Rauch davon in den Stock ziehen.
Da zogen sich die Bienen zurück, und der Vater schnitt nun
erst Wachs heraus, welches er in das Sieb legte, dann auch
große Stücke Honig. Das war eine Freude! Nun trug man
den Honig in die Stube; die Kinder folgten, und die Mutter
holte Brot, auf welches sie Honig für die Kinder streichen
wollte. Auch der Vater ging fort, und sagte: Kinder! nun
mache ich euch noch ein Fest: ich lasse für euch Honig auf Brot
streichen; aber nasche mir Niemand!

Kein Kind naschte, außer — Hannchen. Diese war lüstern,
schlich sich an den Tisch, nahm ein Stück Honig aus der
Schüssel, und steckte es in den Mund. Auf ein Mal schrie sie
aber so schrecklich auf, daß es durch das ganze Haus schallte.
Die Brüder und die Schwestern traten ängstlich um sie, und
fragten: was fehlt dir, Hannchen? Vater und Mutter liefen
herbei, und fragten: was fehlt dir? Aber Hannchen hielt den
Mund auf, und schrie, als wenn sie am Spieße stäke. Die
Mutter sah in den Mund, und siehe da! ein Bienchen saß ihr
auf der Zunge, welches im Honig gewesen war, und mit dem
Stachel an Hannchens Zunge hing. Die Mutter nahm zwar
die Biene weg, aber die Zunge schwoll so stark auf, daß Hannchen den ganzen Tag keinen Bissen essen konnte.

Die übrigen Kinder aßen ihr Brot mit Honig. Es
schmeckte ihnen sehr gut, und Karl sprach: das Fest, welches
uns der Vater gemacht hat, gefällt mir.

Lotte sah durch das Fenster, und sah Minchen, des Nachbars Tochter, vorbei gehen.

Das arme Minchen! sprach sie; ihr Vater hat keine Bienen, und kann ihr keinen Honig auf Brot streichen. Liebe
Mutter! willst du des Nachbars Minchen nicht auch von unserm Honig zu kosten geben?

Recht gern, mein Kind, sprach die Mutter, gab ihr Brot
mit Honig, und Lotte trug es zu Minchen. Was für eine
Freude das Mädchen hatte! Wie sie Lottchen dankte! Und nun
schmeckte Lottchen ihr Honig noch einmal so gut.

42. Der Fischteich.

Herr Herbst hatte einen Teich, in welchem viele Karpfen

und Schleien waren. Wenn er nun seinen Kindern eine Freude
machen wollte, so ging er mit ihnen an den Teich; jedes nahm
ein Stück schwarzes Brot mit, und dann brachen sie davon,
warfen es in das Wasser, und die Fische schnappten es weg.
Da saßen sie nun oft eine Stunde lang, und sahen zu, wie die
Fische auf und ab schwammen, die Käfer, die im Wasser leben,
hin und her fuhren, hier und da ein Frosch den Kopf aus dem
Wasser steckte, — und husch! — wieder hinunter war, wenn ihm
ein Kind zu nahe kam.

Da wünschten die Kinder oft: wenn ich nur ein Mal so
ein Thier fangen, und in der Nähe sehen könnte! Herbst ließ
es aber nicht zu, daß ein Kind darnach greifen durfte. War
dies wohl recht? Ich glaube wohl. Ein Kind ist kein Frosch
und kein Fisch, die im Wasser leben. Wenn eins von ihnen in
das Wasser fiele, so wäre es aus mit ihm.

Einmal sprach auch Herr Herbst: wollen wir nach dem
Teiche gehen? Ja, ja! riefen Alle, und zogen fröhlich mit ihm
fort. Bernhard sprang voraus, und kam zuerst bei dem
Teiche an. Kaum war er da, so drehete er sich um, und rief
den andern Kindern zu: Karl! Hanne! Lotte! kommt
und seht, was für ein großes Vergnügen uns der Vater ge=
macht hat! kommt geschwind herbei! Da lief Alles, was laufen
konnte. Tausend! was war da! Das Wasser war aus dem
Teiche abgelassen, und auf dem Boden wimmelte es von großen
und kleinen Thieren. Hier zappelte ein großer Karpfen, dort
ein Paar Schleien, die sich in dem Schlamme einzuwühlen
suchten! Schmerlen, Krebse, Frösche, Käfer, Larven u. s. w.
bedeckten den Boden des Teichs; kurz, der ganze Schlamm
lebte. —

Da hätte man die Freude der Kinder sehen sollen! Eins
rief: Vater! sieh den schrecklich großen Frosch! Ein anderes:
Lotte! Lotte! komm geschwind her, und sieh den Krebs! Hann=
chen rief: o wer holt mir den Käfer! sieh, Bernhard! dort
nicht weit von dem Karpfen, er hat einen gelben Saum um
die Flügel!

Endlich fing Bernhard an, und sagte: ach lieber Vater!
wenn du uns eine rechte Lust machen willst, so laß uns in den
Teich gehen; und Alle stimmten bei: lieber Vater! thu' es

doch! da wollen wir Fiſche, Krebſe und Fröſche fangen. Das
ſoll eine rechte Luſt ſein!

Nun, ſo geht denn hinein! ſprach der Vater; ziehet aber
erſt Schuhe und Strümpfe aus, leget die obern Kleider ab, in
denen die Arme ſtecken, und ſtreift die Aermel auf, damit ihr die
Kleider nicht ſchmutzig machet. Dort ſtehen die Körbe, in
welche die Fiſche kommen ſollen; hier iſt ein Korb für die
Krebſe, und da einige Töpfe, in welche ihr die Fröſche, Larven,
und was ſonſt noch im Schlamme lebt, werfen könnt. Was
für eine Freude war dies! Hundert und mehre Male zogen
ſonſt die Kinder Schuhe und Strümpfe aus, wenn ſie in's
Bette gingen; ſo ſchnell wurden ſie aber nie fertig, als dies
Mal. Kaum hatte es der Vater geſagt, ſo war auch ſchon
Alles fertig, und ſprang in den Teich. Das war eine Luſt!
So oft ein Kind einen Fiſch, Froſch, Krebs oder eine Larve
fing, jauchzte es, und machte ſeinen Fang den übrigen kund.

Zwei Stunden lang erlaubte ihnen der Vater dieſe Luſt;
dann klatſchte er in die Hände, und befahl, daß ſie nun aus
dem Teiche kommen ſollten. So ſchnell ging es aber nicht
heraus, als hinein; jedes hatte noch etwas zu fangen. Eins
rief: nur den Krebs noch! Das andere: nur den Schmerl
noch, lieber, guter Vater! Aber der Vater ſagte: eins! zwei!
drei! und dies war das Zeichen, daß die Kinder folgen mußten.
Sie ſprangen alſo heraus. Aber wie ſahen ſie aus! über und
über waren ſie mit Schlamm bedeckt, und man konnte ſie faſt
weiter riechen, als ſehen.

Dies hatte die Mutter voraus geſehen, deswegen hatte ſie
andere Wäſche und Kleidung holen laſſen. Der Vater führte
ſie nun Alle zu einem Bache, wo ſie ihre Füße, Hände, Arme
und Geſicht waſchen mußten. Dann nahm jedes Kind ſeine
Wäſche und Kleidung, ging in einen Buſch, und zog ſie an.
Jetzt waren ſie alle fertig.

Nun, Kinder! ſprach der Vater, ihr fingt heute viele
Thiere; haben ſie euch Schaden gethan?

Nein! ſagten alle.

Vater. Glaubt ihr denn, daß ihnen in dieſen Körben
und Töpfen wohl iſt?

Bernhard. Das glaube ich nicht.

Vater. Nun so ist es auch nicht recht, daß wir sie lange leiden lassen. Christoph! (so hieß der Fischer, der das Wasser aus dem Teiche ließ) bringt mir alle die Thiere her, welche die Kinder fingen, daß ich über sie Gericht halte. Ihr, meine Kinder, Bernhard, Karl, Lotte und Hanne, und du, gute Frau! setzt euch alle um mich, und gebt Acht, ob ich recht richte. Bernhard! wenn ist es mir erlaubt, ein Thier zu tödten?

Bernhard. Wenn es dir schadet.

Vater. Da darf ich also die Kuh nicht tödten lassen; denn diese schadet mir ja nicht.

Bernhard. Ja, die müssen wir tödten lassen, damit wir ihr Fleisch essen können.

Vater. Also darf ich ein Thier tödten, wenn es mir schadet, oder wenn ich sein Fleisch essen kann. Aber, warum tödtet man den Wallfisch? Der schadet ja nicht, und man ißt ihn auch nicht.

Bernhard. Dies ist wohl wahr; aber man nutzt doch sein Fett.

Lotte. Und das Fischbein.

Vater. Also haben wir zwei Fälle, in denen es recht ist, Thiere zu tödten: wenn sie uns im Leben schaden, oder wenn sie uns nützen, wenn sie todt sind. Nun laßt uns diese Thiere alle vor Gericht bringen, und sehen, ob wir ein Recht haben, sie zu tödten. Hier stehen erstlich zwei Körbe voll Karpfen! Haben sie uns Schaden gethan?

Alle. Nein!

Vater. Nützt es uns, wenn wir sie tödten?

Bernhard. Ich denke: ja! Wir können sie essen, und ihr Fleisch schmeckt gut.

Vater. So ist es ja wohl auch mit den Schleien, den Schmerlen und den Krebsen. Mögt ihr sie wohl essen?

Lotte. Versuch' es nur, Mutter, und siede welche; du sollst sehen, daß sie uns recht gut schmecken werden.

Vater. Nun, so sollen sie alle sterben! Weil wir sie aber doch nicht alle auf ein Mal essen können, so sorgt dafür, Christoph! daß sie in den Kasten, den ich für die Fische und Krebse habe, gethan werden. Die Mutter wird schon darauf sehen, daß sie nicht Noth leiden, und täglich ihr Futter haben. Nun

kommt die Reihe an die Herren Frösche. Haben sie uns Scha=
den gethan?

Alle. Nein! Nein!

Vater. Nützt es uns, wenn wir sie tödten? Soll sie
euch die Mutter vielleicht braten?

Hannchen. Fi! ich mag keinen Frosch essen. Willst du,
Lotte?

Lotte. Ich will Andern die Frösche lassen. Ich lobe
mir dafür die Krebse.

Vater. Nun, so mögen denn die Frösche leben!

Eben so sprach man auch die Larven und die Käfer frei
vom Tode. Herr Herbst nahm dann von jeder Art dieser
Thiere eins, zeigte es den Kindern, und sagte ihnen, wie es
lebe, sich nähre, und was es nütze.

Da dies vorbei war, sprach der Vater: nun, Kinder, weil
uns denn alle diese Thiere durch ihr Leben nicht schaden, und
durch ihren Tod nicht nützen, so gebt ihnen die Freiheit.

Ja! ja! riefen alle, das wollen wir thun!

Nun ging es wieder nach dem Teiche zu, und alle Töpfe,
in welchen diese Thiere waren, trugen sie dahin und leerten sie
aus. Das war ein Spaß über alle Späße! Wie freueten sich
die Kinder, da sie diese Thiere im Teiche herumkriechen und
hüpfen sahen.

Jetzt sollte der Zug nach Hause gehen. Ehe der Vater aber
fortging, fragte er Bernharden: haben wir diese Thiere wohl
in den Teich gethan, daß sie sterben, oder daß sie leben sollen?

Daß sie leben sollen! war Bernhards Antwort. Nun,
sagte der Vater, so müssen wir auch dafür sorgen, daß sie leben
können. Er ließ darauf das Loch zustopfen, durch welches das
Wasser abfloß, und bald fing das Wasser im Teiche wieder an
zu steigen, und alle diese Thiere waten in dem Wasser lustig.

Nun ging es nach Hause. Die Mutter, die voraus war,
hatte eine gute Mahlzeit, unter andern auch eine Schüssel voll
Krebse gekocht. Diese schmeckten den Kindern herrlich, weil sie
sich zuvor ein Paar Stunden in freier Luft bewegt hatten.

Da sie satt waren, sagten sie alle: wir danken dir, Vater;
du hast uns heute ein rechtes Fest gemacht!

6

43. Mit Schießgewehren soll man nicht spielen.

Auf einem adeligen Gute bei Joachimsthal, in der Ucker-
mark, ereignete sich vor wenigen Jahren folgender Unglücksfall.
Der Jäger des Edelmanns ging eines Tages auf die Jagd,
und da er kein Wild antraf, so hängte er das mit einer Kugel
geladene Gewehr, als er nach Hause gekommen war, in seiner
Stube neben einer ungeladenen Flinte auf. Ein junger Bursche
von 15 Jahren, der mit dem Jäger auf einer Stube wohnte,
kam bald nachher, um Stiefeln zu putzen. Dieser Bursche
hatte von jeher Lust bezeigt, ein Jäger zu werden, und spielte
daher gar zu gern mit Flinten, wo er nur ihrer habhaft werden
konnte, so oft man ihn auch schon durch Drohungen und Schläge
davon abzubringen versucht hatte. Auch dies Mal konnte er's
nicht lassen, eine Flinte von der Wand zu nehmen, den Hahn
aufzuspannen, und den Abzug aufzudrücken, und unglücklicher
Weise fällt ihm die geladene Flinte in die Hände. Ehe er sich's
versieht, geht die Flinte, weil er unvorsichtig am Hahn gedrückt
hatte, los, die Kugel fährt durch das Fenster nach dem Hofe,
und ein Kindermädchen sinkt, von der Kugel getroffen, zur
Erde, erhebt sich zwar bald wieder, und wankt noch einige
Schritte ächzend fort, muß aber doch wieder hinsinken, während
ein Kutscher, der in der Nähe ist, ihr zu Hilfe eilt. Sie wird
sogleich in's Bett gebracht, und ein reitender Bote nach der
Stadt geschickt, um einen Arzt zu holen; allein sie stirbt nach
einer halben Stunde ohne Hilfe. Der Bursche hatte sich, von
seinem bösen Gewissen geängstigt, aus dem Fenster in den Garten hinabgestürzt, und war entkommen; allein schon am folgenden Tage ward er entdeckt, und mußte nun, zur Strafe für
seine Unbesonnenheit, durch die er zum Mörder geworden war,
lange im Gefängnisse sitzen. Sein Herz wurde nie wieder
ganz ruhig, denn er konnte den Gedanken an diese That lebenslang nicht aus seiner Seele tilgen.

44. Eine gute Handlung aus schlechten Beweggründen.

Ein Lohnkutscher traf auf einer sehr schlechten Landstraße
einen Frachtfuhrmann, dessen Wagen im Morast versunken
war, und der ihn dringend um Beistand bat. Der Lohnkutscher warf ihm einige drohende Blicke zu, spannte aber, ohne

ein Wort zu sagen, seine Pferde vor den versunkenen Wagen, und so wurde er glücklich wieder herausgezogen. Auf alle Danksagungen antwortete er nur durch finstere Blicke, und als ihm der Fuhrmann Geld anbot, sprach er in einem zornigen Tone: ich mag's nicht! Ein Reisender, welcher dazu kam, fragte den Lohnkutscher: wie er bei seiner Hilfsleistung so unfreundlich sein könnte? Eine Weile blieb er ihm die Antwort schuldig; endlich sagte er: der Fuhrmann, dem ich jetzt helfen mußte, begegnete mir neulich an einer Stelle, wo ich ihm augenscheinlich nicht auszuweichen im Stande war, ohne Gefahr zu laufen, meinen Wagen zu zerbrechen, und wo er mit seinem leeren Wagen sehr leicht ausweichen konnte. Dennoch nöthigte er mich, aus dem Wege zu fahren, indem er auf den Beistand seiner Gefährten trotzte. Hätte ich ihn heute, da er allein war, nicht in großer Noth angetroffen, er hätte es ausbaden sollen! Aber vielleicht wäre den ganzen Tag kein Fuhrmann die Straße gekommen, der ihm hätte helfen können, und das unschuldige Vieh jammerte mich! — Wie gefällt euch die Denkungsart des Kutschers?

45. Traurige Folgen der Wildheit.

Ferdinand, der Sohn einer armen Wittwe, war, von seiner frühesten Kindheit an, ein wilder, ungehorsamer und leichtsinniger Knabe. Sein Vater hatte ihn strenge gehalten, starb aber, als er erst 5 Jahre alt war, und die Mutter war zu weichherzig, als daß sie sich hätte entschließen können, den wilden Ferdinand zu züchtigen, wenn er ungehorsam gewesen war; sie wollte ihn so gern bloß durch liebreiche Ermahnungen und Warnungen ziehen. Aber darauf achtete der Wildfang nicht. Oft bat sie ihn sehr rührend, er möchte doch nicht mehr so gefährliche Sprünge machen, und sein Leben nicht durch Klettern in Gefahr setzen; aber kaum war er ihr aus den Augen, so sprang und kletterte er, wie zuvor, und oft kam er dann so erhitzt nach Hause, daß die gute Mutter über ihn erschrak. So viel sie ihn auch warnte, daß er doch ja nicht kaltes Wasser trinken möchte, wenn er erhitzt wäre, so ließ sich der Knabe doch nicht abhalten, seinen Durst auch dann zu befriedigen, wenn er von Schweiß triefte. Aber was geschah? An einem schwülen

6*

Tage kam er, äußerst erhitzt, nach Hause, und klagte über Sei=
tenschmerzen und Uebelkeit. Die geängstigte Mutter versuchte
vergebens, ihm Linderung zu verschaffen, und da seine Klagen
immer stärker wurden, so holte sie endlich einen Arzt herbei.
Als dieser Ferdinanden genauer befragt, und seinen Körper
untersucht hatte, fand es sich, daß er sich durch heftiges Sprin=
gen einen gefährlichen Bruch zugezogen hatte. Ihr könnt
denken, liebe Kinder, welch' einen Schreck die arme Mutter
hierüber hatte, und sie würde außerdem noch durch die Unkosten
gelitten haben, welche ihr diese Krankheit ihres wilden Sohnes
verursachte, wenn nicht der menschenfreundliche Wundarzt dem
Knaben ein Bruchband geschenkt hätte. Doch dies war nicht
einmal das einzige und größte Unglück, welches sich Ferdinand
durch seine Wildheit zugezogen hatte; denn bald zeigte es sich,
daß er auch an der Brust Schaden gelitten hatte, und also ein
elender, schwächlicher Mensch bleiben würde. Er hätte die
Stütze seiner guten Mutter im Alter sein können, nun aber
wurde er die Ursache, daß ihr Alter kummervoll und traurig
war. Sagt, was wollt ihr zu euer Warnung aus dieser Ge=
schichte lernen? Vor welchen Belustigungen wollt ihr euch
sorgfältig hüten? Was wollt ihr gern annehmen und befolgen?
Und wie mit euren Kräften haushalten? Warum wollt ihr dies
thun, und dem wilden Ferdinand nicht ähnlich werden? Dürft
ihr aber deshalb nie klettern oder springen? —

46. Das Raupennest.

Henriette machte eines Abends mit ihrer Mutter einen
Spaziergang über's Feld. Sie war von ihr dazu gewöhnt,
Alles mit Aufmerksamkeit zu betrachten, was um sie her war.
Dies that sie auch jetzt. Auf ein Mal blieb sie stehen, und rief:
Mutter! Mutter! komm geschwind her, und sieh, was da ist!
Die Mutter kam, und sieh! da war ein Nesselbusch, der ganz
mit Raupen bedeckt war: lauter häßliche schwarze Thiere mit
stachlichten Rücken und grünen Streifen zwischen den Stacheln.
—Soll ich die Raupen todt treten? fragte Henriette. — Nein,
sagte die Mutter; denn wie du siehst, so nähren sie sich von
Nesseln, und sind also nicht schädlich. Wenn sie aber an einem
Kirschbaume oder auf einer andern nützlichen Pflanze säßen,

dann dürftest du sie, als schädliche Thiere, todt treten. Höre,
wie du dir mit diesen Thierchen eine recht große Freude machen
kannst. Nimm sie mit nach Hause, und füttere sie.

Ach ja, das will ich thun, sagte Henriette, und griff hastig
zu, zog aber sogleich schreiend die Hand zurück; denn sie hatte
nicht bedacht, daß die Nesseln brennen.

Kannst du denn die Nesseln nicht abreißen, ohne daß sie
dich brennen? sagte die Mutter. Jetzt besann sich Henriette,
zog das Schnupftuch aus der Tasche, wickelte es um die Hand,
und riß nun behutsam die Nesseln ab. Freudig trug sie die
Raupen nach Hause, steckte sie mit den Nesseln in ein großes
Glas, welches ihr die Mutter dazu gegeben hatte, und band ein
Papier darüber. — Aber willst du denn, daß deine Raupen
ersticken sollen? fragte die Mutter. Nein, das will ich nicht,
antwortete Henriette. — Nun, so mußt du kleine Löcher in das
Papier stechen, damit frische Luft in das Glas kommt. Das
that Henriette, und hatte ihre Freude daran, zu sehen, wie die
Raupen ein Blatt nach dem andern abfraßen.

Am andern Tage, als Henriette ihr Frühstück verzehrt hatte,
fragte die Mutter: hast du denn auch an deine Raupen gedacht, und ihnen ihr Frühstück gegeben?

O! sagte Henriette, die Raupen haben noch das ganze Glas
voll Nesseln.

Aber sieh sie nach, sagte die Mutter, ob sie nicht ganz ver-
trocknet sind? Dürre Nesseln können doch die armen Thiere
nicht fressen. Da du die Gäste einmal angenommen hast, so
ist es auch deine Pflicht, ihnen alle Tage frische Nesseln zu
holen, und sie so zu ernähren; denn sie selbst können es nun
nicht mehr thun, da du ihnen die Freiheit genommen hast. Dies
merkte sich Henriette, und vergaß ihre kleinen Gäste nie wieder.
Fünf Tage hatte sie ihnen nun reichlich Futter gegeben, und
fröhlich zugesehen, wie sie es verzehrten. Am sechsten Tage
wollte sie ihnen auch Futter geben, aber, o Wunder! da sie das
Papier wegnehmen wollte, hatten sich alle Raupen daran ge-
hängt. Mit den Hinterfüßen saßen sie theils am Papier, theils
am Glase so fest, als ob sie angeleimt gewesen wären. Geschwind lief Henriette zur Mutter, und zeigte ihr die aufgehäng-
ten Raupen. Besorglich fragte sie: aber was fehlt ihnen denn,

liebe Mutter? Ich habe sie doch alle Tage reichlich gefüttert, und nun werden sie mir doch sterben!

Sei ruhig, antwortete die Mutter, sie werden nicht sterben, sondern dir noch viel Freude machen. Laß sie nur ungestört hängen. Das that Henriette, und machte ganz behutsam das Glas wieder zu. Kaum war sie am folgenden Morgen aus dem Bette, so lief sie nach dem Glase, und siehe, da gab es schon wieder etwas Neues. Die Raupen waren verschwunden, und nun hingen lauter länglich runde Puppen da, mit einer kleinen Krone auf dem Kopfe. Sie lebten und bewegten sich hin und her. Henriette machte große Augen, schlug die Hände zusammen, und wußte nicht, was sie dazu sagen sollte. Endlich rief sie: Mutter! Mutter! komm geschwind her, und sieh, was aus meinen Raupen geworden ist.

Hab' ich es dir nicht gesagt, antwortete die Mutter, daß dir die Raupen noch viele Freude machen würden? Betrachte sie nun recht genau; sie haben ihre Häute abgestreift, die du hier hängen siehst, und haben sich verwandelt in Dinge, die man Puppen nennt. Laß sie nur alle hängen, und sieh alle Tage nach dem Glase. Vielleicht erblickst du bald einmal wieder Etwas, was dir große Freude macht.

Es traf richtig ein; nur währte es der ungeduldigen Henriette zu lange, und schon hatte sie fast alle Hoffnung aufgegeben. Aber nun waren fast einige Wochen vergangen, als Henriette einmal wieder nach ihrem Glase sah. Und was erblickte sie? Da war Alles voll schöner bunter Schmetterlinge in dem Glase. Aber sieh doch, liebste Mutter, rief sie, was in meinem Glase ist! Lächelnd kam die Mutter, und als sie nun beide genauer zusahen, erblickten sie ein neues Wunder. Ein Schmetterling, der in einer Puppe steckte, drückte mit seinen zarten Füßchen die Puppe von einander und kroch heraus. Seine Flügel waren ganz klein und zusammengerollt, wie ein Stück Papier. Er lief geschwind am Glase hinauf, und hängte sich an das Papier. Die Flügel wuchsen fast sichtlich, und nach einer Viertelstunde hingen sie vollkommen da. So ging es nun den ganzen Vormittag. Immer ein Schmetterling nach dem andern kroch aus seiner Puppe heraus. Nach Tische waren sie alle ausgekrochen. — Nun kannst du dir noch eine Freude machen, sagte die Mutter. Nimm das Glas, trag' es in den Garten, mache es auf, und gib den Schmetterlingen die Freiheit. Dies that Henriette, und freute sich unbeschreiblich, als sie sah, wie die Schmetterlinge herausflatterten, und von einem Baume zum andern flogen. Wenn sie hernach im Garten herumging, und einen braunen Schmetterling mit schwarzen Flecken sah, freute sie sich alle Mal. Du bist gewiß auch aus meinem Glase! dachte sie.

III.
Von der Welt.

Der große Körper, auf welchem wir Menschen wohnen, die Erde, ist nur ein sehr kleiner Theil von der Welt, d. h. von dem, was Gott geschaffen hat. Es gibt noch unzählige Körper oder Erden, unter welchen viele unsern Erdkörper an Größe übertreffen. Diese Körper erblicken wir zum Theil an dem unermeßlichen Gewölbe des Himmels in einer hellen Nacht. Sie scheinen uns wegen der Entfernung, in welcher wir sie sehen, kleine leuchtende Punkte oder Lichter zu sein. Würden wir sie aber wohl in einer solchen ungeheuren Entfernung erblicken können, wenn sie nicht sehr groß wären? Wir nennen sie Sterne. Der größte unter diesen Sternen scheint unserm Auge die Sonne zu sein. Ihre Strahlen schießen durch die ungeheuren Räume des Himmels auf unsere Erde herab, erleuchten und erwärmen sie, und verbreiten überall Leben und Fruchtbarkeit. Nächst der Sonne scheint der Mond unter den Sternen, welche wir sehen können, der größte. Auch dieser Stern erleuchtet durch seine Strahlen unsern Erdball, aber sein Licht ist nicht so blendend, wie das Licht der Sonne, und es bringt keine Wärme hervor. Das große blaue Gewölbe, welches wir Himmel nennen, ist ein unermeßlicher Raum, in welchem die Erde, die Sonne, der Mond und unzählige Sterne schweben und sich bewegen. Alle diese Sterne werden Weltkörper genannt, weil sie zusammengenommen die Welt ausmachen. Wie klein ist also unser Erdstern, wenn man ihn mit der Welt vergleicht! Bloß die Sonne ist vierzehn hundert tausend Mal größer, als die Erde. Sie erleuchtet und erwärmt

durch ihre Strahlen nicht bloß unsere Erde, sondern noch viele
andere Weltkörper, welche sich, gleich der Erde, um sie herum
bewegen. Drei und zwanzig von diesen Weltkörpern können
wir deutlich am Himmel erblicken, und die Sternkundigen
(Astronomen) haben sogar durch ihre Untersuchungen und Aus-
rechnungen herausgebracht, wie weit jeder dieser Weltkörper
von der Sonne entfernt ist, wie groß die Bahn ist, welche er
zu durchlaufen hat, und wie viel Zeit er dazu gebraucht. Derjenige, welcher der Sonne am nächsten steht (man hat ihn
Merkur genannt), durchläuft in 88 Tagen seine Bahn um
die Sonne, und rollt in einer einzigen Sekunde 6 Meilen fort.
Unsere Erde vollendet erst in 365 Tagen 6 Stunden ihre Reise
um die Sonne, und macht während dieser Zeit den ungeheuren
Weg von 524 Millionen Meilen. Der Mond ist auf dieser
Reise der beständige Begleiter der Erde. Er steht uns unter
allen Himmelskörpern am nächsten, und doch ist er 206,400
Meilen von uns entfernt. Derjenige Weltkörper, welcher am
weitesten von der Sonne entfernt ist (der Uranus oder Her-
schel), legt seinen langen Umlauf um die Sonne erst binnen
83 Jahren zurück. — Mit welch' einer Schnelligkeit fliegt eine
Kanonenkugel! Dennoch würde sie, bei aller dieser Schnelligkeit, 25 Jahre fliegen müssen, um von der Sonne auf die Erde
zu kommen.

Die Himmelskörper, welche sich, gleich unserer Erde, um
die Sonne bewegen, und von ihr erleuchtet werden, nennt man
mit einem gemeinschaftlichen Namen Planeten. Es ist
gewiß, daß sie unserer Erde ähnlich sind; daß sie, gleich dieser,
Jahreszeiten, und Abwechselung von Tag und Nacht haben;
daß sie, wie die Erde, aus Land und Meer bestehen, und darum
ist auch nicht daran zu zweifeln, daß sie Bewohner haben. Die
übrigen Himmelskörper, welche wir in zahlloser Menge am
Himmel erblicken, scheinen größtentheils Sonnen zu sein,
d. h. solche Körper, welche ihr eigenes Licht haben, und, wie
unsere Sonne, dunkle Himmelskörper durch ihre Strahlen erleuchten und erwärmen. Alle diese feurigen Himmelskörper
werden Firsterne genannt. Unsere Sonne ist also auch ein
Firstern, und wahrscheinlich einer der kleinsten. Denn wie
wäre es möglich, daß wir die übrigen Firsterne erblicken könn-

ten, da sie doch unbeschreiblich viel weiter von uns entfernt sind, als unsere Sonne, wenn sie nicht diese an Größe weit über= träfen? — Könnet ihr euch wohl dies Alles vorstellen, ohne über die Herrlichkeit und Größe des Weltgebäudes zu erstaunen, ohne die Allmacht des Schöpfers zu bewundern und zu verehren?

IV.

Von der Erde und ihren Bewohnern.

Daß die Erde sehr groß, aber doch nur ein kleiner Theil der Welt sei, haben wir schon gehört. Was für eine Gestalt die Erde habe, ist schwer auszumachen, weil man nur einen sehr kleinen Theil der Erde auf ein Mal übersehen kann, und weil sie uns zu nahe ist. — Aus dem Schatten eines Körpers kann man mit ziemlicher Gewißheit erkennen, ob er rund, breit, oder eckig und spitzig sei; und wenn der Schatten eines Körpers von allen Seiten alle Mal, so oft er sich zeigt, rund erscheint, so ist nicht zu zweifeln, daß auch der Körper rund sei. Dies ist nun der Fall bei unserer Erde. Ihr habt wohl schon von Mondfinsternissen gehört? Bei diesen erblickt man in der Mondscheibe alle Mal einen runden Schatten, und es ist aus= gemacht, daß dieser Schatten von unserer Erde in den Mond geworfen wird, so oft sie bei ihrem Umlaufe um die Sonne in gerader Linie zwischen der Sonne und dem Monde steht. Dar= aus kann man mit Zuverlässigkeit schließen, daß die Erde eine kugelartige Gestalt haben müsse. — Einen runden Körper kann man ganz umgehen, so daß man bei immer gleicher Rich= tung des Weges wieder an die Stelle kommt, von der man ausgegangen ist. Wenn also die Erde eine kugelartige Gestalt hat, so muß man sie ebenfalls umgehen, oder um sie herum= reisen können, und zwar auf die Art, daß, wenn man von sei= nem Wohnorte beständig nach dem Untergange der Sonne oder nach Westen zu reisete, man am Ende von der entgegengesetzten Seite, oder vom Anfange der Sonne, von Osten her, wieder nach Hause käme. Dieser Versuch ist auch seit drei hundert Jahren schon mehr als dreißig Mal, und zwar zu Schiffe ge= macht worden, weil die Erde auf ihrer Oberfläche ganz mit Wasser oder Meer umgeben ist. Eine solche Reise um die Erde

kann in einem Jahre vollendet werden, wenn man sich nirgends
lange aufhält, und Wind und Wetter günstig sind. Wir haben
schon gehört, daß der ganze Weg um die Erde eine Strecke von
ungefähr 25,000 Meilen betrage.

Diese und manche andere Gründe, welche schwerer zu begreifen sind, beweisen, daß die Erde eine sehr große Kugel sei,
aber eine unebene Kugel, wegen der vielen Berge, welche auf
der Erde sind. Doch machen diese Berge, so hoch sie auch zum
Theil sind, bei der Größe der Erde nicht mehr aus, als kleine
Sandkörner auf einer Kegelkugel.

Das Wasser nimmt auf der Oberfläche der Erde noch ein
Mal so viel Platz ein, als das Land. Man hat Bilder, auf
welchen die Oberfläche der ganzen Erde im Kleinen dargestellt
ist; man nennt sie Landkarten. Auf einer solchen Landkarte sieht man zwei große Kreise. Aber deswegen muß Keiner
sich vorstellen, daß die Erde aus zwei solchen Kreisen bestehe;
denn die ganze Oberfläche einer Kugel läßt sich nicht anders
zeichnen, als auf diese Art. Denkt euch, ihr wolltet die ganze
Fläche eines Apfels abbilden; müßtet ihr ihn nicht als zwei
erhaben runde Kreise darstellen? Gerade so muß es auch Derjenige machen, welcher die Erde abbilden will, und daher kommen die beiden großen Kreise auf der Karte, welche die Erdkugel vorstellt. Ihr sehet, daß auf dieser Karte einige Stücke
mit bunten Farben überstrichen, und einige weiß gelassen sind.
Die bunten Stücke stellen das Land, und die weißen das große
Wasser vor, welches die ganze Erde umgibt, und Meer heißt.
Das feste Land der Erde hat man in fünf große Theile getheilt,
welche daher Erdtheile, oder auch Welttheile genannt
werden. Jeder Erdtheil hat einen besondern Namen. Der
kleinste, welcher auf der rechten Halbkugel oben liegt, heißt
Europa. Auf eben dieser Halbkugel liegen noch drei andere
Erdtheile, welche Asien, Afrika und Australien heißen.
Auf der linken Halbkugel liegt Amerika und ein Theil von
Australien oder Oceanica. Zu welchem Welttheile gehört das Land, in welchem wir wohnen? — Und wie werden
wir deshalb von Ausländern genannt?

Ihr werdet euch vielleicht darüber wundern, daß ihr auf der
Landkarte keine Abbildungen der Städte, Berge, Gebirge und

Wälder, der Bäume, Pflanzen und Thiere, welche auf der Erde
sind, sondern lauter Namen findet. Aber bedenkt nur, wie un-
geheuer groß eine Landkarte werden müßte, auf welcher dies
Alles abgemalt sein sollte. Und wäre es wohl möglich, eine
solche Landkarte zu übersehen? Ihr müsset euch also begnügen,
den Umriß der Länder und ihre Namen nebst den Namen der
vornehmsten Städte auf der Karte zu finden. An der größeren
Schrift erkennt man die Namen der Länder. Die schwarzen
krummen Linien zeigen den Lauf der Flüsse, und die runden
oder länglichen schwarzen Flecke mitten im Lande die großen
Seen an.

Ein Blick auf die Erdkarte lehrt, daß das feste Land mit
seinen großen und kleinen Inseln kaum den vierten Theil des
Ganzen ausmacht, und daß es eigentlich gar kein festes Land,
sondern nur große und kleine Inseln und Halbinseln auf der
Erde gibt, die mehren, aus der Tiefe des Meeres hervorragen-
den, Gebirgsrücken gleichen. In diesen Gebirgsrücken macht
die feste Steinart, welche Granit heißt, gleichsam die Rippen
des ganzen ungeheuren Körpers aus; er bildet die Urgebirge,
und führt besonders Zinn und Eisen, und die schönsten Kry-
stalle in seinem Innern. Aber die Hauptniederlagen der unerschöpflichen Metallschätze sind die Thongebirge, welche in unermeßlichen über einander liegenden Schichten sich aufthürmen,
von Gängen oder Spaltungen durchschnitten, daher auch Gang-
gebirge genannt. Mit diesen wechseln ab die Kalkgebirge, mit
ihren mächtigen Lagern von Marmor, mit ihren Massen von
Porphyr, Jaspis, Serpentinstein, Quarz und Flußspath. Zu
ihren Füßen lagern sich die flachen Flötzgebirge in regelmäßig
über einander liegenden Schichten von Sandstein, Steinkohlen,
Schiefer, Gips und Stinkstein, hie und da auch von Kreide
und Steinsalz in mächtigen Lagern. Diese Flötzgebirge, mit
ihrem unerschöpflichen Vorrath von Kupfer, Alaun, Vitriol,
Galmei, Steinkohlen und Steinsalz, mit ihren ewig sprudeln-
den Salz- und Heilquellen, werden von dem rastlosen Menschen nach allen Richtungen durchgraben, daß er ihre Schätze
an das Licht bringe. Hier trotzt in grausenvoller Tiefe, von
ewiger Nacht umhüllt, der muthige Bergmann bei düsterem
Lampenschein allen Schrecken und Gefahren einer unbekannten

Welt, um das köstliche Gold und Silber aus den Eingeweiden
der Erde hervor zu wühlen.

Auf hohen Gebirgsrücken sowohl, als auch tief im Innern
der Erde und unter fast nie schmelzenden Eisdecken findet sich
eine wunderbare Vorrathskammer von Ueberbleibseln und
Trümmern aus einer, über alle Geschichte hinaus liegenden,
Urzeit, bestehend aus zahllosen Versteinerungen, welche in den
Tiefen des Meeres und der Erde, und in ungeheuren Gebirgs-
höhlen, wie in unermeßlichen Todtengrüften einer begrabenen
Vorwelt, beisammen liegen; lauter Körper und Körpertheile,
welche zwar nicht wirklich in Stein verwandelt, aber doch in
eine feste Steinmasse so wunderbar eingeschlossen sind, daß man
sie von dieser kaum noch zu unterscheiden vermag. Den größten Haufen machen die Conchylien oder Schalthiere aus, die
sich häufig in ganzen Schichten zu kleinen Bergen mitten im
Lande aufgethürmt finden; meistens Geschöpfe einer uns gänzlich unbekannten Vorwelt, unter den Namen: Ammoniten,
Liliensteine, Noahmuscheln und Mammuthsknochen, unsern
Naturforschern bekannt; ferner wirkliche, nicht versteinerte, Gebeine von Elephanten, Wallfischen, Rhinocerossen, und ungeheuren, jetzt nicht mehr auf der Erde lebenden, Bären; und alle
diese Gebeine finden sich in Gegenden, wo solche Thiere jetzt
nicht würden leben können. Wunderbar ist es, wie diese Bewohner heißer Himmelsstriche ihr Grab im kalten Norden gefunden haben, und daß seit Jahrtausenden ihre Gebeine ungestört in der Erde Tiefen ruhten, und merkwürdig ist es, daß
keines Menschen Gebeine darunter gefunden werden; ein Beweis für die spätere Schöpfung des Menschen.

Feuer dampfend und ungeheure Rauchwolken erheben sich
mitten unter den gewaltigen Bergen die Vulkane in furcht-
barer Gestalt, Tod und Verwüstung drohend, gleich unergründ-
lichen und unerschöpflichen Schmelzöfen, welche von Zeit zu
Zeit eine glühende Flüssigkeit, Lava genannt, unter fürchter-
lichem Krachen und leuchtenden Blitzen ausströmen lassen.
In Europa sind vorzüglich die beiden Vulkane oder Feuerberge
Vesuv und Aetna von Zeit zu Zeit in schrecklicher Bewegung. Im Süden unseres Welttheils gewährt der 17,000 Fuß

hohe Cotopaxi mit seinen häufigen Ausbrüchen ein furchtbar-
schönes Schauspiel.

Wunderbar hat Feuer und Wasser in den Gebirgen unermeßliche Höhlen gebildet, die, gleich Grotten, sich in mächtigen
Gewölben erheben, und mehrentheils abwärts, von Abgründen
durchschnitten, oft mehre Meilen weit sich hinziehen. Ein un-
aufhörlicher Steinregen bildet an den hohen Gewölben dieser
Höhlen wunderbare Gestalten, welche größtentheils in der
Form der Eiszapfen drohend herabhängen, und Stalaktiten
genannt werden. Die Masse heißt mit Recht Tropfstein, weil
sie durch herabtröpfelnde und allmählig erstarrende Flüssigkeiten gebildet wird.

Hie und da haben gewaltige Naturkräfte die Gebirgsmassen
durchbrochen und von einander gerissen, so daß die Wände der
stehengebliebenen ein ungeheures Thor bilden. So entstanden
die Meerengen, durch welche Länder getrennt, Meere verbunden
werden, wie z. B. die Meerenge von Gibraltar, an welcher die
Spitzen von Europa und Afrika sich nähern, und durch die das
mittelländische Meer in den Ocean strömt. In den Gebirgen
von Virginien hat die Natur eine Felsenbrücke gebaut, deren
Bogen 250 Fuß über dem darunter fließenden Cedarcreek
erhaben ist. —

In der langen majestätischen Reihe der Bergriesen steht
obenan der mit ewigem Schnee und Eis bedeckte Chumulari
in Asien, welcher mehr als 28,000 Fuß sich über der Meeresfläche erhebt und der höchste Berg auf der Erde ist. Ihm folgt
der mächtige Sorata, mit einer Höhe von 25,000 Fuß.
Er ist der höchste Berg auf unserem Festlande. Im steinigen Gebirge unseres Vaterlandes sind manche Berggipfel
höher als 12,000 Fuß und der schwarze Berg in Nord-
Carolina ist 6,476 Fuß über der Meeresfläche erhaben. In
Europa erreichen der Mont Rosa, der Montblanc und
der deutsche Ortler eine Höhe von mehr als 14,000 Fuß.
Der Pik auf der afrikanischen Insel Teneriffa ist 11,000 Fuß
hoch. Alle diese Berggipfel, weder von Menschen noch Thieren
bewohnt, mit ewigen Schneemassen bedeckt, bieten den schauer-
lichen Anblick einer leblosen, von düsteren Abgründen durch-
schnittenen Wüste dar, und sind zum Theil Heiligthümer der

Natur, die nie ein menschlicher Fuß betrat. Die Stadt Quito in Südamerika befindet sich in einem Gebirgsthale, das 8,000 Fuß über der Meeresfläche liegt. Von fast gleicher Höhe ist die höchste menschliche Wohnung in Europa, ein Kloster auf dem St. Bernhard; die höchste Herberge in Deutschland ist das Brockenhaus, welches aber sich nur zu 3,276 Fuß erhebt.

Das unermeßliche Meer, welches alles Land der Erde um=schließt, und es von seinen schädlichen Dünsten befreit, indem es sie an sich zieht, hat eine meistens unermeßliche Tiefe; denn schon ließ man das Senkblei bis auf 4,680 Fuß auslaufen, ohne Grund zu finden. Doch ist diese Tiefe sehr verschieden; denn, gleich dem Boden des festen Landes, besteht der Boden des Meeres aus Bergen und Thälern, Hügeln und Felsen, und wie die Hand des Menschen unaufhörlich das feste Land mit Gebäuden besetzt, welche dann die verwüstende Zeit in Trümmer verwandelt, so besetzt der rastlose Fleiß der Natur den Boden des Meeres mit jenen wunderbaren steinernen Ge=bäuden, in welchen unzälbare Seethiere ihre unvergänglich scheinende Wohnung finden, und die nicht selten dem Seefahrer ein schreckliches Grab bereiten; denn verloren ist das Schiff, welches der Sturm auf ein Korallenriff treibt, unter fürchterli=chem Krachen stürzt es in Trümmern.

Wie am Tage die Unermeßlichkeit des Meeres, und sein majestätisches Wogen die Seele mit Bewunderung und Er=staunen, mit Freude und Schrecken erfüllt, so in dunkler Nacht sein unbeschreiblich prachtvolles Leuchten. Oft scheint das ganze Meer, so weit das Auge reicht, in vollem Feuer zu stehen; große leuchtende Körper, die man an der Gestalt für Fische erkennt, fahren zuckend und tanzend auf seiner Oberfläche umher, in unbegreiflicher Schnelligkeit. Eine ganze Welt der allerklein=sten Thiere, kaum einen Nadelknopf groß, mit einem gallert=artigen, durchsichtigen, äußerst zarten Körper, bringen diesen wunderbaren Glanz hervor, und mit ihnen vereinigen sich die Medusen und Meernesseln, die aus ihren langen Fühlfäden einen Lichtglanz ausströmen, indeß ihr Körper vollkommen dunkel bleibt. — Obgleich die Salzigkeit des Meerwassers sein Gefrieren erschwert, so bildet doch das Meer an beiden Polen oder Spitzen der Erdkugel unermeßliche Eisfelder, und in der Nähe dieses ewigen Eises sieht man, selbst mitten im Sommer, ganze Inseln und Berge von dichtem Eise, das den Seefahrern so furchtbare Treibeis, was noch schrecklicher sein würde, wenn seine Bewegung nicht so langsam wäre.

Das süße Wasser, welches die Länder der Erde durchströmt, wird entweder ein **Strom**, oder ein **Fluß**, oder ein **Bach** genannt. Unter Strömen versteht man große fließende Gewässer, welche sehr breit und tief sind, eine sehr große Strecke Landes durchfließen, und sich im Meere ergießen. Der **Mississippi** in unserm Vaterlande durchfließt mit den sich in ihn ergießenden Gewässern eine Strecke von 3,000 Meilen. Die Flüsse vereinigen sich mit den Strömen, und sind zum Theil auch sehr breit und tief. Wenn ein Fluß oder ein Strom so tief ist, daß man mit großen Schiffen darauf fahren kann, so wird er **schiffbar** genannt. Die Vertiefung, worin das Wasser eines Flusses oder Stromes fließt, heißt das **Bette**. Der Rand des Bettes wird das **Ufer** genannt. In manchen Flüssen oder Strömen gibt es Stellen, wo das Wasser von einer steilen Anhöhe in die Tiefe stürzt. Solche Stellen nennt man **Wasserfälle**, und von den Wasserfällen von **Niagara** hast du gewiß schon erzählen gehört. Wir haben schon (S. 17) gehört, woraus die Flüsse und Ströme entstehen, und welche Gewässer man **Seen** oder **Landseen** nennt. Es gibt Seen, welche 100 und mehre Meilen lang und breit sind. Das Meer nennt man auch wohl die **See**, und daher werden die Fische, welche in dem Meere leben, **Seefische**, und die Schiffe, mit welchen man auf dem Meere fährt, **Seeschiffe** genannt. Sagt man: **der See**, so ist von einem Landsee die Rede; sagt man: **die See**, so ist das Meer gemeint.

Die vielen Millionen Menschen, welche die Erde bewohnen, sind an Gestalt, Farbe der Haut, Sprache, Sitten und Lebensart sehr verschieden. Diejenigen, welche in Einem Lande beisammen wohnen, und einerlei Gestalt, Farbe, Sprache und Sitten haben, machen zusammengenommen ein **Volk** oder eine **Nation** aus. Da nun jeder Theil der Erde wieder in kleinere Theile getheilt ist, welche Länder genannt werden, so gibt es also verschiedene Völker in Europa, in Asien, in

Afrika, in Amerika und Australien. Doch haben die verschiedenen Völker der Erde Einiges mit einander gemein, theils in Ansehung ihrer Gestalt und Farbe, theils in Ansehung ihrer Lebensart. Die meisten europäischen Völker haben eine weiße Haut, langes herabhängendes Haar, hervorstehende Nasen, und blaue oder schwarze Augen. Dagegen findet man in Afrika meistens Menschen mit einer schwarzen sammetweichen Haut, kurzen wolligen Haaren, breiten aufgestülpten Nasen und rosenrothen Lippen. Diese schwarzen Menschen werden Neger oder Mohren genannt. Die meisten Bewohner Asiens haben eine olivenfarbige Haut; einige asiatische Völker sind auch braungelb.

Die Ureinwohner von Amerika — die Indianer — sind größtentheils rothbraun, oder kupferartig, haben einen schlanken Wuchs, und tiefliegende Augen. In fast allen Ländern der Erde sind die Menschen gewöhnlich, wenn sie ausgewachsen sind, 5 Fuß hoch. Doch werden in den kältesten Ländern der Erde, wo es fast gar keine andere Jahreszeit, als den Winter gibt, die Menschen selten über 4 Fuß hoch, und sind gemeiniglich sehr ungestaltet. Hie und da findet man Menschen von außerordentlicher Größe, welche 6 bis 7 Fuß hoch sind; man nennt sie Riesen. Doch gibt es kein Volk auf der Erde, welches aus lauter Riesen besteht.

Auch in Ansehung ihrer Lebensart haben die verschiedenen Völker der Erde Vieles mit einander gemein. Einige nämlich, welche man wilde Völker nennt, treffen gar keine Veranstaltung, um ihres Lebensunterhalts sicher zu sein. Sie säen und pflanzen nicht, sie sammeln keinen Vorrath von Lebensmitteln, sorgen überhaupt gar nicht für die Zukunft, sondern gehen nur dann auf Nahrung aus, wenn der Hunger sie dazu treibt. Ihre einzigen Beschäftigungen sind daher Jagd und Fischerei. Sie wohnen gewöhnlich auch nicht einmal in Dörfern bei einander, haben überhaupt keine ordentlichen und festen Wohnungen, sondern nur elende Hütten, die aus einigen Pfählen bestehen, welche in die Erde gegraben, und mit Thierhäuten oder mit einer groben Filzdecke überzogen, oder nur mit großen Baumblättern bedeckt sind; einige wohnen sogar in Höhlen unter der Erde, und gewöhnlich stehen bei diefen wilden Völkern nur wenige Familien (Stämme) mit einander in Verbindung, welche aber keinen gemeinschaftlichen Oberherrn, keine Obrigkeit, sondern höchstens im Kriege oder bei einer großen Jagd einen Anführer haben, dem fie fo lange gehorchen, als der Krieg oder die Jagd dauert.

Andere Völker der Erde, welche Hirtenvölker oder Nomaden genannt werden, haben zwar auch keine künftlichen und feften Wohnungen, fondern nur Zelte oder Hütten, welche fie leicht abbrechen und wieder auffchlagen können, aber fie find doch viel verftändiger und gefitteter, als die wilden Völker, weil fie fich mit der Viehzucht befchäftigen, wozu mehr Aufmerkfamkeit und Kenntniß erfordert wird, als zur Jagd. Ihre Heerden find ihr ganzer Reichthum. Sie ziehen aus einer Gegend in die andere, und laffen fich nur da auf eine längere Zeit nieder, wo fie gute Weideplätze antreffen.

Noch andere Völker auf der Erde, welche gefittete Völker genannt werden, befchäftigen fich, außer der Viehzucht, auch noch mit dem Ackerbau, und verftehen allerlei Künfte und Handwerke. Sie wohnen in feften und künftlichen Häufern gefellfchaftlich bei einander in Städten, Dörfern und Flecken. Unter ihnen gibt es verfchiedene Stände oder Berufsarten und Gewerbe, indem einige den Acker bauen, andere ein Handwerk oder eine Kunft treiben, noch andere fich mit dem Handel oder mit den Wiffenfchaften befchäftigen. Gefittete Völker leben nach beftimmten Gefetzen, d. h. fie haben unter fich ausgemacht, was Jeder thun und nicht thun darf, und wer unter ihnen wohnen will, muß verfprechen, fich diefe Gefetze gefallen zu laffen, und fie zu befolgen. Damit dies von Allen, auch von den Unverftändigen und Bösartigen gefchehen möge, fo wählen fie unter fich einige verftändige und rechtfchaffene Männer, und geben ihnen den Auftrag, darauf zu fehen, daß Jeder den Gefetzen gehorfam fei, und die Ungehorfamen zu ftrafen, wenn fie nicht auf Erinnerungen achten. Diefe Perfonen werden die Obrigkeit, und eine folche große gefellfchaftliche Verbindung wird eine bürgerliche Gefellfchaft oder ein Staat genannt. In manchem Staate hat nur Einer das Recht, Gefetze zu geben, und die Obrigkeit zu wählen. Diefer heißt dann der Regent oder Monarch, oder

7

er wird Kaiser, König, Herzog, Fürst oder Graf genannt. Die
Länder, welche unter seiner Herrschaft stehen, machen sein
Reich oder seinen Staat aus. Ein Staat, in welchem das
Volk sich selbst regiert, wird ein Freistaat oder eine Re-
publik genannt.

* * *

V.
Producte der Erde.

Da die Luft nicht in allen Gegenden der Erde dieselbe Beschaffenheit hat, sondern in einigen Ländern das ganze Jahr
hindurch heiß, in andern sehr kalt, und wiederum in andern
weder zu warm noch zu kalt, sondern gemäßigt ist, so ist die
Erde nicht überall gleich fruchtbar. Doch bringt fast jedes
Land der Erde so viel hervor, als seine Bewohner zu ihrer Erhaltung nothdürftig gebrauchen. Alles, was die Erde hervorbringt, nennt man ihre Producte oder Erzeugnisse.
Ihre Zahl ist so groß, und sie sind von so verschiedener Art, daß
man sie unter gewisse Abtheilungen (Classen) bringen muß,
um sie übersehen, und von einander unterscheiden zu können.
Diese Abtheilungen werden Reiche der Natur genannt,
und ihrer sind drei: das Thierreich, das Pflanzenreich
und das Mineralreich. Diejenigen Länder, in welchen
gesittete Völker wohnen, haben manche Producte, besonders aus
dem Pflanzenreiche, im Ueberflusse, weil ihre Bewohner das
Land sehr sorgfältig bebauen. Dagegen fehlt es manchen Ländern gerade an diesen Producten, weil sie einen unfruchtbaren
Boden haben, oder schlecht angebaut sind; aber sie haben wiederum andere Producte im Ueberflusse, welche die Natur selbst
hervorbringt, z. B. Metalle, Holz, oder Salz. Dadurch sind
die Menschen auf den Gedanken gekommen, die überflüssigen
Producte ihres Landes nach solchen Ländern hinzubringen, wo
es an diesen Producten fehlt, sie da zu verkaufen, und sich für
das gelöste Geld die ihnen fehlenden Producte einzukaufen. So
ist der Handel entstanden, wobei die Waaren entweder zu
Lande, vermittelst der Wagen und Lastthiere, oder auf den
Flüssen und auf dem Meere, vermittelst der Schiffe, aus einem
Lande in das andere gebracht werden.

Weise und gütig hat es Gott so eingerichtet, daß jedes Land, oder wenigstens jeder große Erdstrich, das heißt, jeder beträchtliche Theil der Erde, gerade diejenigen Producte hat, welche für die Bewohner desselben, nach Maßgabe der Witterung (des Clima) die nothwendigsten und wohlthätigsten sind. So bringen z. B. diejenigen Länder, welche eine heiße Luft, und keinen Winter haben, die kräftigsten, saftreichsten und kühlendsten Früchte hervor, z. B. Kokosnüsse, Muskatnüsse, Oliven, Pisang, Datteln, Orangen, Melonen und Ananas. Auch findet man in diesen Ländern die größten und stärksten Landthiere, welche alle Beschwerlichkeiten der heißen Witterung ertragen können, ohne dadurch zu verderben, z. B. die Elephanten, welche 14 bis 15 Fuß hoch, mehr als 16 Fuß lang, und 5,000 Pfund schwer werden, und sich bei dieser Größe und Schwere dennoch so leicht bewegen, daß sie täglich einige sechzig Meilen zurücklegen; die Kameele, diese vortrefflichen Lastthiere, welche in heißen Ländern unentbehrlich sind, weil man 10 bis 14 Tage mit ihnen durch brennende und wasserlose Sandwüsten reisen kann, ohne daß man nöthig hat, sie zu tränken, und die mit einer Last von 1200 Pfund in einem Tage 50 Meilen zurücklegen. — Natürlicher Weise sind die Menschen in den heißen Ländern nicht so stark und so thätig, wie in den gemäßigten Himmelsstrichen, und darum hat Gott den Boden in diesen Ländern so fruchtbar gemacht, daß er beinahe ohne alle Bearbeitung die schönsten Früchte in dem größten Ueberflusse hervorbringt. Die Natur ist dort in beständigem Wachsthum, die Bäume werden dort nie kahl, und die Felder nie leer, sondern Blüthen und Früchte, Saaten und Ernten folgen ununterbrochen auf einander. Da die Bewohner dieser Länder wegen der großen Hitze keine schwere Kleidung ertragen können, so hat Gott dafür gesorgt, daß die Seidenraupe ihnen durch ihr feines Gewebe die leichteste Kleidung verschafft.

Ganz anders sind dagegen die Producte der kalten Länder. Hier kann der Boden nicht anders, als höchst unfruchtbar sein, weil der Winter in diesen Ländern nur für wenige Wochen aufhört, und die in den langen Sommertagen unglaublich schnell emporgewachsenen Pflanzen von der Kälte getödtet werden, ehe sie noch zur gehörigen Reife gelangt sind.

7*

Das Pflanzenreich liefert also in diesen Ländern den Menschen fast gar keine Nahrung. Aber was ihnen hier abgeht, wird ihnen reichlich durch eine außerordentliche Menge von Fischen und wilden Thieren ersetzt. Indem sie diese zu erjagen suchen, kommt ihr Blut in Wallung, und wird in beständiger Wärme erhalten, und die dicken Pelze des erjagten Wildes schützen sie gegen die erstarrende Kälte. Aber ihren größten Reichthum machen die Rennthiere aus, denn von ihnen erhalten sie Alles, was wir von unserm Rindvieh, unsern Pferden und Schaafen erhalten, und sie sehen fast alle ihre Bedürfnisse durch diese Thiere befriedigt, ohne daß sie nöthig haben, für die Erhaltung derselben die geringste Sorge zu tragen. Die ganze Nahrung des Rennthieres besteht nämlich in Baumblättern und Moos, und diese sucht es sich selbst, sogar im härtesten Winter, indem es das Moos mit seinem Geweih und mit dem Hufe unter dem Schnee hervorzukratzen weiß. Dennoch gewöhnt es sich sehr leicht an die Menschen, und wird von ihnen zum Reiten, Lasttragen und Ziehen der Schlitten gebraucht. In einem Tage läuft es 80 bis 100 Meilen. Die Rennthierkühe geben eine sehr fette Milch, und ihr Fleisch hat einen angenehmen Geschmack. Aus ihrer Haut machen die Bewohner des kalten Erdstrichs ihre Kleider, Schuhe, Zelte, Bettdecken und andere Dinge. Aus ihren Hörnern wissen sie allerlei Geräthe, aus den Knochen Messer, Löffel und Nadeln, und aus den Därmen und Sehnen Stricke zu machen. Die Klauen werden zu Trinkgeschirren, und die Harnblasen zu Beuteln und Flaschen gebraucht. Ist es nicht eine höchst bewundernswürdige Anordnung Gottes, daß ein einziges Thier alle Bedürfnisse des Menschen befriedigt?

Der Erdstrich, in welchem wir wohnen, hat weder eine ganz heiße, noch eine ganz kalte, sondern eine gemäßigte Witterung, welche sich oft verändert, und eben dadurch zur Erzeugung und Ernährung der meisten Producte geschickt ist. In keinem Erdstriche findet man daher eine so große Mannichfaltigkeit von Erd- und Baumfrüchten, als in dem gemäßigten, und nirgends ist das Thierreich so reichlich angefüllt, als in diesem. Ackerbau und Viehzucht sind folglich Hauptbeschäftigungen der Bewohner dieses Erdstrichs. Der Weinstock ist das eigenthümliche Product desselben, denn er gedeiht weder in den heißen, noch in den kalten Erdstrichen.

1. Das Thierreich.

Von den **Thieren** haben wir (S. 9 bis 14) schon Mancherlei gelesen, und daraus gelernt, daß man alle Thiere, welche auf und in der Erde, im Wasser und in der Luft leben, am Besten von einander unterscheiden kann, wenn man sie unter folgende 6 Abtheilungen oder Classen bringt: **Säugethiere, Vögel, Amphibien, Fische, Insecten** und **Würmer.** Alle Thiere haben dies mit einander gemein, daß sie einen Mund (Maul) haben, durch welchen sie dem Körper seine Nahrung zuführen, und daß sie, vom Hunger getrieben, willkürlich ihre Nahrung zu sich nehmen. Dabei werden sie von ihrem **Naturtriebe** (Instinct) geleitet, und vor Allem, was ihnen schädlich ist, bewahrt. Diese Naturtriebe ersetzen bei ihnen den Mangel an Vernunft, und sind bei einigen Thieren höchst bewundernswürdig, indem manche dadurch zum künstlichen Bau ihrer Wohnungen, zum listigen Fange ihres Raubes und zu manchen Handlungen und Verrichtungen geschickt werden, welche Nachdenken und Urtheilskraft zu erfordern scheinen. Ohne vorhergegangene Anweisung und Uebung macht die junge Spinne ihr künstliches Gewebe, schwimmt die Ente auf dem Wasser, baut die Schwalbe ihr Nest, weiß die junge Katze die Mäuse zu fangen, bereitet die Biene ihre künstlichen Zellen. Eben so bewundernswürdig ist die Art, wie die Thiere sich gegen ihre Feinde zu vertheidigen wissen, und auch dabei sind ihre Naturtriebe wirksam. Wenn die Pferde auf der Weide von einem Wolfe angegriffen werden, so stellen sie sich alle mit den Köpfen dicht an einander, und machen auf diese Art einen Kreis, in den der Wolf nicht eindringen kann, weil alle mit den Hinterfüßen ausschlagen, und ihn dadurch zurücktreiben. Die Ochsen machen es umgekehrt, und vertheidigen sich mit den Hörnern. Einige Thiere, welche im Wasser leben, machen das Wasser trübe, und entziehen sich so den Verfolgungen ihrer Feinde (das Stinkthier [Skunk] wehrt sich gegen seine Verfolger durch das Ausspritzen einer sehr übelriechenden Flüssigkeit); andere treffen schon bei dem Bau ihrer Wohnung

gewisse Vorkehrungen, indem sie z. B. ihr Nest in dichten
Dornensträuchen, oder in einer Felsenspalte anlegen. Die El-
ster bedeckt ihr künstlich geflochtenes Nest vorsichtig mit Dornen
und stachlichten Reisern. Unser Colibri (Summvogel) gibt der
Außenseite seines kleinen Nestes eine solche Farbe, daß es von
dem bemoosten Aste, an dem er es befestigt, nicht zu unterscheiden ist. Die Spechte hacken mit ihrem meißelförmigen Schnabel, ein mehr als zwei Fuß tiefes Nest in die Stämme der
Eichbäume.

In Ansehung der Fähigkeit, zu empfinden, nimmt man
unter den Thieren eine große Verschiedenheit wahr. Einige
Thiere, z. B. die Hunde, empfinden sehr stark. Wie sehr
freuen sie sich, wenn sie nach einiger Zeit ihren Herrn wieder-
sehen; wie traurig sind sie, wenn sie ihren Herrn verloren
haben! Dagegen bemerkt man bei vielen Thieren, besonders
bei den Insecten und bei den Fischen, fast gar keine Empfin-
dungsfähigkeit. Dennoch ist es wohl gewiß, daß alle Thiere
durch die Sinne Eindrücke erhalten, ob man gleich an manchen
gar keine Sinneswerkzeuge entdecken kann. So haben z. B.
die Schmeißfliegen, und andere Insecten, offenbar den Sinn
des Geruchs, ob man gleich keine Nase an ihnen bemerkt, und
die Fische hören unstreitig sehr scharf, ob sie gleich kein äußeres
Ohr haben; denn man kann z. B. die Karpfen in einem Teiche
daran gewöhnen, daß sie auf den Schall einer Glocke sich ver-
sammeln, um gefüttert zu werden. Einige Thiere haben ganz
außerordentlich scharfe Sinne. Von einer unermeßlichen Höhe
herab entdeckt der Adler seinen Raub, und auch sein Geruch ist
bewundernswürdig scharf. Vermöge seines scharfen Geruchs
findet ein Hund Meilen weit sich wieder nach Hause, und eben
dadurch entdeckt er unter vielen hundert Menschen seinen Herrn.
Die Thiere, welche Aas verzehren, spüren ein todtes Thier auf
einer Strecke von mehren tausend Schritten, und wissen es
durch den Geruch zu finden, wenn es auch im Dickicht versteckt
liegt. Der Hase hört den Schuß einer Flinte, erschrickt, ändert
seinen Weg, und entläuft mit verdoppelter Schnelligkeit. Das
Pferd schmeckt die Annehmlichkeit der kräftigen Getreideförner,
und läßt die dumpfigen, ungedeihlichen Halme liegen. Der
Geruch des gebratenen Specks lockt die Maus aus ihrem weit

entfernten Schlupfwinkel, und macht, daß sie den Mehlkaften
unberührt läßt. Die Katze liegt mit Wohlbehagen im wär=
menden Sonnenschein, und der Hund geräth faft in Wuth,
wenn man Kienöl auf seinen Körper gießt, weil ihm dieser Ge=
ruch unerträglich ist. Geruch und Geschmack sind unstreitig
die Ursachen, warum das größere Hornvieh nicht mehr und
nicht weniger, als etwa 270 Arten von Pflanzen frißt, und alle
übrigen stehen läßt, so schön und kräftig sie auch sein mögen.
Das Pferd nährt sich mit 262 Pflanzenarten, die Schweine
fressen deren nur 72, und berühren keine anderen, als diese,
wenn sie auch noch so hungrig sind. Leget einer Raupe 30 ver=
schiedene Arten von Blättern vor, sie wird vielleicht nur eine
einzige Art benagen, und alle übrigen unberührt lassen.

Wenn die Thiere entkräftet sind, und der Erholung bedür=
fen, so suchen sie einen sichern und bequemen Ort, und fallen in
den Schlaf, in welchem manche, z. B. die Hasen und Gemsen,
die Augen offen behalten, und auch wohl träumen; wenigstens
bemerkt man an den Hunden, daß sie oft im Schlafe bellen und
knurren, wovon nur ein Traum die Ursache sein kann. Einige
Thiere, besonders die Katzen, die Eulen, die Zibethratten und
verschiedene größere Raubthiere, schlafen bei Tage, und gehen
des Nachts auf Raub aus. Von dem gewöhnlichen Schlafe
der Thiere ist der Winterschlaf, in den einige verfallen, zu
unterscheiden. Nicht alle Thiere finden nämlich im Winter
ihren Unterhalt, und müßten also verhungern, wenn sie nicht
durch ihre Naturtriebe vor dieser Gefahr geschützt würden.
Viele bereiten sich nämlich im Herbste mit bewundernswürdi=
ger Kunst und Vorsicht eine Lagerstätte oder Winterwohnung,
legen sich hinein, und erstarren, bis die Wärme der Frühlings=
sonne sie wieder weckt, und in der Natur neue Nahrung für sie
bereitet ist. Diese Erstarrung ist so stark, daß die warmblüti=
gen Thiere, z. B. die Murmelthiere, während derselben nur
eine unmerkliche Wärme behalten, und daß die Puppen vieler
Insecten, die zu gleicher Zeit ihre Verwandlung bestehen, im
Winter oft so durchfroren sind, daß sie wie Eiszapfen oder Glas
klingen, wenn man sie auf die Erde wirft. Dennoch aber
lebt das darin schlafende Thier. Die meisten Amphibien fallen
in den Winterschlaf; aber unter den Vögeln wohl nicht einmal

die Schwalben, von denen man es früher geglaubt hat. Manche
Thiere erstarren zwar nicht im Winter, legen sich aber im
Herbste kunstvolle und gut verwahrte Vorrathskammern an,
und tragen eine Menge von Nahrungsmitteln darin zusammen,
wovon sie sich während des Winters nähren. So machen es
z. B. die Maulwürfe. Ihr unterirdischer Bau ist mit vielen
Gängen durchschnitten, die alle mit einander in Verbindung
stehen. Im Winter graben sie sich 5 bis 6 Fuß tief ein. Ihre
eigentliche Wohnung ist ein sehr kunstreiches, rundes Gewölbe,
welches mit Moos, Mist, Stroh, Laub, Gras und zarten Wurzeln ausgelegt ist. Die Decke ist, nebst den Seitenwänden,
fest zusammengedrückt, und künstlich geglättet. Unter dem
Schnee wühlen sich die Maulwürfe lange Gänge, und graben
den Würmern, Erdschnecken und Wurzeln nach. Die Hamster,
welche eine ähnliche unterirdische Wohnung anlegen, erstarren
zwar im Winter, so bald Schnee fällt, und bleiben bis zum
März in dieser Erstarrung, sammeln aber doch im Herbste einen
großen Vorrath von Körnern oder Kleesamen, den sie nicht
eher angreifen, bis auf dem Felde gar nichts mehr zu finden ist.
Von diesem Vorrathe nähren sie sich bis zum Winterschlafe,
und beim Erwachen, weil dann noch Nichts für sie auf dem
Felde da ist.

Manche Thiere, besonders Vögel, ziehen im Herbst in entfernte wärmere Länder, um nicht im Winter vor Kälte und
Hunger umzukommen, und kehren im Frühjahr in ihre vorige
Heimath zurück. So machen es z. B. die Lerchen, die Störche,
die Kraniche und viele andere Vögel, die daher Zugvögel
genannt werden.

Für ihre Jungen sorgen die Thiere mit außerordentlicher
Liebe. Schon vor ihrer Geburt bereiten sie ihnen ein weiches
und warmes Lager, und zwar gerade an einem solchen Orte,
wo sich hinlängliches Futter für sie findet, und wo sie vor Ueberschwemmungen und andern Gefahren gesichert sind. Einige
Thiere bringen lebendige Junge zur Welt, und säugen sie an
ihren Brüsten mit Milch (die Säugethiere); andere legen Eier,
woraus die Jungen in kurzer Zeit vermittelst der Wärme hervorkommen, z. B. die Vögel, die Fische und die Insecten. Mit
der größten Zärtlichkeit beschützen besonders die Weibchen ihre

Jungen, und geben oft lieber ihr eigenes Leben hin, als daß sie die Jungen dem räuberischen Feinde überlassen.

Säugethiere.

Die Säugethiere sind größtentheils vierfüßige Thiere, aber es gibt auch unter ihnen solche, die sich auf vier Händen fortbewegen, nämlich die Affen, und andere, welche im Wasser leben, und daher keine Füße, aber armähnliche Flossen (Finnen) haben, nämlich die Narwals, Delphine und Wallfische, denn auch diese sind wie Säugethiere gebaut, gebären lebendige Junge und säugen sie, gehören also eigentlich nicht zu den Fischen. — Der Körper der Säugethiere ist mit Haaren von sehr verschiedener Stärke, Länge und Farbe bedeckt, die auch bei einigen (z. B. bei den Schaafen und Pudeln) wie Wolle gekräuselt, oder als Borsten straff und struppig sind (z. B. bei den Schweinen), oder die gar, wie bei dem Igel und Stachelschweine, steife Stacheln bilden. Bei manchen sind die Haare am Halse sehr lang, und bilden eine Mähne, z. B. bei den Pferden; andere haben einen Bart, wie die Ziegen. Bei einigen Säugethieren ändert sich die Farbe der Haare mit dem Alter, z. B. bei den Seehunden, oder während des Winters, wie bei den Hermelinen, welche dann schneeweiß werden. — Die meisten Säugethiere leben auf der Erde, und manche, wie z. B. die Affen und Eichhörnchen, fast bloß auf Bäumen; einige leben unter der Erde, z. B. die Hamster und die Maulwürfe; andere bald auf dem Lande, bald im Wasser (die Biber und die Seebären); noch andere bloß im Wasser (die Wallfische). Die Finger und Zehen derjenigen Säugethiere, welche sowohl im Wasser, als auf dem Lande leben, sind durch eine Haut verbunden, welche man die Schwimmhaut nennt, weil sie ihnen zum Schwimmen behilflich ist. Bei den Fledermäusen sind die langen fingerartigen Zehen der Vorderfüße durch eine zarte Haut verbunden, und daher können sie wie Vögel fliegen, oder flattern. Sie sind die einzigen fliegenden Säugethiere, denn das fliegende Eichhörnchen mit seiner zwischen den Hinter- und Vorderfüßen ausgespannten Haut, kann nicht weit und nur abwärts fliegen. Einige Säugethiere haben hornartige Hufe, nämlich die Pferde und die Esel; viele haben gespaltene

Klauen, z. B. die Schaafe und Ochsen. Die meisten gehen bloß auf den Zehen, nur einige auf der ganzen Fußsohle. — Außer den Klauen und Zähnen haben viele Säugethiere auch noch Hörner erhalten, um sich gegen ihre Feinde zu wehren. Bei den Hirschen, Elenthieren und Rennthieren sind die Hörner wie Aeste eines Baumes gestaltet, und heißen Geweihe. Sie werden gewöhnlich in jedem Jahre abgeworfen, und dann durch neue ersetzt, welche mehr Enden haben, als die alten. Im Februar oder März verlieren die Hirsche ihr Geweih, und schon nach 3 bis 4 Monaten haben sie ein neues, welches anfangs sehr weich ist. Die größten Geweihe haben selten mehr, als 24 Enden. — Einige Säugethiere haben beutelförmige Backen, z. B. die Affen, die Meerkatzen und die Hamster. Man nennt diese Beutel auch Backentaschen, weil sie an jeder Seite der untern Kinnlade als häutige Taschen sitzen, und von diesen Thieren als Taschen gebraucht werden, um Nahrungsmittel darin fortzutragen. Bei einigen Beutelthieren sitzen die großen häutigen Beutel am Bauche, und sind so groß, daß sich die Jungen darin verkriechen können, wenn sie saugen wollen. So ist es z. B. bei der Beutelratte (Opossum) und bei dem Känguruh. — Die Brauchbarkeit der Säugethiere ist außerordentlich groß und vielfach. Zum Reiten, Ziehen, Lasttragen und zum Ackerbau dienen dem Menschen die Pferde, Maulthiere, Esel, Ochsen, Büffel, Rennthiere, Elephanten, Kameele und Hunde. Zur Jagd und zum Bewachen seines Eigenthums bedient sich der Mensch des Hundes. Die Katzen, die Igel, die Ameisenbären, die Wiesel und mehre andere Säugethiere, vertilgen allerlei schädliche Thiere. Das Fleisch des Rindviehes, der Schaafe, Ziegen, Schweine, Hirsche, Hasen, Kaninchen, und in einigen Ländern auch das Fleisch der Pferde, Hunde und wallfischartigen Thiere, dient den Menschen zur Speise. Auch der Speck, das Schmalz, das Blut und die Milch der Thiere dient uns zur Nahrung. Aus dem Fette des Wallfisches wird der Fischthran gemacht, welcher so vielfach zu gebrauchen ist. Es gibt Wallfische, welche 100 Fuß lang werden; der gemeine Wallfisch aber, welcher an Thran am ergiebigsten ist, wird nur 60 Fuß lang und wiegt dann ungefähr 70 Tonnen. Man erhält von einem solchen etliche 20 Tonnen

(über 5,000 Gallonen) Fischöl. Eine Gattung von kleinern
Wallfischen, der Spermacetifisch (Cachalot), liefert unser Lam-
penöl. Das eigentliche Spermaceti (Wallrath) ist das Gehirn desselben, aus welchem die schönen Spermacetilichte verfertigt werden. Aber trotz seiner ungeheuern Größe kann der
Wallfisch nur kleine Fische, wie Heringe und Makrelen, verschlucken, weil sein Schlund so enge ist. Auch hat er keine
Zähne, sondern anstatt deren nur in der obern Kinnlade große,
lange Reihen eines schwarzen, knorpelichten Körpers, aus welchem das Fischbein geschnitten wird. — Die Lichte, mit welchen
wir unsere Stuben gewöhnlich erleuchten, sind aus dem Fette
der Ochsen und Schaafe gemacht, welches Talg oder Unschlitt
genannt wird. Die Seife besteht meistens aus Talg. — Vorzüglich groß und ausgebreitet ist der Nutzen, welchen die Häute
und Felle der Säugethiere, ihre Haare, und besonders ihre
Wolle den Menschen gewähren. Manche Felle werden so zubereitet, daß die Haare daran bleiben, und dann heißen sie
Pelzwerk. Es ist das Geschäft des Kürschners, sie zuzubereiten. Das meiste Pelzwerk liefern uns außer den Schaafen, die
wilden Thiere, besonders die Füchse, Bären, Dachse, Fischotter,
Zobel und Hermeline. Die Häute der wilden Schweine und
Seehunde werden zum Beschlagen der Koffer gebraucht. Wenn
den Häuten der Thiere die Haare genommen, und sie weich
und geschmeidig gemacht worden sind, so werden sie Leder genannt. Mit Zubereitung des Leders beschäftigen sich die Loh-
gerber, Weißgerber und Sämischgerber; sie benutzen dazu vorzüglich die Häute der Ochsen, Kälber, Schaafe, Rehe und
Ziegen. Saffian (Marocco), ein schönes glänzendes Leder,
wird aus Ziegenfellen, und Korduan aus Bocksfellen gemacht.
— Auf mannichfaltige Weise wird das Haar der Thiere,
und in's Besondere die Wolle der Schaafe, zur Bekleidung des
Menschen benutzt. Die Haare der Kühe, Kälber und Pferde
werden nicht bloß zum Auspolstern der Stühle, Sopha's und
Matratzen, sondern auch zur Verfertigung einer Art von Pan-
toffeln (Bärlatschen), und zur Bereitung des Haartuches gebraucht, dessen feinere Arten einigen Menschen zur Bekleidung,
so wie die gröbern zum Einpacken kostbarer Waaren dienen.
Von Kameelhaaren werden Hüte, auch wohl Kamelotte verfer-

tigt, und aus den Haaren der angorischen Ziege wird das
Kameelgarn gemacht, welches zur Verfertigung verschiedener
schöner Zeuge dient. Aus Pferdehaaren wird ein glänzendes
Zeug verfertigt, mit welchem man Stühle überzieht. Auch zur
Beziehung der Violinbogen werden die Pferdehaare benutzt.
Aus den Haaren der Hasen, Waschbäre (Raccoons), Ziegen,
Hunde und Biber verfertigt der Hutmacher grobe und feine
Hüte. Aus Schaafwolle macht man auf dem Weberstuhle
folgende Zeuge: Merino, Bombassin, Teppiche, Kamelott,
Frieß, Flanell, Plüsch und Felbel. — Die Borsten der
Schweine gebraucht der Bürstenbinder. Die Geweihe, die
Hörner, die Zähne (besonders Elephantenzähne oder Elfenbein)
und die Knochen der Säugethiere werden von dem Drechsler
auf allerlei Art verarbeitet. Aus den Sehnen und Knochen
wird Tischlerleim gekocht. Aus den Därmen macht man
Saiten. Der Mist und die Knochen, nachdem man die letztern
gemahlen hat, werden auf den Acker gebracht, und dienen zur
Düngung (Fruchtbarmachung) desselben. In holzarmen Gegenden bedient man sich auch des trockenen Mistes zur Feuerung.

Vögel.

1. Die Vögel kommen in Ansehung ihrer Bildung darin mit
einander überein, daß sie alle zwei Füße, zwei Flügel, einen
hornichten Schnabel und einen mit Federn bedeckten Körper
haben. Die Federn fallen ihnen zwar in einer bestimmten
Jahreszeit aus, aber es wachsen sogleich andere wieder. Man
nennt dies das Mausern der Vögel. Die stärksten Federn
sind in den Fittigen (Flügeln) und im Schwanze. Jene heißen
Schwungfedern, und diese Steuerfedern (warum?).
Einige Vögel haben gar keine Schwungfedern, und können daher nicht fliegen, sondern höchstens nur flattern, z. B. der
Strauß, der Kasuar und die Pinguine. Der Paradiesvogel,
der Colibri und die Schwalbe bringen dagegen fast ihr ganzes
Leben im Fluge zu. Die meisten Vögel leben auf Bäumen,
einige im Wasser, sehr wenige bloß auf der Erde (welche?),
und kein einziger unter der Erde. Manche haben freie, unver-
bundene Zehen: bei andern sind die Zehen durch eine Schwimmhaut verbunden, z. B. bei den Gänsen, Enten, Schwänen u. a.

Sehr viele Vögel verändern ihren Aufenthalt in gewissen Jahreszeiten, und heißen daher Strich = oder Zugvögel. Sehr merkwürdig ist es, daß sie, nach einer so langen Abwesenheit, ihre alten Nester wiederfinden. Manche Vögel führen ein beständiges Wanderleben und halten sich in einer Gegend nur so lange auf, als diese ihnen reichliche Nahrung bietet, wie z. B. die Tauben, Reiher, Wasserschnepfen, wilden Gänse und Enten. Andere fliehen vor dem herannahenden Winter und kehren wieder mit den ersten Frühlingstagen zurück, wie der Singsperling, der Brotsperling, der Blauvogel, die Wanderdrossel (Robin), der Cedervogel und der Schwarzvogel. Die meisten verfolgen ihre Reise nur in der Nachtzeit, wie die Eulen, Eisvögel, Drosseln, Fliegenschnäpper und Neuntödter; andere nur am Tage, wie die Krähen, Kreuzschnäbel und Schwalben. Kraniche, Regenpfeifer und Schwäne setzen dagegen ihren Zug Tag und Nacht fort. Kein einziger Vogel hat Zähne, sondern diese Thiere müssen ihre Speise entweder mit dem Schnabel zerbeißen, oder ganz verschlucken. Bei denjenigen Vögeln, welche Saamen fressen, und ihn ganz verschlucken, geht die Speise nicht sogleich in den Magen, sondern wird zuvor im Kropfe oder Vormagen eingeweicht. Sehr viele Vögel verschlucken Sand und kleine Kieselsteine, und auch diese befördern die Verdauung der Speisen. Verschiedene fleischfressende Vögel, wie die Eulen, Eisvögel u. a. können die Knochen, Haare und Gräten der kleinen Thiere, welche sie verzehrt haben, nicht verdauen, sondern geben sie, in eine runde Kugel geballt, nach der Mahlzeit wieder von sich. Der Schnabel dient den Vögeln nicht bloß zum Beißen, sondern auch zum Putzen der Federn, zum Bau ihrer Nester, zum Eintragen des Futters, zur Vertheidigung, und bei einigen, z. B. bei den Papageien, sogar zum Klettern. Wenn die Vögel sich gebadet haben, so drücken sie mit dem Schnabel die Fettdrüsen am Steiße, aus welchen dann ein feines Oel dringt, und nun ziehen sie die Federn durch den mit Oel benetzten Schnabel, oder bestreichen sie mit den Zehen, woran ebenfalls Oel sitzt. Das Gesicht ist bei den Vögeln überaus scharf. Die Henne bemerkt einen Habicht in einer Entfernung, wo ihn kein menschliches Auge erblickt, und die kleinen Insectenfänger sehen auf dem Gipfel eines Baumes

das kleinste Insect sich bewegen. Die Eulen sehen in der Däm=
merung am schärfsten, und ihre Augen leuchten. Andere Vögel
haben einen überaus scharfen Geruch, z. B. die Elstern, welche
bei hartem Froste eine unter der Erde verborgene Made riechen.

Die Vorsicht und Klugheit, mit welcher die Vögel
ihre Nester gerade an solchen Orten anlegen, wo sie am leichte=
sten ihre Bedürfnisse befriedigen, und sich gegen ihre Feinde
schützen können, ist höchst bewundernswürdig, so daß man ihnen
fast menschliches Nachdenken und verständige Ueberlegung zu=
trauen möchte. Eben so vorsichtig wählt jede Gattung die
Baumaterialien zu ihrem Neste. Diejenigen Vögel,
welche in heißen Himmelsstrichen, oder an schattigen Orten
nisten, nehmen zu ihrem Bau nur leichten und einfachen Stoff,
z. B. Zweige, Wurzeln, Heu, Stroh, Schilf und Laub. An=
dere aber nehmen, außer diesen Materialien, noch Lehm, Mist,
Moos, Haare, Wolle u. dgl. m. Das Weibchen ist gewöhnlich
die Baumeisterin; doch verstehen sich bei den kleinern Vögel=
arten beide Geschlechter auf das Nesterbauen. Die Gestalt der
Nester ist bald mehr, bald weniger künstlich. Manche Vögel,
wie die Schnepfen, Strandläufer, Rohrhühner, Geißmelker
u. a., machen sich bloß ein einfaches Lager von Laub, Reisholz
oder Strohhalmen auf der platten Erde; andere bereiten sich
ein kunstloses Bett in den Löchern der Mauern, in den Spalten
himmelhoher Felsen, und in hohlen Bäumen, z. B. die Geier,
die Spechte, Heher, Meisen, Sperlinge u. a. Sehr viele, be=
sonders unter den Hühnern, Tauben und Singvögeln, geben
ihrem Neste die Gestalt einer Halbkugel oder einer Schüssel;
andere, wie der Zaunkönig, die Gestalt eines Backofens; noch
andere die Form eines Beutels, wie die Gartenoriole, welche
ihr Nest so künstlich aus Grashalmen zusammenflicht, daß ihre
Arbeit dem Geflecht eines Strohhutes fast gleichkömmt. Der
indische Schneidervogel näht das grüne Endblatt eines Zweiges
mit einem dürren Blatte an den Rändern zusammen, läßt an
der Spitze eine Oeffnung, und füttert inwendig diese kleine
Wiege mit zarten Daunen aus. — Wenn das Nest gebaut ist,
so legt die Mutter ihre Eier hinein. Die Zahl der Eier ist bei
den verschiedenen Gattungen der Vögel sehr verschieden. Viele
Wasservögel legen jedes Mal nur ein einziges Ei, die meisten

Tauben legen zwei, die Möven drei, die Raben vier, die Finken fünf, die Schwalben sechs bis acht Eier. Rebhühner und Wachteln legen wohl vierzehn, und die Haushühner mehr als 50 Eier, wenn man sie gut füttert, und ihnen die Eier nach und nach wegnimmt. Nimmt man sie ihnen nicht weg, so bebrüten sie die Eier, d. h. sie setzen sich darauf, und bleiben so lange darauf sitzen, bis die Küchelchen die Schale des Eies durchbrechen, und auskriechen können. Dies geschieht bei den Hühnern am Ende des ein und zwanzigsten Tages; aber schon am neunzehnten Tage gibt das Hühnchen in dem Ei einen Laut von sich. — Manche Vögel werden sehr alt. Die Adler, Pelicane und Papageien können ein Alter von 100 Jahren erreichen, und die Schwäne sollen 200 bis 300 Jahre alt werden. Gänse, Finken, Canarienvögel und Tauben werden über 20 Jahre alt.

y. Der Nutzen, den die Vögel sowohl in der Natur überhaupt, als besonders für den Menschen stiften, ist überaus groß. Verschiedene Raubvögel, z. B. Geier und Raben, verzehren das Aas, welches durch seine Ausdünstung die Luft vergiften würde. Die Krähen, die Würger und andere Vögel fressen viele Feldmäuse weg, deren zu große Vermehrung leicht Mißwachs verursachen könnte. Unzählige schädliche Insecten werden von Vögeln vertilgt, und die Erfahrung hat gelehrt, daß die gänzliche Ausrottung mancher für schädlich gehaltenen Vögel, z. B. der Sperlinge und Krähen, die Folge hatte, daß das Ungeziefer sich unglaublich vermehrte, und unersetzlichen Schaden anrichtete. Die Störche und Reiher vermindern die Frösche, Schlangen und Eidechsen. Die Enten reinigen die Gärten von schädlichen Schnecken; die Sperlinge, Neuntödter, Meisen und Schwalben verzehren eine große Menge der schädlichsten Raupen, Insecten und Würmer. Unzählige Vögel sind geschäftig, das Unkraut zu vertilgen, und leisten dadurch den Menschen einen sehr großen Dienst. Andere sorgen für die Vermehrung und Fortpflanzung nützlicher Thiere und Gewächse auf eine höchst merkwürdige Art. Wir wundern uns oft darüber, daß auf den höchsten Mauern, und auf steilen Felsen, wohin kein Mensch kommen kann, zuweilen Bäume und große Sträucher stehen; beerenfressende Vögel haben sie dahin gepflanzt. Sie verschlucken nämlich die Saamenkörner, geben sie unverdauet wieder von sich, und verpflanzen sie eben dadurch an Oerter, welche keine Menschenhand erreichen kann. Auf ähnliche Art tragen die wilden Gänse auf ihren Zügen den Fischrogen in entfernte Gewässer über. Die Seevögel düngen durch ihren Mist kahle Felsenklippen und Küsten, worauf nachher manche nutzbare Pflanze fortkömmt. Für den Menschen in's Besondere sind die Vögel zwar nicht in dem Grade brauchbar, wie es die Säugethiere sind, allein sie gewähren ihm doch auch verschiedene eigenthümliche Vortheile. Er benutzt das Fleisch, die Eier und das Fett von vielen, z. B. von den Gänsen, Enten und Hühnerarten, zu seiner Nahrung, und gebraucht ihre Federn zum Ausstopfen der Betten, zum Schreiben, zu Pinselfutteralen, zu Pfeilen, Angeln und zum Putze. Auch zur Härtung des Stahles, zur Bekielung musikalischer Instrumente, in Apotheken zum Filtriren, und auf manche andere Art sind die Vogelfedern nutzbar.

Der Schade, den die Vögel anrichten, ist unbedeutend, wenn man ihn mit den Vortheilen vergleicht, welche sie uns verschaffen. Einige Raubvögel, z. B. der Kondor (der größte von allen fliegenden Vögeln), der Lämmergeier u. a. tödten Lama's, Füllen, Kälber, Ziegen und Schaafe. Der Fischadler und viele Wasservögel sind den Fischen verderblich, und besonders ihrem Laich. Die Falken, Habichte, Sperber, Neuntödter und Elstern stellen dem Hausgeflügel nach, und würgen es. Die Krähen, Reisstaare, Maisdiebe (Schwarzvögel), Papageien, und manche Singvögel schaden der Saat, den Weintrauben und den Obstbäumen. Auch werden nicht bloß brauchbare Gewächse, sondern es wird eben sowohl wucherndes Unkraut durch die Vögel verpflanzt.

Amphibien.

Die Amphibien unterscheiden sich vorzüglich dadurch von den Säugethieren und Vögeln, daß sie kein warmes Blut haben. Ihr Körper ist daher beständig kalt. Von den Fischen unterscheiden sie sich dadurch, daß sie durch Lungen Luft schöpfen. Merkwürdig ist es, daß sie das Athemholen sehr lange entbehren können, daher z. B. Kröten in einem engen

Baumlöche, und sogar mitten in Steinblöcken, wo sie wie ein=
gemauert sitzen, geraume Zeit leben. Auch ein sehr hoher Grad
von Hitze und Kälte tödtet sie nicht; denn man hat Beispiele
von Fröschen, welche in dichte Eisschollen eingefroren waren,
und doch noch lebten, als das Eis geschmolzen war. Die mei=
sten Amphibien geben eine Stimme von sich, z. B. die Frösche
quaken; einige aber, z. B. die grünen Eidechsen, scheinen gänz=
lich stumm zu sein. Sie haben eine sehr verschiedene Bildung,
denn einige sind vierfüßig, wie die Schildkröten, Frösche und
Eidechsen, andere haben einen langgestreckten, röhrenförmigen,
dünnen Körper, ohne Füße und ohne irgend ein äußeres Bewe=
gungswerkzeug, z. B. die Schlangen. Diese können sich nur
dadurch von einem Orte zum andern bewegen, daß sie ihren
Körper zusammenziehen und wieder ausstrecken. — Einige Am=
phibien haben eine knöcherne Schaale zu ihrer Bedeckung erhal=
ten, andere hornartige Reifen, oder zahlreiche kleine Schilde,
oder Schuppen; noch andere haben eine nackte, mit Schleim
überzogene Haut, z. B. die Laubfrösche. Die meisten häuten
sich von Zeit zu Zeit. Merkwürdig ist es, daß manche Amphi=
bien plötzlich ihre Farbe ändern, wie z. B. der Laubfrosch und
verschiedene Eidechsen, besonders das Chamäleon. Daher ist
es gekommen, daß man von einem veränderlichen Menschen
sagt: er sei ein wahres Chamäleon. Einige Eidechsen und
Schlangen haben eine überaus schöne buntgefleckte Haut. Die
Nahrung der Amphibien, besonders der Schildkröten und der
Schlangen, ist sehr mannichfaltig. Manche nähren sich bloß
von einigen Gattungen lebender Insecten. Fast alle Amphi=
bien können bewundernswürdig lange fasten. Ein Salaman=
der kann mehre Monate lang ohne Speise leben, und man
bemerkt nicht ein Mal, daß er dabei beträchtlich abzehrt. Von
Schildkröten weiß man, daß sie gegen anderthalb Jahre ohne
alle Nahrung ausdauern können. — Noch bewunderungswür=
diger, als diese Zähigkeit ihres Lebens, ist die Schnelligkeit, mit
welcher den Amphibien verlorne Glieder wieder wachsen. Einem
Wassermolch, dem man ein Auge ausschnitt, wuchs innerhalb
10 Monaten ein neues, nur etwas kleineres Auge wieder. —
Einige Amphibien, vorzüglich einige Schlangenarten, haben ein
Gift bei sich, womit sie sich gegen ihre Feinde vertheidigen, wie

die Klapperschlangen, deren Biß tödtlich ist; nur den Schweinen, von denen sie gern gefressen werden, schaden sie nicht. —
Wahrscheinlich bringen alle Amphibien ohne Ausnahme die käl-
teren Wintermonate in einer Erstarrung zu, und zwar zum
Theil in großen Haufen, wie z. B. die Frösche und Salaman-
der. Fast alle Amphibien legen Eier; aber manche, besonders
unter den Schlangen, geben die Eier nicht eher von sich, als bis
das darin befindliche Junge beinahe seine völlige Ausbildung
erhalten hat. Sie wachsen sehr l a n g s a m , leben aber auch
zum Theil sehr lange. Man hat Beispiele, daß Schildkröten
über 125 Jahre gelebt haben, und wahrscheinlich können also
die Schlangen und Krokodille noch älter werden. Der Kro-
kodill ist unter allen den Thieren, welche im süßen Wasser,
d. h. in Seen und Flüssen leben, das größte; denn er erreicht
eine Länge von mehr als 30 Fuß. Er tödtet Menschen und
größere Thiere. Das Weibchen legt gegen 100 Eier, welche
kaum die Größe eines Gänseeis haben. — Die S c h i l d k r ö t e n
leben theils im Meere, theils in Flüssen und theils auf dem
Trocknen. — Die R i e s e n s c h i l d k r ö t e ist länger und so groß,
wie ein Ochse, wiegt bis 800 Pfund, und kann Lasten von mehren tausend Pfund auf ihrem knöchernen Rücken forttragen.
Alle Schildkröten sind nämlich mit einer knöchernen, sehr festen
Schaale bedeckt, deren Obertheil mit breiten, hornartigen Schuppen (Schildpatt) belegt ist. Diese Schuppen sind bei manchen
Gattungen so stark und schönfarbig, daß sie zu allerlei Kunst-
sachen, besonders zu Dosen und Uhrgehäusen, verarbeitet werden. Die S e e s c h i l d k r ö t e legt mehre 100 Eier, und hat ein
sehr schmackhaftes Fleisch. Ueberhaupt sind unter allen Amphibien die Schildkröten den Menschen am nützlichsten. Die Kröte
ist nicht giftig. Die grünen W a s s e r f r ö s c h e sind schlau und
muthig. Sie verzehren Mäuse, Sperlinge und selbst junge
Enten. Sogar über Hechte werden sie Herr. Sie sind eßbar.
Die S c h l a n g e n leben theils im Wasser, theils auf der Erde,
theils auf Bäumen. Es gibt Schlangen von 40 bis 50 Fuß
Länge. Sie können Thiere verschlingen, welche weit dicker als
sie selbst sind, weil ihre Kinnladen sich sehr weit ausdehnen,
aber kauen können sie nicht.

Fische.

Die Fische unterscheiden sich durch ihre mit Gräten ver=
sehenen Flossen und durch den Mangel der Lungen von allen
übrigen Thieren. Statt der Lungen haben sie Kiefern oder
Kiemen erhalten. Diese liegen zu beiden Seiten hinter dem
Kopfe, mehrentheils unter einer oder mehren halbrunden Schup=
pen, welche Kiemendeckel heißen. Die Flossen oder Floß=
federn bestehen aus knorplichten Gräten, welche durch eine feine
Haut mit einander verbunden sind. Sie sitzen am Rücken, am
Schwanze, an der Brust und am Bauche, und vermittelst dieser
verschiedenen Flossen können sich die Fische sehr mannichfältig
und schnell bewegen. Indem der Fisch durch den Mund Wasser
einsaugt, drückt er die Kiemenöffnungen so lange zu, bis die in
dem Wasser enthaltene Luft in die feinen Blutgefäße, welche in
den Kiemen liegen, eingedrungen ist; durch die Kiemenöffnung
geht sie dann wieder fort. — Der Körper der Fische ist mit
hornartigen Blättchen (Schuppen) bedeckt, welche noch mit
einem besondern Schleim überzogen sind. In dem Bauche der
Fische findet sich eine Blase, welche das Schwimmen erleichtert,
und daher die Schwimmblase heißt. Manche Fische halten
sich nur in Seen, Flüssen und Teichen, andere nur im Meere
auf. Die letztern werden Seefische genannt. Der Aal und
die Muräne können auch einige Zeit im Trocknen aushalten.
Manche Fische können sogar in warmen Quellen ausdauern.
Die Eier, welche die Fische von sich geben, heißen Rogen,
wenn sie noch in dem Leibe des Fisches sitzen; hat sie der Fisch
schon von sich gegeben, so werden sie Laich genannt. Die Zahl
der Eier, welche die Fische enthalten, geht in's Unglaubliche.
So hat man in einem Kabliau oder Stockfisch 9,000,000 Eier
berechnet. Beim Laichen oder Eierlegen kommen viele Fische
an das Ufer, um im Schilfgrase oder an Klippen ihre Eier zu
legen, wo sie dann durch die Sonnenwärme ausgebrütet wer=
den. Die meisten Fische leben von Wasserpflanzen, kleinen
Thieren und allerlei Unrath. Einige sind Raubfische; diese
nähren sich von andern Fischen, und haben deswegen Zähne in
den Kinnladen, wie der Hai, der größte unter allen Fischen,
welcher auch Menschen, ja Pferde verschlingen kann. Die He=
ringe, Makrelen und einige andere Fische machen zu bestimmten

Jahreszeiten in unermeßlichen Schaaren weite Züge im Meere.
Ein besonders merkwürdiger Fisch ist der Aal. Er lebt mehrentheils vom Raube. Der gemeine Aal oder der Flußaal kann
nur sehr kleine Fische verschlingen, und lebt daher meistens von
Würmern, Insecten und Fischlaich. Er liegt bei Tage und
während der Winterzeit im Schlamme, und geht des Nachts
auf's Land, wo er sich die Erbsen und den jungen Weizen sehr
wohl schmecken läßt. Die Flußaale werden an 30 Pfund
schwer, und gebären lebendige Junge. Der Zitteraal, welcher in unsern Flüssen nicht gefunden wird, bringt Demjenigen,
welcher ihn berührt, eine heftige Erschütterung bei. Dies findet auch noch bei einigen andern Fischen Statt. Die Schol-
len haben beide Augen an einer Seite des Kopfes. — Der
Lachs gehört zu den Zugfischen, und wird bis 60 Pfund
schwer. Er zieht aus dem Meere weit in die Flüsse hinein,
sobald der Frühling gekommen ist. Im Herbste kehrt er wieder
in das Meer zurück. Auch die Alose (Shad) ist ein Zugfisch,
welcher im Frühjahr in unsern Flüssen in großen Schaaren her-
aufzieht, um zu laichen. — Der Hecht ist ein sehr gefräßiger
Fisch, und wird bis 12 Pfund schwer. Er frißt Frösche, Mäuse,
und viele Fische, besonders die Karautschen. Der Karpfen
wird an 4 Fuß lang, bis 30 Pfund schwer, und kann 100 Jahre
alt werden. — Zur Versendung oder bessern Aufbewahrung
werden Seefische, wie Heringe, Makrelen, Lachse, Alosen, Stock-
fische u. a., getrocknet, oder geräuchert oder mit Seesalz einge-
bökelt.

Insecten.

Die beiden letzten Classen oder Abtheilungen des Thierreichs, die Insecten und die Würmer, unterscheiden sich schon
dadurch von den vorhergehenden, daß sie kein rothes Blut, sondern statt dessen einen weißlichen Saft in ihrem Körper
haben. Ihren Namen haben die Insecten daher, weil Kopf,
Brust und Hinterleib an ihnen wie durch Einschnitte von einander abgesondert sind, ja bei den meisten fast nur durch einen
Faden mit einander verbunden zu sein scheinen; denn Insecten
bedeutet so viel, als Thiere mit Einschnitten (Kerbthiere).
Außerdem unterscheiden sie sich noch durch die Fäden, welche sie
an der Stirn tragen (Fühlhörner), und durch die Zahl ihrer

Füße; denn sie haben wenigstens sechs, manche aber 12, 20, ja
bis 100 und 150 Füße. Es ist übrigens ein großer Unterschied
unter den Insecten, schon in Ansehung der Bedeckung ihres
Körpers. Sehr viele, z. B. die Käfer, sind mit einer hornartigen Decke überzogen, unter welcher ihre kleinen Flügel liegen; andere sind mit feinen Haaren bedeckt; bei den Schmetterlingen und einigen andern Insecten sind die Flügel mit kleinen
Federchen, oder vielmehr mit Schuppen versehen, die zum Theil
von den schönsten Farben sind, so wie sich überhaupt unter den
Insecten Thiere von unbeschreiblicher Schönheit finden. —
Die Fühlhörner sind den Insecten als Werkzeuge des Gefühls sehr nützlich, besonders deswegen, weil sie ihre Augen
nicht bewegen können, und weil ihre harte äußere Decke ganz
unempfindlich ist. — Fast auf allen Thieren sind Insecten anzu-
treffen, und sogar unter den Insecten gibt es einige, z. B. Käfer
und Bienen, auf welchen andere Insecten, nämlich Milben und
Läuse, sich befinden. Auch gibt es nur sehr wenige Gewächse,
auf welchen nicht irgend eine Art von Insecten ihre Wohnung
und ihren Aufenthalt hätte; ja manche unter ihnen, z. B. die
Eichen, werden von mehr als 100 verschiedenen Gattungen von
Insecten bewohnt. Nur wenige Insecten leben in gesellschaft-
licher Verbindung. Manche, die in zahlreicher Gesellschaft aufgewachsen sind, wie z. B. die Spinnen, zerstreuen sich bald
nachher, und leben einsiedlerisch. Die meisten Insecten bauen
sich überaus künstliche Wohnungen oder Gehäuse, oder sie
spinnen sich ein, um ihren langen Todesschlaf zu bestehen. Bewundernswürdig ist die Kunst, mit der sich einige Arten von
Insecten ihre Nahrung zu verschaffen wissen. Wer kann ein
Spinnengewebe betrachten, ohne über die Kunst des kleinen
Gewebes zu erstaunen? Eben so erstaunenswürdig ist die trich-
terförmige Fallgrube, welche der Ameisenlöwe, ein Insect von
der Größe einer Fliege, in lockerem Sandboden zu machen
weiß. Er scharrt sich selbst unten bis an den Hals in den
Sand und lauert nun auf die Ameisen, welche unversehens an
den Rand seiner Grube kommen, und mit dem lockeren Sande
hinabschurren. — Höchst merkwürdig sind die Gebäude, welche
die weißen Ameisen oder Termiten, die in Afrika und Südamerika gefunden werden, aus Thon und Lehm aufführen.

Sie sind kegelförmig, meist mit mehren Spitzen besetzt, inwendig hoch ausgewölbt, und 10 bis 12 Fuß hoch, und zuweilen so zahlreich bei einander angelegt, daß sie in der Ferne das Ansehen eines Dorfes haben. Die Wände sind mit großen, weiten Gängen durchzogen, aber doch so fest gewölbt, daß sie mehre Menschen tragen. — Eben so merkwürdig ist die Wohnung der Bienen, der Bienenstock mit seinen künstlichen Zellen, die keine Menschenhand so regelmäßig nachzubilden im Stande wäre. — Bei der Art, wie sich die Insecten nähren, ist es sehr auffallend, daß sie nicht bloß essen sollen, um satt zu werden, sondern um zugleich Aas aufzuzehren, oder um andere schädliche Insecten zu vermindern, oder um Unkraut zu vertilgen; denn ihre Eßlust ist ganz außerordentlich groß, und sie sind recht eigentlich gefräßig. Eine Raupe verzehrt in 24 Stunden drei Mal mehr, als sie wiegt.

Die meisten Insecten legen Eier, welche die Mütter nach einem bewundernswürdigen Instinct immer auf's Genaueste an solche Orte legen, wo die künftige Brut am leichtesten und sichersten ihre Nahrung finden kann. Manche legen z. B. ihre Eier nur in den Körper lebendiger Insecten anderer Art, in Raupen, oder in Puppen, oder gar in die Eier anderer Insecten. Nur wenige Insecten gebären lebendige Junge. Die geflügelten Insecten nehmen mehre Gestalten an, ehe sie dem Thiere ähnlich werden, aus welchem sie entstanden sind. Diese Veränderung der Gestalt nennt man die Verwandlung der Insecten. Eigentlich ist es keine Verwandlung, sondern es kommen dabei nur diejenigen Theile zum Vorschein, welche zuvor so verhüllt waren, daß man sie nicht bemerken konnte. Das Thierchen, welches aus dem Eie kriecht, heißt die Larve. So sind die Raupen Larven aus Schmetterlingseiern; die Engerlinge sind Larven vom Maikäfer; viele Maden sind die Larven verschiedener Fliegeneier. Diese Larven thun Nichts, als fressen, und streifen einige Mal ihre Haut ab (häuten sich), worauf sie eine neue erhalten. Nach einiger Zeit verfertigen sie sich eine Hülle, in welcher sie gewöhnlich still und ruhig liegen, ohne zu fressen. In dieser Gestalt heißen sie Puppen oder Nymphen. Während der Zeit, da sie so ganz fühllos und erstarrt in ihrer Hülle vergraben zu sein scheinen, geht mit ihnen die große bewundernswürdige Veränderung vor, durch welche sie aus Larven vollkommene Insecten werden, und zu einer bestimmten Zeit bricht das neue Insect aus seiner Hülle hervor. In diesem Zustande wachsen sie nicht mehr, fressen wenig oder gar nicht, und leben oft nur einige Stunden, nachdem sie zuvor ihre Bestimmung erfüllt, und ihr Geschlecht durch Eierlegen fortgepflanzt haben. — Einige Insecten sind eßbar, z. B. die Krebse und die großen Heuschrecken, welche letztere aber bei uns nicht gefunden werden. Die Seidenraupe ist dem Menschen durch ihr schönes Gespinnst überaus nützlich, denn es läßt sich in einem langen Faden abwickeln, und gibt die brauchbare Seide. Nach jeder Häutung wird sie größer, und einige Tage nach der vierten Häutung spinnt sie sich ein. Das äußerste Gewebe, welches sie den ersten Tag spinnt, ist sehr unordentlich; es gibt die Floretseide. Am zweiten Tage spinnt sie ihre zweite Hülle, aus welcher man ordentliche Fäden erhält; zuletzt kommt noch ein dichter Filz. In dieser Hülle nennt man die Seidenraupen Kokons. Sie werden in einem Backofen oder in heißem Wasser getödtet, und dann wird das Gespinnst abgehaspelt. Einige tödtet man nicht, und aus diesen bricht, nach etwa 3 Wochen, ein weißer Schmetterling hervor, welcher Eier legt und stirbt. — Die Bienen gehören ebenfalls zu den Insecten, welche dem Menschen unmittelbar nützlich sind. Unsere Hausbienen leben in Bienenkörben, oder Bienenstöcken, die wilden leben in hohlen Bäumen. In jedem Bienenstocke finden sich dreierlei Arten von Bienen, die äußerlich und innerlich sehr verschieden sind, nämlich eine Königin oder der Weiser, Arbeitsbienen und Drohnen. Die Königin hält die ganze Gesellschaft zusammen, und erhält Ordnung und Thätigkeit in derselben. Sie allein legt Eier, aus welchen alle übrigen Bienen entstehen. Die Arbeitsbienen sind kleiner, als die Königin; die Drohnen sind männliche Bienen, und unter allen die größten, sie haben keinen Stachel. Man rechnet, daß in einem großen Stocke gegen 10,000 Arbeitsbienen und 700 Drohnen unter einer Königin leben. Wenn die Arbeitsbienen eine neue Wohnung bereiten wollen, so sammeln sie erstlich eine Art Kitt, den sie von den klebrigen Knospen abnagen, und an ihre Füße kleben. Damit werden alle Ritzen und Fugen des Stockes bis auf die

Fluglöcher verstrichen. Dann holen sie Materialien zum Wachse
herbei. Dies ist der Blumenstaub von unzähligen Blumen
und Blüthen. Sie benetzen ihn und verzehren ihn dann. Erst
in ihrem Magen verwandelt er sich in Wachs; so schwitzen sie
ihn wieder aus, und verfertigen davon die regelmäßigen sechs-
eckigen Zellen. Diese dienen theils zur Aufbewahrung des Ho-
nigs, theils zu Nestern für die Brut. Die gefüllten Zellen verschließen sie mit einer feinen Wachsdecke, damit der flüssige
Honig nicht herausrinne. Vermittelst ihres kleinen Rüssels
saugen sie den süßen Saft aus den Blumen ein, schlucken ihn
hinter, und verarbeiten ihn im Honigmachen, der wie eine kleine
Blase aussieht, und worin der Saft zu Honig wird. Die
Königin legt in jede Zelle ein Ei, und den ganzen Sommer hindurch 30 bis 40,000. Zuerst legt sie die Eier, woraus Arbeitsbienen kommen, dann die zu den Drohnen, und
endlich noch 10 Eier, woraus Königinnen werden, in besonders
dazu gebaute Zellen. In einigen Tagen entsteht aus dem Ei
eine Made. Diese wird von den Bienen sorgfältig mit einem
Brei gefüttert, bis sie sich nach etwa 8 Tagen einspinnt. Dann
verschließen die Bienen die Zellen mit einem Wachsdeckel.
Nach einigen Häutungen ist binnen 14 Tagen das Thierchen
eine Biene, bricht durch den Wachsdeckel hervor, wird mit Honig gefüttert, und fliegt nach einigen Stunden mit den übrigen
aus. Wenn sich in einem Stocke die Bienen zu sehr vermehrt
haben, und besonders, wenn mehre junge Königinnen da sind,
so wird ein Theil davon ausgetrieben. Diese nennt man einen
Schwarm. Sie folgen der Königin, hängen sich da, wo sie
sich hinsetzt, in einem kegelförmigen dicht zusammengedrängten
Haufen an, werden so in einem leeren Bienenkorbe aufgefan-
gen, und fangen sogleich an, sich anzubauen. Sind mehre Königinnen in den neuen Stock gekommen, so findet man die überflüssigen am andern Tage getödtet vor dem Stocke liegen; denn
nur Eine kann herrschen. Dies geschieht im Mai und Juni.
Im August, wenn die Brutzeit vorbei ist, fallen die Arbeitsbienen über die Drohnen her, und tödten sie. Sobald die
Fröste im Spätherbste eintreten, verfallen die Bienen, wie die
meisten Insecten, in den Winterschlaf, aus dem sie, wenn die
Kälte anhält, erst zu Anfange des Frühlings erwachen. Das

Geschlecht der Bienen ist sehr zahlreich, und begreift wenigstens 200 Gattungen. — Auch die fleißigen Ameisen gehören zu den geselligen Insecten.

Würmer.

Die Würmer haben zwar auch ein weißliches, kaltes Blut, wie die Insecten, aber keine Fühlhörner, und keine eingelenkten Bewegungswerkzeuge. Ihr Körper ist mehrentheils weich, ganz ohne Knochen, schleimig und nackt, d. h. ohne Haare, Schuppen und Stacheln. Viele Würmer wohnen in einem festen, knochenartigen Gehäuse, welches ihnen angeboren ist, z. B. die Schnecken und die Austern. Statt der Fühlhörner haben viele Würmer sogenannte Fühlfäden am Kopfe, die bei einigen von beträchtlicher Länge sind. Bei vielen Schneckenarten sitzen vorn die Augen daran. Manche Würmer haben einen so einfachen Körperbau, daß man gar keine Gliedmaßen an ihnen unterscheiden kann. In Ansehung der Größe sind sie außerordentlich verschieden. Es gibt Muschelthiere (Conchylien), die so groß sind, daß 6—8 Menschen an einem einzigen genug zu tragen finden, und dagegen wieder Würmchen, welche man nur durch ein Vergrößerungsglas erblickt. Die meisten Würmer halten sich im Wasser auf; einige leben bloß unter der Erde, und viele bloß in dem Körper anderer Thiere, und in den Eingeweiden der Menschen, z. B. die Darmwürmer. Manche Arten der Würmer findet man zwar in großen Haufen bei einander, wie z. B. die Austern, aber sie leben doch in keiner geselligen Verbindung. Ihre Nahrung suchen die Würmer in allen drei Reichen der Natur, denn manche fressen auch Erde und Kalk. Viele derselben, besonders unter den Schnecken, und auch die Blutigel, können ausnehmend lange fasten. Einige legen Eier, andere bringen ihre Jungen lebendig zur Welt. Merkwürdig ist das zähe Leben vieler Würmer, und die Wieder-Erzeugungskraft, welche man an ihnen bemerkt. Man kann nämlich manche unter den Würmern zerschneiden, ohne daß sie sterben, und nach kurzer Zeit wachsen die abgeschnittenen Theile wieder, wie die Haare und Nägel bei den Menschen. Unter den Conchylien sind viele eßbar, und dienen den Seefahrern und den Bewohnern der Meeresküste zu einer Hauptnahrung. Aus dem Safte der

Blackfische kann man Dinte machen. Der Bast der Steck=
muschel gibt eine Art brauner Seide, die sich sehr gut verarbei=
ten läßt. Mehre Muschelarten enthalten die kostbaren Perlen,
und ihre Schaalen geben das schöne Perlenmutter, woraus
man Knöpfe und Dosen macht. Der Badeschwamm ist wahr=
scheinlich das Gehäuse eines Wurmes. Unzählige Conchylien
werden zu Kalk gebrannt.

2. Das Pflanzenreich oder Gewächsreich.

Unter dem Namen Pflanzen oder Gewächse versteht
man: Bäume, Sträucher, Kräuter, Gräser, Schwämme und
Moose.

Die Bäume haben einen Stamm, starke Wurzeln, Aeste,
Zweige, Knospen, Blüthen, Blätter und Früchte. Die Rinde
(Borke) schützt den Stamm. Unter der Rinde liegt der Bast,
und unter diesem das weiche Holz, welches man Splint
nennt. In dem festen Holze ist das Mark eingeschlossen. Ein
Strauch treibt mehre schwache Stämme aus der Wurzel.
Diejenigen Bäume, welche saftige eßbare Früchte tragen, wer=
den Obstbäume, und alle übrigen, von welchen man nur das
Holz gebrauchen kann, Forstbäume oder Waldbäume
genannt. Auch einige Sträucher tragen eßbare Früchte. So
wachsen z. B. die Haselnüsse, Stachelbeeren, Johannisbeeren,
Berberisbeeren und Himbeeren, auch die Weintrauben an
Sträuchern. Die Waldbäume sind entweder Laubhölzer
oder Nadelhölzer. Die letztern haben sehr schmale und
spitzige Blätter, welche man Nadeln nennt, weil sie wie Nadeln
stechen. Unter den Laubhölzern sind die Eichen die größten
und stärksten Bäume. Es gibt sehr viele Arten derselben. Man
braucht ihr Holz zum Bauen der Schiffe und Häuser und zur
Feuerung, und ihre Rinde (Quercitron) ist für den Gerber un=
entbehrlich. Auch der Baum, dessen Rinde der Kork ist, wor=
aus wir Pfröpfe machen, ist ein Eichbaum. Das beste Brenn=
holz erhalten wir von dem Hickory, welcher eine Art des
inländischen Wallnußbaums ist. Das Holz der Buche dient
zu Hobeln und Leisten, und die Bucheckern, wie die Eicheln,
gebraucht man zur Mast. Auch das Holz der Birke ist sehr
nutzbar. Es gibt gute Kohlen, und ist auch ein gutes Nutzholz.

Die Birkenrinde ist fast unverweslich. Birkenwasser gibt ein weinartiges Getränk. Aus den Blättern wird das Schüttgelb gemacht, und aus dem Ruß die Buchdruckerfarbe. Aus den Birkenreisern werden die nützlichen Besen gemacht. Aus dem Holze des **Ahorns** verfertigt man Tische, Stühle und Bettstellen; der Saft des **Zuckerahorns** gibt einen trefflichen Zucker. — Die **Erle** (Eller, Else) wächst hoch und gerade, und am besten in einem morastigen Grunde. Ihr Holz ist besonders zu Wasserröhren und Mulden brauchbar; auch läßt es sich schwarz beizen. Die Rinde gebraucht der Gerber, wenn sie auf der Lohmühle zu Lohe gemahlen ist. Die **Esche** gibt ein sehr gutes Nutzholz für Stellmacher, Drechsler und Tischler. In warmen Ländern wächst eine besondere Art von Eschen, welche einen heilsamen Saft, das Manna, ausschwitzen. — Noch andere Laubhölzer sind: die **Ulme** (Rüster), die **Weide**, die **Pappel**, die **Linde**, die **Traubenkirsche**, der **Vogelbeerbaum**, der **Spindelbaum**, die zahme und wilde **Kastanie** (Roßkastanie), der **Maulbeerbaum**, die **Acazie** (Locust), der **Tulpenbaum**, der **Wallnußbaum**, der **Sassafras** und der **Cornelkirschbaum** (Dogwood). Unter den **Nadelhölzern** wird die **Fichte** 60 bis 80 Fuß hoch, und hat ein sprödes Holz, das aber der Nässe und Fäulniß sehr gut widersteht. Die **Tanne**, ein schöner Baum, wächst vorzüglich in kalten Ländern und auf Felsen. Sie gibt ein treffliches Bauholz. Von der Weißtanne gewinnt man den Terpentin. Die **Kiefer** oder der Kienbaum (Föhre) wird besonders zu Mastbäumen benutzt. Die **Weihmuthskiefer** wird über 100 Fuß hoch, und wächst besonders in Neu-England sehr häufig. Aus ihrem werthvollen Holze macht man Bretter und Schindeln. — Der **Lerchenbaum** trägt seine zarten Nadeln in Büscheln, wird bis 80 Fuß hoch, und gibt ein gutes Bauholz; denn es wird von keinem Wurme zerfressen. Die Tannen und Fichten liefern das **Pech**, einen harzigen Saft, der, in großen Kesseln mit Wasser geschmolzen, in Säcke gethan, und ausgepreßt wird. Das schwarze Pech, welches die Schuster und die Schiffer gebrauchen, ist eingekochter und getrockneter Theer. Der **Theer** wird aus den fetten Wurzeln des Fichtenbaums gebrannt.

Unter den ausländischen Bäumen, welche zum
Theil bei uns in Treib= oder Gewächshäusern durch Kunst
gezogen werden, sind besonders folgende merkwürdig: der Zi=
tronenbaum; der Pomeranzenbaum, dessen Früchte
auch Orangen genannt werden (daher das Wort Orangerie);
der Kaffeebaum, dessen Früchte kleinen Kirschen ähneln,
und die Bohne enthalten; der Theebaum in China, dessen
geröstete Blätter Thee genannt, und sehr theuer bezahlt wer=
den; der Gewürznelken= und der Muskatennußbaum;
der Lorbeerbaum und der Zimmtbaum, dessen Rinde
ein sehr starkes Gewürz ist.   Um ihres schönen Holzes willen
sind folgende ausländische Bäume merkwürdig: der Maha=
gonybaum in Westindien und Südamerika, dessen braun=
rothes Holz eine vortreffliche Politur annimmt und' überaus
dauerhaft ist; das Ebenholz, dessen schwarzes Holz einen
schönen Glanz hat, wenn es polirt ist; der Brasilienholz=
baum; aus dessen Holze man eine schöne Farbe bereitet; der
Buchsbaum, dessen Holz zu Flöten, Kämmen, Zahnstochern
und feinen Geräthschaften verarbeitet wird; der Platanen=
baum, eine Art davon ist unser Sycamore oder Knopf=
holzbaum. — Eben so merkwürdig sind noch einige andere aus=
ländische Bäume, welche besonders zur Ernährung der Men=
schen dienen, und überaus fruchtbar sind, z. B. der Feigen=
baum, der nie blüht, und doch so viel Früchte trägt; die
Olive, oder der Oelbaum, dessen Früchte vorzüglich zur Be=
reitung des Baumöls benutzt werden; die Palmen, herrliche
Bäume, von welchen einige über 130 Fuß hoch werden, und
weder Aeste, noch Zweige, sondern bloß am Gipfel einen starken
Büschel Blätter haben.   Die Kokospalme trägt Nüsse,
zuweilen von der Größe eines Kinderkopfs, in welchen ein
Milchsaft enthalten ist, der als ein erquickendes Getränk genossen
wird, und auch ein schönes Oel gibt.   Die Fasern, womit die
Schaale der Nuß umgeben ist, werden zu Stricken verarbeitet;
aus den großen Blättern dieses Baumes macht man Körbe,
Hüte und Fächer, und gebraucht sie zum Decken der Häuser,
weil sie sehr dick und fest sind.   Die Dattelpalme hat auch
schöne Früchte, aus deren Kernen ein Mehl gemacht wird. Aus
dem Mark der Sagopalme wird auch ein nahrhaftes Mehl

gemacht. — Der Brotbaum hat eine melonenförmige Frucht, die, geröstet, wie Weizenbrot schmeckt. Diese Bäume tragen beständig so reichlich Früchte, daß drei Bäume einen Menschen, das ganze Jahr hindurch nähren.

Von den Gewächsen, welche als Sträucher und Stauden wachsen, merken wir uns folgende: den Schwarzdorn; den Weißdorn; den Hagedorn; die Stechpalme mit rothen Beeren; den Schneeballenstrauch; das Epheu (Eppich, Wintergrün); das Geißblatt oder Caprifolium mit seiner wohlriechenden Blume; den Kellerhals, dessen Rinde den Seidelbast gibt, der Blasen auf der Haut zieht; den wilden Rosenstrauch oder die Hagebutte. — Ein merkwürdiges Gewächs ist der Mistel, welcher nie in der Erde, sondern nur an Bäumen wächst, eine Elle hoch wird, und durchsichtige Beeren trägt. Zu den Sträuchern gehört auch der Jasmin, der spanische Hollunder (Flieder), und der Sumach oder Gerberbaum. Von ausländischen Sträuchern merken wir uns den Pfefferstrauch, dessen reife Beeren den weißen Pfeffer, so wie die unreifen den schwarzen geben; den spanischen Pfeffer; den Kapernstrauch, dessen Blüthenknospen, mit Essig und Salz eingemacht, Kapern heißen, und den Bocksbart, von welchem der Gummi Tragant kommt, den die Färber gebrauchen.

Eine eigene Gattung von Pflanzen machen die Farrenkräuter, die Moose und Schwämme aus. Zu jenen gehört das Kannenkraut oder Schachtelhalm, das zum Poliren gebraucht wird. Die Moose wachsen an Bäumen, Steinen, Knochen und Felsen. Einige Moosarten überziehen die Moräste, und aus ihnen entsteht zum Theil der Torf. Das isländische Moos gibt eine sehr gesunde und nahrhafte Speise. Unter den Schwämmen gibt es giftige und eßbare. Jene haben dunkle und bunte Farben, und einen hohlen Stiel. Die Pilze sind eine Art von Schwämmen. Die Morcheln gehören auch zu dieser Art von Gewächsen. Eben so die Trüffeln, ein sonderbares Gewächs ohne Wurzel, Stiel und Blätter, welches unter der Erde gedeiht.

Zu den Gräsern oder Grasarten gehört alles Getreide. Der Weizen ist die wichtigste Getreideart, weil er das kräftige Brot, unser hauptsächlichstes Nahrungsmittel, gibt, und sehr

einträglich ist; denn in manchen Gegenden bekommt man von
einem Bushel Weizen wohl zehn und mehr Bushel wieder.
Die übrigen Getreidearten sind: der **Roggen**, der **Spelz** oder
Dinkel, die **Gerste**, der **Hafer**, der **Buchweizen** oder
das **Haidekorn** (welches aber eigentlich nicht unter die Gräser
zu rechnen ist), die **Hirse**, der **Mais** (türkisches Korn) und
der **Reis** (das Hauptnahrungsmittel der Bewohner Asiens).
Auch das **Rohr**, das **Schilf** und die **Binsenpflanzen** gehören
zu den Gräsern. Das **Zuckerrohr** ist wegen seines süßen
Saftes, woraus der Zucker bereitet wird, sehr merkwürdig. Es
wächst besonders in Afrika und Amerika. Das **Bambus-
rohr**, wovon man bei uns Spazierstöcke macht, wird ein starker Baum, und bekommt Aeste. Das spanische Rohr dient
zum Beflechten der Rohrstühle und zu Spazierstöcken.

Zu den Pflanzen, welche einen Theil des Feldbaues ausmachen, gehört der **Flachs**, der **Hanf**, der **Hopfen**, der
Taback und die **Rübsaat**. Der Taback ist eine inländische
Pflanze. Auch Erbsen, Linsen und Bohnen, diese sogenannten
Hülsenfrüchte, werden häufig auf dem Felde gebaut. Der
Mohn gehört ebenfalls zu den Feldfrüchten. Der weiße Mohn
liefert den so schädlichen und so gemißbrauchten Opium. Folgende Pflanzen sind unter dem Namen **Farbekräuter** bekannt: der Krapp (Färberröthe), der Waid, die Scharte (Fär-
berdistel), der meistens wild wachsende Wau, der Saflor (ein
Distelgewächs) und der Safran.

Unter dem Namen der **Gartengewächse** oder **Küchen-
gewächse** begreift man alle diejenigen Kräuter und Pflanzen,
welche entweder als Speisen zubereitet, oder als Gewürze an
die Speisen gethan werden. Dazu gehört z. B. der **Liebes-
apfel** (Tomato), der Blumenkohl, der Wirsing- oder Wälsch-
kohl, Kohlrabi, Kohlrüben (Steckrüben), Weißkohl, welcher
auch als Sauerkraut eingemacht wird. — Zu den **Rüben** und
Wurzelgewächsen gehören die Mohrrüben oder Möhren;
die rothen Rüben; die Runkelrüben, welche oft 10 Pfund
schwer sind, und aus deren Saft man einen guten Zucker machen
kann; die kleinen märkischen oder weißen Rüben; die Pasti-
naken; die Zucker- und Haferwurzeln u. a. m. Auch die

Wurzel der Peterfilie, die Rettige, die Radieschen und der Meerrettig gehören hieher.

Eine eigene Art von Gewächsen sind die Zwiebelgewächse, zu welchen auch einige Blumengewächse gehören, z. B. die Hyacinthen, Tulpen, Lilien und Tazetten. Folgende Zwiebelgewächse sind eßbar und werden als Gewürz an die Speisen gethan: die gewöhnlichen Zwiebeln (Bollen), der Schnittlauch, Knoblauch, die Schalotten, der Porree, die Rokkambole. — Die Knollengewächse sind den Wurzelgewächsen ähnlich. Man rechnet dazu den Sellerie und die Rapuntika (Rübenrabunzel), die gemeinen Kartoffeln*), die süßen Kartoffeln, die Erdäpfel und die Erdnüsse oder Erdeicheln.

Auch die großen Bohnen (Sau= oder Pferdebohnen), die Schminkbohnen, die Limabohnen, die Gurken, die Melonen, die Kürbisse, der Salat, die Endivien, die Kresse, der Spargel, der Spinat, die Erdbeere und die Artischocke sind Gartengewächse. Folgende Gewürzkräuter dürfen ebenfalls in keinem gut angebaueten Küchengarten fehlen: der Körbel, Raute, Salbei, Melisse, Pfefferkraut, Portulak, Pimpinelle, Sauerampfer, Löffelkraut, Majoran, Thymian, Anis, Fenchel, Kümmel, Dill, Dragon, Beifuß, Senf und Koriander.

Von diesen Kräutern unterscheiden sich die Arzneikräuter, welche zur Heilung der Krankheiten gebraucht werden. Dahin gehört z. B. das Süßholz, aus dessen Saft der Lakrizensaft bereitet wird, der Rhabarber, der Baldrian, die Kamille, die Schaafgarbe, der Sauerklee, der Löwenzahn, das Johanniskraut, die Sarsaparille, die Schlangenwurzel, die Stiefmütterchen und viele andere.

So heilsam diese Kräuter sind, so schädlich sind einige andere, welche daher giftige Kräuter genannt werden. Vor diesen muß man sich sorgfältig hüten, denn ihr Genuß zieht gefährliche Krankheiten, und sogar den Tod nach sich. Es sind folgende: der Schierling, welcher der Petersilie sehr ähnlich

---

*) Die Kartoffel, ein inländisches Gewächs, wurde zuerst im Jahre 1585 durch den Engländer Franz Drake von Virginien nach Europa gebracht, aber erst viel später daselbst allgemein eingeführt.

ist, und besonders an feuchten und schattigen Orten wächst; das **Bilsenkraut** mit einer grauen, blau geäderten Blume und einem Saamenbehältnisse, welches den Haselnüssen ähnlich ist; das **Eisenhütchen**, eine schöne, blaue, den Ritterspornen ähnliche Blume, welche man oft in Gärten findet; der **Stechapfel** (Jimsen weed), mit einer langen trichterförmigen Blume und einer Saamenkapsel, welche stachlicht, und der wilden Kastanie ähnlich ist; die **Belladonna**, eine Staude mit einer blauen Blume, und einer der Herzkirsche ähnlichen Frucht. Als Arzneimittel sind diese Kräuter, wenn sie auf die rechte Weise gebraucht werden, sehr heilsam. Der **Giftsumach** und andere giftige Rankengewächse verursachen bei Manchen, wenn sie ihnen sehr nahe kommen, eine sehr schmerzhafte Entzündung der Haut.

Noch gibt es Kräuter, welche vorzüglich deswegen angebauet werden, weil sie ein gutes und narhaftes Futter für die Hausthiere geben. Sie werden daher **Futterkräuter** genannt. Von dieser Art sind folgende: der gemeine oder spanische (rothe) Klee, die Esparsette, die Luzerne, der Ackerspergel, einige Arten der Wicken, und selbst die große Brennnessel.

Diejenigen Gewächse, welche vorzüglich um ihrer schönen und wohlriechenden Blüthen willen in Gärten gezogen werden, heißen **Blumen**. Die meisten gehören zu den Kräutern; nur die Nelken werden zu den Grasarten gerechnet. Die bekanntesten sind, außer den Rosen, welche zu den Strauchgewächsen gehören: Tulpen, Hyazinthen, Jonkillen, Tazetten, Narcissen, Lilien, Aurikeln und Primeln, die Reseda, welche eigentlich eine Art von Wau ist, die Levkojen, der Lack (Goldlack), die Viola matronalis, Astern, Ranunkeln, Ritterspornen, Tuberosen, Balsaminen, Veilchen, Georginen (Dahlias) und Lupinen.

Noch sind von Kräutern und Pflanzen besonders folgende merkwürdig, weil sie entweder als Gewürz oder auf andere Art sehr nützlich sind: der **Ingwer** mit einem schilfähnlichen Stengel, dessen Wurzeln sehr gewürzhaft sind; die **Vanille**, ein Rankengewächs, mit Schoten, worin die glänzenden und sehr gewürzhaften Saamenkörner liegen, welche zur Bereitung der Schokolade gebraucht werden; die **Ananas** wächst in

Südamerika, Oft= und Westindien, wird auch bei uns in Treib=
häusern, die stark geheizt werden müssen, häufig gezogen, und
bringt eine sehr köstliche Frucht, die an Gestalt einem Fichten=
zapfen ähnlich sieht; der Pisang, ein hochstämmiges Ge=
wächs mit gurkenähnlichen, sehr schmackhaften Früchten, und
5 Ellen langen Blättern; die Baumwolle, welche als Kraut
und als Strauch wächst, und in kleinen Kapseln die schöne
Wolle enthält, aus der man so viele feine Zeuge (Kattun, Zitz,
Musselin, Nankin, Parchent, Manschester) macht; der In=
digo, ein krautartiges Gewächs, dessen Blätter eine überaus
schöne blaue Farbe geben; die Aloe, mit mehr als finger=
dicken, langen und stachlichten Blättern, welche in Südamerika
zum Dachdecken der Häuser gebraucht werden. Von einer Art
der Aloe erhält man einen bittern Saft, der zur Arznei gebraucht
wird.

3. Das Mineralreich.

Alle Mineralien lassen sich unter folgende vier Classen
bringen:

1) Erden und Steine. Unter den verschiedenen Erden
sind wegen ihrer Nutzbarkeit vorzüglich merkwürdig: die Kie=
selerde, welche durch Vermischung mit Laugensalz zu Glas
geschmolzen werden kann. Der Bergkrystall, Chalcedon, der
Tripel, der Bimsstein, der Feuerstein (Flintenstein), der Jaspis,
der Lasurstein von trefflicher blauer Farbe, der Granat und
viele andere, gehören zu den Kieseln. Die Thonerde, wozu
nicht blos der gemeine Thon (Töpferthon), die Porzellanerde,
der Bolus oder die Siegelerde, die Walkererde (welche leicht
Fett einsaugt), der Alaunthon, der Thonschiefer, Tafelschiefer
und Dachschiefer, sondern auch manche edlen Steine, z. B. der
Saphir, Rubin, Smaragd, Topas und andere gerechnet wer=
den, weil ihre Bestandtheile thonartig, und auf eine für uns
unbegreifliche Weise so ausnehmend hart, durchsichtig und feurig
geworden sind. Eine besonders merkwürdige Steinart ist der
Lavezstein oder Topfstein, welcher so weich aus der Erde
kommt, daß er sich wie Holz drechseln läßt. Man macht Sessel,
Töpfe und Lampen daraus. Eine ähnliche Eigenschaft hat der
Serpentinstein. Die Kalkerde hat das Eigene, daß sie
sich mit Wasser erhitzt. Sie wird zum Theil so hart, daß sie

9

am Stahl Funken gibt, und manche sehr schöne Steine sind
eigentlich nichts Anderes, als Kalksteine, z. B. der Marmor.
Auch die Kreide, der Mergel und der Gipsstein sind Kalkarten.

2) Brennliche Mineralien, welche mit einem eige=
nen Geruche brennen, oder wenigstens glimmen, und zur Unter=
haltung des Feuers dienen können. Dahin gehört vor allen
die Steinkohle. Man findet sie fast in allen Gegenden der
Erde, aber besonders in England und den Ver. Staaten ist sie
in unerschöpflichem Reichthume vorhanden. Dicht an der
Oberfläche und tief in der Erde wird sie in unermeßlichen Lagern
gefunden und ist für den Menschen, je mehr er an Holze ärmer
wird, als unentbehrlicher Brennstoff willkommen. In Eng=
land allein werden mehr als 150,000 Menschen in den Stein=
kohlenbergwerken beschäftigt, und in unserm Vaterlande erwei=
tert sich der Bau und Bedarf der Steinkohlen mit jedem Jahre.
Virginien und Pennsylvanien sind vorzugsweis mit diesem
Reichthume gesegnet. Man gebraucht aber die Steinkohlen
auch noch lieber als das Holz, wo ein heftiges, anhaltendes
Feuer erforderlich ist, z. B. in Schmieden, Schmelzöfen und
auf Dampfschiffen. Sie sind schon länger als 600 Jahre be=
kannt und im Gebrauche. Wenn man sie ausglüht, so erhält
man eine brennbare Luftart (Gas), mit der man die Straßen
und Wohnungen erleuchtet. Auch verfertigt man daraus
Schreibzeuge, Tabacksdosen, Leuchter, Blumenvasen u. dgl. m.
Als brennliche Mineralien sind noch zu bemerken der Schwefel,
der Bernstein, das Erdöl (Steinöl, Bergöl), das Erdpech
(Judenpech, Asphalt), das Reißblei (Graphit), woraus Blei=
stifte und Schmelztiegel gemacht werden, und das auch als
Ofenschwärze gebraucht wird. Selbst der Demant (Diamant)
gehört zu den brennbaren Mineralien, ob er gleich der härteste
unter allen bekannten Körpern ist und von keiner Feile ange=
griffen wird.

3) Die Metalle. Sie sind die schwersten Körper in der
Natur, haben alle einen Glanz, welchen man daher den me=
tallischen Glanz genannt hat, sind biegsam (besonders Blei
und Zinn), dehnbar, so daß sie sich zu dünnen Blättchen
ausarbeiten lassen (besonders Gold und Silber), und zähe,
so daß man sie zu Draht ziehen kann. Alle Metalle lassen sich

im Feuer schmelzen, das Eisen und der Braunstein aber nur
bei einem sehr starken Feuer. Man findet die Metalle in der
Erde entweder gediegen, d. h. rein von allen Beimischun=
gen, oder vererzt, d. h. vermischt mit andern Mineralien,
z. B. mit Schwefel oder Kalk. Bis jetzt kennt man folgende
19 Metalle: Platina, Gold, Silber, Quecksilber,
Kupfer, Eisen, Blei, Zinn, Zink, Wismuth, Spieß=
glas, Kobalt, Nickel, Braunstein, Wolfram, Mo=
lybdän, Arsenik, Uranium und Titanium.

Das mit andern Körpern vermengte Metall, oder das Erz,
wird in den sogenannten Hütten gereinigt, indem man es
erstlich pocht, d. h. mit Hämmern in kleine Stücke zerschlägt,
dann durch Maschinen zu Pulver stampft, dieses durchsiebt oder
wäscht, und auf diese Art das reine Erz gewinnt. Manche
Erze werden vor dem Pochen und Waschen geröstet. Dies
geschieht, indem man wechselsweise eine Schicht Erze, und dann
eine Schicht Holz oder Kohlen aufschüttet, und dann den gan=
zen Haufen anzündet. Auf diese Art macht man die Erze
mürbe und zum Schmelzen geschickt, und reinigt sie zugleich.

Das Eisen wird sehr mannichfaltig benutzt, indem man
entweder Oefen, Roste, Kochgeschirre, Kanonen, Kugeln, Ma=
schinenräder, Röhren, Kessel und Cylinder daraus gießt —
(Gußeisen), — oder es durch große Hämmer zu Blech schlägt,
oder es zu Draht zieht. Die Eisenstäbe (das Stabeisen) wer=
den zu Messern, Scheeren, Aexten, Säbeln, Büchsen, Pistolen,
Sägen, Sicheln, Sensen, Schlössern und vielen andern Dingen
verarbeitet. Das Eisenerz hat die merkwürdige Eigenschaft,
daß es wieder andere Eisentheilchen an sich zieht. Dein Lehrer
wird dir bei Gelegenheit erklären, von welcher Wichtigkeit das
Dasein dieser Anziehungskraft für die Schifffahrt geworden ist.

Der Stahl ist durch Hitze und andere Vorkehrungen ge=
läutertes Eisen. Er ist feiner und härter als das Eisen, nimmt
einen höhern Glanz an und besitzt im höchsten Grade die Eigen=
schaft, welche man Springkraft oder Federkraft (Elasticität)
nennt. Er wird zu Werkzeugen gebraucht, welche eine feine
und doch dauerhafte Schärfe oder Schneide haben müssen, z. B.
zu Scheermessern, Sägen, Nadeln, Feilen, Meißeln u. a. m.

9*

Wie man Holz mit eisernen Werkzeugen schneiden kann, so verarbeitet man Eisen mit stählernen.

Aus dem Kupfer machen die Kupferschmiede Kessel, Töpfe, Becken, Dosen, Kannen, Pfannen, Ofenblasen und verschiedene andere Geräthe. Durch Mischungen macht man aus dem Kupfer Tombak und Messing.

Das Zinn und Blei verarbeitet der Zinngießer; man schlägt es aber auch zu sehr dünnen Blättchen, welche Stanniol oder Folie heißen, und zur Belegung der hintern Seite des Spiegelglases dienen. Das Blei wird zu Wasserröhren und zu Schrot und Hagel (kleinem Schrot) verarbeitet, auch zwischen Walzen ganz dünn geplattet, und zum Einpacken gebraucht. Die Buchstaben, welche der Buchdrucker gebraucht, werden aus Blei und Spießglas gegossen.

Gold und Silber wird hauptsächlich zu Münzen gebraucht, aber auch von dem Goldschmied zu allerlei Geräthen verarbeitet. Der Goldschläger schlägt Gold und Silber zu ganz dünnen Blättchen, welche die Vergolder zu gebrauchen wissen. Auch zu Tressen wird das Gold und Silber verarbeitet.

Die Platina ist erst seit ungefähr 70 Jahren im Gebrauche; man fand dies Metall, welches das schwerste unter allen Naturkörpern ist, zuerst in Südamerika, hernach auch in Spanien, und in der neuesten Zeit in Rußland, wo man Münzen daraus prägt. Es ist silberweiß, wenn es völlig gereinigt ist, zum Erstaunen dehnbar und zähe, und sehr schwer zu schmelzen. Es wird nie vom Rost angegriffen, und nimmt eine herrliche Politur an. Mit Kupfer und Arsenik versetzt, gibt es die trefflichsten Spiegel zu Teleskopen (Fernröhren).

4) Die Salze. Unter Salz versteht man überhaupt einen Körper, der sich sehr leicht und gänzlich im Wasser auflöset, und einen prickelnden, stechenden Geschmack auf der Zunge erregt. Kannst du aber zwei Körper nennen, welche sich auch leicht und gänzlich im Wasser auflösen und doch keine Salze sind? Und warum nicht? Auch ist es den Salzen eigen, daß sie leicht zu Krystallen anschießen, und sich mehr, als irgend ein Mineral, mit fremden Stoffen vermischen. Alle mineralischen Salze sind zusammengesetzt; und zwar aus irgend einer Säure

und einem Laugenſalze. Die merkwürdigſten ſind: das Koch-
oder Küchenſalz, das aus dem Meerwaſſer und aus Salzquellen gewonnen, auch als ein feſter Körper, Steinſalz, in
mächtigen Lagern gefunden wird; der Salmiak, welcher
vorzüglich in der Nähe feuerſpeiender Berge gefunden; aber
auch künſtlich aus Kuh- und Kameelmiſt gewonnen, und als
Medizin, zum Schmelzen des Goldes, zum Verzinnen und
Färben gebraucht wird; das Glauberſalz, welches gefunden, und auch künſtlich bereitet wird; der Alaun, ein ſüß-
ſaures Salz, das vorzüglich zur Befeſtigung der Farben dient;
der Vitriol, ein aus Metallen, nämlich aus Eiſen, Kupfer
und Zink gewonnenes Salz, iſt in der Medicin und in Färbe-
reien ſehr nützlich; der Salpeter, ein Hauptbeſtandtheil des
Schießpulvers, welcher meiſt durch Kunſt zu Stande kommt,
und ſehr mannichfaltig benutzt wird.

VI.
Von dem Menſchen.

1. Vorzüge des Menſchen.

Vergleiche dich ſelbſt mit einem Thiere: das Thier geht
gebückt, du gehſt aufrecht. Das Thier kann nur vor ſich ſehen,
du kannſt auch über dich und um dich ſehen, kannſt den Himmel mit ſeinen Sternen, kannſt die Sonne und den Mond betrachten. Du haſt Hände, aber kein Thier hat Hände. Und
wie nützlich ſind dem Menſchen ſeine zwei Hände! Er kann
damit ſchreiben, zeichnen, ſchnitzen, malen, nähen, drechſeln,
Pferde regieren, das Brot backen, ſäen, ernten u. dergl. m.
Der Menſch kann ſprechen, das Thier nicht. Und wie gut iſt
es für uns, daß wir ſprechen können! Durch die Sprache geben
wir Andern unſere Gedanken, Wünſche und Bitten, unſere
ſchmerzlichen und unſere angenehmen Empfindungen zu erkennen. Könnteſt du nicht ſprechen, ſo würdeſt du in der Krankheit dem Arzte nicht ſagen können, was dir fehlt, und er könnte
dir dann auch nicht helfen.

Der Menſch kann 60, 70 und 80, ja 90 und 100 Jahre

alt werden. Die meisten Thiere werden nicht halb so alt. Nur sehr wenige erreichen ein eben so hohes Alter, wie der Mensch, aber doch einige, z. B. Elephanten, Schildkröten und Adler.

Der Mensch hat mehr Lebenskraft, als die Thiere; sein Körper erträgt die größten Beschwerden und die empfindlichsten Schmerzen.

Der Mensch kann in allen Ländern der Erde und unter jedem Himmelsstriche (Klima) leben und ausdauern; wir finden seine Wohnungen in den heißesten Ländern der Erde, und auch in der Einsamkeit der Eisfelder im tiefsten Norden baut er sich noch seine Hütten. Das Thier aber stirbt, oder wird klein und schwächlich, und verliert seine Schönheit und Stärke, wenn es aus seinem Vaterlande nach einem fremden Lande hingebracht wird. Nur wenige Thiere können in jedem Himmelsstriche leben. Auch hierin zeigt sich die größere Lebenskraft des Menschen.

Das Thier kann sich zwar auch, wie der Mensch, willkürlich (wie es will) von einem Orte zum andern bewegen, aber so mannichfaltige und so künstliche Bewegungen, wie der Mensch, kann es doch mit seinem Körper nicht machen. Wie langsam und schwerfällig bewegen sich Bären, Affen und Hunde, wenn man sie auch noch so künstlich zum Tanzen abgerichtet hat; und wie ungeschickt und häßlich sehen sie dabei aus! Der Mensch kann sogar, ohne zu sprechen, bloß durch die Bewegungen seines Körpers, besonders der Hände, des Kopfs, und der Augen, Andern seine Gedanken und Wünsche zu verstehen geben; er kann die Gebehrdensprache reden. Höchstens kann der Hund durch Krümmen seines Körpers und Kriechen seine Furcht und Angst, und durch das Wedeln mit dem Schwanze seine Freude zu erkennen geben.

Auch das Thier kann für sein Leben, seine Erhaltung und Sicherheit sorgen, kann sich gegen Gefahren und Angriffe schützen; aber bei weitem nicht auf so mannichfaltige Art, wie der Mensch. Dieser hat unzählige Mittel, sein Leben zu schützen und zu erhalten. Er baut sich feste Wohnungen, worin er vor dem Angriff der wilden Thiere gesichert ist, und sich zugleich vor Kälte, Hitze, Regen und Wind schützen kann. Er kennt so viel Kräuter und Pflanzen, welche die Kraft haben,

Krankheiten zu heilen, oder ihn davor zu bewahren. Er kann sich durch Dämme gegen die Ueberschwemmungen des Meeres und der Flüsse, durch Gewitterableiter gegen die Verwüstung des Blitzes, durch Vorrathshäuser gegen Mangel und Hungersnoth, durch Kleidung gegen Kälte und Regen schützen.

Wenn du einem hungrigen Hunde Gras hinwirfst, wird er es fressen? Aber welches Thier wird es gern fressen? Wie kommt es, daß kein Hund Gras frißt, und kein Pferd Fleisch? Weiß der Hund, daß ihm das Gras schädlich, und das Fleisch nützlich ist? Nein, er weiß es nicht; aber er hat von Natur einen Trieb zum Fleischessen, und einen Widerwillen gegen Gras und Kräuter. Jedes Thier hat von Natur einen Trieb zu Allem, was ihm dienlich, und einen Widerwillen gegen Alles, was ihm schädlich ist. Auch zu gewissen Handlungen, die zu ihrer Erhaltung nothwendig sind, haben alle Thiere von Natur einen Trieb. So haben alle Vögel einen Trieb, sich Nester zu bauen und zu fliegen; die Fische und auch die Enten, Gänse und Schwäne haben den Trieb, zu schwimmen; die Katzen, zu klettern und Mäuse zu fangen; die Hunde, zu jagen u. s. w. Viele Vögel haben den Trieb, von uns wegzuziehen, wenn der Winter herankommt, weil sie im Winter nicht Nahrung bei uns finden würden.

Auch die Menschen haben von Natur Triebe, d. h. angeborne Fertigkeiten, Etwas zu begehren und zu thun. Des Mittags empfindet der Mensch einen Trieb zum Essen, des Abends, wenn er müde ist, zum Schlafen. Kein Mensch würde gern eine lange Zeit allein sein; denn alle Menschen haben einen Trieb, in Gesellschaft mit ihres Gleichen zu leben. Alle Kinder ahmen das nach, was die Erwachsenen vor ihren Augen thun; denn die Menschen haben einen Nachahmungstrieb.

Manche von den Trieben, welche die Menschen haben, bemerkt man auch an einigen Thieren, z. B. den Trieb, mit ihres Gleichen in Gesellschaft zu leben. Die Bienen, die Ameisen, die Biber, die Affen leben in großen Gesellschaften bei einander. Die Gemsen, welche mit unsern Ziegen viel Aehnlichkeit haben, gehen immer in Gesellschaft auf Nahrung aus, und stellen Schildwachen aus, welche die andern durch ein starkes Pfeifen vor einer drohenden Gefahr warnen müssen. Alle Zugvögel,

und besonders die Kraniche, gehen in Gesellschaft fort, und
geben in der Ferne durch ein rauhes Geschrei sich einander zu
erkennen, um nicht getrennt zu werden. Sie fliegen in einer
bestimmten Ordnung, und diejenigen, welche voranfliegen, werden nach einiger Zeit von den hintersten abgelöst.

Die menschlichen Gesellschaften sind aber doch viel ordentlicher eingerichtet, und dauern länger, als die der Thiere. Die
Menschen leben bei einander in Städten und Dörfern, um sich
einander bei ihren Arbeiten und in der Noth zu unterstützen,
sich gemeinschaftlich gegen Gefahren und Unglücksfälle, besonders auch gegen die wilden Thiere, zu schützen, so daß Einer für
des Andern Wohlfahrt sorgt.

Die Verbindungen oder Gesellschaften, in welchen die Menschen leben, sind ferner sehr mannichfaltig. Vom ersten Augenblicke seines Lebens an lebt der Mensch in der Verbindung mit
seinen Aeltern und Hausgenossen. Wenn er anfängt, seinen
Verstand zu gebrauchen, so tritt er mit Lehrern und Mitschülern
in Verbindung, dann auch mit Freunden, Nachbarn und Mit-
bürgern, oder Landsleuten, mit Vorgesetzten und Gönnern, mit
seiner Obrigkeit.

Manche Menschen leben, wegen des Geschäftes, das sie
treiben, in besonders vielen und weitläufigen Verbindungen.
Der Kaufmann steht mit Menschen in allen Theilen der Erde
in Verbindung; denn er bekommt seine Waaren aus verschiedenen und weit entfernten Ländern, z. B. die meisten Gewürze
aus Ostindien, den Thee aus China, den besten Kaffee aus
Arabien, Rosinen, Mandeln und Weine aus Spanien, den sit-
tenverderbenden Branntwein aus Frankreich, Eisen aus Schweden und Deutschland, Wolle aus England und Sachsen, Hanf
zu Segeln und Netzen aus Rußland u. s. w. Zwei Künsten
haben es die Menschen zu verdanken, daß sie mit den Einwohnern der entferntesten Länder in Verbindung stehen können,
nämlich der Schifffahrtskunst und der Schreibekunst. Auf
großen Schiffen fahren die Menschen über die großen Meere
hinüber, welche die Länder der Erde von einander trennen, und
durch die Schreibekunst können sie Denen, welche weit von ihnen entfernt sind, ihre Gedanken und Wünsche so gut zu verstehen geben, als ob sie sich mit ihnen unterredeten.

Ein jeder Mensch kann unterscheiden, was wahr, und was falsch ist. Er kann sich unzählige richtige Begriffe machen; denn er hat das Vermögen, zu denken, und dies ist sein größter und herrlichster Vorzug vor den Thieren. Er sieht z. B. ein, daß er nicht würde leben können, wenn er nicht Speise und Trank zu sich nähme, keine Kleidung und keine Wohnung hätte; daß er also diese drei Dinge nicht entbehren kann. So erhält er einen Begriff von Bedürfnissen. Der Mensch kann sich auch aus Dem, was er gesehen, gehört, verstanden und begriffen hat, eine Menge nützlicher Regeln sammeln. Er hat z. B. gesehen oder gehört, daß Einer, der unmäßig gegessen hatte, sehr krank geworden war, und zieht aus dieser Erfahrung die Regel, daß man nicht unmäßig essen müsse, wenn man gesund bleiben wolle. Oder er hört, daß der Blitz sich nach den Bäumen hinziehe, und bildet sich nun daraus die Regel, daß man sich bei einem Gewitter nie unter einen Baum stellen müsse. Auf diese Art lernt er, vermöge seines Verstandes, einsehen, was nützlich und was schädlich, was zweckmäßig und zweckwidrig ist. Du gehst in die Schule, und hast dabei den Zweck, etwas Nützliches zu lernen, und verständig zu werden. Aber wenn du in der Schule nicht aufmerksam bist, sondern plauderst, oder spielst, und umhergaffst, so handelst du zweckwidrig; denn auf diese Art kannst du deinen Zweck, verständiger zu werden, nicht erreichen. — Durch seinen Verstand wird der Mensch klug und geschickt, und wie bewundernswürdig sind die Werke, welche der menschliche Verstand hervorgebracht hat! Man betrachte nur die prächtigen Gebäude, die großen Schiffe, die Dampfmaschinen, Uhren, den Weberstuhl, die Mühlen u. dergl. mehr. Ohne Verstand wüßte der Mensch Nichts vom Ackerbau, von Handwerken, Künsten und andern nützlichen Beschäftigungen.

Groß und dankenswerth sind die Vorzüge, welche Gott dem Menschen zugetheilt hat! Wir wollen uns dieser Vorzüge freuen, und Gott dafür danken, indem wir sie weise und gewissenhaft gebrauchen, und sie zu erhalten suchen.

2. Der menschliche Körper.

Der Körper des Menschen, dieses bewundernswürdige und

höchst kunstvolle Werkzeug der Seele, ist aus vielen flüssigen und festen Theilen zusammengesetzt, und alle diese fast unzählbaren Theile bilden eine Maschine, deren Bau wir nicht oft und aufmerksam genug betrachten können, weil sie uns vorzüglich die Macht und Weisheit des Schöpfers kennen und verehren lehrt.

Knochen.

Die Grundstützen unseres Körpers sind die Knochen. Sie sind stark, fest und hart gebildet, damit sie das Fleisch des Körpers unterstützen, und vor dem Zusammensinken bewahren können. Vermittelst der Gelenke sind sie alle fest unter einander verbunden; die Gelenke aber sind mit Knorpeln versehen, damit sich die Knochen nicht an einander reiben können. Jedes Gelenk ist mit starken Bändern versehen, damit es nicht aus einander gehen kann, und aus kleinen Bläschen (Drüsen) bringt beständig eine Fettigkeit in die Gelenke, damit sie geschmeidig bleiben. Alle durch Bänder und Korpel unter einander verbundenen Knochen, deren man ungefähr 261 zählt, machen das Gerippe des menschlichen Körpers aus. Die Knochen haben theils eine röhrenförmige, theils eine platte oder breite Gestalt, und viele sind inwendig ganz hohl. Auch die 32 Zähne gehören zu den Knochen. Sie unterscheiden sich nur dadurch von den übrigen, daß sie an ihrer Spitze (Krone) nicht mit einer zarten Haut, der Beinhaut, bekleidet sind. Auch die innere Höhlung der Knochen, welche das Mark enthält, ist mit solch' einem Häutchen belegt. — Das ganze Knochengebäude theilt man in den Kopf, den Rumpf und die Gliedmaßen. Der Schädel des Kopfes ist aus verschiedenen Theilen zusammengesetzt, ob er gleich größtentheils nur aus Einem Stücke zu bestehen scheint. Diese Theile heißen: das Stirnbein, die Scheitelbeine, das Hinterhauptbein und die Schlafbeine oder Schläfe. Die Gesichtsknochen sind: das Nasenbein, die Thränenbeine und die Gaumenbeine. Sie bilden die Kinnladenhöhle. In der oberen und unteren Kinnlade sind die Zähne befestigt. Der Rückgrat, die Brust und das Becken machen den Rumpf aus. Der Rückgrat ist eine Säule, welche aus 24 Wirbelbeinen besteht und den Kopf trägt. Zu oberst stehen die 7 Halswirbel, dann folgen 12 Rückenwirbel, und dann 5 Lendenwirbel. An den Rückenwirbeln sind, vermittelst sehr fester Bänder, die Rippen befestigt. Sieben von diesen Rippen sind gekrümmt, und bilden mehre Bogen, die sich mit dem Brustbeine, einem in der Mitte liegenden platten und schmalen Knochen, vereinigen. Sie umgeben die Brusthöhle. Fünf andere Rippen liegen nicht so dicht am Brustbeine, wie die obersten, und heißen falsche Rippen. — Da, wo der Rückgrat aufhört, stehen die Hüftknochen zu beiden Seiten hervor. Diese sind mit einigen andern verbunden, und bilden die Figur eines Beckens, daher sie Beckenknochen heißen. — Zu den Gliedmaßen gehören die Arme und Beine, welche einander sehr ähnlich sind, und wieder aus verschiedenen einzelnen Theilen bestehen. An den Armen unterscheidet man den Oberarm, den Unterarm und die Hand; die Beine bestehen aus dem Ober = und Unterschenkel, und dem Fuße. Der Oberschenkel fängt sich an der Hüfte an, und reicht bis an das Knie. Unter der sogenannten Kniescheibe fängt sich der Unterschenkel an, welcher bis an den Fuß reicht.

Alle diese Knochen sind anfangs weich und knorpelartig; nach und nach werden sie härter und fester. Bei ganz jungen Kindern sind z. B. die Knochen des Hirnschädels noch sehr weich, daher man von ihnen zu sagen pflegt: ihr Kopf sei offen. Im 15ten, und bei manchen erst im 20sten Jahre werden die Knochen vollkommen fest; im Alter werden sie leichter und brüchig.

Muskeln.

Sie dienen zur Bewegung des Körpers, und machen das Fleisch desselben aus. Es besteht nämlich alles Fleisch aus mehren hundert Fleischbündeln, welche dicken Bändern gleichen, und dies sind eben die Muskeln. Jeder Muskel besteht aus einzelnen Fasern, welche oft dünner, als Zwirnsfäden, und mit einer feinen Haut, dem sogenannten Zellgewebe, überzogen sind. Die Kraft, mit welcher sich die Muskeln zusammenziehen und ausdehnen, ist außerordentlich groß und wird die Reizbarkeit genannt. Diese Kraft wirkt theils mit unserem Willen, wie z. B. wenn wir unsere Arme oder Beine bewegen, wenn wir gehen, arbeiten, etwas ergreifen oder festhalten;

theils aber auch ohne unseren Willen (unwillkürlich), wie z. B.
bei der Bewegung unseres Herzens und beim Athemholen.
Weise sind daher vom Schöpfer einige Muskeln so eingerichtet,
daß sie nie müde und schlaff werden, sondern immer in Bewegung sein können, ohne jemals zu erschlaffen.

Das Herz, die Blutgefäße und die Adern.

Das Herz ist ein hohler, aus starken Fleischbündeln zu-
sammengewundener Körper, der unten in der Brusthöhle in
einem häutigen Sacke, dem Herzbeutel, ruht. Eine Scheidewand theilt die Höhlung des Herzens der Länge nach in zwei
Höhlen, welche die Herzkammern genannt werden. Jede
Herzkammer ist wieder durch eine Scheidewand in zwei Höhlen
abgetheilt. Mit diesen verschiedenen Kammern sind die Adern
verbunden. Dies sind häutige Röhren, oder zarte Schläuche,
durch welche das Blut aus dem Herzen in alle Theile des Körpers dringt. Das Geschäft des Herzens ist, das Blut in die
entferntesten Theile des Körpers fortzutreiben, und es endlich
wieder aufzunehmen, um es von Neuem ausströmen zu lassen.
Dies nennt man den Kreislauf des Blutes. Er wird
vorzüglich dadurch bewirkt, daß das Herz sich mit einer außerordentlichen Kraft wechselsweise zusammenzieht, und wieder
ausdehnt. Zunächst strömt das Blut aus dem Herzen in eine
Ader, welche die große Pulsader genannt wird. Aus dieser
ergießt es sich in zwei kleinere Adern, dann wieder in noch kleinere, mit welchen der ganze Körper gleichsam durchflochten ist.
Indem das Blut nach dem Herzen zurückströmt, nimmt es seinen Weg durch andere feinere Adern, welche Blutadern
heißen, und fließt in die rechte Herzkammer, um von da aus
seinen Lauf durch den Körper fortzusetzen. Weise hat es der
Schöpfer so eingerichtet, daß alles Blut seinen Weg durch die
Lungen nehmen muß; denn da diese lockeren, schwammichten
Gewebe beständig mit der Luft angefüllt sind, welche der
Mensch einathmet: so wird das Blut bei seinem Durchgange
durch die Lunge abgekühlt und erfrischt. Der Weg, den das
Blut bei seinem Umlaufe zu machen hat, beträgt ungefähr
150 Fuß, und doch legt es diesen Weg in der kurzen Zeit von

etwa fünf Minuten zurück. Welch' eine bewundernswürdige Schnelligkeit!

Das Herz eines gesunden Menschen zieht sich in einer Minute sechzig bis achtzig Mal zusammen, und also in einer Stunde drei tausend sechshundert Mal; wie erstaunenswürdig ist diese Bewegungskraft, besonders, wenn man bedenkt, daß das Herz sich von selbst, ohne irgend einen Anstoß, oder Trieb von außen bewegt! Und wie sehr müssen wir dabei die Weisheit des Schöpfers bewundern, der das Herz so eingerichtet hat, daß seine Bewegung oder Zusammenziehung und Ausdehnung nicht von dem Willen des Menschen abhängt, sondern ohne seinen Willen, und ohne daß er sich dessen bewußt wird, geschieht. Denn wie leicht würden wir dabei Etwas vergessen, und augenblicklich hörte dann unser Leben auf.

Wenn du dich erhitzt hast, so bringt eine wässrige Feuchtigkeit aus deinem ganzen Körper, welche Schweiß genannt wird. Da der Schweiß nur dann aus dem Körper dringt, wenn dein Blut durch Laufen oder Arbeit in eine ungewöhnlich schnelle Bewegung gekommen ist, so erhellet daraus, daß der Schweiß vom Blute abgesondert wird, oder sich absetzt. Auch die Thränen gehören zu den wässrigen Feuchtigkeiten, welche von dem Blute abgesondert werden. Sie fließen aus kleinen Bläschen, welche man Drüsen nennt, und die in den Augenhöhlen angebracht sind. Die Thränenfeuchtigkeit ist für das Auge sehr wohlthätig; denn sie verhindert, daß das Auge trocken wird, und befördert die Beweglichkeit desselben. Auch zur Reinigung des Auges dient diese Feuchtigkeit, denn sie spült gleichsam den Staub und alle anderen Unreinigkeiten, welche in das Auge geflogen sind, aus demselben weg, und darum hat es Gott sehr weise so eingerichtet, daß die Augen sogleich thränen, wenn sie voll Staub oder anderer Unreinigkeit sind. — Beständig bringt aus unserem Körper ein wässriger Dunst, auch dann, wenn wir nicht schwitzen; dieser Dunst (Ausbünstung) wird ebenfalls von dem Blute abgesondert. Auch noch eine andere Flüssigkeit, welche salzig ist, der Urin, wird täglich und sehr häufig von dem Blute abgesondert. Diese Absonderung geschieht in den Nieren, welche unten am Rückgrate liegen, und den Urin in die Blase leiten. Daher enthalten die Nieren eine

große Menge Blutgefäße, durch welche das Blut läuft, um sich
von der wässrigen und salzigen Feuchtigkeit zu befreien.

Von den Lungen und dem Athemholen.

Die Brusthöhle, worin das Herz zwischen den Lungen
liegt, ist mit einer Scheidewand versehen, welche sie von dem
Unterleibe trennt. Diese Scheidewand besteht aus einem seh=
nichten Muskel, welcher gleich einem Felle ausgespannt ist.
Man nennt sie das Zwerchfell, und sie besteht darum aus
weichen Muskeln, damit die zarten Lungen, welche bis auf das
Zwerchfell herabhängen, nicht gedrückt werden, oder sie reiben
mögen.

Von den zwei Lungen, welche wir haben, liegt die eine in
der rechten, die andere in der linken Seite der Brusthöhle;
daher wird die eine die rechte Lunge, und die andere die linke
genannt. Die Lungen sind weiche, schwammichte Körper, und
enthalten viele Luftgefäße oder Luftbehälter.

Aber wie kommt denn die Luft in die Lungen?, werdet ihr
fragen. Dies geschieht auf folgende Art: Vorn am Halse
fühlet ihr dicht unter der Haut eine aus mehren knorpeligen
Ringen zusammengesetzte Röhre; dies ist die Luftröhre.
Da sie die Luft in zwei Lungen leiten soll, so theilt sie sich,
nahe vor den Lungen, in zwei Aeste, durch welche die einge=
athmete Luft in die Lungen geht. Durch den Mund und die
Nase ziehen wir die Luft ein, welche dann in dem hintersten
Theile des Mundes, welcher der Schlund heißt, in die Oeff=
nung (den Kopf) der Luftröhre hineingeht. Diese Oeffnung
ist nur sehr schmal und enge, gleichsam wie eine Spalte oder
Ritze. Indem die eingeathmete Luft sich durch diese enge Spalte
drängt, entsteht der Ton, den wir Stimme nennen, und
darum nennt man diesen Eingang der Luftröhre die Stimm=
ritze. Da alle Speisen über den Eingang der Luftröhre hin=
weggleiten müssen, um in die mehr hinterwärts liegende Spei=
seröhre zu kommen, so ist die Stimmritze mit einem Deckel
versehen. Denn wie leicht könnten sonst die zerkauten Speisen
in die Luftröhre kommen, und sobald dies geschähe, müßte der
Mensch ersticken.

Die Luft dringt von selbst durch die Luftröhre in die Luft=
gefäße der Lungen, indem sich die Brusthöhle, vermittelst der
Rippen= und Bauchmuskeln, und vermittelst des Zwerchfelles,
erweitert; und sobald sich die Brusthöhle wieder zusammen=
zieht, wird die eingeathmete Luft aus den Luftgefäßen wieder
herausgetrieben, und durch die Luftröhre weggeschafft, damit die
neu eingeathmete Luft an ihre Stelle eindringen kann.

Jetzt lasset uns einige Vortheile bemerken, welche der Mensch
von dem Athemholen hat. Erstlich wird dadurch das Blut in
den Lungen, wo sich durch das Athemholen immer frische Luft
befindet, abgekühlt, und zugleich von seinen unreinen Theilen
befreit; denn diese setzen sich als Dünste bei dem Durchgange
des Blutes durch die Lungen ab, und werden nun mit der aus=
strömenden Luft weggeführt. Hieraus läßt es sich begreifen,
daß in einer Stube, wo viele Menschen bei einander sind, end=
lich die Luft unrein und schwer werden muß. Dagegen em=
pfängt nun das Blut wieder von der eingeathmeten Luft die
besten Theile, und wird auf diese Art durch das Athemholen
sehr verbessert. Indessen geschieht diese Verbesserung des Blutes
nur dann, wenn die Lungen frische, reine Luft eingesogen haben;
ist sie unrein und nicht frisch, so wird das Blut nicht verbessert,
sondern verschlimmert, und der Mensch fühlt Beängstigung und
innere Hitze. Darum kann man sich in einer mit heißen Dün=
sten angefüllten Stube unmöglich wohl befinden.

Da der Magen, ein häutiger Sack, nahe unter dem Zwerch=
felle liegt, und das Zwerchfell beim Athemholen in Bewegung
gesetzt wird, so befördert das Athemholen auch die Bewegung
des Magens und der übrigen Theile des Unterleibes, welche mit
dem Magen in Verbindung stehen. Also auch dies ist ein Vor=
theil, den wir von dem Athemholen haben. Hierzu kommt noch
dieser, daß es zur Hervorbringung der Stimme dient; denn die
Töne entstehen, indem wir die Luft aus der Luftröhre heraus=
stoßen, und sie sich durch die Stimmritze hindurchdrängt.

Von der Verdauung der Speisen.

Wenn unser Körper erhalten werden soll, so müssen wir
täglich Nahrungsmittel zu uns nehmen; denn das Blut
leidet beständig einen sehr merklichen Verlust, theils durch die

Ausdünstung, theils durch die Säfte, welche es den verschiede=
nen Gliedern des Körpers zutheilen muß, damit sie bestehen
können. Dieser Verlust muß wieder ersetzt werden, und dies
geschieht durch den Genuß der Nahrungsmittel. Die Nah=
rungsmittel werden nämlich durch mancherlei Werkzeuge ver=
daut, d. h. in Saft und Blut verwandelt. Der Mund ist
das erste Verdauungswerkzeug unseres Körpers. In=
dem die festen Speisen, vermittelst der Zunge, welche auch ein
Muskel ist, in dem Mund fest gehalten werden, sind die Zähne
beschäftigt, sie zu zerkauen. Zugleich vermischt sich eine Flüssig=
keit mit den Speisen, nämlich der Speichel. Dieser wird
durch Drüsen oder Bläschen, welche in dem Munde angebracht
sind, abgesondert; man nennt sie Speicheldrüsen.

Wir wissen schon aus dem Vorigen, daß hinten im
Schlunde, in der Nachbarschaft der Luftröhre, noch eine andere
Röhre ihre Oeffnung hat, welche die Speiseröhre genannt
wird. Die zerkauten, und durch den Speichel angefeuchteten
Speisen gehen nun durch den Schlund und in die Speise=
röhre, und beide gehören also zu den Verdauungswerkzeugen.
Der größte Theil der Speiseröhre befindet sich in der Höhle
des Unterleibes. Diese Höhle ist durch das Zwerchfell von der
Brusthöhle abgesondert, und der Beckenknochen verschließt sie
nach unten zu. Jetzt begreifen wir, warum dieser Knochen die
Gestalt eines Beckens bekommen hat, weil er nämlich den un=
tern Enden der Speiseröhre, welche Gedärme heißen, zum Be=
hälter dienen soll.

Wollet ihr wissen, auf welche Art die Speiseröhre bis in
den Unterleib reicht, so merket euch, daß sie sich hinter dem Herz=
beutel an den Brustwirbelbeinen gerade zum Zwerchfell hinab,
und durch eine Oeffnung desselben in den Unterleib zieht. Kurz
nach ihrem Eingange in denselben nimmt sie sehr an Weite zu,
gleich einem Kegel.

Der Magen, welcher wie ein quer liegender Beutel aus
mehren Häuten gebildet ist, liegt zu oberst, nahe unter dem
Zwerchfelle, hängt mit der Speiseröhre genau zusammen, und
liegt mit seiner rechten Seite an der Leber, mit seiner linken an
der Milz. Aus der Speiseröhre gehen also die Speisen un=
mittelbar in den Magen, und zwar durch die oberste Oeffnung

deſſelben, welche der Magenmund heißt. Hier miſcht ſich ein ſcharfer Saft unter die Speiſen, der ſich durch die Bewegung des Magens aus den Drüſen preßt, die zwiſchen den Häuten des Magens liegen; er heißt der Magenſaft. — Aber die Speiſen ſollen nicht beſtändig im Magen bleiben, ſondern aus demſelben in die Gedärme geführt werden; darum hat der Magen außer dem Magenmunde noch eine Oeffnung erhalten, durch welche die Speiſen in die Gedärme geleitet werden. Die Gedärme ſind weiche Röhren, welche aus einer glatten, inwendig ſchleimichten Haut beſtehen. Sie machen nur einen einzigen Darmkanal aus, welcher ſechs Mal länger iſt, als der ganze Menſch. Dennoch haben ſie im Unterleibe vollkommen Platz, weil ſie eine gewundene Lage haben. Den oberſten Theil dieſer Gedärme nennt man den Zwölffingerdarm, der letzte heißt der Maſtdarm. In dem Zwölffingerdarme wird der Brei, welcher im Magen aus den Speiſen entſtanden iſt, noch mehr verdünnt, durch das Zuſammenziehen ſtarker Muskelfaſern zuſammengeknetet, und mit der Galle, einer bittern und ſchleimichten Feuchtigkeit, vermiſcht. Durch dieſe Vermiſchung werden die guten Nahrungstheile aus den Speiſen abgeſondert. So gehen ſie dann in die übrigen Därme, die ſie endlich in eine weißliche milchartige Flüſſigkeit verwandeln, welche der Nahrungsſaft genannt wird.

Ihr könnt leicht denken, daß dieſe Gedärme in beſtändiger Bewegung ſein müſſen, wenn der Nahrungsbrei aus einem Gedärme in das andere gedrängt, und zugleich verdünnt werden ſoll. Die Bewegung der Gedärme, ſo wie die des Magens, iſt wurmförmig, d. h. ungefähr eben ſo, wie die eines Wurmes, der fortkriechen will. Aber da die Gedärme in der Höhle des Unterleibes durch einander geſchlungen liegen, ſo können ſie ſich bei dieſer beſtändigen Bewegung leicht an einander reiben oder in einander wickeln. Um dies zu verhüten, ſind ſie durch eine mit Fett bewachſene Haut, die man das Gekröſe nennt, unter einander verbunden. Eine andere ebenfalls fettige Haut, das Netz genannt, hält ſie alle, wie in einem Beutel, zuſammen, und verhindert, daß ſie mit dem Bauchfelle zuſammen wachſen. Durch einen heftigen Sprung oder Fall, oder eine übermäßige Anſtrengung beim Heben ſchwerer Laſten, kann

das Netz Löcher bekommen; dann treten die Gedärme aus ihrer
Lage, und der Mensch bekommt einen Bruch.

Die Leber, das größte Eingeweide des Unterleibes, dient
zur Bereitung der Galle aus dem Blute. Sie liegt gleich unter
dem Zwerchfelle, und bedeckt die rechte Seite des Magens.
Auch die Milz, welche an der rechten Seite des Magens liegt,
und mit ihm genau verbunden ist, trägt zur Verdauung bei;
denn sie führt der Leber das Blut zu, und macht es zur Gallen-
absonderung tauglich. Sie ist, wie eine Zunge, nämlich länglich rund, gestaltet, und aus vielen Blutgefäßen und Zellgewe-
ben zusammengesetzt, daher schwammicht.

Ihr sehet also, lieben Kinder, daß der scharfe Magensaft
nicht Alles bei der Verdauung oder Auflösung der Speisen thut,
sondern daß auch die wurmförmige Bewegung des Magens
und der Gedärme, die daraus entstehende Wärme, und auch die
Luft, welche in den Nahrungsmitteln enthalten ist, dazu mitwirken. Hierzu kommt nun noch, wie wir gehört haben, die
Galle nebst einigen andern Säften.

Indem sich der Nahrungssaft durch die dünnen Gedärme
drängt, bleibt er an der innern stockichten Haut dieser Gedärme
hangen, und hier saugen ihn die kleinen Gefäße ein, welche
Milchgefäße genannt werden, weil sie den dünnen, milch-
artigen Saft aus dem Nahrungsbreie ziehen. Natürlicher
Weise wird dieser Brei dadurch dicker, und in dem Krumm-
darme, wohin er nun kommt, verliert er seine Flüssigkeit fast
ganz, indem hier fortdauernd der Milchsaft von den Milchgefäßen ausgesogen wird. Was nach dieser Aussaugung am
Ende des Krummdarmes zurückbleibt, ist zur Ernährung des
Körpers untauglich; die Natur läßt es daher in den dicken
Gedärmen in Fäulniß übergehen, und durch diese, besonders
durch den sogenannten Mastdarm, aus dem Körper heraus-
schaffen; denn der Ausgang des Mastdarmes öffnet sich in dem
After, oder in dem Hintertheile des Menschen. Eine Menge
Schleim, die sich in dem Mastdarme befindet, erleichtert die
Ausleerung des harten Unraths, und macht seine Schärfe für
den Darm unschädlich. Bei einem gesunden Menschen ge-
schieht diese Ausleerung innerhalb 24 Stunden gewöhnlich ein

bis zwei Mal, und die Gewöhnung kann bewirken, daß sie zu einer bestimmten Zeit erfolgt.

Der Nahrungssaft soll, wie wir gehört haben, im Körper allmählig in Blut verwandelt werden, um so dem Blute immer frische Theile zuzuführen. Damit dies geschehen möge, so wird er durch die Gekrösdrüsen, in welchen eine wässrichte Feuchtigkeit enthalten ist, verdünnt, und dann durch die Blutadern nach dem Herzen hingeführt, wo er sich erst nach Verlauf mehrer Stunden in Blut verwandelt. Diese Verwandlung geschieht unter andern dadurch, daß das Herz vermittelst seiner Muskeln, das mit Milchsaft vermischte Blut zusammendrückt und reibt.

Von dem Gehirn, dem Rückenmark und den Nerven.

Ihr wisset schon, lieben Kinder, daß man den länglich-runden (ovalen) Knochen, welcher den oberen und hinteren Theil des Kopfes ausmacht, die Hirnschale oder den Hirnschädel nennt. Eigentlich müßte man ihn den Gehirnschädel nennen, denn er hat von dem Gehirn, welches in der Höhlung des Schädels liegt, seinen Namen erhalten. Das Gehirn ist der weichste Theil des Kopfes, und der wichtigste und zarteste Theil des ganzen menschlichen Körpers; denn die geringste Verletzung desselben zieht sehr oft augenblicklichen Tod nach sich. Bewundert daher die Weisheit des Schöpfers, der diesen zarten Theil mit einem Knochen umgeben hat, welcher ihm gleichsam zu einem festen und undurchdringlichen Schilde dient. Merket euch hiebei, daß das Gehirn bei einem Erwachsenen kaum drei Pfund schwer ist, und daß es beinahe den sechsten Theil alles des Blutes in sich faßt, welches der Mensch in seinem Körper hat.

Aus dem Gehirn und Rückenmark entspringen viele weiße Fäden oder Schnüre von verschiedener Dicke, die sich fast nach allen Theilen des menschlichen Körpers verbreiten. Man nennt sie Nerven, und sie sind häufig mit einander verbunden, oder verflochten. Sie entspringen alle paarweise. Aus dem Gehirn entspringen eilf Paar, aus dem Rückenmarke über dreißig. Die Nerven sind überaus wichtige und nothwendige Theile unsers Körpers; denn sie machen durch ihre Reizbar-

keit, daß wir empfinden. Daher sind auch nur diejenigen
Glieder unsers Körpers, in welchen Nerven liegen, empfindlich; alle anderen aber, z. B. die Nägel, die Haare und die
Knochen, sind unempfindlich. Alle Nerven kommen im
Gehirn zusammen, und daher rührt es, daß der Mensch alle
Empfindungen verliert, wenn sein Gehirn gedrückt wird, und
daß Einer, dem die Nerven im Arm zerschnitten worden sind,
an der Hand keinen Schmerz mehr empfindet, wenn man auch
mit einem Messer hineinschnitte. — Die Nerven sind aber nicht
bloß die Werkzeuge der Empfindung, sondern auch
der Bewegung; denn sobald ein Nerve zerschnitten oder
unterbunden wird, verlieren alle Glieder, zu denen der zerschnit-
tene Nerve hingehet, ihre Beweglichkeit, und werden steif.

Von den Sinnen.

. Durch alle deine Sinne erhältst du Empfindungen und
Vorstellungen von Dem, was außer dir ist. Würdest du z. B.
wohl eine Vorstellung von dem Duft einer Rose haben, wenn
du ihn nicht durch den Geruch empfunden hättest? Könntest du
dir den Knall einer Kanone und die schwarze Farbe vorstellen,
wenn du jenen noch nie gehört, und diese nie gesehen hättest?
Beschreibe einem Blindgebornen die schwarze Farbe, und einem
Taubgebornen eine schöne Musik, so gut du kannst; Beide
werden doch nimmermehr eine deutliche Vorstellung davon erhalten.

Zuerst wollen wir über den Sinn des Gefühls weiter
nachdenken. Wenn wir fühlen wollen, ob Etwas hart oder
weich, kalt oder warm, rauh oder glatt ist, so bedienen wir uns
dazu der Hand, und vorzüglich der Fingerspitzen, weil wir in
diesen das feinste Gefühl haben. Aber woher kommt es,
daß wir mit den Fingerspitzen so fein fühlen können? Weil da
die Haut am dünnsten und weichsten ist, und weil sich da viele
Nerven endigen. Aber die Hände sind nicht die einzigen Werkzeuge der Empfindung; der ganze Körper ist ihr Werkzeug. Deine Empfindungen sind nicht alle von einerlei Art.
Nicht wahr, du hast eine unangenehme Empfindung, wenn du
aus einer wohl geheizten Stube auf ein Mal in die Kälte
kommst? Aber deine Empfindungen sind sehr angenehm, wenn

du aus der Kälte in eine warme Stube trittst? Du siehst hieraus, daß deine Empfindungen eben so verschieden sind, als die
Eindrücke, welche die äußeren Gegenstände auf dich machen.
Sind diese Eindrücke nur schwach, so sind es auch deine Empfindungen; sind sie stark, so hast du auch stärkere Empfindungen. Würde nicht deine Empfindung weit stärker sein, wenn
dir einer deiner Mitschüler aus Unvorsichtigkeit die schwere
Bank auf den Fuß würfe, als wenn er dich nur ganz leise auf
den Fuß träte? Wie heftig ist die Empfindung, wenn man sich
den Finger vorn am Nagel klemmt; aber bei weitem nicht so
heftig ist sie, wenn man sich den Arm klemmt, weil man am
Arme nicht so empfindlich ist, als am Finger. Ein Stich in
die Fußsohlen schmerzt lange nicht so heftig, als ein Stich in
die Hand oder in den Arm, weil der Mensch an der Fußsohle
eine überaus dicke Oberhaut hat, und der Schmerz dadurch gemäßigt wird. Durch Gewohnheit und Abhärtung kann auch
ein Theil des Körpers fast unempfindlich werden. Dies
ist z. B. bei den Feuerarbeitern, bei Schmieden und Schlossern
der Fall. Weil diese Leute beständig mit dem Feuer umgehen,
und die schweren Hämmer täglich führen müssen, so bekommt
die innere Fläche ihrer Hände dadurch eine so harte Haut, daß
sie heißes Eisen eine gute Weile in der Hand halten können,
ohne Schmerzen zu empfinden. Worauf kommt es also bei
dem Gefühl an? Theils auf die Beschaffenheit des Eindrucks; theils auf den Grad der Schwäche oder Stärke
und Heftigkeit des Eindrucks; theils darauf, wie groß
oder wie geringe die Empfindlichkeit des Theiles ist,
welcher den Eindruck erhält. Die größte Empfindlichkeit hat
der Mensch im Auge, und darum verursacht ihm auch schon das
kleinste Fäserchen, wenn es in's Auge fliegt, große Schmerzen.

Der Sinn des Geschmacks hat die meiste Aehnlichkeit
mit dem Gefühle. Die Zunge ist das vorzüglichste Werkzeug, wodurch wir schmecken. Fühlst du die Oberfläche deiner
Zunge mit dem Finger an, so bemerkst du eine Menge kleiner
Erhöhungen, welche sehr reizbar sind, weil sich die Nerven in
diesen Erhöhungen endigen. Sie heißen deswegen Nerven-
wärzchen. Diesen Wärzchen ist es eigentlich zuzuschreiben,
daß der Mensch schmecken kann, und darum nennt man sie auch

Geschmacksnerven. Da die Speisen nicht einerlei Be=
standtheile haben, so ist es natürlich, daß sie sehr verschieden
schmecken. Dazu kommt, daß dieselben Nahrungsmittel dem
Einen sehr angenehme, dem Andern sehr unangenehme Empfin=
dungen verursachen, also dem Einen gut, dem Andern sehr übel
schmecken. Gibt es doch Menschen, welche die besten Nahrungs=
mittel, z. B. Obst und Butter, nicht essen können, weil sie bei
ihnen die unangenehmsten Geschmacksempfindungen hervor=
bringen. Und dies geht sehr natürlich zu; denn die Speisen
vermischen sich im Munde mit den schon vorhandenen Säften
des Essenden, und diese Säfte können doch unmöglich bei allen
Menschen von einerlei Art sein. Wie viel diese Säfte und wie
viel besonders der Speichel zur Veränderung des Geschmacks
beiträgt, sieht man sehr deutlich an Kranken. Ihr werdet euch
erinnern, daß euch Alles bitter schmeckte, wenn ihr krank waret,
und daß ihr auch vor den besten Speisen einen Ekel hattet.
Und wie konnte dies anders sein? Eure Säfte waren verdor=
ben; mit diesen verdorbenen Säften mischten sich die Speisen,
die ihr in den Mund nahmet; also mußten sie wohl bitter
schmecken. — Der Geschmack lehrt uns übrigens verdorbene
Speisen von guten und frischen Speisen unterscheiden, und be=
wahrt uns also vor dem Genuß solcher Nahrungsmittel, welche
uns schädlich werden könnten, so wie er uns dagegen zum Ge=
nuß guter Nahrungsmittel reizt, und sie für uns angenehm
macht.

Der Geschmack hat einen treuen Gefährten an dem Sinne
des Geruchs erhalten, und sehr weise hat der Schöpfer das
Werkzeug des Geruchs, die Nase, über dem Munde angebracht,
damit der Mensch schon durch den Geruch von solchen Dingen
zurückgehalten werde, welche ihm schädlich sind, ehe er sie noch
zum Munde führt. Die Nase ist eine aus Knochen und Knor=
pel bestehende Höhle, welche durch eine Scheidewand in zwei
Theile getheilt wird, und vorn und hinten geöffnet ist. Ihre
hinteren Oeffnungen erstrecken sich bis zum Schlunde hinab.
Die Nasenhöhle ist innerhalb mit vielem Schleim überzogen,
und darum heißt die Haut, mit welcher sie ausgefüttert ist, die
Schleimhaut. Sie ist voller Drüsen und Schleimbläschen,
welche beständig, und besonders bei einer Entzündung der

Schleimhaut, den Schleim absondern. Der dicke Nasenschleim wird durch die Thränenfeuchtigkeit, welche beständig in die Nase hinabfließt, so lange der Thränenkanal nicht verstopft ist, verdünnt und flüssig erhalten. Unter allen Sinnen bringt der Geruch die heftigsten Eindrücke hervor; denn durch Dinge, welche einen zu starken, beißenden oder übeln Geruch haben, können Ohnmachten entstehen oder vertrieben werden. Wer während des Schlafes den Geruch stark duftender Blumen beständig einzieht, kann vom Schlage gerührt werden und sterben. — Das, was eigentlich den Geruch bewirkt, der Duft, ist etwas sehr Feines, Unsichtbares und ungemein Flüchtiges, und es gibt nur sehr wenige Dinge, welche keinen Duft von sich geben, aber nicht ausdünsten. Durch das Einathmen und Einziehen der Luft wird der feine Duft, den sie enthält, zu den sehr empfindlichen Nerven, welche in der Schleimhaut liegen, hingeführt, wo er dann die Empfindung oder den Reiz, welchen wir Geruch nennen, bewirkt. Darum ist es auch nicht nöthig, daß man einen Körper dicht an die Nase bringt, um ihn zu riechen. Wenn man gegen den Wind geht, so kann man schon in einer weiten Entfernung Dinge durch den Geruch wahrnehmen. Sehr weit kann man z. B. den Pulverdampf riechen, und sehr weit durch den Geruch frischen Mist wahrnehmen, weil die aus diesen stark riechenden Körpern ausgedünsteten öligen und salzigen Theile in der Luft schwimmen, und mit der Luft in die Nase eingezogen werden, wo sie dann die Nerven in der Schleimhaut reizen, und so den Geruch verursachen. — Der Mensch kann sich an alle Gerüche, und selbst an diejenigen gewöhnen, welche ihm anfangs Ekel verursachen. — Aber warum gab uns der Schöpfer den Sinn des Geruchs? Ohne Zweifel, um uns durch den erquickenden Duft der Blumen und Kräuter, der Speisen und Getränke zu erfreuen; aber auch deswegen, damit wir im Stande sein möchten, die Schädlichkeit und Unschädlichkeit der Luft, der Speisen und Getränke zu unterscheiden, und vor der schädlichen Luft und den schädlichen Nahrungsmitteln schon durch den Geruch gewarnt würden; denn die meisten wohlriechenden Nahrungsmittel sind heilsam, und die meisten übelriechenden sind nachtheilig.

Lasset uns nun über den Sinn nachdenken, welchen die

Kinder besonders beim Unterricht gebrauchen sollen, über den
Sinn des Gehörs. Ihr wisset Alle, daß die Ohren die
Werkzeuge des Gehörs sind; aber ihr wisset noch Nichts von
ihrer innern Einrichtung, und werdet erstaunen, wenn ihr sie
jetzt kennen lernet. Das äußere Ohr, ich meine den länglich
gewundenen Knorpel, der so verschiedene Vertiefungen hat, ist
nur der geringste Theil eures Ohres. Der länglich-runde
Gang, welcher aus dem äußeren Ohre in das innere führt, wird
nach innen immer enger. Merkt euch, daß man ihn den Ge-
hörgang nennt. Ihr könnet es selbst fühlen, daß der äußere
Theil des Gehörganges knorpelig ist, aber sein innerer Theil
ist knöchern. Auch das könnet ihr fühlen, daß in dem Gehörgange ein klebriger Saft befindlich ist, der das Innere desselben
überkleidet; man nennt ihn das Ohrenschmalz. Dieser
Saft ist gelblich und bitter, und soll das Ohr vor dem Ein-
kriechen der Insecten und dem Eindringen des Staubes beschützen. Eben dazu sind auch die feinen Härchen da, welche
man in dem engeren Theile des Gehörganges findet. Zugleich
dient das Ohrenschmalz zum Schutz wider die Luft, welche sonst
die zarte Haut des Gehörganges zu stark reizen, und dadurch
Schmerzen hervorbringen würde. Ihr könnt daher selbst urtheilen, ob es nöthig und zweckmäßig sei, das Ohrenschmalz
aus dem Gehörgange mit Nadeln oder kleinen Löffeln, wie es
Einige thun, zu entfernen; oder reicht es hin, daß man sich nur
von dem befreie, welches im äußern Ohre sich ansammelt?
Die innere enge Oeffnung des Gehörganges ist durch eine länglich-runde dünne Haut verschlossen, welche gleich einem Trommelfelle darüber ausgespannt ist, und daher auch das Trommelfell genannt wird. Hinter dieser Haut ist eine kleine
Höhle, welche durch eine Röhre mit dem Schlunde in Verbindung steht; sie heißt die Trommelhöhle, und enthält drei
kleine Knochen, welche man, ihrer besondern Bildung wegen,
Hammer, Amboß und Steigbügel nennt. Der Griff
des Hammers liegt an dem Trommelfelle; mit dem Kopfe des
Hammers ist der Amboß verbunden, und die eine Seite des
Amboßes hängt wieder mit dem Steigbügel zusammen. Wenn
nun das Trommelfell durch einen Schall, der in das Ohr
dringt, erschüttert wird, so gerathen auch diese drei Knochen, der

Reihe nach, in Bewegung. Außerdem findet sich noch in dem Innersten des Ohres eine Röhre, welche, gleich dem Gehäuse einer Schnecke, gewunden ist, und daher der Schneckengang heißt. — Wollet ihr nun auch wissen, wie es mit dem Hören zugeht, so merket euch Folgendes. Wenn ihr mit einer Messer= klinge an ein Glas schlaget, so höret ihr einen Schall, und be= merket, daß das Glas zittert. In eben diese zitternde Bewe= gung wird nun auch die Luft versetzt, welche das Glas umgibt, und so entsteht das, was wir Schall nennen. Daß sich der Schall fortpflanzt, kommt daher, weil die Lufttheile so genau unter sich zusammenhängen, wie die Wassertheile. Wenn du einen Stein in's Wasser wirfst, so wird nicht blos derjenige Theil des Wassers bewegt, den der Stein getroffen hat, sondern rund umher geräth das Wasser in Bewegung, und es entsteht eine Welle nach der andern. Gerade so geht es auch in der Luft zu; und nun werdet ihr begreifen, wie es möglich ist, daß der Schall einer weit entfernten Glocke von uns empfunden oder gehört werden kann, und wie es zugeht, daß man stärker hört, wenn man das äußere Ohr vorwärts beugt.

Jetzt bleibt uns nur noch der Sinn des Gesichts übrig. Die Werkzeuge dieses Sinnes sind die Augen, welche am obern Theile des Gesichts, in den sogenannten Augenhöhlen, befestigt sind. Ihr könnet es fühlen, daß diese Höhlen aus Knochen gebildet sind, und dies ist eine überaus weise Einrich= tung des Schöpfers; denn durch diese festen Knochen sind die zarten Augen vor Stößen gesichert, und können nun überhaupt nicht so leicht beschädigt werden. Eben diesen Dienst leisten auch die Augenlider den Augen, indem sie darunter, wie unter einer weichen Decke, geschützt liegen. Am Rande des oberen und des unteren Augenlides bemerket ihr kleine Haare, die Augenwimpern, die in einer Reihe dicht bei einander stehen; auch diese Härchen dienen zum Schutze des Auges, in= dem sie es hindern, daß zu viel Lichtstrahlen auf ein Mal ge= rade in's Auge fallen, und den Staub, so wie alle andern Dinge auffangen, welche in's Auge fliegen wollen. Zwei Mus= keln setzen die Augenlider in Bewegung, und ziehen sie, wenn wir schlafen wollen, fest zusammen. Auch die Augenbrau= nen tragen sehr viel zur Beschützung des Auges bei, denn sie

fangen den scharfen Schweiß auf, der bei starker Bewegung
oder schwerer Arbeit von unserer Stirn fließt, und der die Augen
sonst äußerst beschädigen würde. — Das Auge selbst, oder der
sogenannte Augapfel, ist kugelförmig. Die äußere und
weiße Haut, welche rings an den Augenstern grenzt, ist hart
gebildet, und heißt auch die harte Haut. Hinter ihr, und
mit ihr verbunden, ist die schwärzliche Aderhaut. Die
mittlere, runde und durchsichtige Haut ist hornartig gebildet,
und heißt daher die Hornhaut. Hinter dieser liegt noch
eine andere Haut, welche strahlenförmige und verschieden ge-
färbte Streifen hat, und daher die Regenbogenhaut heißt.
In ihrer Mitte ist eine runde Oeffnung, die Sehöffnung
(Pupille) genannt, welche wie ein kleiner schwarzer Fleck aussieht. Eine fünfte Haut umgibt die innere Seite der schwärz-
lichen Haut, und heißt die Netzhaut, weil sie netzförmig
gebildet ist. Sie umfaßt eine durchsichtige, zähe Feuchtigkeit,
welche die gläserne genannt wird, weil sie dem geschmolzenen
Glase ähnlich ist. Vorn in dieser gläsernen Feuchtigkeit ist
eine rundliche Grube, in welcher ein kleiner, heller und durch-
sichtiger Körper liegt, den man die Kryftall-Linse nennt,
weil Kryftall sehr hell und durchsichtig ist, und weil dieser Körper die Form einer Linse hat. Der Raum, welcher zwischen
der Hornhaut und der Linse ist, enthält eine wässrichte
Feuchtigkeit, welche die Geschmeidigkeit des Auges befördert,
und es beweglich macht. Damit sich das Auge nach allen
Richtungen bewegen könne, so hat der Schöpfer sechs Muskeln
an dem Augapfel angebracht.

Jetzt, lieben Kinder, kennet ihr erst die Theile, aus welchen
eure Augen bestehen; aber ihr wisset noch nicht, wie es zugeht,
daß ihr sehen, d. h. mit euren Augen die Dinge, welche um
euch her sind, deutlich wahrnehmen könnet. Dies sollt ihr jetzt
lernen. In einer dunkeln Stube, oder in einer finstern Nacht
könnet ihr nicht sehen; durch das Licht werden euch die Dinge
erst sichtbar. Die Lichtstrahlen, welche von dem Gegenstande
ausgehen, den ihr sehen sollt, bringen durch die Häute und
Flüssigkeiten des Auges, und werden auf die Art gebrochen, daß
sie sich auf der Netzhaut vereinigen, und da im Kleinen ein
Bild des Gegenstandes entwerfen, wie es der Spiegel im

Größen thut.　Ist der Gegenstand unseren Augen zu nahe, so sehen wir ihn nicht, weil dann das Bild desselben hinter die Netzhaut fällt; ist er zu weit entfernt, so sehen wir ihn auch nicht, weil das Bild alsdann vor die Netzhaut fällt.　Daß wir die Gegenstände nicht doppelt sehen, ob wir sie gleich mit zwei Augen wahrnehmen, rührt daher, weil die Empfindung in beiden Augen gleich ist.　Mit zwei Augen sieht man zwar nicht beträchtlich deutlicher und schärfer, als mit einem; aber wir können, ohne den Kopf zu bewegen, mit beiden Augen mehr Gegenstände, welche nach der Seite liegen, sehen, als mit einem. Hätten wir nur ein Auge und es würde krank, oder wir verlören es durch einen Zufall, so wären wir schon dann ganz blind.　Der Sinn des Gefühls muß fast bei allen Gegenständen dem Sinn des Gesichts behilflich sein, wenn wir eine vollständige, richtige und deutliche Vorstellung von einem Gegenstande erhalten sollen.　Nennet mir nun einige Dinge, oder Beschaffenheiten der Dinge, von welchen wir keine Vorstellung haben würden, wenn wir sie nicht sehen könnten.　Saget mir auch, was pflanzt sich schneller durch die Luft fort, das Licht oder der Schall? Gesetzt, ihr sähet aus weiter Entfernung, wie Jemand ein Gewehr abschösse; würdet ihr den Blitz des Pulvers eher sehen oder den Knall eher hören, oder Beides zu derselben Zeit?

Von der Haut, den Haaren und den Nägeln.

Unser ganzer Körper ist in eine weiche und starke Decke eingehüllt; wir nennen sie Haut.　Sie ist einer außerordentlichen Ausdehnung fähig, und nimmt nach jedem Druck ihre vorige Gestalt wieder an, oder ist elastisch.　Sie hat eine Menge Blutgefäße, und daher ist sie an verschiedenen Stellen bläulich, oder auch röthlich.　Da das Blut beständig wässrichte Dünste durch die Haut aushaucht, so ist sie auch mit solchen Gefäßen oder kleinen Behältern versehen, welche diese Flüssigkeiten aufnehmen.　Noch andere Gefäße der Haut dienen zum Einsaugen der Luft, welche durch die Haut beständig dem Körper zugeführt wird.　Die Haut hat überall eine große Empfindlichkeit; an den Fingerspitzen ist diese Empfindlichkeit am größten, und daher fühlen wir auch mit diesen am schärfsten.　Viele Nerven, die sich in äußerst kleine Wärzchen endigen, bringen diese

Empfindlichkeit hervor, welche durch ein dünnes Häutchen, wo=
mit die eigentliche Haut überzogen ist, durch die Oberhaut,
ein wenig vermindert wird. Diese Oberhaut ist unempfindlich,
man kann sie mit einer Nadel durchstechen, ohne den geringsten
Schmerz zu empfinden. Wird sie viel gerieben oder gedrückt,
z. B. bei schweren Handarbeiten, so wird sie dick und hart.
Daher kommt es, daß Diejenigen, welche sich mit schweren
Handarbeiten beschäftigen müssen, sehr harte Hände bekommen,
und wenig Gefühl in den Händen haben. Die Härte unserer
Fußsohlen hat eine ähnliche Ursache.

Die Farbe der Haut ist bei allen Menschen gleich,
nämlich weiß; denn die Schwärze des Negers, die gelbbraune
Farbe des Arabers, die kupferrothe Farbe des Indianers, und
die weiße des Europäers ist nicht die Farbe der eigentlichen
Haut, sondern die Farbe einer schleimigen Materie, welche wie
ein Netz zwischen der Oberhaut und der eigentlichen Haut sich
hinzieht, und die Fetthaut genannt wird. Da aber die
Oberhaut sehr dünn, und halb durchsichtig ist, so schimmert die
Farbe der inneren Fetthaut hindurch, und so scheint es dann,
als ob die Oberhaut die Farbe hätte, welche eigentlich der Fett=
haut zugehört.

Die äußere Seite der Haut ist größtentheils mit Haaren
besetzt, welche aber nur an wenigen Stellen zahlreich, lang und
dick sind, und an manchen Stellen ganz fehlen, wie z. B. an
den Fußsohlen, an der inneren Fläche der Hand und an den
Augenlidern. Diese Haare entstehen aus Kügelchen, welche in
dem Zellgewebe und unter der Haut liegen und Wurzeln
heißen. Kaum werdet ihr es glauben, lieben Kinder, daß jedes,
auch das feinste Haar eine hohle, harte und elastische Röhre,
und mit einem Saft angefüllt ist, bei dessen Vertrocknung das
Haar abstirbt und ausfällt. Die Wurzeln führen dem Haar
seine Nahrung zu, und daher kommt es, daß es nicht wieder
wächst, wenn es mit der Wurzel ausgerissen ist, wohl aber,
wenn man es nur an der Wurzel abgeschnitten hat. Aber wo=
zu, werdet ihr fragen, nutzen denn die vielen Haare dem Men=
schen? Ihr Nutzen besteht hauptsächlich darin, daß sie eine zähe
und fette Feuchtigkeit absondern, und daß sie die unter ihnen
liegenden Theile bedecken, erwärmen und beschützen. Dies

erfahren Diejenigen, welche die Kopfhaare größtentheils oder
ganz verloren haben; sie müssen, um sich vor Schmerzen und
Unannehmlichkeiten, welche daraus entstehen, zu schützen, aller=
lei künstliche Kopfbedeckungen gebrauchen.

Wir haben nun alle Theile unseres künstlich gebaueten
Körpers, bis auf die Nägel, kennen gelernt. Merkt euch von
diesen, daß die harten, glatten und unempfindlichen Platten an
den Fingern und Zehen mit ihren Wurzeln befestigt sind, daß
sie diesen Gliedern eine größere Festigkeit geben, und dadurch
den Menschen das Greifen, Anfassen, Gehen und Treten sehr
erleichtern. Reinliche Kinder sorgen dafür, daß ihre Nägel
gehörig beschnitten sind; denn schmutzige Nägel sind ekelhaft.

VII.

Gesundheitslehre.

---

1. Gesundheit und Krankheit.

Mir schmeckt das Essen: ich fühle keine Schmerzen, ich
kann meine Hände und Füße, meine Augen, Ohren und Nase
gebrauchen; ich bin froh und theilnehmend, ich schlafe ruhig und
kann Wind und Wetter ertragen. Also bin ich gesund, und
will mich meiner Gesundheit freuen, will mich aber auch in Acht
nehmen, daß ich nicht krank werde. Denn dem Kranken ist
nicht wohl. Er ist schwach und matt, das Essen schmeckt ihm
nicht, er kann nicht Wind und Wetter ertragen, nicht arbeiten,
er hat Angst und Schmerzen, und freut sich nicht.

Wenn ich einen gesunden Leib behalten will, so muß ich ihn
ernähren durch Essen und Trinken, und ihn erhalten
durch Bewegung und Ruhe. Die beste Bewegung ist die Ar=
beit, und die beste Ruhe der Schlaf. Ich kann krank werden,
wenn ich mich ärgere; wenn ich zornig oder böse, oder wild
bin; wenn ich zu sehr springe; wenn ich zu viel esse oder trinke;
oder zu unrechter Zeit und zu oft esse; wenn ich mich durch
Laufen und Springen erhitze, und dann sogleich trinke; wenn
ich zu lange schlafe, oder nicht zur rechten Zeit zu Bette gehe;
wenn ich mich nicht wasche und nicht kämme; wenn ich mich

nicht vor dem Fallen in Acht nehme, und unvorsichtig einher=
gehe; wenn ich mich erst erhitze, und dann in den kalten Zug
stelle, oder mich bis auf's Hemde ausziehe.

2. Von der Kleidung.

Die Kleidung muß gerade so beschaffen sein, daß man nicht
unbehaglich kalt, aber auch nicht unbehaglich heiß ist. Sie
muß sich daher nach der Jahreszeit und der Witterung richten,
aber auch noch besonders nach dem Gesundheitszustande eines
jeden Menschen. Es ist gut, sich von Kindheit an mehr an
eine kühle, als an eine sehr warme Kleidung zu gewöhnen, und
sich gegen die Wirkung der Kälte abzuhärten, weil man leicht
in Umstände gerathen kann, durch die man genöthigt wird, der
wärmeren Kleidung zu entbehren. Schädlich ist es, sich über=
mäßig warm zu kleiden, und eine Last von doppelten Hemden,
Wämsern, Oberröcken und Pelzen auf dem Leibe zu tragen;
es bringt bei der geringsten Bewegung das Blut in Wallung,
erschwert das Athmen, und setzt in Gefahr, sich zu erkälten.

An kalten Tagen kleide man sich mitten im Sommer, wie
man sich an einem Wintertage kleiden würde. Man lege über=
haupt auch nicht gleich, wenn im Frühling die ersten warmen
Tage kommen, die gewohnte wärmere Kleidung ab, um sie mit
einer leichten Sommertracht zu vertauschen. Dies ist besonders
in unserm Lande sehr gefährlich, da meistens nach dem ersten
milden Wetter wieder eine empfindliche, naßkalte Witterung
eintritt.

Jede zu stark, oder nur an einigen Theilen des Körpers
drückende, pressende und kneipende Kleidung ist schädlich. Be=
sonders schädlich ist es, die Strumpfbänder fest zu binden.
Der Kopf muß kühl gehalten werden, und jede Kopfbedeckung
ist, zumal wenn man starkes Haar hat, unnöthig, ausgenommen
zum Schutz vor der Sonne. Selbst die kleinsten Kinder darf
man ohne Gefahr mit bloßem Kopfe in die freie Luft schicken.
Sehr schädlich sind die warmen wollenen Mützen und die Pelz=
mützen. Die Kinder werden davon krank, bekommen Ungezie=
fer und Grind, Flüsse, Kopf= und Zahnschmerzen, und besonders
schlimme Augen. Am wenigsten dürfen sie dann einen Hut

ober eine Mütze aufsehen, wenn sie einen ausgeschlagenen Kopf
haben.

Dicke Halstücher und hohe Halsbinden, besonders wenn
sie fest zugebunden werden, sind schädlich, und es ist dagegen
sehr heilsam, mit bloßem Halse zu gehen. Der Unterleib muß
vorzüglich warm gehalten werden. Durchfälle, Koliken und
Ruhr können von Erkältung des Unterleibes entstehen. Auch
die Füße vertragen gern mehr Wärme. Nur ein gesunder und
abgehärteter Mensch darf barfuß gehen.

Die engen, spitzen Schuhe gehören auch zu den schädlichen
Kleidungsstücken. Sie verderben die Füße, machen die Gelenke
der Zehen steif, und erzeugen die schmerzhaften Hühneraugen,
woran Viele im Alter für die Eitelkeit ihrer Jugend büßen
müssen.

Hütet euch, Kleider anzulegen, welche kranke Menschen
getragen haben; denn viele Krankheiten sind ansteckend,
und Mancher, der sonst sehr gesund war, wurde krank, und
mußte wohl gar früh sterben, weil er die Kleider eines Schwind=
süchtigen getragen hatte.

3. Von der Luft.

Es kommt sehr viel darauf an, daß die Luft, welche wir
einathmen, frisch, rein und trocken sei; denn sonst kann
sie uns nicht beleben und stärken, nicht frisch und fröhlich ma=
chen. Reine und trockene Luft muntert auf zur Arbeit, vermehrt
den Hunger, macht, daß einem die Speisen wohl bekommen,
und gibt einen ruhigen, sanften Schlaf. Nicht wahr, dir ist
ängstlich und peinlich zu Muthe, wenn du mit vielen Menschen
in einer kleinen Stube lange beisammen sein mußt, und weder
Fenster noch Thüren geöffnet werden? — Schlechte, verderbte
und unreine Luft schwächt den Menschen, macht ihn träge und
verdrießlich, und zieht ihm, wenn er lange darin lebt, allerlei
böse Krankheiten, besonders Fieber, zu.

Die frische und reine Luft ist also dem Menschen zum
Gesundsein eben so nothwendig, wie Speise und Trank, und
wie dem Fische das frische Wasser. Habt ihr nicht gesehen, daß
Pflanzen in der besten Erde, und Thiere bei dem besten Futter,
ohne frische Luft verderben? Wie könnte der Mensch ohne

frische Luft gedeihen und leben, gesund und froh sein? Wie sehr
freuet ihr euch, wenn ihr lange in der Stube habt sitzen müssen,
und nun auf ein Mal-hinaus in die frische reine Luft kommet!
Nicht wahr, da ist euch noch ein Mal so wohl, als in der dun-
stigen Stube?

Wenn in einer kleinen Stube viele Menschen bei einander
sind, und besonders darin bei einander schlafen, so verdirbt die
Luft. Was ist nun da zu thun? Man muß, selbst im strengsten Winter, Morgens, Mittags und Abends die Fenster und
Thüren auf einige Zeit öffnen, und die frische Luft von außen
hineinlassen. Aber thun das wohl alle Menschen? Ist es Winter, oder Herbst, so sagen Manche, es wäre ja Schade, wenn
man die schöne Wärme wollte zum Fenster hinausgehen lassen!
Aber ist es nicht besser, ein wenig frieren, und dabei gesund
sein, als warm sitzen, und dabei kränklich, schwach und verdrießlich sein?

Noch schlimmer ist es, wenn in der Stube, außer den Ausdünstungen der Menschen, auch noch der Dampf von Oellam-
pen, Talglichtern oder Lichtschnuppen, oder vom Bügeln und
Plätten der Wäsche, oder vom Wollkämmen und von brennenden Holz- oder Steinkohlen die Luft verdirbt. Dann können
die Menschen nicht nur krank werden, sondern sogar ersticken.
Man kann die Luft dadurch verbessern, daß man Essig
auf einen glühenden Stein gießt. Ein offener Kamin ist ein
guter Luftreiniger.

Eben so schädlich sind die Ausdünstungen stark riechender
Blumen, und frisch mit Kalk übertünchter, oder mit Farben
angemalter Wände und Thüren.

In einer ordentlichen und reinlichen Wohnstube sieht man
keine Spinnengewebe, im Sommer nur wenig Fliegen, keinen
Staub, kein Stroh und keinen Unrath, also z. B. keine Aepfel-
schalen, oder Knochen. Die Fenster sind hell und klar, und
man spürt keinen üblen Geruch oder stinkende Ausdünstungen.

4. Du sollst reinlich und ordentlich sein.

Ferdinand nahm sich des Morgens nie die Zeit, sich zu
waschen und zu kämmen, und seine Kleidungsstücke gehörig zu
säubern. Er spottete wohl gar über seine reinliche Schwester.

Marie, wenn sie sich bei dem Aufstehen sorgfältig den Mund
mit reinem und kaltem Wasser ausspülte, die Zähne putzte, das
Gesicht, den Hals und die Ohren wusch, und dann ihr langes
Haar mit vieler Mühe auskämmte. Diesem guten Beispiele
folgte der unreinliche Ferdinand nicht, so oft ihn auch
der Vater und die Mutter dazu ermahnten, und wegen seiner
Unsauberkeit bestraften. Daher erlebte er auch manche Schande.
Kam er in die Schule, so hieß ihn der Lehrer oft wieder hinausgehen und sich waschen, und eben so oft mußte er im Winkel
stehen, weil er sich die Haare nicht ausgekämmt, und die Stiefeln nicht gereinigt hatte. Ja er bekam sogar endlich einen
ekelhaften ansteckenden Ausschlag an den Händen, den man die
Krätze nennt, und durfte nun eine lange Zeit gar nicht mit
andern Menschen umgehen. Jeder verachtete ihn, und Keiner
mochte bei dem schmutzigen Ferdinand sitzen. Dagegen wurde
die reinliche Marie überall gern gesehen, und von allen Menschen wegen ihrer Reinlichkeit geschätzt und geliebt. Sie sah
immer gesund und frisch aus, und durfte sich nie schämen.

Die Unreinlichkeit ist die Ursache von vielen Krankheiten, besonders von ansteckenden Krankheiten und bösen Aus-
schlägen. Wer davor bewahrt bleiben will, muß nicht nur das
Gesicht, die Hände und Füße fleißig waschen, sondern auch den
ganzen Körper, und zwar in jeder Woche wenigstens ein Mal.
Darum wäre es wohl zu wünschen, daß man an jedem Orte
Anstalten zum Baden hätte, und daß das Baden eine allgemeine Sitte würde. Nur dadurch wird die Haut so rein gehalten, daß sie frei ausdünsten kann.

Wenn aber das Baden heilsam sein soll, so muß man
folgende Regeln dabei sorgfältig beobachten:

1) Man muß sich vorsichtig an solchen Stellen baden, wo
    keine Gefahr ist.

2) Man muß gesund und wohl sein.

3) Man darf nicht erhitzt sein, oder kurz vorher viel ge-
    gessen haben.

4) Man muß sich nicht langsam, sondern geschwind, mit
    dem Kopfe und dem ganzen Körper, unter das Wasser
    tauchen.

11

5) Man muß im Bade nicht still sitzen, sondern sich stark bewegen, oder schwimmen. Und

6) Nach dem Bade muß man nicht ruhen, sondern gemächlich gehen.

In B. hatten die mehrsten jungen Leute Lust zum Baden. Sie gingen alle Tage gegen Abend, in Gesellschaft, nach einem Teiche. Einige konnten schwimmen. Diese wollten sich eines Tages, weil ein Fremder dabei war, als große Schwimmer zeigen, kleideten sich daher schnell aus, obgleich sie noch vom Gehen erhitzt waren, sprangen in's Wasser, und durchschwammen den Teich einige Mal. Einen von ihnen rührte der Schlag, als er noch fern vom Ufer war; dies war die Folge der zu schnellen Abwechselung der Hitze mit der Kälte. Die übrigen Schwimmer waren weit von ihm entfernt, und als sie herbei kamen, theils zu furchtsam, theils zu ermüdet, um ihn retten zu können. Gott! wer schildert das Schmerzgefühl Derjenigen, die gern gerettet hätten, aber nicht schwimmen konnten! Man lief in größter Eile, um vom nahen Dorfe einen Kahn und Stangen zu holen. Viele Menschen eilten zur Hilfe herbei. Man fand den Verunglückten bald; Aerzte kamen auch, aber vergebens war das Bemühen, ihn in's Leben zurück zu bringen. Schrecklich war die Lage Derer, die den Aeltern des Ertrunkenen die Todesnachricht bringen mußten. Man denke sich den Gram guter Aeltern, welche die frohe Hoffnung, an dem schon erwachsenen Sohne eine Stütze ihres Alters zu haben, auf ein Mal vernichtet sahen! O vergesset es doch nicht, liebe Kinder, daß Vorsichtigkeit bei jedem Unternehmen nöthig ist; vorzüglich aber da, wo nahe Gefahr des Lebens droht!— Sollten nicht endlich so viele Beispiele durch ihre eigene Schuld Ertrunkener Vorsicht und Behutsamkeit lehren?

Ein warmes Bad muß man so selten als möglich und immer in einem hinlänglich warmen Zimmer nehmen, ja nicht in einem kalten; ohne diese Vorsicht wird man sich durch ein warmes Bad mehr schaden, als nützen. Dieses gilt auch von den Fußbädern, welche bei gefahrdrohender Anhäufung des Blutes im Kopfe und in der Brust sehr heilsam sind. Dampfbäder haben in manchen Fällen einen wohlthätigen Erfolg, im Allgemeinen aber möchte gegen ihre Anwendung zu warnen sein. —

Nicht blos seinen Körper und seine Kleidung soll man reinlich halten, sondern auch das Hausgeräth, die Betten, die Stuben und die Kammern müssen stets reinlich und ordentlich gehalten werden. Dazu gehört, daß man das Hausgeräth fleißig scheure und putze, die Betten und Fußteppiche von Zeit zu Zeit in die Sonne lege, oder in die frische Luft hänge und ausklopfe, und die Stuben oft auskehre, oder scheure. Nur muß man sich wohl hüten, in einer gescheuerten Stube, die noch nicht wieder recht trocken ist, zu schlafen, denn das ist auch schädlich.

5. Von den Speisen.

Warum esset und trinket ihr? Nicht wahr, um euren Hunger zu stillen, um euren Körper zu erhalten, und ihn zu ernähren? Und eure vorzüglichsten Nahrungsmittel sind folgende: Brot, Gemüse (nennt mir einige Arten von Gemüse!), Hülsen- und Saamenfrüchte (wer kann einige nennen?), Obst, Milch, Fische und Fleisch. — Merket euch, daß Pflanzenspeisen nicht so nahrhaft und stärkend sind, als Fleischspeisen, und daß Fleischspeisen auch nahrhafter sind, als Speisen von Fischen. Darum sollten unsere Mahlzeiten aus einem kleineren Theile Fleisch und einem größeren Theile Gemüse bestehen. Von bloßen Fleischspeisen geräth das Blut in Fäulniß, und wer blos Gemüse essen wollte, würde vielleicht nicht Kraft und Stärke genug haben.

Soll dir das Essen immer recht wohl schmecken, so sorge dafür, daß du hungrig werdest; denn der Hunger ist der beste Koch, und wenn du recht hungrig bist, so wird dir auch die einfachste Kost herrlich schmecken. Aber wenn du müßig gehest, oder kurz vor der Mahlzeit allerlei Näschereien issest, so kannst du nicht hungrig werden. Du mußt fleißig arbeiten, und dich in freier Luft bewegen, dann wirst du gewiß hungrig zu Tische kommen, und dann werden auch die Speisen bei dir gedeihen.

Aber merke dir dabei, was das Sprichwort sagt: allzuviel ist ungesund. Denke nicht: viel Essen gibt viel Nahrung; denn wenn du das, was du gegessen hast, nicht verdauen kannst, so schadet es dir.

Hüte dich, vielerlei Speisen durch einander zu essen, damit es dir nicht gehe, wie dem unverständigen und gierigen Moritz. Dieser hatte einen Viertelthaler geschenkt bekommen, und ging nun auf den Markt, um sich ein Mal, wie er sagte, etwas zu Gute zu thun. Erst kaufte er Pfeffermünzstengel, und verzehrte sie, dann Aepfel, dann Orangen, und nun noch fettige Kuchen, welche eine Frau feil bot. Das Alles verzehrte Moritz in einer Stunde. Und was geschah? Er konnte diese Speisen nicht verdauen, klagte über Kopf- und Leibschmerzen, ihm wurde übel, und er quälte sich einige Stunden, ehe er sich übergeben konnte. Noch am andern Tage war er sehr krank, und mußte nun mehre Tage fasten.

Früchte, Gemüse und Wurzeln, die man nicht

11 *

genau kennt, sollte kein verständiger Mensch ge=
nießen. Für die Befriedigung eines vorübergehenden Ge=
lüstes hat Mancher schon mit langem und schmerzlichem Siech=
thume büßen müssen.

Alle Schwämme oder Pilze verdauen sich schwer, und
sind ungesund, und da überdies leicht giftige Schwämme dar=
unter sein können, so thut man am Besten, wenn man keine ißt.

Reife Kartoffeln sind nicht ungesund, wenn sie von
guter Art sind, und nicht übermäßig genossen werden. Unreif
sind sie wahres Gift für den menschlichen Körper, denn sie er=
zeugen die Ruhr und andere schlimme Krankheiten. Gekochtes
Welschkorn ist nicht schädlich, wenn mäßig genossen, und wenn
man es nicht heiß hinunterschlingt oder kaltes Wasser gleich
darauf trinkt. Reife Früchte aller Art sind gesund, aber
die einheimischen den fremden vorzuziehen. Es ist nur ein
Vorurtheil, daß das Obst die im Sommer, hauptsächlich in
großen Städten herrschenden Unterleibskrankheiten verursache.
Im Gegentheil, die Natur selbst weiset uns diese Nahrung in
der heißen Jahreszeit als die zweckmäßigste Kost an. Nur
müssen Früchte, wie jede andere Speise, mäßig genossen werden.
Man hüte sich aber vor solchen Früchten, die nur die Habsucht
feil bieten kann, d. h. vor den halbreifen, wurmstichigen und
halbfaulen. Auch gekocht ist das Obst gesund, zumal wenn es
nicht in den hie und da so beliebten Kleisterkuchen gebacken
wird.

Fette Speisen in Menge zu genießen, ist sehr schädlich.
Der Husten, an dem beim Anfange des Winters so Viele lei=
den, ist mehr dem zu häufigen Genuß des Schmalzes und des
Fleisches von Spanferkeln, Gänsen und Truthühnern, als der
Kälte zuzuschreiben.

Scharfe, gesalzene und gewürzte Speisen erhitzen das Blut,
und sind ungesund. Der Pfeffer, welcher bei uns so im Ueber=
maße fast zu allen Speisen angewendet wird, ist für einen un=
verdorbenen Geschmack ganz entbehrlich. Viel und besonders
alten Käse zu essen, ist ungesund, weil er Gries und Steine in
der Blase erzeugt. Süße Sachen schwächen den Magen,
machen Blähungen, und unterbrücken die Eßlust. Hütet euch,

die Speisen h e i ß zu genießen; ihr verderbet dadurch nicht nur eure Zähne, sondern schwächet auch den Magen.

Kupferne Geschirre müssen gut überzinnt sein, und irdene Gefäße müssen eine gute Glasur haben, sonst können sie für die Gesundheit sehr schädlich werden; doch ist bei den letzteren weniger Gefahr, als bei den ersteren. Besonders muß man sich hüten, saure Speisen in kupfernen und zinnernen Gefäßen zuzubereiten und aufzubewahren; denn sie lösen das Kupfer und das dem Zinne gewöhnlich beigemischte Blei auf, und verwandeln es in Gift. Höret hiervon ein warnendes Beispiel:

Der Schuster Bodenreich in H. kochte Aepfelbutter. Nachdem seine Frau dieselbe in Töpfe gethan hatte, blieb am Rande des kupfernen Kessels, wie gewöhnlich, etwas sitzen. Der Schuster, welcher aus unzeitiger Sparsamkeit nichts von dem schönen Muße wollte umkommen lassen, kratzte Alles sorgfältig mit dem Löffel ab, was am Rande des Kessels sitzen geblieben war, und aß es begierig. Einige Stunden nachher empfand er heftige Leibschmerzen. Er nahm einen Schluck Branntewein, aber die Schmerzen wurden nur ärger darnach, und er brachte die Nacht unter schrecklichen Qualen zu. Am Morgen war sein Leib aufgeschwollen, und es mußte ein Arzt zu Hülfe gerufen werden. Doch dieser kam leider zu spät; denn schon war der Unglückliche an dem Muße, welches er so unvorsichtig genossen hatte, gestorben. Die Säure der Aepfel hatte nämlich den Grünspan aus dem Kupfer gezogen, und so das Muß vergiftet.

Wer unglücklicher Weise etwas Giftiges genossen hat, muß sogleich sich wieder davon zu befreien suchen, indem er lauwarmes Wasser in großer Menge trinkt. Erregt dieses kein Erbrechen, so muß man mit dem Finger in den Hals fahren oder den Schlund mit einer Pfauenfeder kitzeln, bis Erbrechen erfolgt. Hat Jemand metallische Gifte, als Quecksilber, Grünspan, Blei und Zinngifte, oder Alaun verschluckt, so schlage man das Weiße von Eiern zu Schaum, mische es mit kaltem Wasser und lasse es den Kranken häufig trinken. Seifenwasser ist ein wirksames Gegenmittel bei Vergiftungen mit Arsenik, Blei, Vitriolöl, Scheidewasser und Castoröl; Essig gegen Stechapfel, Opium, Giftpilze, Pottasche, Soda und Kohlendämpfe. Auch Zuckerwasser, Camphor, Oel und Caffee werden gegen genossene Gifte erfolgreich angewendet. Vor Allem aber versäume man nicht nach einem verständigen und erfahrenen Arzte eiligst zu schicken.

Weizenbrot und Kuchen schaden in großer Menge, und warm genossen, und sind nicht so gesund, als Roggenbrot. Zu den vorzüglich schädlichen Speisen gehört auch fettes, kleistriges Backwerk (Kuchen), besonders Pasteten (Pies) und Torten, die nur ein äußerst starker Magen zu verdauen im Stande ist.

Maria pflegte, wenn sie Brot in Vorrath backte, für ihre Kinder kleine Salzkuchen zu backen, um ihnen ein Vergnügen zu machen. Eines Tages hatte sie dies auch gethan, und ließ sich von den Kindern erbitten, ihnen die Kuchen sogleich zu geben, ehe sie noch kalt geworden waren. Zwar hatten sie Alle versprochen, nicht eher davon zu essen, als bis sie kalt geworden wären; allein Christian, Mariens zweiter Sohn, konnte doch seine Begierde nicht mäßigen, sondern verschlang den ganzen heißen Kuchen. So lief er auf's Eis, ward durstig, und trank das eiskalte Wasser. Auf einmal fühlte er Uebelkeit, und kaum konnte er noch das Haus erreichen. Mit jeder Stunde ward sein Zustand schlimmer, und noch vor Abend war er todt. Die Aerzte öffneten seinen Leib, um die Ursache seines plötzlichen Todes zu erfahren, und fanden den Kuchenteig in einem Klumpen vereinigt, und noch ein Stück davon im Schlunde.

6. Von den Getränken.

Der Mensch muß nur in der Absicht trinken, um seinen Durst zu löschen, nicht aber, um den Gaumen zu kitzeln.

Das gesündeste Getränk für den Menschen ist reines, klares Wasser; es kühlt, verdünnt und reinigt das Blut, erhält Magen, Eingeweide, Gehirn und Nerven in Ordnung, und macht den Menschen ruhig, heiter und froh. Auch zehret das Wasser nicht, wie man gewöhnlich glaubt, sondern es macht Gedeihen, wenn man sich dabei viel Bewegung in frischer Luft macht.

Die Menschen trinken gewöhnlich viel zu viel warmes Getränk, als: Caffee, Thee u. dgl. Es ist daher nicht anders möglich, als daß ihr Blut scharf und unrein, und ihr Angesicht blaß werden muß. Besonders schadet dem weiblichen Geschlechte, welches mehr in Stuben sitzt, als das männliche, der häufige Genuß des warmen Getränkes. Eben so sehr sollte man aber auch gegen den Genuß von Eis und Eiswasser warnen. Man glaubt gewöhnlich, es schade nicht, weil es in der drückenden Hitze des Sommers einen so willkommenen Kühlungstrank gewährt, und weil man augenblicklich davon keine nachtheiligen Folgen verspürt. Es ist aber nicht Alles gesund,

was nicht gleich auf der Stelle schadet, wenn es genossen wird.
Das Eiswasser kältet den Magen, schwächt sonach die Verdauung und legt zu vielen langwierigen Leiden im spätern Alter
den Grund. Will man verhindern, daß das Trinkwasser zu
warm oder schaal werde, so setze man einen Krug voll Wassers
in ein größeres Gefäß, das mit Eis angefüllt ist. Dadurch
bleibt das Wasser selbst kühl und erquickend, ohne daß man es
mit kältenden Eistheilchen zu trinken braucht.

Dünnes, rein ausgegohrnes und gut gehopftes Bier, so wie
Aepfelwein (Cider), wenn er nicht aus fauligen Aepfeln ge-
preßt, und wenn er ebenfalls gut ausgegohren ist, sind für Erwachsene nicht schädlich; a b e r K i n d e r n s o l l t e m a n a u c h
von diesen Getränken nicht geben, weil sie ihnen
das Blut erhitzen, und die Lust zum Wassertrinken
benehmen.

Der Branntewein (Brandy, Rum, Whiskey, Gin)
ist unter allen Getränken das schädlichste. Er reizt so stark,
daß ein Mensch, der nicht an ihn gewöhnt ist, kaum einen Thee-
löffel voll davon vertragen kann. Er erschlafft die Verdau-
ungskraft, macht Wallung und Hitze, und wirkt auf das Gehirn so stark, daß Derjenige, welcher viel davon genießt, alle
Besinnung verliert, und so schwerfällig und kraftlos wird, daß
er nicht mehr auf seinen Füßen stehen kann. Wie schrecklich
und wie ekelhaft ist der Anblick eines Betrunkenen! Auch dann,
wenn er sich erholt hat, bleibt er schwach, und dies Gefühl der
Schwäche verleitet ihn, auf's Neue zu trinken. Auf diese Art
gewöhnen sich Viele an das Branntweinsaufen, indem sie es
nach und nach zu der unglückseligen Fertigkeit bringen, sehr viel
davon zu trinken, ohne berauscht zu werden. Die Folgen dieser abscheulichen Gewohnheit sind schrecklich. Die Säufer
können die genossenen Speisen nicht mehr verdauen, und verlieren daher endlich alle Eßlust. Bei einigen entsteht von der
heftigen Reizung ein Bluthusten und Lungensucht; die gewöhnliche Folge ist die Wassersucht. Dabei werden die Seelenkräfte ebenfalls geschwächt; die Säufer verlieren endlich so
ganz das Gedächtniß und die Urtheilskraft, daß sie zu den meisten Geschäften gar nicht mehr zu gebrauchen sind. Eben dies
ist der Fall bei Weinsäufern. Der Wein ist zum täglichen

Getränk für Gesunde nicht tauglich; nur als stärkende Arznei sollte er von Kranken und Genesenden getrunken werden. Wer gesund ist, der trinke nur dann Wein, wenn er durch starke Arbeiten oder langes Gehen ermattet ist, oder da, wo der Wein zur Erhöhung geselliger Freuden und eines harmlosen Lebensgenusses dienen soll. Soll jedoch der Wein stärken und fröhlich machen, so muß man wenig trinken. Bleibenden Frohsinn aber und wahre Lebensfreudigkeit gewährt nur ein gutes Gewissen und ein reines, zufriedenes Herz.

Heitmann erbte von seinem redlichen Vater Haus und Hof im besten Stande. Schöne Pferde, Kühe und Schweine waren in den Ställen; die Gärten voll schöner Obstbäume, und das Ackerland trug reichlich Korn und Hülsenfrüchte. Auch baares Geld erbte Heitmann von seinem Vater; denn dieser war arbeitsam und sparsam gewesen, so lange er lebte. In den ersten Jahren war auch Heitmann ein recht guter Wirth, und es ging ihm sehr wohl. Aber eben dieser Wohlstand, in dem er lebte, verleitete ihn zum Müßiggange, und er gewöhnte sich, alle Nachmittage in ein Wirthshaus zu gehen, und da bis an den späten Abend zu bleiben. Dort fand er Säufer, mit welchen er spielte; und die ihn nach und nach zum Branntweintrinken verleiteten, um ihm dann, wenn er berauscht war, desto leichter im Spiele Geld abzugewinnen. Bald fiel er so tief in das Laster der Trunkenheit, daß er oft, wenn er um Mitternacht taumelnd nach Hause kam, seine Frau schlug, und seine Leute mißhandelte. Von diesen ward er endlich bei der Obrigkeit verklagt, die ihm nun mit Gefängnißstrafe drohte, wenn er sich noch ein Mal an den Seinigen vergriffe. Bei nüchternem Muthe versprach er Besserung, aber am folgenden Tage war er schon wieder betrunken. So verschwendete er nach und nach all' sein baares Geld, und fing nun an, seiner Frau heimlich Speck, Würste, Linnen und Kleidungsstücke wegzunehmen, um sie an schlechte Leute, die ihn in seinem Laster bestärkten, zu verkaufen. Dadurch kam der unglückliche Mann endlich so weit, daß er die Abgaben nicht mehr bezahlen konnte, und ein Stück Vieh nach dem andern um einen sehr niedrigen Preis verkaufen mußte, denn bei dem Saufen hatte er das Vieh versäumt, und so war es in schlechtem Stande. Eines Tages kam Heitmann spät aus dem Wirthshause, als alle Einwohner des Dorfes schon im tiefen Schlafe lagen. Halb betrunken schwärmte er umher, und kam auf den unglücklichen Einfall, dem vor dem Dorfe wohnenden Müller einen Schreck einzujagen. Er taumelte hin, brüllte vor der Mühle, war wieder still, und suchte in's Haus zu kommen. Durch das Gebell der Hunde erwachte der Müller, sah aus dem Fenster, und rief: wer da? Heitmann schwieg, und suchte die Thür zu öffnen. Der Müller glaubte, es wären Diebe, welche ihn überfallen wollten, holte seine Flinte und rief: sagst du nicht, ob du Freund oder Feind bist, so schieße ich dich über den Haufen. Heitmann schwieg immer noch. Der Müller schoß zu, und traf ihn in's Bein. Er stürzte hin. Man lief nun mit Knüppeln hinaus, und schlug so unbarmherzig auf ihn los, daß er einige Wunden am Kopfe, und einen ganz blauen Rücken bekam. Als sich die Wuth des Müllers abgekühlt hatte, und sich in Mitleid verwandelte, holte man eine Laterne, und sah mit Schrecken, daß es Heitmann war, den man so jämmerlich geprügelt hatte. Der Müller ließ ihn nun in's Haus tragen, und auf's Beste verpflegen; denn er bereuete seine Wuth und seine Uebereilung. Es kam zu einer gerichtlichen Untersuchung, und der Müller war sehr bereitwillig, die Heilungskosten zu tragen. Heitmann mußte für seinen dummen Spaß schrecklich büßen: aber auch dies besserte ihn nicht, und man war endlich genöthigt, ihn in das Zuchthaus nach P. zu bringen, wo er Zeit genug bekam, über sein ruchloses Leben nachzudenken.

Kindern ist der Branntewein noch viel schädlicher, als Erwachsenen; sie werden davon ungesund, träge, dumm und lasterhaft. Unvernünftig ist es, wenn man einem Fieberkranken Branntewein, mit Pfeffer gemischt, als Arznei eingibt, und eben so unvernünftig, wenn man ihn den Kindern nüchtern zu trinken gibt, um ihnen die Würmer abzutreiben; denn es ist nicht wahr, daß jenes Mittel das Fieber vertreibe, und dieses die Würmer in den Gedärmen tödte. Selbst das Waschen des Kopfes mit Branntewein kann kleinen Kindern schädlich werden. Eben so muß man sich hüten, Branntewein zu trinken, wenn man in großer Kälte eine Reise thut; man kann sich leicht dadurch den Tod zuziehen.

Und nun noch eins. Es ist ein weit verbreiteter, aber sehr gefährlicher Wahn, zu glauben, daß der Branntewein weniger oder gar nicht schädlich sei, wenn man ihn mit warmem oder kaltem Wasser vermischt genießt. Gift bleibt Gift. Oder was meint ihr, lieben Kinder? wenn ihr etwas Gift mit Zucker mischtet und es dann verschlucktet, glaubet ihr, es würde euch darum nicht krank machen oder wohl gar tödten, blos weil ihr es mit Zucker gegessen hättet? Eben so ist es mit dem im Wasser getrunkenen Branntewein. Er verliert dadurch keineswegs seine schädliche Eigenschaft. Das Wasser macht ihn blos wohlschmeckend, was er von Natur nicht ist, denn es kann wohl kaum einen Menschen geben, der nicht Widerwillen und Uebelkeit empfand, als er zum ersten Mal ihn kostete. Ein Glas Wassers, mit Branntewein gemischt, ist daher noch mehr zu fürchten, als ein Glas voll lauteren Branntewein. Nur durch lange Gewohnheit kann der Säufer für das letztere einige Neigung empfinden, aber ein Glas Wasser mit etwas Branntewein dazu klingt so harmlos, und Durst und hauptsächlich das

Zureden Anderer verleiten so leicht zum erften Verfuche, daß bald dem erften Glafe zu gelegener Zeit ein zweites folgt, und ein ander Mal wieder eins mit vielleicht etwas mehr Brannte= wein bis der hinterliftige Verfucher endlich den unbedachtfamen Menfchen zeitlebens zu feinem Sclaven gemacht hat. Erinnert euch hieran, wenn ihr werdet älter fein und ein unverftändiger Freund euch diefes Getränk zum erften Mal reichen follte, und vergeffet nicht, was ein frommer, deutfcher Dichter fo wahr gefagt hat:

„Erzittre vor dem erften Schritte;
„Mit ihm find fchon die andern Tritte
„Zu einem nahen Fall gethan."

7. Von der Bewegung und Ruhe.

Die körperliche Bewegung, befonders in freier Luft, hat mannigfaltigen Nutzen für den Menfchen: fie bewirkt Hunger und Durft, hilft Effen und Trinken verdauen, und macht, daß es gedeiht; fie reinigt das Blut und erhält die Eingeweide ge= fund; fie gibt Ruhe, und einen fanften Schlaf. Die körper= liche Arbeit befonders ift dem Menfchen überaus heilfam: fie verfchafft ihm eine blühende Gefundheit und ein langes Leben, fchenkt ihm Heiterkeit und Wohlftand, und bewahrt ihn vor vielen Uebeln. Ohne viele körperliche Bewegung und ohne Arbeit kann der Menfch unmöglich gefund fein. Aber man kann es hierin leicht übertreiben. Dies thun z. B. Diejenigen, welche einen langen Weg machen wollen, und gleich Anfangs fo laufen, daß fie zuletzt matt und kraftlos werden. Nie muß man fo ftark und fo lange laufen, daß man außer Athem kommt, und Herzklopfen fühlt.

Den Kindern ift Bewegung eben fo nöthig, als Erwachfe= nen. Kinder, welche viel fitzen müffen, werden ungefund. Befonders ift es für kleine Kinder fehr fchädlich, wenn man fie immerfort auf dem Arme trägt, oder fie halbe Tage lang in durchlöcherten Kinderftühlen fitzen läßt.

Die Bewegung, welche Manche dem Körper auf Wiegen= ftühlen durch Schaukeln zu verfchaffen pflegen, ift für die Faulen und Dummen, die fie gerade am meiften zu lieben fchei= nen, am wenigften zuträglich. Denn diefes Wiegen ift keine

wahre Leibesbewegung, weil gerade diejenigen Muskeln sich
dabei leidend verhalten müssen, die der Uebung vorzugsweise
bedürfen, wie z. B. die Muskeln des Unterleibes, der Brust
und Arme. Der Kopf dagegen, welcher sonst bei der Bewegung des übrigen Körpers immer eine gleichmäßige Lage zu
behaupten sucht, wird hier so hin- und hergeschoben, daß eine
bestimmte Denkthätigkeit kaum möglich ist. Frauenzimmer
besonders werden von dieser Unart blaß und einfältig und bekommen eine krumme Haltung. Nur Kranke und Alters-
schwache mögen sich solcher Stühle mit einigem Vortheile
bedienen.

Die Bewegung und die Arbeit kann nur dann schaden,
wenn der Mensch seine Kräfte übermäßig anstrengt, oder in seiner frühen Jugend zu schwere Arbeiten anhaltend verrichtet;
dann wird sein Körper kraftlos, stumpf, und vor der Zeit alt. —
Wer sich so stark bewegt, oder so eifrig und mühselig arbeitet,
daß er Schweiß vergießt und sich erhitzt, der hüte sich, auf ein
Mal still zu sitzen, oder sich der Zugluft auszusetzen, oder einen
kalten Trunk zu thun; denn durch alles dieses setzt er seine Gesundheit und sein Leben in Gefahr.

Grobmann ging gern auf Hochzeiten, und war immer in solchen Wirths-
häusern zu finden, wo es recht lärmend zuging, und wo die halbe Nacht hindurch
wild getanzt wurde. Da tanzte er dann so lange und so heftig, daß ihm der
Schweiß von der Stirn floß, wie bei der schwersten Arbeit. Dabei trank er beständig Bier und Branntewein, und gebehrdete sich wie ein Unsinniger. An
einem heißen Sommertage wollte er sich auf diese Art einen lustigen Tag machen,
und als er nun bei der heftigen Erhitzung nichts mehr seinen Durst löschen wollte,
so rief er: gebt mir einen Eimer mit Wasser, das muß helfen! Einige Anwe-
sende, welche vernünftiger waren, erinnerten ihn, daß er sich durch einen kalten
Trunk auf die Erhitzung den Tod zuziehen könnte; aber Grobmann verachtete
ihre wohlgemeinten Erinnerungen, und rief: meint ihr, daß ich so weichlich bin,
wie ihr seid? Ich kann Alles vertragen, nur Wasser her! Und damit taumelte er
nach der Küche. Hier legte er sich neben einen vollen Eimer hin, und trank sich
recht satt. Das hat geholfen! rief er prahlend. Aber es dauerte nicht lange, so
fühlte Grobmann den heftigsten Fieberfrost; man mußte ihn endlich nach Hause
und in's Bett bringen, aus dem er nicht wieder aufstand; denn schon am folgenden Tage brach er Blut, und nachdem er sich mehre Monate mit der Schwindsucht gequält hatte, starb er in der Blüthe seiner Jahre, als ein warnendes Beispiel, wie unglücklich der Mensch durch Wildheit und Ausgelassenheit werden kann.

Viele Jünglinge und Mädchen müssen früh und elend an
der Lungensucht sterben, weil sie den wilden Tanz zu sehr

liebten. Wer nicht beim Tanze vollkommenen Athem behält,
sollte sich dieses Vergnügens ganz enthalten. In einem niedrigen, engen und dumpfigen Zimmer zu tanzen, ist höchst schädlich.

8. Vom Schlafen.

Wer ruhig schlafen will, muß sich nicht mit vollem Magen
niederlegen, nicht hitzige Getränke genossen, sondern sich den
Tag über müde gearbeitet, und ein gutes Gewissen haben. —
An einem ruhigen Schlafe ist sehr viel gelegen; denn wer nicht
ruhig geschlafen hat, kann am Morgen nicht munter und froh
sein, und weder Kraft noch Lust zur Arbeit haben.

Das Schlafgemach muß nicht warm und niedrig, sondern
kalt, hoch und geräumig sein, und so viel als möglich frische
Luft haben. Deshalb muß man am Tage fleißig die Fenster
öffnen und keine Vorhänge um die Betten haben. Des Nachts
vermeide man aber bei offenem Fenster zu schlafen. Zwar wird
es in den heißen Sommernächten fast zur Nothwendigkeit, allein
was wir von der Hitze leiden, ist in der That nicht werth, uns
einer gefährlichen Erkältung auszusetzen. Und dieses ist leicht
der Fall, da bei uns das Clima so veränderlich ist und auf die
drückendste Hitze (zumal in der Nachtzeit) oft plötzlich eine
empfindlich kühle Witterung eintritt. Auf und unter Federbetten zu schlafen, ist nicht gut; denn diese Betten haben zu viel
Wärme, auch sammeln sich die bösen, unreinen und oft kranken
Ausdünstungen darin, und machen den Körper ungesund. Besonders verursachen sie Flüsse, Kopf-, Zahn-, Ohren- und
Gichtschmerzen. Die besten Betten für Erwachsene sind die
von Pferdehaaren, Seegras, Häcksel oder Stroh, und baum-
wollene oder wollene durchnähete Decken. Wenn man sich
aber ein Mal daran gewöhnt hat, auf Federbetten zu schlafen,
so müssen sie im Sommer alle acht, und im Winter alle vierzehn Tage an die Luft gebracht, ausgeklopft, und so oft als
möglich mit reinen Ueberzügen versehen werden.

Auch für Kinder sind Betten von Pferdehaaren, Stroh oder
Moos am besten, nur müssen sie oft frisch ausgestopft werden.
Federbetten sind Kindern noch weit schädlicher, als Erwachsenen.

Man muß sich hüten, in fremden Betten zu schlafen, wenn
sie nicht zuvor gelüftet, und mit reinen Ueberzügen versehen

sind. Ist man daher auf der Reise, und muß in einem Wirths=
hause übernachten, so thut man wohl, wenn man mit einem
Strohlager vorlieb nimmt, oder sich unausgekleidet auf das
Bett legt.

Man kann auch zu viel schlafen, und das merkt euch wohl, lieben Kinder,
damit ihr nicht Langschläfer werdet, wie Georg und Heinrich waren. Diese
wollten, als Kinder, niemals gleich aufstehen, wenn die Mutter sie weckte, sondern
ließen sich wohl drei Mal wecken, ehe sie die Augen öffneten, und Anstalt machten,
sich anzukleiden. Darum kamen sie fast jeden Tag zu spät in die Schule, und
mußten deshalb oft Strafe leiden. Die Mutter ermahnte sie vergebens, sie möch=
ten sich doch endlich das lange Schlafen abgewöhnen, denn künftig würden sie
früh aufstehen müssen, und dann würde es ihnen sehr schwer werden. So kam
es denn auch, als sie zu einem Tischler in die Lehre gebracht waren. Dieser war
mit seinen Lehrlingen sehr strenge, und daher mußten die beiden Langschläfer viel
Beschämung und harte Strafen erdulden, ehe sie sich daran gewöhnen konnten,
früh und rasch aufzustehen. Nun gedachten sie oft an die gütigen Ermahnungen
ihrer Mutter, und beweinten zu spät ihren Ungehorsam. Als sie sich endlich dar=
an gewöhnt hatten, mit Aufgang der Sonne aufzustehen, wurden sie noch ein
Mal so gesund und munter, als sie zuvor gewesen waren, und ihr Lehrmeister
hatte sie nun recht lieb, denn sie waren tüchtige Arbeiter.

Ohne dringende Nothwendigkeit sollten niemals Kinder bei
Erwachsenen, oder mehre Kinder in Einem Bette schlafen;
denn so muß eines des andern Ausdünstungen einathmen, und
dabei kann man nicht gesund sein, und nicht ruhig schlafen.
Aber noch schädlicher, und sehr gefährlich ist es, wenn ein gesun=
der Mensch in einem Bette schläft, worin ein Kranker gelegen
hat, ohne daß es zuvor gelüftet und ausgeklopft worden ist.
Ist die Krankheit sehr bösartig gewesen, so muß man die Bet=
ten verbrennen, oder tief vergraben.

9. Von den Wohnungen.

Wenn eine Wohnung gesund sein soll, so müssen die Stuben
und Kammern hell, geräumig und luftig sein. In dunkeln,
dumpfigen und feuchten Wohnungen werden die Menschen un=
gesund und schwach, gichtisch und kränklich, sogar dumm, ver=
drießlich und schwermüthig. Kinder gedeihen in solchen Woh=
nungen nicht, sondern werden blaß, schwellen, zehren aus und
sterben. Wer aus Armuth in feuchten Kellerstuben wohnen
muß, kann sie verbessern, wenn er ihnen von Innen und von
Außen vieles Licht, und so viel als möglich reine Luft zu ver=

schaffen sucht, den niedrigen Fußboden erhöhet, und die feuchten
Wände frisch und trocken ausmauert.

Stuben und Kammern müssen alle Tage gekehrt und gereinigt, und alle Jahr geweißt werden. Dies ist gesund und
auch löblich, denn es ist ein Zeichen der Liebe zur Ordnung und
zur Reinlichkeit.

Bei kaltem Wetter muß man die Stuben nicht unmäßig
heizen, und sich nicht zu nahe an den heißen Ofen oder an das
Kaminfeuer setzen oder stellen. Obgleich dies fast eine allgemeine Sitte zu sein scheint, so ist sie doch keineswegs empfeh-
lenswerth; denn man verweichlicht den Körper dadurch, setzt
ihn zu leicht der Erkältung aus und erhöht den Andrang des
Blutes nach dem Kopfe zu sehr, wodurch Gesichtsblässe und
Kopfleiden entstehen. Kommt man aus der Kälte in ein warmes Zimmer, so vermeide man die Nähe des Feuers, und setze
oder stelle sich in einige Entfernung davon. Man genießt dann
dieselbe Behaglichkeit ohne die erwähnten üblen Folgen. Es
ist äußerst gefährlich, mit Holz- oder Steinkohlen Schlafge-
mächer erwärmen zu wollen, worin sich kein Schornstein befindet, durch welchen der Rauch und das zugleich entwickelte
schädliche Gas einen Ausgang finden kann. Daraus entsteht
oft großes Unglück, wie ihr aus folgender Geschichte lernen
könnt.

Zu Reading, in Pennsylvanien, lag vor einigen Jahren ein Canalboot, wahrscheinlich mit Kohlen beladen, im Schuylkill an einem der dortigen Landungs-
plätze. Es war ein sehr kühler Herbstabend und die auf dem Fahrzeuge befind-
lichen Bootsleute fanden es wünschenswerth, die Cajüte, in der sie schliefen, vorher
recht auszuwärmen. Ein kleiner, offner Ofen, der sich auf dem Boote befand,
wurde daher in die Cajüte getragen und ein starkes Kohlenfeuer darin angezün-
det. Die guten Leute thaten sich wohl dabei, und als sie sich zum Schlafen nie-
derlegten, ahneten sie gewiß nicht im geringsten, was für ein Loos sie sich zubereitet hatten. Denn der folgende Tag brach an, Alles blieb still und öde auf dem
Boote; der Mittag kam herbei und der Abend, und noch hatte man nichts von
den Leuten gehört oder gesehen. Da man nun zu vermuthen anfing, daß ihnen
etwas zugestoßen sein müsse, so gingen einige Nachbarn auf das Boot, um sich davon zu überzeugen. Sie fanden die Cajütenthüre zugeschoben; welch' ein Anblick
wartete ihrer, nachdem sie dieselbe geöffnet hatten. Alle drei Männer lagen ent-
seelt auf dem Boden; der eine hier, der andere dort, und von der Stellung und
dem Aussehen eines jeden konnte man leicht urtheilen, wie sie in der Betäubung
und unter der furchtbarsten Angst und Qual für ihr Leben gerungen hatten, ehe

der Tod ihnen genaht war. Die Ursache, welche dieses Unglück veranlaßt hatte, war bald ausgefunden. Sie waren erstickt! So lange nämlich, als sie am Abend die Cajütenthüre offen gelassen, hatte das Kohlengas einen Ausgang gefunden. Nachdem sie aber dieselbe zugezogen, hatte das Gas die Cajüte ausgefüllt und die zum Athmen nothwendige, gesunde — die atmosphärische — Luft verderbt. In der Bewußtlosigkeit des Schlafes waren sie unfähig, die Gefahr zu erkennen und sich durch schleunige Flucht von ihr zu befreien. Sie fielen als Opfer ihrer Unwissenheit oder Unvorsichtigkeit. O lernet doch, so lieb euch euer Leben ist, mit Feuer und Licht behutsam umgehen, lieben Kinder, damit euch nicht ein ähnliches Unglück widerfahre.

10. Von Erhitzungen und Erkältungen.

Wenn man durch heftige körperliche Bewegung, durch Arbeiten, Laufen oder Tanzen sehr erhitzt ist, so muß man Folgendes beobachten:

1) Nicht auf ein Mal ruhig sitzen oder liegen, sondern in einer mäßigen Bewegung bleiben.

2) Nichts Kaltes, und auch keinen Branntewein, Wein, Punsch oder Caffee trinken; denn es ist ein höchst verderbliches Vorurtheil, daß man hier Hitze durch Hitze vertreiben müsse. Nichts ist vielmehr der Lunge und dem Magen schädlicher; es entsteht ein abmattender Schweiß, und hinterher manche gefährliche Krankheit.

3) Nicht die Haut oder den Körper der kalten Luft oder dem Winde aussetzen, und also nicht in bloßem Hemde gehen, sondern die Kleider anziehen. Es ist freilich behaglicher, ohne Kleider zu gehen, wenn man erhitzt ist, es scheint so stärkend zu sein; aber dennoch ist es höchst gefährlich; die schlimmen Folgen kommen nach.

4) Nicht kalt baden, und wenn man vom Regen durchnäßt ist, nicht in den nassen Kleider still sitzen.

5) Sich nicht auf den kalten Erdboden, auch nicht in's Gras setzen oder legen, und am wenigsten zu schlafen; denn davon kann man an allen Gliedern gelähmt werden, und die Schwindsucht oder die Gicht bekommen.

Dies Alles muß man nicht thun, wenn man erhitzt ist. Und was soll man dagegen thun? Man soll sich bei einer gelinden Bewegung zu erhalten und abzukühlen suchen, dann die vom Schweiße durchnäßten Kleidungsstücke mit trockenen umwechseln, und nun langsam seinen Durst löschen. Wie aber, wenn der Mensch bei schwerer Arbeit und heißer Luft brennenden Durst fühlt, und es kaum länger aushalten kann, soll er dann auch nicht trinken? Ja, er darf es zur Noth wohl thun, aber nur nicht viel auf ein Mal, auch darf er dabei nicht ruhen, sondern er muß rasch fortarbeiten, oder sich bewegen; sonst erkältet er sich, und wird krank. Noch besser ist es, besonders auf der Reise, seinen Durst mit einem in Bier oder Wasser eingetunkten Stückchen Brot zu löschen.

Wer sich in feuchter und kalter Witterung oder im Winde erkältet hat, muß keine hitzige schweißtreibende Mittel einnehmen, sondern sich recht warm mit Kleidern bedecken, und durch starke Bewegung das Blut wieder nach der Haut treiben. Ist die Erkältung sehr groß, so muß man ein warmes Fußbad nehmen, und sich in's Bett legen.

Wenn der Körper und die Füße naß und kalt geworden sind, so muß man die nassen Kleider und Strümpfe nicht anbehalten, sondern die Haut abtrocknen, und warme, trockene Kleider anziehen. Unterläßt man dies, so bekommt man leicht Flüsse, Gliederreißen und Gicht. Eben dieser Gefahr unterzieht man sich, wenn ein Theil des Körpers der Zugluft oder der Kälte ausgesetzt ist, indeß der ganze übrige Körper warm liegt und ausdünstet; wenn man also z. B. an einer feuchten Wand sitzt oder gar daran schläft. — Man kann sich vor jenen Uebeln bewahren, wenn man die Haut von Kindheit an durch Luft, Waschen und Baden stark, rein und kühl erhält, und sich bei jeder Witterung, auch der rauhesten und unangenehmsten, und in jeder Jahreszeit mit der gehörigen Vorsicht viel körperliche Bewegung in freier Luft macht.

11. Von der Erhaltung einzelner Theile des Körpers.

Unsere Sinnenwerkzeuge müssen wir mit der größten Sorgfalt gesund zu erhalten suchen; denn unglücklich ist der Mensch, welcher auch nur einen seiner Sinne nicht gebrauchen kann; er muß viele Freuden und Annehmlichkeiten entbehren, und viele Leiden erdulden. — Die Werkzeuge des Sehens, des Hörens und des Geruchs werden durch fleißige Uebung in freier, reiner Luft gesund erhalten, geschärft und gestärkt. Diesen drei Sinnen schadet Nichts so sehr, als das übermäßige Warmhalten des Kopfes, besonders durch Pelzmützen; denn dadurch wird das Blut im Kopfe angehäuft, es entstehen Flüsse und Geschwüre, deren Eiter oft zurücktritt, und dann Blindheit oder Taubheit verursacht.

Den Augen schadet besonders blendendes, ungleiches und schnell abwechselndes Licht. Darum hütet euch z. B. bei der Arbeit, und besonders bei feiner Arbeit, so zu sitzen, daß euer Gesicht gegen eine frisch geweißte Mauer, auf welche die Sonne scheint, gerichtet ist, oder euch, wenn ihr leset, so zu setzen, daß die Sonne auf das Blatt scheint. Eben so schädlich ist es, das Bett so zu stellen, daß das Tagslicht gerade in die Augen strahlt. Hütet euch, Alles zu sehr in der Nähe, oder schief von der Seite zu sehen, oder euch lange in verdorbener, mit Staub, Rauch oder feuchten Dünsten angefüllter Luft aufzuhalten, oder in den langen Winterabenden bei scharfen Oel= und Lichtdämpfen, bei starker Ofenhitze, oder in der Dämmerung solche Arbeiten vorzunehmen, wobei ihr eure Augen anstrengen müsset. Die dachförmigen undurchsichtigen Lichtschirme, welche die Lichtflamme umgeben, das ganze Zimmer beschatten und alles Licht auf das Papier werfen, taugen nicht. Ueberhaupt sollte man nur grobe Arbeiten bei Licht verrichten.

Dem Gehör schadet jeder scharfe, starke und unerwartete Schall oder Knall, verdorbene Luft, Federbetten, Staub, vieler Schleim in der Nase und in den Ohren, und das Zusammendrücken der äußern Ohren durch Mützen und Kopfbinden.

Dem Geschmack schadet der Genuß scharfer Speisen, und besonders übermäßiger Genuß scharfer Gewürze, z. B. des Pfeffers; ferner das Tabackrauchen, Tabackkauen und unmäßiges Wein= und Brannteweintrinken.

Das Gefühl wird besonders durch beständige Uebung, durch ununterbrochene Thätigkeit, und durch sorgfältiges Reinhalten der Haut gesund bleiben.

Es ist äußerst gefährlich, die von der Kälte erstarrten Hände am heißen Ofen, oder gar am Feuer zu erwärmen; man muß sie reiben, und so zu erwärmen suchen. Nicht weniger schädlich ist es, die Hände, welche man eben in kaltem Wasser gehabt hat, sogleich wieder in warmes zu stecken. Hat man vom Frost das Kribbeln in den Händen, oder in den Füßen, so stellt man

das verlorene Gefühl am besten dadurch wieder her, daß man
sie mit Schnee reibt.

Da unsere Seele, vermittelst der Eindrücke, welche die
Sinne von den äußeren Gegenständen bekommen, Vorstellungen erhält, so ist es nothwendig, daß wir unsere Sinne, besonders in der Jugend, täglich und vielfältig zu üben suchen,
um recht verständig zu werden, und vor dem thörichten Glauben an Gespenster bewahrt zu bleiben. Es würde weit weniger
Aberglaube in der Welt sein, wenn alle Menschen von Kindheit an ihre Sinne sorgfältig geübt, und dadurch gesund erhalten hätten. Besonders können uns Gesicht und Gehör, wenn
sie nicht geübt sind, in der Nacht betrügen, so daß wir furchtbare Gestalten zu sehen, und schreckliche Töne zu hören glauben,
wo doch weder Etwas zu sehen, noch zu hören ist. Sind aber
diese Sinne geübt, und geht man beherzt auf Das, was man
sieht oder hört, los, und faßt es mit den Händen, so wird man
finden, daß alle Gespenster nur Betrug böser Menschen, oder
Täuschungen unserer Sinne sind. Höret hiervon ein merkwürdiges Beispiel.

In einem deutschen Dorfe wohnte ein rechtschaffener und verständiger Prediger, welcher seine größte Freude an der Erziehung seiner Kinder fand. Er
hatte oft die Erfahrung gemacht, wie viel Unheil die thörichte Furcht vor Gespenstern unter den Menschen anrichtet, und ließ es sich daher bei der Erziehung seiner
Kinder angelegen sein, sie vor dieser Furcht zu bewahren. Sie mußten, schon in
der ersten Kindheit, des Abends eine Zeitlang allein im Finstern bleiben, mußten
gewöhnlich ohne Licht zu Bette gehen, und zuweilen im Finstern aus abgelegenen
Gegenden des Hauses, wo sie genau Bescheid wußten, Etwas holen. Oft erzählte
der Prediger Gespenstergeschichten, und zeigte dann immer, daß Betrug oder kindische Furcht und Einbildung dabei im Spiele gewesen wäre. Eines Abends, als
er auch dergleichen Geschichten erzählt hatte, sagte er zu seiner zwölfjährigen Tochter Marie: würdest du dich wohl scheuen, ohne Licht auf den obersten Boden zu
gehen, und die Garnwinde von da herunter zu holen? Nein, gewiß nicht, lieber
Vater, antwortete Marie. — Nun, wir wollen sehen; jetzt geh' einmal und hole
sie, aber geh' bedächtig und nimm dir Zeit! Marie ging, ohne sich zu bedenken,
und fand auch bald, was sie holen sollte. So lange war ihr nicht die geringste
Furcht angekommen. Aber indem sie die ersten Stufen der Treppe hinunter
gehen wollte, hörte sie Etwas rasselnd hinter sich herkommen. Jetzt fing sie an,
furchtsam zu werden; doch hatte sie noch Muth genug, sich umzusehen. Aber
freilich erblickte sie in der Finsterniß Nichts, und indem sie nun weiter ging, hörte
sie das rasselnde Ding wieder dicht hinter sich. Sie raffte allen ihren Muth zusammen, und rief: wer da? bekam aber keine Antwort. Es war ein Glück, daß

sie noch so viel Muth behielt, denn sonst wäre sie gewiß die Treppe hinabgestürzt, und hätte dann vielleicht Arm und Bein gebrochen. Indessen als sie nun auf die zweite Treppe kam, und das rasselnde Ding nicht aufhörte, sie zu verfolgen, schrie sie voll Angst: Licht! Licht! und kam endlich ganz außer Athem, doch mit der Garnwinde in der Hand, in das Wohnzimmer. Hier sah sie sich wild um, und siehe da, ihr Verfolger war auf ein Mal verschwunden. Sie erzählte nun zitternd, was ihr begegnet war, und kaum hatte man angefangen, die Sache zu untersuchen, so entdeckte man schon mit Lachen das rasselnde Gespenst. Es war nichts Anderes, als eine getrocknete Bohnenranke mit einigen Schaalen voll klappender Bohnen, welche der guten Marie an der Rockkante hängen geblieben war; denn als sie sich diese wieder anhing, und damit fortging, war gleich das Rasseln wieder da.

Auch die Zähne gehören zu denjenigen Theilen unseres Körpers, welche wir mit der größten Sorgfalt gesund erhalten sollen; denn sie sind nicht blos zum Sprechen, sondern auch zum Kauen der Speisen nothwendig. Wenn die Speisen nicht gehörig gekaut, und dadurch in einen Brei verwandelt werden, so kann sie der Magen nicht verdauen, und dann nähren sie auch den Menschen nicht, sondern schaden vielmehr seiner Gesundheit. Wollt ihr eure Zähne gesund erhalten, so hütet euch vor allen Dingen, heiße Speisen zu essen und viel warme Getränke zu genießen. Kranke Vorderzähne rühren sehr häufig von der schädlichen Gewohnheit her, auf heiße Speisen unmittelbar kaltes Wasser zu trinken. Der schnelle Wechsel zwischen heiß und kalt zersprengt den spröden, glasartigen Ueberzug der Zähne, und ist dieser einmal verletzt, so wird der Zahn selbst von Fäulniß ergriffen, er wird hohl und schmerzhaft. Gewöhnet euch nicht an den schädlichen Caffee und Thee, sondern trinket lieber kaltes Wasser, esset gekochte Speisen nicht eher, als bis sie lauwarm sind, reiniget des Morgens beim Aufstehen den Mund, die Gurgel und die Zähne mit kaltem, aber nach dem Essen mit lauwarmem Wasser (denn dies ist dann den Zähnen viel zuträglicher, als kaltes, reinigt sie auch besser von allem Schleim, der sich angesetzt hat, und von den zurückgebliebenen Speisen), und setzet nicht eine Ehre darin, Taback zu rauchen und zu kauen, oder die härtesten Fruchtkerne zu zerbeißen; stochert auch nicht mit Messern, Gabeln und Nadeln in den Zähnen, sondern bedient euch dazu eines spitzigen Holzes, oder einer Feder. Wer schlechte Zähne hat, soll sie nicht durch

Arzneien, z. B. durch Zahnpulver, sondern einzig durch Rein=
lichkeit, frische Luft und kaltes Wasser, zu verbessern suchen.
Die schrecklichen Zahnschmerzen bringen Diejenigen, welche
daran leiden müssen, oft zu dem Entschlusse, sich die kranken
Zähne ausziehen zu lassen. Es gibt Fälle, in welchen dies
rathsam ist, aber man muß dabei sehr vorsichtig zu Werke
gehen, und zuvor andere und unschädliche Mittel versuchen, ehe
man zum Ausziehen schreitet. Will man den Schmerz stillen,
so muß man ja kein Nelkenöl, Laudanum, Scheidewasser u. dgl.
darauf nehmen; denn dadurch wird der Schmerz entweder nur
heftiger, und endlich unausstehlich, oder die gesunden Zähne
werden von dem scharfen, beizenden Linderungsmittel so ange=
griffen, daß sie auch nach einiger Zeit zu schmerzen anfangen.
Die meisten empfohlenen Linderungsmittel sind mehr oder we=
niger schädlich. Ich weiß euch aber eins zu nennen, welches
alle Schmerzen wenigstens erträglich macht, auch die Zahn=
schmerzen. Ich meine Geduld, festen Willen und eine zweck=
mäßige Beschäftigung. Weinerliche Ungeduld und weichliches
Hingeben vermögen selbst den kleinsten Schmerz bis zur Un=
erträglichkeit zu erhöhen. Ihr könnt Beides leicht an euch
selber versuchen und den Unterschied ausfinden.

Da der Speichel zum Kauen und Verdauen der Speisen
sehr nothwendig ist, so muß man Alles vermeiden, wodurch viel
Speichel verloren geht, z. B. Tabackrauchen, Tabackkauen
und das Benetzen des Fadens beim Spinnen mit Speichel.
Es ist eine häßliche und schädliche Gewohnheit mancher Kinder
und Erwachsenen, beständig und ohne Ursache den Speichel
auszuwerfen.

13. Von der Schönheit und Vollkommenheit des menschlichen Körpers.

Schön ist der Mensch nur dann, wenn sein von Natur wohl
gestalteter Körper gesund und vollkommen, d. h. ohne Ge=
brechen ist. Gesundheit und Vollkommenheit des Körpers ist
für jedes Geschlecht, für jedes Alter, das einzige Schönheits=
mittel; alle anderen Mittel, welche Thorheit, Eitelkeit und
Betrug erfunden haben, sind elender Tünch, der wieder abfällt,
und traurige Spuren seines Mißbrauch hinterläßt. Und wo=

durch wird Gesundheit erlangt? Nur durch den freien Gebrauch und durch die beständige Uebung des Körpers in den Jahren der Kindheit und der ersten Entwickelung. Ferner: durch den Genuß der freien, reinen Luft; durch Waschen und Baden, leichte und freie Kleidung; durch einfache und nahrhafte Speisen, und Wassertrinken. Wodurch wird die Vollkommenheit des Körpers erlangt? Wenn der Körper, welcher in der Kindheit durch freie Selbstthätigkeit in allen leichten Bewegungen geübt, und dadurch geschmeidig gemacht wurde, späterhin durch Leibesübungen und körperliche Spiele mit der gehörigen Vorsicht in allen schweren Bewegungen geübt, und dadurch stark gemacht wird.

Dabei müssen sich Kinder gewöhnen, ihren Körper gerade, aufrecht, mit hoher Brust, und aufgerichtetem Kopfe zu tragen und zu halten, wenn sie stehen oder gehen, oder sitzen. Es ist dagegen sehr schädlich, nachlässig, krumm und schief zu gehen, zu stehen, oder zu sitzen; es ist schädlich, die Brust einzuziehen, den Kopf auf die Brust hängen zu lassen, und von der Seite zu sehen.

Doch die Gesundheit und Vollkommenheit des Körpers macht nicht allein die Schönheit des Menschen aus; denn Vernunft und gute Gesinnungen sind die eigenthümlichsten und größten Vorzüge des Menschen. Wenn also euer Körper noch so gesund und noch so schön ist, und ihr habt ein zorniges, rachgieriges, oder zänkisches und halsstarriges Gemüth, seid ungehorsame oder faule, oder leichtsinnige Kinder, so wird euch kein vernünftiger Mensch um eures schönen Körpers willen lieben und achten. Darum bemühet euch mit gleicher Sorgfalt, die Gesundheit und Schönheit eurer Seele und eures Körpers zu erhalten.

13. Von dem Verhalten in Krankheiten.

Kinder und Erwachsene leben nicht immer vernünftig, ordentlich und mäßig, und daher sind sie nicht immer gesund, sondern fühlen sich oft krank und schwach. Wie sollen sie sich dann verhalten?

Wer sich krank fühlt, soll sich vor allen Dingen ruhig und geduldig verhalten, und, wenn das Uebelbefinden nicht bald

vorübergeht, sondern bedenklicher wird, den Rath und die Hilfe
eines gewissenhaften Arztes suchen. Da, wie eben bemerkt
wurde, der Mensch zuweilen, blos blinder Neigung folgend,
durch Unmäßigkeit oder nachtheilige Genüsse sich krank macht,
so erfolgt in solchen Fällen oft schon darauf Besserung, wenn
man schädliche Gewohnheiten aufgibt und durch Vorsicht und
Enthaltsamkeit das Bemühen der Natur, sich selbst zu heilen,
unterstützt. Das beobachten aber wenig Kranke, indem sie den
Mangel an gesunder Eßlust durch die Befriedigung falscher,
verdorbener Gelüste zu ersetzen suchen und dadurch Beschwerden, welche vielleicht nur wenige Tage angehalten haben würden, auf Wochen und Monate verlängern. Andere Kranke,
nachdem sie einen Arzt angenommen haben, wollen sich nicht
geduldig den Befehlen und Anordnungen desselben unterwerfen,
sondern geschwind geheilt sein und nehmen darum wohl gar zu
Quacksalbern und Quacksalbereien ihre Zuflucht, die dann freilich die Krankheit oft geschwind genug vertreiben, aber auf eine
solche Art, daß eine noch gefährlichere Krankheit hinterher
kommt.

Quacksalber nennt man solche Leute, welche sowohl ohne
gehörige Kenntniß des menschlichen Körpers, der ihm einwoh-
nenden Heilkräfte und der Wirkungen der Arzneimittel, als
auch ohne wahren, innern Beruf und nur um des äußern Ge-
winns willen sich zu Aerzten aufwerfen oder ihre Medicinen an
den Mann zu bringen suchen. Es ist in der That ein schöner,
ein ehrwürdiger Beruf, ein wahrer, tüchtiger Arzt zu sein; aber
um es zu werden, dazu gehört eine edle Gesinnung und viel
Verstand, dazu gehören viele Jahre emsigen Bemühens, eifri-
gen Forschens und weiser Erfahrung. Ist es doch nicht anders
möglich, da unser Körper so wunderbar eingerichtet ist und die
Vorgänge im Innern desselben ein schwer zu enthüllendes Ge-
heimniß für uns bleiben. Wie könnten wir uns daher einem
Manne uns zu heilen anvertrauen, der vielleicht ganz ohne all-
gemeines Wohlwollen, ohne Beruf und Fähigkeit es wagt,
über den Zustand des leidenden Körpers ein blindes Urtheil zu
fällen, oder mit dem vorgeblichen Heilmittel auf's Gerathewohl
die selbst im Heilen begriffene Natur zu hofmeistern und zu
stören. Betrachtet eine Taschenuhr, sehet, wie künstlich sie

zusammen gesetzt ist und welche geschickte Menschenhand es er=
forderte, sie so einzurichten und im Stande zu erhalten. Ge=
setzt, diese Uhr wollte aus irgend einem Grunde nicht mehr
gehen, würdet ihr, ich frage euch, sie zu einem Schornsteinfeger,
oder zu einem Kaufmanne oder zu einem Schmiede bringen,
damit ein solcher sie wieder in Stand setzen und richtig gehen
machen sollte? Würden diese Leute, so ehrlich und so geschickt
sie auch sonst in ihrem Fache wären, dazu im Stande sein, wo=
zu sie weder Beruf, noch Kenntniß, noch Geschicklichkeit hätten?
Sie würden unfehlbar mit ihren Besserungsversuchen das kleine
künstliche Werk nur noch fehlerhafter machen, es vielleicht so
verderben, daß selbst eine geschicktere Hand nachher es nicht wie=
der in gehörige Ordnung zu bringen vermöchte. Um wie viel
herrlicher, um wie viel künstlicher als eine Uhr ist unser Körper
zubereitet, das Haus und die Werkstatt unserer Seele! Nein!
unweise und unverzeihlich wäre es, wollten wir dieses uns so
wichtige Eigenthum den Händen eines Menschen preisgeben,
der mit dreister Unwissenheit über unserm Wohl und Wehe
schaltet und waltet und, blos seines Vortheils bedacht, sich we=
nig kümmert, wie schmerzlich wir vielleicht in der Folge für
unsere thörichte Leichtgläubigkeit zu büßen haben werden. Das
Quacksalbern geht mit der Einfalt des Menschen Hand in
Hand. Je mehr ein Volk wahrhaft aufgeklärt ist, je mehr
nützliche Kenntniß und echte Bildung bis zu jedem einzelnen
Gliede eines geselligen Verbandes gedrungen ist, desto sicherer
geht Quacksalberei am Bettelstabe. Nur Mangel an Beleh=
rung, nur Vorurtheil und herkömmliche Sitte machen uns
Quacksalbern dienstbar. Und wenn ich mit Bedauern bekennen
muß, daß dieses Uebel in den Vereinigten Staaten in bejam=
mernswerth großer Ausdehnung stattfindet, so geschieht es mit
der Ueberzeugung, daß die Zeit nicht mehr fern ist, welche die
Fesseln auch dieses Tyrannen zerbrechen wird. Man wird auf=
hören, den Anpreisungen wunderthätiger Geheimmittel, wie sie
in ekelhafter Ausdehnung fast in allen Zeitungen dieses Landes
ausposaunt werden, Glauben beizumessen. Man wird ein=
sehen lernen, welch' furchtbaren Schaden unter den Menschen
alle jene Tropfen, Panaceen, Elixire, Pillen, Universalpflaster
u. s. w. angerichtet haben, die meistentheils aus den zerstörend=

ften Giften beftehen und welche im Stillen mehr Unheil anftif=
teten, als die verheerendften Krankheiten, welche je das Men=
fchengefchlecht heimfuchten. Freilich hört man von Heilungen,
welche hie und da folchen Univerfalmitteln geglückt fein follen;
aber diejenigen Alle, welche durch fie getäufcht wurden und fich
theure Erfahrung und bittere Reue damit erkauften, fie fchämen
fich ihrer Einfalt und fchweigen. Ein Geheimmittel, welchen
prahlerifchen Namen es auch haben mag und von dem man
vorgibt, daß es unfehlbar und fchnell eine bedenkliche Krankheit
heben oder, daß es mit gutem Erfolge einem ganzen Heere von
Krankheiten entgegen wirken könne; — ich würde nicht rathen,
es einem unvernünftigen Thiere einzugeben, gefchweige denn
einem Menfchen.

Es ift Aberglaube, daß Krankheiten durch Behexen und
Befprechen entftehen können. Alle Krankheiten haben
ihre natürlichen Urfachen.

In H. waren noch viele einfältige Leute, welche an Hexen und Hexereien
glaubten, fo oft fie auch vom Prediger und von dem Schullehrer eines Befferen
belehrt worden waren. Michel's Kind war verfüttert, und wurde fehr elend.
Anftatt fich an einen vernünftigen Arzt zu wenden, und das Kind mäßig und
ordentlich zu halten, gebrauchte man allerlei thörichte Mittel gegen die Hexerei, fo
lange, bis das arme Kind zum Krüppel geworden war. — Konrad's Kind war
von der ungefunden Milch feiner Mutter, die fehr ärgerlich und genäfchig war,
krank und fchwach, bekam Krämpfe und hatte heftige Verzuckungen, wobei es das
Geficht fchrecklich verzerrte. Die abergläubifchen Aeltern glaubten fteif und feft,
ihr Kind fei behext, und begnügten fich daher, es zu bekreuzen und zu fegnen, ohne
einen Arzt herbei zu rufen, und Arzneimittel zu gebrauchen. Es mußte elend
fterben. — Heinemann's Kinder hatten beim Spielen im Garten den giftigen
Stechapfel gegeffen; fie kamen fchreiend, unter heftigen Schmerzen, nach Haufe,
und klagten den Aeltern ihre Noth. Bald bekamen fie fchreckliche Verzuckungen.
Die Aeltern, welche ihre Kinder noch kurz zuvor fo munter und froh gefehen hat=
ten, konnten diefe plötzliche Veränderung nicht begreifen, und ohne erft nach der
Urfache zu forfchen, waren fie gleich darin einig, daß die armen Kinder behext fein
mußten. Sie fchickten daher eiligft nach einem Quackfalber in einem benachbarten
Dorfe, der in diefer Gegend als ein Wundermann berühmt war. Diefer kam,
gab den Kindern einen Trank ein, wobei er mancherlei närrifche Geberden machte,
um die vermeinte Hexerei zu bannen. Allein fchon in der folgenden Nacht ftarben
zwei von den Kindern auf die kläglichfte Art, weil fie nicht zu rechter Zeit Hilfe
bekommen hatten; auch das dritte mußte fterben, weil die Hilfe des Arztes zu fpät
kam. Diefer öffnete nun die todten Körper, um die Urfache des Todes zu erfor=
fchen, und fo fand es fich denn bald, daß der giftige Saame fie getödtet hatte.

Jetzt machen sich die abergläubischen Leute bittere Vorwürfe, daß sie so thöricht gehandelt, und vom Aberglauben verführt, die ordentliche Hilfe eines geschickten Arztes versäumt hatten. Sie konnten sich nie hierüber zufrieden geben.

Wenn der Arzt die Krankheit eines Menschen heilen soll, so muß er die Beschaffenheit und die Ursache der Krankheit wissen. Man muß daher dem Arzte alle Zufälle, Zeichen und Umstände des Kranken, und sein ganzes Befinden vom Anfange der Krankheit an, genau und richtig erzählen, ihm die Leibesbeschaffenheit, die Lieblingsneigungen, den Gemüthszustand und die Lebensart des Kranken anzeigen, und ihm alle die Umstände sagen, welche die Ursache der Krankheit sein könnten. Es ist daher gut, daß der Arzt den Kranken sehe und spreche, und selbst die Natur und Ursache der Krankheit erforsche. Der Kranke muß dann den Rath und die Anweisung des Arztes in Ansehung der Lebensordnung, des Essens und Trinkens genau befolgen, und die verordneten Arzeneien treulich und zur rechten Zeit gebrauchen. Auch muß er diese Arzeneien bis zum Ausgange der Krankheit fort gebrauchen, und nicht ungeduldig oder mißtrauisch werden, wenn die Krankheit nicht gleich nach der ersten Arzhei vergeht; denn das ist eben so unmöglich, als daß ein Baum auf den ersten Hieb falle.

Die Pfleger eines Kranken müssen mit ihm, als mit einem Unglücklichen, sanft und liebreich umgehen, ihn sorgfältig warten und pflegen, nicht viel mit ihm reden so lange die Krankheit noch gefährlich ist, und dafür sorgen, daß es still und ruhig um ihn her sei, und daß er immer frische, reine und trockene Luft habe.

Ist mit Gottes Hilfe die Krankheit endlich überstanden und erholt sich der geschwächte Körper wieder, so muß der Genesende ganz besonders auf seiner Hut sein, nicht durch Unmäßigkeit und durch die kindische Befriedigung schädlicher Wünsche, zu welchen Dingen bei Vielen dann eine große Neigung stattfindet, den kaum vertriebenen Feind wieder zurück zu rufen. Ein Rückfall ist in der Regel gefährlicher, als die Krankheit selbst.

VIII.

Von der Religionslehre und von der heiligen Schrift.

Wie groß auch die Vorzüge unseres menschlichen Körpers vor dem thierischen sind, so würden sie uns doch wenig nützen, und zu unserer Wohlfahrt wenig oder nichts beitragen, wenn unser Körper nicht mit einer vernünftigen Seele vereinigt wäre; wenn diese Seele uns nicht fähig machte, Gutes und Böses, Recht und Unrecht, das Rühmliche und das Schändliche von einander zu unterscheiden, und das Gute zu lieben, das Böse zu verabscheuen, das Rühmliche zu begehren und das Schändliche zu verwerfen. Erst durch unsere Seele sind wir Menschen, d. h. vernünftige, gefühlvolle und freie Geschöpfe. Das Thier hat nichts weiter, als Naturtriebe, und durch diese wird es gezwungen, das zu thun, was zu seinem Bestehen und zu seiner Fortpflanzung nöthig ist; es kann an dem, was es thut und macht, Nichts verbessern; es kann auch nicht einsehen, warum es gerade dies, und nichts Anderes thun müsse; es kann seinen Trieben nicht widerstehen, es kann sie nicht leiten und beherrschen; es weiß nicht, warum und wozu es da ist, und hat keine Vorstellung von Gut und Böse, Recht und Unrecht, Freude und Leid. Nur der Mensch kann denken, und sich Vorstellungen machen; denn er hat Verstand; d. h. ein Vermögen, das Gesehene, Gehörte, Gefühlte und Empfundene gleichsam in sich abzubilden, die Merkmale der gesehenen, gehörten oder empfundenen Dinge und Gegenstände zusammen zu fassen und zu vereinigen, und auf diese Art täglich unzählige Vorstellungen in sich aufzunehmen, diese mit einander zu verbinden und daraus Begriffe zu bilden.

Das Thier muß blindlings seinen Trieben folgen; der Mensch kann sie beherrschen, mäßigen und leiten. Ich kann z. B. am Morgen, wenn ich geweckt werde, dem sinnlichen Triebe zur Ruhe, der mich nöthigt, noch länger zu schlafen, Widerstand leisten, und zwar durch die Vorstellung meiner Vernunft, daß es thöricht und unrecht sein würde, noch länger zu ruhen, wenn der Körper nicht mehr der Ruhe bedarf, und die kostbare Zeit, welche nützlich angewandt werden soll, durch

längeres Schlafen zu verschwenden. Ich fühle auch einen
mächtigen Drang, das zu thun, was meine Vernunft mir sagt.
Es ist mir nicht möglich, das zu lieben und gut zu heißen, was
ich durch mein Nachdenken für unrecht und böse erkenne, und ich
habe ein schmerzliches Gefühl in meinem Innern, ich bin unruhig
und voll Furcht, so oft ich mich durch meine sinnlichen Triebe
verleiten ließ, das Unrechte zu thun. Ich kann mich nicht von
Herzen freuen, wenn ich mir dadurch ein Vergnügen verschaffte,
daß ich meinen Aeltern ungehorsam war, und es hört auf, für
mich ein Vergnügen zu sein, wenn ich mir bewußt bin, daß ich
um dieses Vergnügens willen Etwas unterlassen habe, was ich
hätte thun sollen. Ich sehe ein, daß ich Alles thun soll, was
ich durch mein Nachdenken für recht und gut erkenne, und Alles
unterlassen soll, was meine Vernunft für unrecht und böse erkennt. Ich erkenne aber Alles das für recht und gut, wovon
ich wünschen kann, daß es alle Menschen thun und lieben möchten, und wenn ich das Gute gethan, das Böse verworfen und
unterlassen habe, so bin ich mit mir selbst zufrieden, so bin ich
fröhlich und fühle keine Furcht; wenn ich dagegen das Böse
that, und das Gute unterließ, so bin ich traurig, furchtsam und
ängstlich, und Nichts in der Welt kann mich dann erfreuen;
ich klage mich bei mir selbst an, und erkenne mich für strafbar.
Und diese Traurigkeit, diese Aengstlichkeit und Furcht fühle ich
auch dann, wenn ich ganz sicher bin, daß kein Mensch das Böse
erfahren und strafen werde, welches ich gethan habe; ja, ich
fühle sie sogar, wenn ich nur an das Böse denke, welches ich
thun möchte, und mich dazu entschließe. Und doch darf ich
nicht fürchten, daß mir irgend ein Mensch in's Herz sehen oder,
meine Gedanken errathen werde. Woher kömmt nun diese
Furcht in meiner Seele? Woher die Besorgniß, daß ein Unsichtbarer mich sehen, mich hören, mich strafen werde, wenn ich
Böses spreche oder thue? Ich kann nicht glauben, daß dies eine
leere Einbildung sei; denn ich weiß, daß die Furcht vor einem
mächtigen Unsichtbaren, der Alles sieht und weiß, auch in den
Seelen anderer Menschen sich regt. So oft ich am Abend zum
gestirnten Himmel hinaufblicke, und das unzählbare Heer der
Sterne mit Wonne betrachte; so oft ich den prachtvollen Regenbogen am Himmel erblicke, oder die Sonne in ihrer Herrlichkeit

aufgehen und untergehen sehe; so oft ich den Donner rollen
höre, und ein Blitzstrahl aus schwarzer Wetterwolke vor mir
niederfährt, so oft ergreift der Gedanke an ein unsichtbares und
höchst mächtiges Wesen meine Seele mit einer wunderbaren
Gewalt. Denn daß alles dies Große, Furchtbare und Herrliche nicht von Menschen herkomme; daß das Schönste, was
auf dieser Erde ist, nicht Menschenwerk sei, dies sagt mir mein
Verstand, und ich kann den Gedanken nicht aus meiner Seele
bringen, daß ein Wesen da sein müsse, welches viel mächtiger,
weiser und gütiger ist, als die Mächtigsten, Weisesten und Gü-
tigsten unter den Menschen; ich fühle mich gedrungen, dieses
unsichtbare Wesen zu lieben und zu ehren, so innig, wie ich
Vater und Mutter liebe und ehre; ich kann den Glauben nicht
aufgeben, daß der Unsichtbare, den ich Vater nennen möchte,
mich kenne, mich liebe und für mich sorge. Auch höre ich, daß
alle Menschen um mich her an diesen Unsichtbaren glauben, ihn
Gott und Schöpfer, Herrn aller Herren, und Regierer der Welt
nennen, und ihn verehren. Ich sehe, daß die Menschen diesem
Gott zu Ehren schöne Gebäude errichtet haben, welche Kirchen
oder Tempel genannt werden, und worin sie an jedem ersten
Tage der Woche zu ihm beten, und ihn durch Lobgesänge verehren.

Ihr, lieben Kinder, die ihr durch die Gefühle eures Herzens
zu dem Glauben an Gott gekommen seid, ihr sollt nun den
gütigen und weisen Vater im Himmel, der euch und Alles, was
ihr um euch sehet, geschaffen hat, aus einem Buche näher kennen lernen, welches von ihm selbst herkommt, und worin er den
Menschen von Jahrtausenden durch fromme und einsichtsvolle
Männer seinen Willen kund gethan hat. Nehmet daher nicht
anders, als mit Ehrfurcht, dies unschätzbare Buch in die Hand.
Ihr wisset schon, daß es die Bibel, oder die heilige Schrift,
oder die Offenbarung Gottes genannt wird, und daß es
aus zwei Abtheilungen besteht, wovon die erste, welche 52
Schriften enthält, das Alte Testament, die andere, welche
aus 27 Schriften besteht, das Neue Testament genannt
wird.

Ihr findet in diesem Buche theils Erzählungen von der
Schöpfung der Welt und den ersten Bewohnern der Erde, und

von den ältesten unter allen Völkern, den Israeliten oder Ju=
den, theils herrliche Loblieder, in welchen die Macht, die Weis=
heit, Güte, Gerechtigkeit und Heiligkeit Gottes geschildert wird;
theils Lehren, Ermahnungen und Sittensprüche, welche zusam=
mengenommen die Religionslehre genannt werden. Diese
Religionslehre gibt uns Antwort auf folgende Fragen unserer
nachdenkenden Vernunft: woher bin ich mit allen meinen An=
lagen, Kräften und Fähigkeiten, und woher ist die Welt? Wo=
zu sind mir die Kräfte und Fähigkeiten meines Geistes gegeben?
Welches ist meine Bestimmung, und was habe ich zu thun, um
meine Bestimmung zu erreichen, und meinem Schöpfer und
Herrn wohlgefällig zu werden?

Die 5 Bücher Mosis machen den Anfang des A. T.
Moses erzählt uns darin Folgendes: Die Schöpfung der Welt
und der ersten Menschen, Adam und Eva, welche in einem Pa=
radiese lebten, sündigten, das Paradies verlassen und nun im
Schweiße ihres Angesichts ihr Brot essen mußten; von Kain
und Abel und Seth, den Söhnen der ersten Menschen; von
den ersten Erfindern, Jubal und Tubalkain; von Methusala,
der 969 Jahre alt ward; von einer großen Ueberschwemmung
(Sündfluth), welche die höchsten Berge überstieg, und aus
welcher nur der fromme Noah mit seiner Frau und drei Söh=
nen, Sem, Ham und Japhet, errettet wurde, weil Gott
sie schützte; von dem ersten großen Bau, den die Menschen
unternahmen, dem Thurmbau zu Babel, bei welchem Sprach=
verwirrung und Trennung entstand; von dem frommen Abra=
ham, der mit seiner Sara aus Chaldäa nach dem Lande
Kanaan zog, und mit dem der Herr oftmals redete; von
dem schrecklichen Untergange der Städte Sodom und Gomorra,
welchem allein Lot, Abraham's Bruderssohn, durch göttliche
Fügung entging; von der Geburt Isaak's, den Abraham
aus Gehorsam gegen Gott opfern wollte; und von der Erret=
tung Isaak's durch einen Engel des Herrn, der dem Abraham
verkündigte: durch deine Nachkommen sollen alle Völker auf
Erden gesegnet werden. Die Bücher Mosis erzählen dann
von der Verheirathung Isaak's mit Rebekka; von dem Tode
Abraham's im 175sten Lebensjahre; von der Geburt der Zwil=
lingssöhne Isaak's, Esau und Jakob, und der Flucht Jakob's

nach Haran zu Laban, seiner Mutter Bruder; von seiner
endlichen Rückkehr nach Kanaan mit seinen beiden Frauen Lea
und Rahel und mit zwölf Söhnen; von seiner Aussöhnung mit
Esau; von der Erscheinung Gottes, durch welche ihm der Name
Israel zu Theil wurde; von dem schweren Kummer, den er
durch die Verkaufung Joseph's, seines jüngeren Sohnes,
erlebte, den seine eigenen Brüder unbarmherzig zur Sklaverei
verurtheilten; von Joseph's traurigen und glücklichen Schick-
salen in Aegypten; seiner Erhebung zum ersten Minister des
Königs; von der Reise seiner Brüder nach Aegypten zur Zeit
einer Hungersnoth; und wie sich endlich Joseph seinen Brüdern zu erkennen gibt, nachdem er sie zuvor auf die Probe gestellt hatte; wie Jakob dann, auf Joseph's Einladung, in
hohem Alter mit seiner ganzen Familie nach Aegypten zieht,
und daselbst stirbt im 147sten Lebensjahre; wie seine Nachkommen, die Israeliten, sich vermehrten, und schreckliche Bedrückungen von den ägyptischen Königen ausstehen mußten, die endlich
die Ausrottung dieser Fremblinge beschlossen. In dieser Zeit
ward Moses selbst, der Alles dies erzählt, geboren; er entging
dem Tode, zu welchem der grausame König alle neugebornen
israelitischen Knaben verurtheilt hatte, durch die Klugheit seiner
Mutter, und ward an dem königlichen Hofe erzogen. Als er
zum Manne herangewachsen war, sah er das Elend seiner Brüder, erschlug, in wildem Grimm über die Mißhandlung derselben, einen Aegypter, und floh nach Midian, wo er die Tochter
eines Priesters, Zipora, heirathete, und wo ihm Gott am
Horeb erschien. Auf Gottes Befehl ging er nach Aegypten
zurück, um die Israeliten zu erretten, und nach Kanaan zurück-
zuführen. Mit Hilfe seines Bruders Aaron gelingt es ihm
unter Gottes Beistande, den Auszug der Israeliten bei dem
Könige zu bewirken. Nach einem Aufenthalte von 430 Jahren
ziehen die Israeliten, sechshundert tausend Mann, ohne die
Kinder, stark, durch das rothe Meer, und durch die Wüsten
Arabiens, in einer Zeit von 40 Jahren, nach Kanaan, erhalten
am Berge Sinai die Gebote Gottes, bauen ein tragbares Tem-
pelgezelt, die Stiftshütte genannt, und werden durch die Wunder der göttlichen Allmacht aus Hunger und Noth errettet. An
den Grenzen Kanaans stirbt Moses, nachdem er den Josua

zu seinem Nachfolger ernannt hat. Moses war 120 Jahre alt, da er starb; seine Augen waren nicht dunkel worden, und seine Kraft war nicht verfallen. Die Israeliten beweinten ihn 30 Tage, und es stand hinfort kein Prophet in Israel auf, wie Moses.

Das Buch Josua erzählt Folgendes: Josua zog über den Jordan mit dem israelitischen Heer, eroberte Jericho und das übrige Land, und theilte es unter die 12 Stämme der Israeliten; die Leviten aber bekamen kein Erbtheil in Israel, sondern man gab ihnen Städte in allen Stämmen, 48 an der Zahl. Und der Herr war mit Josua, daß man von ihm redete in allen Landen. Er starb, da er 110 Jahre alt war.

Späterhin kam ein Geschlecht auf, das den Herrn vergaß, und was er an Israel gethan hatte. Das Volk sündigte schwer, und betete an die Götzen der Völker, die um sie her wohnten. Darum wurden sie hart gedrängt von ihren Feinden, und konnten ihnen nicht mehr widerstehen. Doch erweckte der Herr zur Zeit der Noth Helden unter ihnen, die sie erretteten, und zu Gericht saßen im Frieden. Die ersten waren Athniel, Ehud und Samgar. Dann trat eine Heldin auf, Debora, zog mit Barak gegen die Feinde ihres Volks, und kehrte siegreich zurück. Zu einer andern Zeit siegte Gideon über Israel's Feinde, und zerstörte die Altäre der Götzen, und als man ihm die Herrschaft anbot, sprach er: ich will nicht Herr sein über euch, sondern Jehovah soll Herr über euch sein. — Dann machte sich Simson durch Leibesstärke und kriegerische Thaten berühmt; aber er war ein roher, lasterhafter und grausamer Held, darum gerieth er endlich in die Hände seiner Feinde, der Philister, und nahm ein trauriges Ende. Dies ist der Hauptinhalt des Buchs der Richter.

Das folgende Buch Ruth erzählt die Schicksale einer frommen Familie, aus welcher der berühmte König David abstammte.

Die Bücher Samuel's erzählen die Geburt, Jugendgeschichte und Thaten eines sehr weisen und frommen Mannes, des Samuel. Er war von seinen Aeltern dem Herrn geweiht, und zum Priester Jehovah's bestimmt, und daher dem Richter und Priester Eli zum Unterricht und zur Leitung über-

geben. Als dieser, bei der Schreckensnachricht, daß seine Söhne
in der Schlacht gegen die Philister den Tod gefunden hätten,
und die Bundeslade, welche sie dem Herrn vorangetragen hatten, in feindliche Hände gerathen sei, vom Stuhle fiel, und
starb, ward Samuel Richter über Israel, und er ließ es sich
angelegen sein, durch Ermahnungen und Strenge die einge-
rissene Abgötterei zu vertilgen. Als bessere Gesinnungen und
Gefühle in die Herzen gekommen waren, erwachte auch der
vorige Heldenmuth; die Philister wurden geschlagen, und Samuel richtete zum Andenken des Sieges einen Stein auf, und
sprach: bis hieher hat uns der Herr geholfen. Samuel richtete
Israel sein Leben lang, und als er alt ward, setzte er seine
Söhne zu Richtern. Aber seine Söhne wandelten nicht in seinem Wege, sondern neigten sich zum Geiz, und nahmen Geschenke, und beugten das Recht. Da kamen die Aeltesten des
Volks zum Samuel, klagten seine Söhne an, und verlangten,
daß er ihnen einen König wähle. Er wählte den S a u l, einen
jungen Mann; es war kein schönerer Jüngling unter den
Israeliten; eines Hauptes länger, denn alles Volk. Als er
ihn dem Volke vorstellte, jauchzte es und rief: Glück zu dem
Könige! Als Samuel sein Richteramt feierlich niederlegte, gab
ihm alles Volk das Zeugniß: du hast uns keine Gewalt, noch
Unrecht gethan, und von Niemandes Hand Etwas genommen.
J o n a t h a n, Saul's Sohn, ein kriegerischer Jüngling,
reizte die Philister zu einem neuen Kriege gegen Israel, und sie
kamen mit einer furchtbaren Macht. Muthig drang Jonathan
in ihr Lager: es ist dem Herrn nicht schwer, sprach er zu seinem
Waffenträger, durch viel oder wenig zu helfen. Er verbreitete
Furcht und Schrecken unter ihnen; sie flohen ohne Kampf.
Und Saul befestigte sich im Königthum über Israel, und stritt
wider alle seine Feinde mit Muth und Glück, und errettete sein
Volk von der Gewalt Aller, von welchen sie bisher beraubt
worden waren. Aber nun ward er gottvergessen, und achtete
mehr auf die Wünsche des Volks, als auf des Herrn Willen.
Der ehrwürdige Samuel machte ihm deshalb ernstliche Vor-
stellungen, und sprach zu ihm: du hast übel gehandelt vor den
Augen des Herrn, und weil du nun des Herrn Wort verworfen
hast, hat er dich auch verworfen. Gehorsam ist besser, denn

Opfer. Saul war sehr betrübt. Samuel aber erhielt von Gott den Befehl, nach Bethlehem zu gehen, und dort einen andern König zu erwählen. Und der Herr sprach zu ihm: siehe nicht auf seine Gestalt, noch seine große Person; ich habe ihn nicht auserwählet, denn ich wähle nicht, wie ein Mensch siehet; der Mensch siehet, was vor Augen ist, der Herr aber siehet das Herz an. Da erwählte und salbte Samuel den Jüngling David, den Sohn Isai's, der die Schaafe hütete.

Als bald nachher David seinen Brüdern, die mit Saul in den Streit gezogen waren, Speise brachte, hörte er, daß ein Mann von Riesengestalt, Goliath, die Israeliten verhöhnte und zum Kampf herausforderte, und daß Niemand den Kampf wagen wollte, obgleich der König versprochen habe, den, der ihn besiegen würde, sehr reich zu machen, und ihm seine Tochter zu geben. Sogleich erklärte er, daß er mit dem Philister zu streiten entschlossen sei; und als der König einwilligte, ging er, blos mit einer Schleuder bewaffnet, dem Riesen entgegen, und erlegte ihn wirklich. Seit der Zeit verband sich das Herz Jonathan's mit dem Herzen David's, und Jonathan liebte den Jüngling, wie sein eigen Herz. David war des Königs Waffenträger, und erheiterte ihn durch sein Saitenspiel. Als aber einst das Volk dem siegreichen David zu Ehren sang: Saul hat tausend geschlagen, aber David zehntausend, regte sich wilde Eifersucht in dem Herzen des Königs, und von dieser Stunde an trachtete er dem David nach dem Leben, ob er ihm gleich seine Tochter Michal zur Gattin gegeben hatte. Vergeblich ward Jonathan David's Fürsprecher und Vertheidiger; David mußte entfliehen, um sein Leben zu retten. In einer Wüste traf er mit seinem wüthenden Verfolger zufällig in einer Höhle zusammen, und hatte es in seiner Gewalt, ihn zu tödten, verschonte ihn aber edelmüthig, und Saul mußte ihm mit Beschämung gestehen: du bist gerechter, denn ich; du hast mir Gutes, ich aber habe dir Böses gethan; der Herr vergelte dir Gutes für das, was du heute an mir gethan hast.—Zum zweiten Mal war Saul in David's Gewalt, als dieser mit Abisai es wagte, in der Nacht bis in das Zelt des Königs zu dringen, und ihm Spieß und Becher zu nehmen. Auch dies Mal gestand Saul dem Verfolgten: ich habe thöricht und sehr un-

weislich gethan. Dennoch wagte es David nicht, an seinen
Hof zurückzukehren, sondern flüchtete sogar zu den Philistern,
weil er sich nur da sicher glaubte. Er kehrte auch nicht eher in
sein Vaterland zurück, als bis er die Botschaft erhielt, daß
Saul auf dem Gebirge Gilboa mit seinen drei Söhnen in einer
Schlacht gegen die Philister umgekommen sei, und zwar der
unglückliche König durch sein eigenes Schwert, in welches er
sich aus Verzweiflung stürzte. Aufrichtig und innig trauerte
David um Saul und Jonathan. Der Stamm Juda erkannte
ihn als König, und er nahm seinen Sitz zu Hebron. Ein Sohn
Saul's, Isboseth, ward König über das ganze übrige
Israel. Doch schon nach 2 Jahren huldigte das ganze Land
dem David, der nun in Jerusalem, auf der Burg Zion, wohnte.

Durch einen Aufruhr, den sein eigener Sohn Absalom an-
stiftete, wurde David gezwungen, seine Residenz zu verlassen,
und seine Rettung in der Flucht zu suchen. Doch bald kehrte
er zurück, als der tapfere Joab das Heer der Aufrührer geschlagen, und den Absalom auf seiner Flucht getödtet hatte. Als
David alt und wohl betaget war, ernannte er seinen Sohn
Salomo zum Thronfolger, und übergab ihm die Regierung.
Er entschlief, nachdem er 40 Jahre regiert hatte. Salomo
befreundete sich mit Pharao, dem Könige in Aegypten, und
nahm des Königs Tochter. Gott gab ihm große Weisheit und
ein getrostes Herz, daß seine Weisheit größer war, denn Aller
Söhne des Morgenlandes, und er redete 3000 Sprüche, und
seiner Lieder waren tausend und fünf. Im vierten Jahre seiner
Regierung unternahm er den Bau eines prachtvollen Tempels,
480 Jahre nach dem Ausgang der Israeliten aus Aegypten.
Unter seiner Regierung wohnte das Volk sicher, ein Jeglicher
unter seinem Weinstock und unter seinem Feigenbaum. Er
regierte über 40 Jahre, und sein Sohn Rehabeam ward
König an seiner Statt, doch nur über zwei Stämme; die Uebrigen wählten sich den Jerobeam zum König, und es gab nun
ein Reich Juda und ein Reich Israel. Höchst traurig waren
die Schicksale beider Reiche, weil die Könige grausam und ab-
göttisch waren, und die Propheten (Verkündiger) des wahren
Gottes hinrichten ließen, oder verjagten, besonders aber das
Schicksal des Reiches Israel, dessen letzter König Hosea dem

Könige von Assyrien sich unterwerfen mußte, worauf das ganze Volk nach Assyrien geschleppt wurde. An seine Stelle wanderten Fremblinge ein, die mit den wenigen zurückgebliebenen Israeliten ein neues Volk ausmachten, welches man Samariter nannte.

Hundert und dreißig Jahre später wurde das Reich Juda auf ähnliche Art von dem Babylonischen Könige Nebucadnezar zerstört. Unter dem letzten Könige Zedekia wurde Jerusalem belagert und erobert, der unglückliche König gefangen, alle seine Kinder vor seinen Augen getödtet, er selbst, nachdem man ihm die Augen ausgestochen hatte, nach Babylon geschleppt, der herrliche Tempel geplündert und verwüstet, das ganze Volk in die Babylonische Gefangenschaft geführt. Erst nach 70 Jahren erhielten die Juden von dem Persischen Könige Cyrus die Erlaubniß, in ihr Vaterland zurückzugehen. Serubabel, Esra und Nehemia waren ihre Anführer. Die Mauern Jerusalem's wurden wieder aufgebaut, endlich auch der Tempel und die Verehrung Jehovah's wieder hergestellt.

Als späterhin das persische Reich von Alexander, dem Könige von Macedonien, zerstört wurde, kam Judäa erst unter die Herrschaft der Aegypter, dann der Syrer. Der Wüthrich Antiochus Epiphanes erlaubte sich die schrecklichsten Grausamkeiten gegen die Juden, um sie zum Abfall von der Verehrung des wahren Gottes und zum Götzendienst zu bewegen; aber Tausende blieben dem Glauben der Väter unter Martern und Tod getreu, und endlich trat eine Heldenfamilie, die fünf Söhne des Priesters Matthias, gegen den Tyrannen auf, und errang dem armen Volke nach einem heißen Kampfe die Freiheit, die es auch 130 Jahre unter der Herrschaft dieser Makkabäer behielt, worauf es unter die Botmäßigkeit der Römer kam, die eine andere Familie, die Herodianer genannt, auf den Thron setzten, doch ohne ihr große Gewalt zu verleihen. In den letzten Regierungsjahren des grausamen Herodes des Großen wurde Jesus Christus geboren.

Dies ist der Hauptinhalt der historischen oder Geschichtsbücher des alten Testaments; nämlich der Bücher Mosis, Josua, Ruth, Richter, Samuels, der Könige, der Chronica, Esra, Nehemia und der Makkabäer. Die übrigen sind Lehrbücher, und zwar einige darunter dichterische, nämlich das Buch Hiob, die Psalmen (eine Sammlung von 150 Gesängen), das hohe Lied Salomo's und das Buch Tobiä. Die nicht=dichterischen sind: die Sprüche Salomo's, der Prediger Salomo, die 16 Bücher der Propheten, das Buch der Weisheit und das Buch Jesus Sirach. Die prophetischen Bücher enthalten kräftige Ermahnungen zur Treue gegen Jehovah, Warnungen vor Ab= götterei, Klagen über Gottesvergessenheit des Volks, Ankündi= gungen göttlicher Strafen, und Aufforderungen zur Besserung. Daniel schrieb sein Buch während der Babylonischen Gefan= genschaft; Haggai, Zacharia und Maleachi schrieben nach der Rückkehr der Juden.

Allgemein hatte sich, als die Bedrückung immer größer wurde, das Sittenverderbniß immer höher stieg, unter den Ju= den, und selbst unter benachbarten Völkern, der tröstende Glaube verbreitet, daß aus David's Familie ein Retter aufstehen, und den Untergang von seinem Volke abwenden werde. Man legte diesem Retter den Namen Messias oder Christus bei, d. h. Gesalbter, weil man einen Helden erwartete, der ein mächtiges Reich aufrichten werde. — Endlich erschien wirklich der so lange erwartete Retter; er wurde in der Stadt David's, in Beth= lehem, von der Maria, einer Jungfrau aus David's Ge= schlecht, geboren, und ihm ging ein Mann voran, der durch Frömmigkeit, Eifer und Strenge den alten Propheten sich gleich stellte, Johannes der Täufer genannt, der an den Ufern des Jordans die Besseren des Volks um sich versammelte, und sie durch eine Taufe, d. h. durch feierliche Untertauchung unter das Wasser, als Gereinigte und Gebesserte von den übrigen aus= sonderte. Weit entfernt, sich für den Messias zu erklären, kündigte er vielmehr die nahe Erscheinung desselben mit der demuthsvollen Erklärung an: der nach mir kommt, ist größer, denn ich, und ich bin nicht werth, ihm die Schuhriemen zu lösen; ich taufe euch nur mit Wasser, er wird euch mit Feuer und mit dem heiligen Geiste taufen. In Nazareth, einer Stadt des Ländchens Galiläa, wuchs Jesus Christus, den Gott zum Heiland der Welt bestimmt hatte, zum Jünglinge und Manne heran, ohne daß sein Volk ahnete, daß er, der Beschei= dene und Zurückgezogene, der Retter sei, den man seit Jahr=

hunderten erwartete. Erst mit dem dreißigsten Jahre geht Jesus aus seiner Abgeschiedenheit hervor, und tritt nun unter das staunende Volk, mit der Erklärung, daß er der Sohn und Gesandte Gottes, der verheißene Messias, sei. Er mischt sich unter die Anhänger und Verehrer des Johannes, und läßt sich von diesem taufen, um den Mann zu ehren, der mit unerschrockener Freimüthigkeit dem Volke und seinem grausamen Beherrscher die Wahrheit sagte. Johannes aber ruft ihm entgegen: sehet das Lamm Gottes, welches der Welt Sünden trägt!

Jesus betrachtete mit schmerzlicher Wehmuth das Elend seines Volkes. Von seinen Priestern und Schriftgelehrten im Aberglauben bestärkt, und in der tiefsten Unwissenheit erhalten, hielt es das Opfern und das gedankenlose Hersagen langer Gebete, die genaue Beobachtung der vorgeschriebenen Fasten und Reinigungen, für Frömmigkeit; es verehrte Gott mit den Lippen, indeß das Herz fern von ihm war. Jesus ruft alle Mühseligen und Beladenen zu sich, und verheißt ihnen, daß er sie erquicken, und ihnen Ruhe geben wolle für ihre Seele, wenn sie sein Joch auf sich nehmen, und von ihm lernen wollten. Durch wundervolle Heilungen macht er die Aufmerksamkeit des Volkes rege, und erwirbt sich Liebe und Vertrauen als Erretter der Unglücklichen. Bald ist das ganze Land mit dem Rufe seiner Thaten, seiner Weisheit und seiner Menschenliebe erfüllt, und Tausende sammeln sich um ihn, wo er erscheint. „Er predigt gewaltig und nicht wie die Schriftgelehrten; so wie dieser, hat noch nie ein Mensch geredet"; das sind die Urtheile, welche man über ihn fällt, und die den Neid und die Eifersucht der Schriftgelehrten gegen ihn rege machen. Ein großer Prophet, heißt es von ihm, ist unter uns aufgestanden, und Gott will sein Volk heimsuchen. Doch, wie sehr man auch den Wunderthäter anstaunt und rühmt, er muß dennoch mit schwerem Herzen klagen: „mit sehenden Augen sehen sie nicht, und mit hörenden Augen hören sie nicht"; nur sehr Wenige achten auf seine Lehren und Ermahnungen, und nehmen sie zu Herzen. Nur zwölf getreue Schüler, die er seine Apostel oder Boten nannte, und späterhin noch siebzig andere, sammelt er endlich in den niedern Ständen, unter den Fischern und Zöllnern. Sie

begleiten ihn, und werden von ihm ausgesandt, seine Erschei=
nung anzukündigen. Sein schönes Tagewerk ist Lehren, Seg=
nen, Trösten und Erretten; er ist der Freund aller Unglücklichen;
den Armen predigt er sein Evangelium; selbst die Sünder ruft
er liebreich zu sich, und ist bemüht, sie zu bessern. Aber die
Gunst der Großen und Mächtigen verschmähet er, und scheuet
sich nicht, den Haß der Schriftgelehrten und Pharisäer, dieser
schamlosen Heuchler und Verführer, auf sich zu laden, indem
er laut ihre Scheinheiligkeit und ihre Gewinnsucht rügt, und
das Wehe über sie ausruft. Er siehet es vorher; daß er in
kurzer Zeit ein Opfer dieses unversöhnlichen Hasses werden
müsse; aber sein frommes und menschenfreundliches Herz kann
nicht die Wahrheit aus Menschenfurcht verleugnen oder ver=
schweigen, und seine Seele ist stark genug, um der Wahrheit
willen alle Leiden der Erde, und selbst den Tod zu erdulden.
Bald genug bricht der Groll der Schriftgelehrten und Pharisäer
gegen ihn aus. Da sie es vergebens versuchen, ihn durch Ver=
leumdungen und Verdrehung und Mißdeutung seiner Aus=
sprüche dem Volke verdächtig und verhaßt zu machen, so wissen
sie endlich mit der boshaftesten Hinterlist, einen seiner vertrau=
ten Jünger, den Judas Ischarioth, dessen Geldgeiz sie
kannten, dahin zu bringen, daß er der Verräther seines Freun=
des und Lehrers wird. Obgleich Jesu diese Verrätherei nicht
verborgen geblieben war, so entschließt er sich dennoch, als das
Osterfest herannaht; seinen Feinden unter die Augen zu treten,
fest überzeugt, daß sie so lange, bis seine Stunde gekommen sei,
keine Macht über ihn haben werden. Mit Weisheit und Liebe
bemüht er sich, seine Jünger, besonders den feurigen Petrus,
auf das traurige Schicksal, das ihm bevorstand, aufmerksam zu
machen; und ihnen das muthvolle Vertrauen zu Gott einzu=
flößen, das ihn selbst beseelte. (Joh. 14, 18 — 20. 28 — 31.
Kap. 15, 12. 13. 16 — 20. 31. 32.) Dann versammelte er sie
am letzten Abend seines Lebens noch ein Mal um sich, und
stiftete ein Gedächtnißmahl seines Todes. Bei dem Anbruche
der Nacht geht er mit ihnen, indeß der Verräther ihm, ohne es
zu glauben, den Untergang bereitet, hinaus vor die Stadt, und
bei dem Meierhofe Gethsemane, auf dem Oelberge, kämpft
er mit den Schrecken des Todes, und betet: „ist's möglich, o

Vater, so gehe dieser Kelch vor mir vorüber, doch nicht mein Wille, sondern dein Wille geschehe!" Mit bewundernswürdiger Seelenstärke geht er dann der Schaar entgegen, die, vom Judas geführt, ihn in der Mitternachtsstunde gefangen nehmen soll, und tritt unerschrocken, mit der Würde der Unschuld und Frömmigkeit, vor den hohen Rath, wo erkaufte Zeugen gegen ihn auftreten, und ihn der Gotteslästerung beschuldigen. Er vertheidigt sich nicht, erklärt aber freimüthig, daß er der Sohn Gottes sei, und erträgt grausame Mißhandlungen, die man sich schamlos gegen ihn erlaubt, mit edelmüthiger Gelassenheit. Als der Tag anbricht, führt man ihn vor den römischen Statthalter Pontius Pilatus, klagt ihn der Empörung an, und fordert seine Hinrichtung. Pilatus, obgleich von der Unschuld Jesu überzeugt, hat doch nicht den Muth, seine Macht zu gebrauchen, um den unschuldig Angeklagten zu retten; sondern nachdem er einige Versuche gemacht hat, das aufgewiegelte Volk zu besänftigen, begnügt er sich, öffentlich zu erklären, er wolle keinen Theil haben an der Hinrichtung dieses Gerechten, willigt aber zugleich in die Kreuzigung Jesu. (Joh. 19. 1— 19. Luc. 23, 14—25. Matth. 27, 24—31.) Schrecklich gemißhandelt von den rohen Soldaten, denen er nun übergeben wird, begleitet von einem zahllosen Volkshaufen, der kein Erbarmen fühlt, nur von einigen gefühlvollen Frauen beweint (Luc. 23, 27—31.), geht Jesus mit festem Muthe dem Tode entgegen, und stirbt auf Golgatha den Tod der Missethäter, obgleich Niemand ihn einer Sünde zeihen konnte. Unter den frechen Verspottungen der Schriftgelehrten und Aeltesten betet er: Vater, vergib ihnen; sie wissen nicht, was sie thun; sammelt dann seine letzten Kräfte zur Tröstung seiner Mutter, die er dem Johannes übergibt mit den Worten: siehe, das ist deine Mutter! und spricht sterbend: Vater, ich befehle meinen Geist in deine Hände! An seinem Kreuze wird ihm das Zeugniß zu Theil: wahrlich, dieser ist ein frommer Mann, und Gottes Sohn gewesen! und im Tode wird er von der dankbaren Liebe des Joseph von Arimathia geehrt, der den Leichnam in ein neues Grab legen läßt. Hier ruht der Gekreuzigte, nach seiner Vorhersagung, nur bis zum Morgen des dritten Tages; dann wird er von Gott verherrlicht durch die Auferstehung. Noch

40 Tage hindurch sehen die erstaunten Jünger und Freunde
Jesu den Auferstandenen in ihrer Mitte, freuen sich seiner Ver-
herrlichung, empfangen seine letzten Belehrungen und Ermahnungen, und dann den Befehl: gehet nun hin in alle Welt und
lehret alle Völker, und taufet sie im Namen Gottes, des Vaters, des Sohnes und des heiligen Geistes, und lehret sie halten
alle meine Gebote. (Joh. 20.) Zu Bethanien sehen sie ihn
zum letzten Male; hier segnet er sie noch ein Mal, scheidet von
ihnen und fährt gen Himmel. Am zehnten Tage nach seiner
Himmelfahrt geht die Verheißung an ihnen in Erfüllung, mit
welcher sie Jesus bei dem Abschiede getröstet hatte: „ihr werdet
angethan werden mit Kraft aus der Höhe;" denn am Tage
der Pfingsten fühlten sie sich alle auf ein Mal von einem göttlichen Geiste erhoben und erleuchtet, sie wurden alle voll des
heiligen Geistes, und werden nun unerschrockene Verkündiger
der Lehre des Auferstandenen. Der glücklichste Erfolg krönet
ihre Bemühungen; denn aller Verfolgungen und Hindernisse
ungeachtet, bekennen sich in kurzer Zeit Tausende zur Lehre
Jesu Christi; überall entstehen christliche Gemeinden in den
umliegenden Ländern; das Christenthum siegt über alle Angriffe und alle Verfolgungen, und wird die Religion des ganzen Menschengeschlechts.

IX.
Von der Zeitrechnung und vom Kalender.

Eigentlich heißt die Zeit vom Aufgange der Sonne bis zum
Untergange derselben ein Tag, und dies wäre der natürliche
Tag. Aber so berechnen wir unsere Tage nicht, denn sonst
würden sie niemals aus vier und zwanzig Stunden bestehen,
sondern in verschiedenen Gegenden der Erde von verschiedener
Länge sein und z. B. in Pennsylvanien und Ohio mitten im
Sommer aus etwa funfzehn und mitten im Winter nur aus
neun Stunden bestehen; während in den südlichen Staaten
der längste Tag nur vierzehn, der kürzeste aber zehn Stunden dauern würde. Nach der Zeitrechnung, welche bei uns eingeführt ist, nehmen wir Tag und Nacht zusammen, und nennen
dies einen Tag. Wenn wir also von Jemand sagen: er ist

auf acht Tage verreist, so heißt das eigentlich: auf acht Tage
und acht Nächte. Solch' ein Tag von vier und zwanzig Stun=
den, der sich um Mitternacht anfängt, und bis zur folgenden
Mitternacht dauert, heißt ein bürgerlicher Tag. Wir zäh=
len aber nur zwölf Stunden, von Mitternacht bis Mittag, und
dann eben so viele von Mittag bis Mitternacht. Die Uhren
dienen dazu, um genau die Stunden abzumessen. Man hat
dreierlei Uhren. Die eine Art ist unbeweglich, nämlich die
Sonnenuhren. Die Sonnenuhren zeigen bei Sonnen=
schein die Stunden mittelst eines Zeigers an, der in der Mitte
der Uhr aufrecht steht, und dessen Schatten immer auf die Zahl
der Stunde fällt, welche verflossen ist. Fällt also der Schatten
des Zeigers zwischen vier und fünf, so ist es halb fünf. Die
Sanduhren sind jetzt fast gar nicht mehr gebräuchlich. In
einem verschlossenen Glase ist feiner Sand, der in einem über=
aus feinen Strahl durch eine unten im Glase angebrachte Oeff=
nung in ein anderes Glas läuft. Die Einrichtung ist so ge=
macht, daß er gerade in einer Stunde abläuft. Man kann an
diesen Uhren nur wissen, daß eine Stunde des Tages verflossen
ist, aber nicht: die wie vielste Stunde.

Die brauchbarsten Uhren sind also unstreitig die Räder=
uhren, denn man kann sie bei Sonnenschein und in der Fin=
sterniß gebrauchen, und sie zeigen weit genauer die Zeit an, als
Sonnenuhren und Sanduhren. Die Räderuhren werden,
wenn sie groß sind, wie z. B. die Wanduhren und Thurm=
uhren, durch Gewichte in Bewegung gesetzt. Sind sie klein,
wie die Taschenuhren, so setzt man sie durch eine dünne
zusammengekrümmte Stahlplatte, welche die Feder heißt, und
sich nach und nach ausdehnt, in Bewegung. Eine Räderuhr
zeigt nicht nur die Stunden, sondern auch die Minuten
(deren sechzig auf eine Stunde gehen), ja sogar, wenn sie dar=
nach eingerichtet ist, die Sekunden an. Sechzig Sekunden
machen eine Minute aus. Wie viel Sekunden gehen also auf
eine Stunde?

Der Mond läuft in jedem Jahre ungefähr dreizehn Mal
um die Erde, und wird eben so, wie unsere Erde, von der Sonne
erleuchtet. Aber bei seinem Umlauf zeigt er uns nicht immer
die ganze von der Sonne erleuchtete Hälfte, sondern bald

einen größeren, bald einen kleineren Theil derselben. Diese
Veränderungen seiner erleuchteten Scheibe finden wir im Kalender mit folgenden Namen angezeigt: Neumond; erstes
Viertel; Vollmond; letztes Viertel. Den Neumond
sehen wir gar nicht, weil uns der Mond alsdann seine dunkle
Seite zukehrt. Aber einige Tage nach dem Neumond sehen
wir einen schmalen Abschnitt der Mondscheibe, in Form einer
Sichel, am Himmel glänzen. Sieben Tage nach dem Neumonde sehen wir die Mondscheibe halb erleuchtet, und dieses
wird das erste Viertel genannt. Nun wird die Mondscheibe an jedem Abende größer und runder, und sieben Tage
nach dem ersten Viertel ist sie ganz rund; denn nun steht der
Mond der Sonne gegenüber, und zeigt uns seine ganze erleuchtete Hälfte. Nun nennen wir ihn Vollmond. Der Vollmond nimmt alle Abende ab, und hat sich nach sieben Tagen
wieder in den halben Mond verwandelt, d. h. wir sehen
seine Scheibe nur halb erleuchtet, und zwar des Morgens um
6 Uhr. Dann sagen wir: es ist das letzte Viertel.
Von dieser Zeit an rückt der Mond der Sonne wieder näher,
und steht nach sieben Tagen mit ihr in einerlei Gegend des
Himmels, daher wir ihn dann gar nicht sehen, und folglich wieder Neumond haben.

Die Zeit von einem Neumonde bis zum andern wird ein
Monat oder Mond genannt. Wie viel Tage würden also
zu einem Monat gehören, wenn sich der Mond wirklich genau
in Zwischenräumen von sieben Tagen vier Mal so veränderte,
wie es vorhin beschrieben worden ist? — Aber so rechnen wir
nicht; denn wir würden mehr als zwölf Monate im Jahre
zählen müssen, wenn wir die Monate genau nach dem Umlauf
des Mondes abmessen wollten. Um eine gerade Zahl zu haben,
hat man zwölf Monate angenommen, und jedem Monat
einige Tage mehr gegeben, als er haben müßte, wenn er genau
nach dem Umlauf des Mondes abgemessen werden sollte. Der
Mondschein ist für Die, welche des Nachts reisen oder arbeiten, sehr nützlich. Wenn euch aber Jemand bereden will,
daß einige Geschäfte besser im zunehmenden, und andere besser
im abnehmenden Monde gerathen, so glaubet es nicht.

Wir sagen zwar: die Sonne geht auf, und geht

unter; aber eigentlich geht oder bewegt sich die Sonne am
Himmel nicht, sondern bleibt unbeweglich an demselben Orte
stehen. Aber unsere Erde bewegt sich um die Sonne, und zwar
binnen einer Zeit von dreihundert fünf und sechzig Tagen,
5 Stunden, 48 Minuten und 50 Secunden, und indem sie sich
um die Sonne herum bewegt, dreht sie sich zugleich drei hundert und fünf und sechzig Mal um sich selbst, wie sich das Rad
um seine Are dreht, und dabei zugleich immer weiter fortbewegt. Die Sonne kann die Erde, da diese fast so rund wie
eine Kugel ist, nicht auf einmal ganz bescheinen oder erleuchten,
sondern nur diejenige Hälfte der runden Erde, welche ihr zuge-
kehrt ist. Nimm eine Kugel, und halte sie, wenn es finster ist,
gegen ein Licht; nicht wahr, so wird nur die eine Hälfte der
Kugel von dem Lichte erleuchtet, und die andere nicht? Es sieht
also freilich alle Tage so aus, als ob die Sonne unterginge,
weil wir die allmälige Bewegung unserer Erde unmöglich
wahrnehmen können; so wenig wir es wahrnehmen, daß ein
Schiff, auf dem wir uns befinden, allmälig auf dem Flusse
fortschwimmt, wenn wir nicht etwa ein besonderes Merkzeichen
haben, woran wir dies erkennen.

Daß man also die Zeit in Jahre eintheilt, und drei hundert fünf und sechzig Tage zu einem Jahre rechnet, dies kommt
daher, weil man alle Tage die Sonne erscheinen und wieder
verschwinden sah. Und nun gebt ein Mal recht Acht auf die
Sonne, so werdet ihr bemerken, daß sie nie an demselben Orte
des Himmels erscheint und verschwindet. In manchen Monaten scheint sie nur kurze Zeit, weil diejenige Hälfte unserer Erde,
welche wir bewohnen, sich nach sechs oder acht Stunden schon
wieder von der Sonne abkehrt; in manchen Monaten aber
sehen wir die Sonne vierzehn bis fünfzehn Stunden am Himmel, weil in dieser Zeit diejenige Hälfte unserer Erde, auf der
wir wohnen, sich für so lange Zeit der Sonne zukehrt. Es gibt
also Monate im Jahre, wo unsere Tage kurz, und dann folglich
auch die Nächte desto länger sind; und wiederum andere Monate, in welchen wir kurze Nächte und lange Tage haben.
Zwei Mal im Jahre, nämlich den ein und zwanzigsten März
und den drei und zwanzigsten September, ist der Tag bei uns
gerade eben so lang, als die Nacht (Tag- und Nachtgleiche),

also beim Anfang des Frühlings und Herbstes. Den kürze=
sten Tag im Jahre haben wir am ein und zwanzigsten Decem=
ber, und den längsten am ein und zwanzigsten Juni.

Nun wissen wir alle, woher die Abwechselung von
Tag und Nacht entsteht; nämlich von dem Umdrehen der
Erde um sich selbst, oder, wie man auch sagt, um ihre Axe.
Wir wissen auch, daß am Ende eines Jahres, oder eines Zeit=
raums von drei hundert fünf und sechzig Tagen, noch beinahe
sechs Stunden übrig bleiben, weil die Erde gerade so viel Zeit
gebraucht, um ihren Lauf um die Sonne zu vollenden. Diese
überzähligen sechs Stunden rechnet man allemal im vierten
Jahre zusammen, und macht einen Tag daraus, den man den
Schalttag nennt, weil er dem jedesmaligen vierten Jahre
eingeschaltet wird, und zwar im Monat-Februar, der also dann
neun und zwanzig Tage enthält. Das Jahr, in welchem diese
Einschaltung geschieht, heißt ein Schaltjahr. Die andern
Monate haben dreißig oder ein und dreißig Tage, wie ihr aus
folgendem Verschen ersehen könnt:

> Dreißig Tage hat September,
> April, Juni und November,
> Februar hat acht und zwanzig allein
> Und alle übrigen dreißig und ein.
> Kommt dann der Schalttag im vierten Jahr,
> So hat neun und zwanzig der Februar.

Wenn hundert Jahre verflossen sind, so sagt man: ein
Jahrhundert ist zu Ende. Wir haben das Ende eines
Jahrhunderts erlebt, und nennen dieses zu Ende gegangene
Jahrhundert das achtzehnte, weil seit der Geburt Jesu
Christi, des größten Wohlthäters der Menschen, achtzehn
hundert Jahre verflossen sind. Jetzt leben wir im neunzehnten
Jahrhunderte.

In dem Kalender ist die Zeitrechnung durch ein ganzes
Jahr genau angezeigt. Es ist also sehr nützlich. Doch ent=
hält er auch manches Unnütze, z. B. die albernen Rathschläge
zum Aderlassen und die Vorhersagung der Witterung: denn
kein Mensch ist im Stande, auch nur einen Tag, viel weniger
ein ganzes Jahr vorher zu wissen, wie die Witterung beschaffen
sein werde, da Nichts veränderlicher ist, als das Wetter. Das

Nützlichste in dem Kalender ist die Anzeige der Tage, Wochen und Monate durch's ganze Jahr, die Bestimmungen der Festtage, die Abwechselungen des Mondes, der Eintritt der Ebbe und Fluth, und die Anzeige der Sonnen= und der Mondfinsternisse, welche in dem Laufe des Jahres eintreten.

Die Namen der zwölf Monate sind sehr alt, und nicht deutschen Ursprungs. Besser wäre es daher, wenn wir in der deutschen Sprache auch die deutschen Namen gebrauchten, welche schon vor tausend Jahren ein deutscher Kaiser, Karl der Große, den Monaten gab. Er nannte mit Recht den Januar Wintermonat, den Februar Hornung — von dem alten deutschen Worte Hor, welches Koth bedeutet, weil es in diesem Monate gewöhnlich thauet, und dann viel Koth entsteht; — den März nannte er den Lenz= oder Frühlingsmonat; den April Ostermonat, den Mai Wonnemonat, weil er Wonne oder Freude bringt; den Juni Brachmonat, weil dann in Deutschland die Brachäcker, d. h. die unbesäet gebliebenen Aecker, zur Wintersaat zubereitet werden; — den Juli Heumonat; den August Erntemonat; den September Herbstmonat; den October Weinmonat; den November Wintermonat, und den December Christmonat, weil das Geburtsfest Jesu Christi in diesem Monate gefeiert wird, und zwar um Weihnachten. Dieses Fest fällt allemal auf den fünf und zwanzigsten December. Von Karl dem Großen sollen auch die Namen der vier Himmelsgegenden: Ost, West, Süd und Nord, herrühren.

Das Osterfest fällt nicht immer auf denselben Tag, und nicht immer auf denselben Monat, sondern entweder am Ende des März, oder vor dem fünf und zwanzigsten April.

Das Pfingstfest fällt allemal sieben Wochen nach Ostern ein.

In unserm Kalender steht auch ein Abschnitt von Sonnen= und Mondfinsternissen. Mit diesen Finsternissen hat es folgende Bewandniß. Wir wissen aus dem Vorigen, daß sich die Erde um die Sonne, und der Mond um die Erde, aber auch zugleich mit der Erde um die Sonne bewegt. Indem sich nun die großen Körper um einander herumdrehen, so geschieht es zuweilen, daß einer dem andern das Licht der Sonne wegnimmt

oder auffängt, indem er zwischen ihn und die Sonne tritt. Da
nun beide, die Erde und der Mond, ihr Licht von der Sonne
erhalten, und also finster werden müssen, wenn ihnen dies Licht
entzogen wird, so ist's natürlich, daß der Mond vor unsern
Augen verdunkelt dasteht, wenn die Erde bei ihrer Umwälzung
um die Sonne zwischen ihn und die Sonne getreten ist; denn
nun wirft die Erde ihren Schatten auf den Mond, und verur=
sacht dadurch eine Mondfinsterniß. Ist nun der Fall um=
gekehrt, daß nämlich der Mond zwischen die Sonne und unsere
Erde getreten ist, so wird zwar die Erde nicht ganz dadurch
verdunkelt, da der Mond kleiner als die Erde ist; aber der
Mond entzieht uns dann doch größten Theils den Anblick der
Sonnenscheibe, so daß es uns scheint, als sei die Sonne zum
Theil verfinstert, und darum nennen wir diese Erscheinung eine
Sonnenfinsterniß. Diese Benennung ist also eben so we=
nig richtig und passend, als der Ausdruck: die Sonne geht auf,
und geht unter; denn die Sonne wird ja bei einer sogenannten
Sonnenfinsterniß nicht wirklich verfinstert, sondern nur durch
die Mondscheibe verdeckt, und so zum Theil unseren Augen
entzogen. Da nun in diesem Falle der Mond den größten
Theil der Sonnenstrahlen auffängt, so wird es bei Sonnenfin=
sternissen bisweilen so dunkel, daß die Sterne am Himmel zu
sehen sind, und es aussieht, als ob es Nacht werden wollte.

X.

Merkwürdige Natur=Erscheinungen.

Die Luft, welche unsere Erde von allen Seiten umgibt,
sammt den Dünsten, welche sie enthält, wird die Atmosphäre
oder der Luftkreis genannt. Je höher man, z. B. auf hohen
Bergen, in diesem Luftkreise hinaufsteigt, desto dünner wird die
Luft, und desto weniger drückt sie. Daher kommt es, daß die
Bergbewohner stärker und fröhlicher sind, als die Bewohner
der Thäler.

Alle Dünste und Dämpfe, welche beständig von der Erde
und allen Dingen auf der Erde aufsteigen, sammeln sich in der
Atmosphäre, und indem sie sich verbinden, entsteht daraus Re=

gen, Schnee, Nebel, Wind und jede andere Veränderung der
Witterung. — Wenn sich die Luft in einigen Gegenden der
Atmosphäre auf ein Mal sehr stark ausdehnt, und dagegen in
andern Gegenden derselben sich zusammendrängt, so entsteht
eine starke Bewegung unter den Luftmassen, und diese Bewe=
gung wird Wind genannt. Ist der Wind sehr heftig, so wird
er Sturm genannt; den heftigsten Sturm nennt man einen
Orkan. Ein Sturm zerbricht die stärksten Bäume, wirft
Häuser und Thürme um, und verheert zuweilen ganze Wälder.
Eine solche Verheerung nennt man einen Windbruch.

Der Thau entsteht aus den wässerigen Dünsten, welche am
Tage aus der Erde aufsteigen, durch die Kälte der Nacht ver=
dichtet werden, und dann niederfallen. Wenn daher die Nächte
sehr warm sind, so fällt wenig oder gar kein Thau. Gefriert
der Thau, so nennt man ihn Reif. Wenn es gereift hat, so
sind die Bäume und Gräser so weiß, als ob sie gepudert wä=
ren. Wenn nämlich die Bäume und andere Körper sehr kalt
sind, so müssen die darauf gefallenen Dünste nothwendig zu
Eistheilchen werden. Bei großer Kälte gefrieren sogar die
Ausdünstungen, die aus unserm Munde gehen, und das Haar
wird davon wie mit einem Reife überzogen.

Der Nebel entsteht ebenfalls aus Dünsten, die sich schon
verdichtet haben, und also eigentlich nicht mehr Dünste sind.
Da das Wasser, aus welchem er besteht, in sehr feine Theile
zertheilt ist, so schwimmt er in der Luft. Wenn sich diese feinen
Theile verbinden, so bilden sie sehr feine Tropfen, welche als=
dann niederfallen. Dann sagt man: der Nebel fällt.
Scheint die Sonne unmittelbar auf den Nebel, so wird dies
schwimmende Wasser durch die Wärme ausgedehnt, es muß
verdunsten, und die auf die Erdfläche gelagerte Nebelmasse muß
sich heben. Man sagt dann: der Nebel steigt. Der Nebel,
welcher sich an heitern Sommerabenden zeigt, entsteht daraus,
daß sich die Luft abgekühlt hat. Flüsse, welche nicht zugefroren
sind, rauchen im Winter, wenn es stark frieret, weil die oberen
Wasserschichten, wegen ihrer größern Dichtigkeit und Schwere,
zu Grunde gehen, und das noch wärmere Wasser von unten auf
in die Höhe drängen, welches zwar verdunstet, aber sogleich
wieder tropfbar wird. — Die Nebel, welche in den höheren

Gegenden des Luftkreises schwimmen, nennen wir Wolken.
Aus aufsteigenden Nebeln bilden sich Wolken, deren verschiedene Farben blos daher entstehen, daß das Sonnenlicht auf eine
sehr verschiedene Weise in den Wolken gebrochen wird. Manche
Wolken mögen über fünf Meilen von der Erdfläche entfernt
stehen, andere ziehen so niedrig, daß man sie von einem hohen
Berge aus unter sich sieht.

Aus feinen Nebeltropfen bildet sich in der obern Luft der
Regen. Man unterscheidet Staubregen und Platzregen,
Strichregen und Landregen. Hagel ist gefrorner Regen. Der
Schnee besteht aus nichts Anderm, als aus gefrornen sehr feinen Wassertheilchen, welche bei stiller Luft in Gestalt sechs=
zackiger Sterne niederfallen. Hängen sich mehre derselben an
einander, so werden Schneeflocken daraus. Wenn alles Wasser,
welches ein ganzes Jahr hindurch als Regen, Schnee und Ha=
gel niederfällt, auf der Oberfläche unserer Erde stehen bliebe,
ohne zu verdunsten, so würde es ungefähr 30 Zoll hoch über
dem ganzen flachen Lande stehen. — Zuweilen hat der Regen
eine röthliche Farbe (der sogenannte Blutregen); dies rührt
von einigen Schmetterlingsarten her, welche eine rothe Materie
von sich geben, wenn sie aus ihren Hüllen hervorkriechen. Aber=
gläubische und unwissende Menschen erzählen, daß es Frösche
geregnet habe. Damit hat es folgende Bewandniß: wenn es
nach langer Dürre ein Mal regnet, so kommen die Frösche aus
ihren trockenen Löchern hervor, und hüpfen in großer Menge
auf dem nassen Boden herum, indem sie ihren Durst löschen. —
Der Regenbogen ist ein großer siebenfarbiger Halbzirkel,
welcher in den Regentropfen sichtbar wird, wenn die Sonne
einer dunkeln Wolke gegenüber steht, und wir uns zwischen der
Sonne und der Wolke befinden. Die Sonnenstrahlen werden
nämlich in den herabfallenden Regentropfen auf eine verschie=
dene Weise gebrochen. Die oberste Farbe des Regenbogens ist
die rothe, und die unterste die violette. Welches sind die andern?

Es gibt in der Natur einen Stoff, von dessen Beschaffen=
heit uns nur dies bekannt ist, daß er einem Körper die Kraft
gibt, andere Körper bald anzuziehen und bald abzustoßen, wo=
bei sich fast immer ein Lichtfunke oder eine Flamme mit einem
größeren oder geringeren Geräusche zeigt, und derjenige Körper,

der davon getroffen ift, erfchüttert wird. Diefes Naturerzeug=
niß wird Elektricität genannt. Reibt man z. B. eine reine
und trockene Glasröhre mit einem wollenen Lappen, und hält
fie über kleine Stücke Papier, fo werden diefe einige Mal ange=
zogen und zurückgeftoßen; kommt man diefer Röhre mit dem
Finger nahe, fo fieht man im Dunkeln einen Funken, hört ein
Kniftern, und fühlt ein Stechen im Finger. Hält man die
Röhre, nachdem fie lange und ftark gerieben ift, gegen das Ge=
ficht, fo hat man eben die Empfindung, als wäre das Geficht
mit Spinnengewebe überzogen. Eben dies bemerkt man, wenn
man Bernftein, Schwefel, Porzellan oder Siegellack reibt.
Man hat eine eigene Mafchine erfunden, durch welche man die
Elektricität fehr leicht erregen kann, die Elektrifirmafchine.
Wenn die Glasfcheibe, welche fich daran zwifchen zwei Reibe=
kiffen herumdreht, in Bewegung gefetzt wird, fo fängt eine
blecherne Röhre, welche damit in Verbindung fteht, die durch
das Reiben des Glafes erregte Elektricität auf, und mit einem
krummen, an jedem Ende mit einem blanken Knopfe verfehenen
Drahte, der einen gläfernen Handgriff hat, lockt man die Elek=
tricität aus der Röhre; denn indem man fie mit dem Knopfe des
Drahtes berührt, fährt der elektrifche Funke heraus. Man kann
diefe Funken fo ftark machen, daß Metalle dadurch in einem
Augenblicke gefchmolzen, und Thiere getödtet werden können.
Diefe elektrifche Materie befindet fich nun auch in den Wolken,
welche man Gewitterwolken nennt, und wenn fie in der Geftalt
eines zackigen Feuerftrahls ausfährt, fo fagen wir: es blitzt,
oder wetterleuchtet. Der Knall, welcher gewöhnlich auf den
Blitz oder Wetterftrahl folgt, nennen wir den Donnerfchlag.
Wenn die elektrifche Flamme, welche wir Blitz nennen, einen
Körper, z. B. einen Baum oder ein Haus trifft, fo zerftört fie
ihn, indem fie ihn entweder in Brand fteckt, oder zerfplittert.
Trifft der Blitz einen Menfchen, fo betäubt, lähmt oder tödtet er
ihn. Doch dies gefchieht nur felten, und der Nutzen, den die Ge=
witter bringen, ift weit größer, als der Schade, den fie anrichten.
Sie kühlen die Luft ab, und reinigen fie von fchädlichen Dünften.
Der Regen, welcher gewöhnlich die Gewitter begleitet, macht
das Land fruchtbar, und befördert das Wachsthum der Pflan=
zen fehr merklich. — Die nachtheiligen Wirkungen des Blitzes

14

an Gebäuden verhütet man am sichersten durch wohl eingerich=
tete Blitzableiter. Dies sind eiserne Stangen, welche am
obern Ende mit einer scharfen Spitze versehen sein müssen. Um
sie vor dem Rost zu verwahren, überzieht man sie mit Zinn
oder Firniß, und vergoldet die Spitze. Breite, genau an ein=
ander befestigte Kupferbleche thun eben die Dienste. Der
Blitzableiter wird von der Erde bis über die Spitze des Daches
geführt, und dicht am Hause befestigt, doch so, daß er bis in die
feuchte Erde hinabreicht. An einem solchen Blitzableiter fährt
die elektrische Materie, ohne das Haus zu beschädigen, herunter
in die Erde. Ein Haus, welches von hohen grünenden Bäu=
men umgeben ist, wird vom Blitze nicht getroffen, weil der
Blitz sich nach den Bäumen hinzieht. Eben darum muß man
aber auch nie bei einem Gewitter unter Bäumen Schutz suchen.
Wer hat den Blitzableiter erfunden?

Ihr habt wohl schon oft von Irrlichtern oder Irrwi=
schen gehört? Dies sind kleine Flammen oder Lichter, welche
sich an sumpfigen Oertern sehen lassen, und eine hüpfende Be=
wegung haben. Sie entstehen aus brennbaren Dünsten, welche
sich entzünden, und so lange leuchten, als sie brennen. Man
hat diese leuchtenden Dünste darum Irrlichter genannt, weil
bisweilen Reisende, welche ihnen nachgingen, dadurch von ihrem
Wege ab= und mehrentheils in Sümpfe geführt wurden. Eine
ähnliche Bewandniß hat es mit den sogenannten Stern=
schnuppen und Feuerkugeln. Wenn diese leuchtenden
Körper aus der obern Luft herabschießen, so sieht es gerade so
aus, als ob ein Stern vom Himmel fiele. Sie schießen mit
der größten Geschwindigkeit brennend fort, und lassen zuweilen
einen röthlichen Strich in der Luft zurück, der sich allmälig ver=
liert. Zuweilen hört man ein Gezische, womit sie sich bewegen,
und oft zerspringen sie mit einem Knall. Ihr Licht ist blen=
dend hell.

Zuweilen sieht man an der mitternächtlichen oder Nordseite
des Himmels einen hellen Schein, aus welchem bisweilen
Strahlen hervorschießen, und der sich nach und nach über einen
großen Theil des Himmels verbreitet. Der Himmel sieht dann
zuletzt ganz roth und feurig aus, und gewährt einen überaus
schönen Anblick. Man nennt diese Natur=Erscheinung ein

Nordlicht, und sie ist unstreitig, so wie das Wetterleuchten, eine Wirkung der Elektricität. Es ist thöricht, sich davor zu fürchten; denn das Nordlicht richtet nie Schaden an, und hat auch nichts Böses zu bedeuten.

XI.
Europa.

Wir wissen aus dem Vorigen, daß derjenige Theil unserer Erde, in welchem wir wohnen, Amerika heißt, und daß die fünf großen Theile der Erde wieder in kleinere Theile, oder in Länder und Staaten eingetheilt sind, welche auf der Landcharte durch die verschiedenen Farben bezeichnet werden. Noch muß ich euch sagen, daß man Amerika auch vorzugsweis die neue Welt nennt, zum Unterschiede von der alten Welt, worunter man Europa, Asien und Afrika begreift. Die Völker der alten Welt hatten nämlich schon seit Jahrtausenden von einander Kunde gehabt, während ihnen erst vor viertehalb hundert Jahren das Vorhandensein unsers großen Festlandes bekannt wurde. Von dieser Zeit aber an bis auf unsere Tage sind die Bewohner der alten Länder hieher eingewandert, haben sich angesiedelt und mächtige Staaten gebildet. Alle weißen Bewohner der Ver. Staaten sind demnach auch Einwanderer oder deren Abkömmlinge. Und da hauptsächlich Europa es war, von welchem Welttheile die weiße Bevölkerung unsers Vaterlandes abstammt, und von wo Menschenbildung, Kunst und Wissenschaft durch unsere Vorväter hieher verpflanzt wurden, so wird es nicht unzweckmäßig sein, euch mit dessen Ländern in einer kurzen Uebersicht bekannt zu machen. Die Länder, in welche Europa getheilt ist, haben folgende Namen:

1) Deutschland, das Vaterland unserer Vorfahren, welches mitten in Europa liegt und wovon ihr weiter unten lesen werdet.

2) Die Schweiz oder Helvezien, ein kleines bergiges Land, dessen Einwohner Schweizer genannt werden, liegt zwischen Frankreich, Deutschland und Italien, nährt auf seinen Alpen zahlreiche und schöne Viehheerden, hat Wein und Obst,

wenig Getreide, und ist das höchste Land in Europa, das Land der Gletscher und Eisfelder, der reizendsten Thäler und der fürchterlichsten Abgründe. Zwei ansehnliche Städte in diesem Lande heißen: Zürich und Bern.

3) Italien, ein großes und sehr fruchtbares Land, welches man daher den Garten von Europa genannt hat. Es ist reich an Reis, Wein, Oel, Zitronen, Pomeranzen, Feigen, Apfelsinen und schöner Seide, und hat einen Ueberfluß an Vieh. In Italien findet man unter andern die starken Büffel, viele Maulthiere und Esel, und den schönen weißen Marmor, aus welchem die Bildhauer Statüen und Verzierungen machen. Unter den Städten Italiens sind die merkwürdigsten: Mailand, Rom, Venedig, Neapel, Florenz und Genua. Die Apenninen durchschneiden das Land nach seiner Länge; die Alpen scheiden es von Deutschland und der Schweiz. Der Montblanc, die höchste Bergspitze Europa's, erhebt sich hier 14,676 Fuß hoch.

4) Frankreich, ein großes, fruchtbares Land, reich an Wein, Getreide, Oel, Obst und edlen Früchten. In der Hauptstadt Paris wohnen mehr als acht Mal hunderttausend Menschen, und die Städte: Toulen, Bordeaux, Marseille und Straßburg sind berühmt. Die Einwohner Frankreichs werden Franzosen genannt.

5) Spanien, ebenfalls ein großes und zum Theil sehr fruchtbares Land, in welchem die feinste Schaafwolle, gute Seide, sehr viel Wein (besonders Mallaga) und Oel (Olivenöl), Baumwolle, Zucker, Manna und Taback gewonnen wird. Die spanischen Pferde, Esel und Maulesel sind vortrefflich. Die Hauptstadt dieses Landes und Residenz des Königs von Spanien heißt Madrid. Die Pyrenäen, ein hohes und rauhes Gebirge, trennen es von Frankreich.

6) Portugal, ein kleines, meistentheils fruchtbares, aber wenig angebautes Land, in welchem viel Wein, Oel und Reis wächst. Auch an Südfrüchten, d. h. Pomeranzen, Zitronen und Feigen, ist kein Mangel. Man findet in Portugal weit mehr Esel und Maulesel, als Pferde. Wie man bei uns auf Pferden reitet, so reitet man in Portugal auf Mauleseln. Die

Hauptstadt des Landes heißt Lissabon. Die Einwohner
Portugals werden Portugiesen genannt.

7) Holland (oder die Niederlande), — ist ein kleines,
morastiges, von vielen Kanälen durchschnittenes Land, in wel=
chem sehr wenig Getreide, kein Holz und kein Wein, auch nur
sehr wenig Obst wächst. Die Holländer verstehen sich aber sehr
gut auf die Viehzucht, und daher hat das Land Ueberfluß an
Butter und Käse. Da es an der Nordsee liegt, so fehlt es auch
nicht an Seefischen und Seesalz. Die größte Stadt in diesem
Lande heißt Amsterdam. Seit 1830 hat sich ein Theil der
zu Holland früher gehörigen Länder unter dem Namen

8) Belgien losgerissen, die nun einen eigenen Staat bil=
den. Brüssel und Antwerpen sind darin große und
reiche Städte.

9) Großbritannien, oder England, Schottland
und Irland, besteht aus zwei großen Inseln. In England
baut man vortreffliche Gerste, und daher ist auch das englische
Bier das beste. Die Viehzucht ist in diesem Lande sehr hoch
getrieben, besonders die Schaaf= und Pferdezucht, daher die
englische Wolle, nächst der spanischen, die beste ist, und die
englischen Pferde für die schönsten in Europa gehalten werden.
Das englische Leder ist berühmt. Sehr reich ist England an
Steinkohlen, und das beste Zinn ist das englische. — Schott=
land ist an Eisen und Fischen, besonders an Heringen und
Stockfischen, sehr reich, hat treffliche Schaafzucht und Ueberfluß
an Steinkohlen. Auch Irland hat treffliche Wolle, Getreide
und Fische, besonders Lachse, im Ueberfluß. Der König von
England wohnt in London, einer der größten Städte in der
Welt, in welcher mehr als eine Million Menschen wohnen.
Wer diese ungeheure Stadt nach ihrer ganzen Länge durch=
wandert, hat einen Weg von beinahe sechs Meilen zu machen.
Sie enthält 8000 große und kleine Straßen, 34 Marktplätze
und noch 71 andere Plätze, und beinahe 500 Kirchen und Ca=
pellen. Beständig kommen auf dem Flusse, an welchem London
liegt, auf der Themse, Schiffe aus allen Theilen der Erde
an, und man rechnet, daß jährlich mehr als 13,000 Schiffe
aus= und einlaufen.

10) Dänemark, ein kleines, ebenes Land, welches

schönes Rindvieh, Pferde, Schaafe, Schweine, Fische, Austern, Steinkohlen, Bernstein, aber weder Salz noch Metalle, und wenig Holz hat. Die Einwohner des Landes werden Dänen genannt. Die Hauptstadt heißt Kopenhagen; hier wohnt der König von Dänemark.

11) Schweden, eins der größten Länder in Europa, aber dennoch eins der ärmsten, daher es auch nur wenig Einwohner hat. Nur an Eisen ist Schweden unermeßlich reich. Es wird daraus vortrefflicher Stahl gemacht, und mit diesem, so wie mit dem Kupfer, welches auch in großer Menge gefunden wird, ein sehr einträglicher Handel getrieben. Außer dem Bergbau sind die Schweden auch mit der Fischerei beschäftigt. Ihr Land ist voll großer fischreicher Seen, und liegt von einer Seite am Meere. Das Rennthier ist in Schweden zu Hause. Wölfe finden sich in ganzen Schaaren. Auch Elenthiere finden sich häufig. — Die Hauptstadt des Landes und Residenzstadt des Königs heißt Stockholm.

12) Norwegen, ein großes Land, welches auch dem Könige von Schweden gehört. Es ist voll hoher und rauher Berge, deren Gipfel zum Theil beständig mit Schnee bedeckt sind. Diese Berge enthalten den Reichthum des Landes, denn in ihrem Innern findet sich Silber, Kupfer und Eisen in Menge. Ackerbau und Viehzucht können die Einwohner, welche Normänner genannt werden, fast gar nicht treiben, denn ihr felsiges Land bringt weder Getreide noch Gras hervor. Desto mehr beschäftigen sie sich mit der Jagd und Fischerei. In den norwegischen Wäldern befinden sich Elenthiere, Bären, Wölfe, Hermeline und Hasen genug, und das Meer, an welchem Norwegen liegt, versorgt die Normänner mit Lachsen, Heringen, Stockfischen und Austern so reichlich, daß sie einen großen Theil davon verkaufen können. Die ansehnlichste Stadt in Norwegen heißt Bergen.

13) Rußland ist das größte Land in Europa, und daher von sehr verschiedener Beschaffenheit. Im äußersten Norden findet man nur Gesträuche, Beeren, Marienglas, Pelzthiere in großer Menge, Fische und Federvieh. In einem andern Theile des Landes bringt der Boden doch Gerste und einige Gartenfrüchte hervor, und die mittäglichen Gegenden haben Ackerbau,

Obst und gute Viehzucht, wilde Pferde und ungeheure Waldungen. Noch weiter gegen Mittag bringt das Land Wein, Obst, Lorbeerbäume und Getreide, worunter auch der Reis ist, in Menge hervor. In diesen Gegenden sind die Esel und die Kameele die gewöhnlichen Lastthiere, die Büffelochsen ziehen den Pflug, und die Pferde werden erlegt und gegessen. Viele Bewohner dieses fruchtbaren Landstrichs wissen nichts von Häusern, sondern wohnen beständig in schlechten Hütten oder in Zelten, und ziehen mit ihren Heerden aus einer Gegend in die andere. Viele schlagen in Felsenhöhlen oder Erdhütten ihre Wohnung auf. Diese Bewohner Rußlands heißen Tartaren. Die Hauptstadt Rußlands und Residenz des mächtigen russischen Kaisers heißt Petersburg. Eine andere sehr große Stadt dieses Landes heißt Moskau.

14) Die Türkei ist ein sehr fruchtbares und warmes Land, und daher reich an vortrefflichen Producten, besonders an Reis, Wein, Südfrüchten, Baumwolle, Seide, Taback; an Rindvieh, Schaafen, Pferden, Eseln und Maulthieren; an Marmor, Alaun, Schwefel, Eisen und Salpeter. Das türkische Garn ist berühmt. Aus der Seide machen die Türken prächtige Stoffe und Tapeten. Der Mais, oder das türkische Korn wird in großer Menge gezogen. Aus Ziegenfellen macht man in der Türkei den schönsten Korduan und Saffian. Die Hauptstadt des Landes heißt Konstantinopel. Sie ist die Residenz des türkischen Kaisers, welcher auch Großsultan oder Großherr genannt wird, und die größte Stadt in Europa, aber nicht die schönste; denn sie hat fast lauter hölzerne Häuser, und krumme, schmutzige Straßen.

15) Ungarn ist zum Theil ein sehr gebirgiges und waldiges Land, zum Theil aber auch äußerst fruchtbar, und besonders sehr reich an Gold und Wein, in einigen Gegenden auch an Getreide, Mais, Reis, Safran, Honig, Mandeln, Obst, schönem Rindvieh und schönen Pferden, an Stein- und Quellsalz, und fast allen Mineralien. In dem Sande einiger Flüsse werden Goldkörner gefunden. Auch hier bedient man sich des Büffels beim Ackerbau. An Fischen hat das Land Ueberfluß. Es werden besonders Hausen und Karpfen in großer Menge gefischt. Die vornehmsten Städte Ungarns heißen Preß-

burg und Ofen. Mitten durch das Land strömt die
Donau.

16) Gallizien ist ein salzreiches Land. Es gibt hier
ein Salzbergwerk, in welchem man ungeheure Höhlen findet,
deren Wände und Gewölbe aus lauter Steinsalz bestehen. In
den Bergen Galliziens wird Alabaster und Marmor gefunden.
Wachs und Honig wird in Menge gewonnen. Auch an Getreide und Obst fehlt es nicht. Die Hauptstadt des Landes
heißt Lemberg.

17) Preußen ist größtentheils ein ebenes und fruchtbares
Land, voll schöner Wiesen und Viehweiden. Seine Hauptproducte sind: Getreide, Buchweizen, Hirse, Hülsenfrüchte,
Flachs, Hanf, Taback, Vieh aller Art, Honig und Wachs,
Wildpret, auch Bären, Wölfe, Elenthiere, hie und da Auer-
ochsen und Biber, sehr viele Fische, holzreiche Waldungen,
Bernstein, Blei, Eisen und Steinkohlen. Die Weichsel strömt
durch das Land. In einem Theile Preußens gibt es vortreffliche Pferde und Ochsen. Die größten Städte dieses Landes
heißen: Königsberg, Danzig und Elbing. An den
preußischen Küsten hat das Meer ungeheure Sandfelder und
Sandberge (Dünen) aufgethürmt, welche man schon zum
Theil urbar gemacht, d. h. bebaut und mit Bäumen bepflanzt
hat. Auf diese Art vergrößert sich das Land in jedem Jahre.

18) Böhmen, ein gebirgiges und waldiges, aber doch
im Ganzen sehr fruchtbares Land. Am reichsten ist es an Getreide, Honig, Wachs, Obst, Edelsteinen, Holz, Eisen und Zinn.
Die Böhmen sind sehr betriebsam und geschickt, besonders im
Leinweben und Spitzenklöppeln, in der Verfertigung des Glases, im Bergbau und in der Musik. Die Elbe durchströmt dies
Land. Das Riesengebirge trennt es von dem benachbarten Schlesien. Die Hauptstadt Böhmens heißt Prag.

19) Mähren ist auf allen Seiten von Gebirgen eingeschlossen, hat aber dennoch Getreide, auch Reis und Mais.
Safran und Süßholz, Flachs und Hanf wird in Menge gewonnen. Die zahlreichen Bergwerke liefern Vitriol, Alaun,
Schwefel, Eisen, Blei, Silber und Steinkohlen. Die beiden
vornehmsten Städte heißen Brünn und Ollmütz.

20) Schlesien, ein zum Theil bergiges Land, hat sehr

fleißige und geschickte Einwohner. Die schlesische Leinwand ist berühmt, und die schlesische Wolle wird theuer bezahlt. In den zahlreichen Bergwerken des Landes wird Silber, Kupfer, Eisen und Blei gefunden; Steinkohlen sind in der größten Menge vorhanden. Die Oder durchströmt dies Land. An ihrem Ufer liegt die Hauptstadt des Landes Breslau. Auf der Grenze von Böhmen erhebt sich die Schneekoppe.

21) Die Lausitz ist ein kleines, holz- und steinreiches Land, dem es auch nicht an Vieh, besonders an guten Schaafen fehlt, und dessen Einwohner die Bienenzucht, den Obst- und Gartenbau, und zum Theil auch den Weinbau sehr emsig betreiben. Die beiden vorzüglichsten Städte dieses Landes heißen: Bautzen und Lukkau. In der Lausitz entspringt der Spreefluß, an welchem Berlin liegt.

Die Länder Böhmen, Mähren, Schlesien und die Lausitz werden zu Deutschland gerechnet. Die meisten Einwohner dieser vier Länder sprechen auch die deutsche Sprache als ihre Muttersprache. Doch haben die Böhmen eine eigene Sprache, außer welcher sie aber auch noch die deutsche sprechen.

XII.

Deutschland.

Deutschland ist unter den 21 europäischen Ländern, von welchen wir eben etwas gelesen haben, eins der größten und fruchtbarsten. Es besteht aus größern und kleineren Staaten, unter deren Beherrschern einer den Titel Kaiser führt. Die übrigen sind Könige, Großherzöge, Herzoge, Fürsten, Grafen und Herren.

Ein kleiner Theil Deutschlands liegt am Meere, nämlich an der Ostsee und Nordsee. Das übrige Deutschland ist von folgenden Ländern eingeschlossen: von Dänemark, Holland, Frankreich, Helvezien oder der Schweiz, Italien, Ungarn, Gallizien und Preußen.

Deutschland enthält viele Berge und Gebirge. Einige darunter sind so hoch, daß ihre Gipfel fast das ganze Jahr hindurch mit Schnee bedeckt sind. Eins unter diesen Gebirgen, der Harz, besteht aus einer 60 Meilen langen Reihe von Bergen, unter welchen der Brocken oder Blocksberg der höchste ist. Der Schwarzwald, der Thüringer-Wald, das Erzgebirge und das Fichtelgebirge sind ebenfalls sehr große Bergketten.

Fünf große schiffbare Flüsse durchströmen Deutschland. Sie heißen: Donau, Elbe, Oder, Rhein und Weser. Außerdem gibt es in Deutschland noch sehr viele kleinere Flüsse, die aber auch schiffbar sind, und eine große Menge Seen, unter welchen der Bodensee an der Grenze Deutschlands und der Schweiz der größte ist.

Nur sehr kleine Landstriche in Deutschland sind unangebaut, und diese heißen Haiden. Die meisten deutschen Länder sind wohl angebaut und fruchtbar, und daher sind die Producte Deutschlands überaus zahlreich. Besonders sind die meisten Länder reich an Obst, Holz, Getreide, Flachs, Wein, Vieh, Silber, Eisen und Kupfer. Die reichsten Silberbergwerke sind im Erzgebirge, welches eben von seinem Reichthum an Erz oder Metallen den Namen hat, und im Harzgebirge. Im Erzgebirge wird auch Zinn gefunden.

Das größte deutsche Land ist das Kaiserthum Oesterreich, dessen Herr den Kaisertitel führt. Ein Theil dieses Landes, welcher Tyrol heißt, ist voll hoher Berge, die bis in die Wolken reichen, und unter denen viele beständig mit Schnee bedeckt sind. Auf diesen Bergen wohnen Gemsen (wilde, unsern Ziegen ähnliche Thiere), Steinböcke, Murmelthiere und Adler. Ja, man findet sogar in diesem rauhen Lande Eisberge (Ferner). Die Tyroler wandern in ganz Deutschland als Handelsleute umher. — Oesterreich hat sehr reiche Bergwerke, welche vortreffliches Eisen und Quecksilber liefern. — Die Hauptstadt des Landes heißt Wien. Sie liegt an der Donau, ist die Residenz des deutschen Kaisers, und die größte und volkreichste Stadt Deutschlands.

Das Königreich Baiern liegt auch zum Theil an der Donau, und ist ein fruchtbares Land. Die Hauptstadt des Landes heißt München, und ist eine der schönsten Städte in Europa. — Mehre tausend Einwohner Baierns nähren sich

von dem Gewinne des Salzes, woran dies Land einen unerschöpflichen Reichthum hat.

Franken oder der fränkische Kreis liegt in der Mitte
Deutschlands, und ist ein warmes, fruchtbares, mit Getreide,
Wein und Obst reichlich versehenes Land. Außer den gewöhnlichen Getreidearten wächst hier noch eine, welche nicht sehr
häufig ist, der Dinkel. Das Fichtelgebirge liegt in diesem
Lande. Die merkwürdigsten Städte Frankens heißen: Nürnberg, Erlangen, Anspach, Bayreuth, Würzburg
und Bamberg. — In einer Gegend Frankens wächst das
Süßholz, welches die Apotheker zur Arznei gebrauchen, in
großer Menge.

Schwaben oder der schwäbische Kreis ist ein außerordentlich fruchtbares und warmes Land. Daher bringt es
Getreide, Wein und Obst im Ueberflusse hervor. Doch gibt es
auch öde, unfruchtbare Gegenden in Schwaben; denn zwei hohe
und rauhe Gebirge, der Schwarzwald und die Alp, ziehen
sich durch das Land. Der größte Strom in Europa, die Donau, hat hier seinen Ursprung. Die merkwürdigsten schwäbi-
schen Städte sind folgende: Stuttgart, die Residenz des
Königs von Würtemberg, welchem ein Theil von Schwaben
gehört; Karlsruhe, die Residenz des Großherzogs von Baden; Augsburg, eine von Alters her berühmte Handelsstadt,
in welcher besonders schöne Silberarbeiten gemacht werden, und
Ulm an der Donau.

Hessen. In der zum Theil sehr schön gebauten Hauptstadt Cassel wohnt der Kurfürst von Hessen. In der Nachbarschaft dieses Landes liegt Frankfurt am Main, eine
berühmte Handelsstadt, in welcher jährlich zwei Messen gehalten werden. Die Messen werden von Kaufleuten aus fast allen
europäischen Ländern, besonders aus Frankreich und England,
besucht.

Die Pfalz am Rhein ist ein schönes fruchtbares Land
an der Grenze Deutschlands. Der Rhein, an welchem es
liegt, trennt es von Frankreich. Es ist ein weinreiches Land.
Der Wein, welchen man hier gewinnt, wird Rheinwein genannt. Die Landstraßen sind größtentheils mit Nußbäumen
besetzt, und in den Weinbergen stehen ächte Kastanien- und

Mandelbäume. Obst wächst in großem Ueberflusse. Die schönste Stadt des Landes heißt Mannheim.

Westphalen ist ein großes, nicht überall fruchtbares Land. Ein kleiner Theil desselben liegt auch am Rhein, ein anderer liegt an der Weser und Ems. Die Einwohner beschäftigten sich mehr mit der Viehzucht und dem Leinweben, als mit dem Ackerbau. Nur der Flachsbau wird fast überall eifrig betrieben. Die Bielefelder Leinwand wird theuer bezahlt. In dem gebirgigen Theile Westphalens gibt es große Eisen= und Stahlfabriken. In der Stadt Iserlohn werden Fischangeln, Nadeln, Schnallen, Ketten und Fingerhüte in großer Menge verfertigt. In Schwelm macht man Schraubenstöcke, Schlösser, Zangen, Wagenwinden, Aexte, Beile, Sägen, Meißel, Hobeleisen, Bohrer, Feilen, und mehr dergleichen Eisenwaaren. Die merkwürdigsten westphälischen Städte sind: Wesel, Münster, die Handelsstadt Emden an der Mündung der Ems, nicht weit von den Küsten der Nordsee; Düsseldorf, Minden an der Weser, Bielefeld und Pyrmont, mit einem berühmten Gesundbrunnen.

Niedersachsen oder der niedersächsische Kreis: Die Elbe durchströmt dieses Land, in welchem es große unbebaute Striche oder Haiden gibt. Ein Theil von Niedersachsen ist gebirgig: er enthält das hohe, rauhe, silberreiche Harzgebirge. Einige Gegenden Niedersachsens haben Ueberfluß an Getreide, und in den Ländern an der Ostsee und Nordsee wird starke Viehzucht, besonders Pferdezucht, getrieben. Die holsteinische Butter und die holsteinischen Pferde und Kühe werden theuer bezahlt. Die vorzüglichsten niedersächsischen Städte sind folgende: Hamburg, die größte deutsche Handelsstadt, an der Elbe. Jährlich laufen in Friedenszeiten drei- bis viertausend Schiffe hier ein, worunter die Hälfte Seeschiffe sind. In dem geräumigen Hafen dieser Stadt sieht man dann Schiffe aus England, Dänemark, Schweden, Rußland, Amerika und Asien, beladen mit den Producten aller Erdtheile, besonders mit rohem Zucker, Caffee, Wein, Indigo, Taback, Baumwolle und Gewürzen. Es gab in dieser reichen Stadt mehr als 300 Zuckersiedereien, und so viel Kattundruckereien, daß gegen 2000 Menschen darin Arbeit fanden. Mehr als

100,000 Menschen wohnen in Hamburg, und die meisten näh=
ren sich vom Handel. — Bremen, an der Weser, ist auch eine
ansehnliche Handelsstadt. — Lübeck liegt nicht weit von der
Ostsee, und treibt ebenfalls ansehnlichen Handel.—Hannover
ist eine bedeutende Stadt.—Braunschweig hat berühmte
Messen. — Magdeburg ist eine starke Festung an der Elbe. —
Glückstadt ist die Hauptstadt des Herzogthums Holstein,
eines dänischen Landes.

Obersachsen oder der obersächsische Kreis macht
einen beträchtlichen Theil Deutschlands aus, und besteht aus
drei Ländern, welche Sachsen, Brandenburg und Pom=
mern heißen. In dem mittäglichen Theile dieses Kreises liegt
das Erzgebirg, aus welchem die Bergleute viel Silber,
Kupfer und Eisen hervorholen. Der nördliche Theil hat einen
niedrigen, flachen, sandigen Boden, aber zum Theil auch frucht=
bare Gegenden und vortreffliches Holz zum Schiffbau. Ein
Theil des Kreises, welcher an der Ostsee liegt, Pommern, hat
gute Viehzucht. Die Flüsse, welche Obersachsen durchströmen,
sind folgende: die Elbe, die Oder, die Havel, die Saale,
die Warte und die Spree. Der südliche Theil des Lan=
des gehört größten Theils dem Könige von Sachsen, der
nördliche gehört beinahe ganz dem Könige von Preußen.
— Sachsen ist eins der besten Länder in Deutschland. Seine
Einwohner sind sehr geschickt und fleißig. Die Hauptstadt
dieses Landes heißt Dresden. Sie ist die Residenzstadt
des Königs, und gehört zu den schönsten Städten Deutschlands.
Die Elbe fließt durch diese Stadt. Auch Leipzig ist eine
schöne sächsische Stadt und eine berühmte Handelsstadt. Ihre
Messen werden nicht nur von deutschen, sondern auch von russi=
schen, französischen, englischen und türkischen Kaufleuten be=
sucht. — Halle an der Saale hat, wie Leipzig und Jena,
eine Universität.

Die Mark Brandenburg ist zwar nicht so frucht=
bar, als Sachsen, aber sehr sorgfältig angebaut. Sie wird
von der Oder, Elbe, Havel, Spree und Warte durchströmt.
Außer dem Ackerbau beschäftigen sich die Brandenburger mit
der Viehzucht, der Bienenzucht, dem Seidenbau, und in eini=
gen Gegenden mit Weinbau. In den Städten gibt es ansehn=

liche Manufacturen und Fabriken, besonders Baum-
wollen=, Wollen= und Seidenfabriken. Die Hauptstadt des
Landes und die Residenz des Königs von Preußen ist Berlin,
eine sehr große, und größten Theils schön gebaute Stadt, in
welcher mehr als 220,000 Menschen wohnen. Unter den Fabriken dieser Stadt ist die Porzellanfabrik die merkwürdigste.
Sie gibt mehr als 300 Arbeitern, und über 60 Malern Beschäftigung. In einer andern Fabrik sind einige hundert Arbeiter beschäftigt, feines und grobes Tuch zu verfertigen. Die
Zuckersiedereien, die Lederfabriken, die Branntweinbrennereien,
die Seiden= und Baumwollenfabriken und die Buchdruckereien
geben mehren tausend Menschen Nahrung, und man rechnet,
daß in den sämmtlichen berlinischen Manufacturen und Fabriken mehr als 16,000 Menschen Beschäftigung finden. — Berlin liegt zwischen der Oder und Elbe, an der Spree, einem
mäßigen Flusse, der aber doch große beladene Kähne trägt,
und sich zwei Meilen von Berlin mit der Havel vereinigt. Da
die Havel in die Elbe fällt, so können die Waaren zu Wasser
bis nach Hamburg gebracht werden. Auch mit der Oder ist
die Spree durch einen Kanal verbunden, und die Waaren können daher auf der Spree und Oder bis in die Ostsee gebracht
werden. — Potsdam, eine schöne Stadt mit prächtigen
Schlössern und Lustgärten, liegt an der Havel, von schönen
Bergen umgeben, unter welchen viele Weinberge sind. —
Frankfurt an der Oder, eine Handelsstadt, in welcher
Messen gehalten werden, liegt in einer schönen Gegend. Auch
wird in der Umgegend der Weinbau sehr stark betrieben.

Pommern ist ungleich fruchtbarer, als die Mark Brandenburg, und hat daher Ueberfluß an Getreide. Die Ochsen,
Kühe, Pferde, Schaafe und Schweine sind in diesem Lande
vorzüglich groß und stark. Die Flüsse Pommerns sind fischreich. Die Oder strömt mitten durch das Land. Die Hauptstadt des Landes, Stettin, liegt an der Oder, nicht weit vom
Ausflusse derselben in das frische Haff, einen großen See,
der mit der Ostsee in Verbindung steht. — Ein kleiner Theil
von Pommern gehörte sonst dem Könige von Schweden, und
hieß daher Schwedisch=Pommern. Jetzt gehört auch dieser Theil Pommerns zum preußischen Staate. Die Hauptstadt

ist Stralsund. Die daneben liegende Insel Rügen ist
ebenfalls jetzt preußisch.

XIII.

Von den Rechten und Pflichten der Bürger in wohl eingerichteten Staaten.

Kinder sind, so lange sie in dem Hause ihrer Aeltern leben,
diesen Gehorsam schuldig, d. h. sie dürfen nicht thun, was ihnen
gut dünkt, oder in den Sinn kommt, sondern sie müssen thun,
was ihre Aeltern wollen, und was diese ihnen befehlen oder ge-
bieten. Wenn sie aber erwachsen sind, und eine Kunst, oder ein
Handwerk, oder eine Wissenschaft erlernt haben, wodurch sie
sich ihren Unterhalt erwerben können, so gehören sie nicht mehr
blos zur häuslichen, sondern auch zur bürgerlichen Gesell=
schaft, und müssen, als Mitglieder derselben, den Gesetzen gehorchen, welche in ihrem Vaterlande gelten; diese Gesetze heißen
Landesgesetze, weil sie nicht für einige Menschen, sondern
für alle Einwohner des ganzen Landes gemacht sind, und weil
sie von ihnen allen befolgt werden sollen, damit Ordnung, Ruhe
und Sicherheit in dem Lande herrsche.

Es gab nicht immer so viel Menschen auf der Erde, als jetzt,
und die Menschen lebten auch ehemals nicht in Städten, Dörfern und Ländern gesellschaftlich bei einander, sondern wohnten
zerstreut, in schlechten Hütten. Damals gehorchten die Mitglieder einer Familie dem Hausvater, und es gab keine Könige,
keine Fürsten und Obrigkeiten unter den Menschen; Keiner
war mehr als der Andere, denn Alle bauten das Feld, hüteten
ihr Vieh und nährten sich von den Früchten des Feldes, und
von der Milch ihrer Heerden. Nach und nach vermehrten sich
aber die Bewohner der Erde; nun mußten sie näher bei einander wohnen. Da es von jeher gute und böse Menschen gab,
so entstand sehr bald Streit unter ihnen, als sie näher zusammen wohnten. Wenn dann Einer sich stärker fühlte, oder
mehr Verstand hatte, als sein Nachbar, so nahm er diesem
mit Gewalt sein Eigenthum weg, wozu er freilich kein Recht
hatte. Aber man nannte dies dennoch das Recht des Stär-

keren, oder auch, weil es dabei auf die Stärke der Faust an-
kommt, das Faustrecht. Die Schwachen, die Sanftmüthigen,
die Friedfertigen, und besonders die Weiber und Kinder, waren sehr unglücklich, so lange dieses sogenannte Recht galt;
denn Keiner war damals seines Eigenthums und selbst seines
Lebens sicher, Keiner konnte in Ruhe und Frieden genießen,
was er sich mit Mühe erworben hatte; Streit und Krieg nahm
kein Ende, weil jeder Beleidigte sich, sobald er konnte, an seinem Beleidiger zu rächen suchte. Dieses elenden Lebens wurden die Menschen endlich überdrüssig, und die Vernünftigen
unter ihnen besonders sannen darauf, wie diesem Unfug abzuhelfen sein möchte. Da kamen sie denn endlich darin überein,
daß die Erfahrensten, Redlichsten und Weisesten unter ihnen
ausmachen sollten, was Jeder zu thun und zu lassen habe, und
Alle sollten sich darnach richten. Das, was jene ausgemacht
hatten, nannte man: die Verfassung, Grundge-
setze oder schlechthin Gesetze. Nun würde der Zustand der
Menschen sehr glücklich gewesen sein, wenn sich wirklich alle
nach den Gesetzen gerichtet hätten; allein die Unverständigen,
die Zornigen und Eigensinnigen, die Unredlichen und Leicht-
sinnigen kehrten sich oftmals nicht an die Gesetze, sondern thaten, was ihnen gut dünkte, beleidigten die Redlichen und Friedfertigen und störten sie im Genusse ihrer Freiheit und anderer
bürgerlichen Rechte. Da wurden diese mit einander einig, gewisse Personen unter sich zu wählen, welche darauf achten und
dafür sorgen sollten, daß die Gesetze von Allen treulich befolgt
würden. Diese Personen nannte man zusammengenommen
die Obrigkeit, d. i. die Verwalter und Vollstrecker der von
der bürgerlichen Gesellschaft festgestellten Gesetze. Eben so, wie
die Lehrer in der Schule, die Aeltern in ihrer Familie, die
Aufseher in einer Fabrik, und die Officiere bei einem Regiment
Soldaten, darauf Acht haben, daß Alles ordentlich und ruhig
zugehe, und Keiner den Andern beleidige oder beraube: eben
so hat die Obrigkeit in einem Lande darauf Acht, daß in dem
Lande und in den Städten, Flecken und Dörfern des Landes
die Ordnung, Ruhe und Sicherheit nicht durch böse Menschen
gestört werde. Sie hat auch das Recht, Diejenigen zu strafen,
welche sich nicht nach den Gesetzen richten wollen, sondern aus

böfem Willen oder aus Leichtfinn Unruhe und Unordnung an=
richten.

Ihr habt wohl schon die furchtbaren Häuser gesehen, welche
man Zuchthäuser oder Gefängnisse nennt? In diesen
Häusern findet man lauter kleine Stuben, welche mit festen
Thüren, mit großen und festen Schlössern und Riegeln ver=
wahrt sind, und nur ein kleines Fenster haben, das von außen
mit starken eisernen Stäben versehen ist. In solche Stuben,
welche man Kerker oder auch Besserungshäuser nennt,
werden die Verbrecher, d. h. die bösen Menschen, eingesperrt,
welche die Gesetze nicht befolgt, sondern durch Diebstahl, Be=
trug, Räuberei und Mordthaten, Unordnung und Unglück an=
gerichtet, oder sich den Befehlen der Obrigkeit widersetzt haben.
Da müssen sie oft Jahre lang, Manche sogar zeitlebens für
ihre Verbrechen büßen. Vielleicht denkt ihr, lieben Kinder,
daß diese Leute aus Unwissenheit gesündigt haben? Nein, sie
haben allerdings gewußt, was sie thun und lassen sollten; denn
schon durch ihr eigenes Nachdenken konnten sie ja einsehen, daß
es unrecht und schändlich sei, Andere vorsätzlich zu beleidigen, sie
zu betrügen, oder ihnen ihr Eigenthum wegzunehmen; und daß
es dagegen ihre Pflicht sei, der Obrigkeit, d. h. den Gesetzen zu
gehorchen. Und ohnehin können alle Einwohner eines Landes
genau erfahren, was von der Obrigkeit geboten oder verboten
ist, weil die obrigkeitlichen Gesetze und Verordnungen öffentlich
bekannt gemacht werden. Dies geschieht theils in Schriften,
welche jeden Tag oder wöchentlich gedruckt herauskommen und
für wenig Geld zu haben sind (sie heißen die Zeitungen),
theils dadurch, daß jedes neue Gesetz auf Blättern abgedruckt
wird, und diese Blätter an den Ecken der Straßen angeheftet
werden, so daß sie Jeder lesen kann. Also kann sich Niemand
mit seiner Unwissenheit entschuldigen, wenn er die Gesetze über=
treten hat.

Damit auch ihr recht früh mit Dem, was ihr künftig als
Staatsbürger zu thun schuldig seid, bekannt werden, und nicht
aus Unwissenheit dagegen handeln möget, so leset das Folgende
mit großer Aufmerksamkeit, und präget es eurem Gedächtnisse
tief ein:

15

1. Von den Rechten des Menschen.

1. Alles, was einem Menschen erlaubt und freigestellt bleiben muß, und ihm weder geboten, noch verboten werden darf, wird sein Recht genannt. So hat z. B. jeder Mensch das Recht, Alles, was er sich erworben hat: sein Geld, Haus, seine Kleider und Sachen, nach seinem Belieben zu gebrauchen, wenn er nur damit Andern keinen Schaden zufügt.

2. Wenn also Jemand mein Recht gewaltsam anzugreifen und zu verletzen sucht, mir z. B. mein Geld wegnehmen und es zu seinem Nutzen gebrauchen wollte, so dürfte ich ihn durch Zwang und Gewalt davon abhalten, oder mich gegen ihn vertheidigen, und ihm das Genommene wieder abnehmen.

3. Jeder Mensch darf seine Anlagen, Fähigkeiten und Kräfte frei und ungehindert ausbilden; dies ist das erste unter den allgemeinen Menschenrechten. Es darf also Keiner durch grausame und unbarmherzige Behandlung die Geisteskräfte eines Andern zerrütten oder verderben; es darf Keiner den Andern hindern, diese Kräfte zu üben und durch Uebung zu erhöhen und zu vervollkommnen. Wenn also ein Mensch einen andern, der von ihm abhängt, wie z. B. ein Lehrmeister seinen Lehrling mit Fleiß in der Unwissenheit erhielte, ihm alle Gelegenheit und Mittel nähme, um Etwas zu lernen, oder ihn gar in Irrthümer führte, um dann mit ihm machen zu können, was er wollte, der hätte auf eine schändliche Weise die Rechte der Menschheit gekränkt.

4. Jeder Mensch darf nicht nur sein Leben erhalten, es beschützen und vertheidigen, sondern auch überhaupt für die Erhaltung und Beförderung seines äußeren Wohlstandes sorgen. Wer also einen Menschen so grausam und gewaltthätig behandelt, daß sein Leben oder seine Gesundheit dadurch in Gefahr kommt, der verletzt die allgemeinen Menschenrechte, und ist strafbar.

5. Jeder Mensch darf die Annehmlichkeiten des Lebens frei genießen. Es darf also Keiner den Andern hindern, auf seine eigene Art sich des Lebens zu freuen. Wenn, z. B. ein Mensch auf den Einfall käme, junge Leute, welche auf einem öffentlichen Platze mit Spielen sich vergnügten, gewaltsam daran zu hindern und sie wegzutreiben, obgleich ihre Spiele ganz unschuldig

find, so wäre dies eine strafbare Handlung; denn er kränkte dadurch die Menschenrechte.

6. Jeder Mensch darf alle die Sachen erwerben, besitzen und gebrauchen, welche zur Erhaltung seines Lebens und zur Beförderung seiner Glückseligkeit dienen. — Hierin besteht das Recht des Eigenthums. — Folgendes darf ich mein Eigenthum nennen: 1) alle Sachen, welche ich zuerst in Besitz nehme, da sie noch keinem Andern zugehörten, denn ich verletze dadurch nicht das Eigenthumsrecht eines Menschen; 2) Alles, was ich durch eigene Thätigkeit und Betriebsamkeit, durch Anwendung meiner Verstandeskräfte erworben habe; 3) Alles, was mir ein Anderer von seinem Eigenthum freiwillig auf irgend eine Weise (durch Verkauf, Schenkung, Vermächtniß, Tausch) überlassen und abgetreten hat.

Einige unter diesen Menschenrechten sind veräußerlich, d. h. sie sind von der Art, daß ich sie vernünftiger Weise einem Andern übertragen kann und darf. So kann ich einen Theil meiner äußern Freiheit, einen Theil meiner Kräfte und meiner Erhaltungsmittel, ja selbst einen Theil meiner Glückseligkeit, meines Vergnügens und Lebensgenusses an einen Andern überlassen, indem ich z. B. für Jemanden beschwerliche Dienste übernehme, ihm Etwas schenke, oder ein Vergnügen aufgebe, um einem Andern bei seiner Arbeit zu helfen, oder ihm in seiner Krankheit beizustehen. Es gibt aber auch unveräußerliche Rechte, d. h. solche, die ich entweder gar nicht, oder doch nur unter gewissen Bedingungen an Andere überlassen darf. Diese sind: das Recht, nach meinen Einsichten und Ueberzeugungen zu handeln, mein Leben zu erhalten und es zu genießen, und überhaupt meine Glückseligkeit zu befördern und zu vergrößern.

Mein Eigenthumsrecht kann ich einem Andern abtreten, entweder ohne alle Bedingung, durch Schenkung, oder mit gewissen Bedingungen, welche der Andere sich gefallen läßt, durch einen Vertrag. Dies geschieht z. B., wenn ein Hausbesitzer einen Theil seines Hauses einem Andern zur Wohnung überläßt, oder es ihm verkauft. Ein Vertrag wird auch ein Contract genannt. Es gibt also Mieths-, Pacht-, Kauf-Contracte u. a. m.

15*

Die Obrigkeit schützt jeden Bürger des Staates bei dem Genuſſe ſeiner Rechte, und ſichert ihm dieſen Genuß.

2. Von den Pflichten der Menſchen gegen ihre Mitbürger.

1. Jeder Menſch hat ein Recht auf ſein Leben; alſo ſollſt du keinen Menſchen um ſein Leben bringen. — Wer einem Menſchen vorſätzlich das Leben nimmt, begeht das ſchreckliche Verbrechen eines Mordes oder Todtſchlages. Ein vorſätzlicher Mörder wird von der Obrigkeit am Leben geſtraft (hingerichtet), weil er ein höchſt gefährlicher Menſch iſt. Die Obrigkeit hat das Recht, einem Mörder das Leben nehmen zu laſſen. Wer einen ſeiner Verwandten tödtet, wird härter geſtraft, als ein anderer Mörder; auch Derjenige, welcher Jemanden mit beſonderer Grauſamkeit tödtet.

Wer in der Hitze, aus Uebereilung oder aus Unvorſichtigkeit einen Mord begeht, kommt auf mehre Jahre in's Zuchthaus. Eben ſo wird Derjenige geſtraft, welcher den Verſuch macht, einen Menſchen umzubringen, und an der Ausführung des Mordes gehindert wird. — Wer einen Menſchen, der in Lebensgefahr iſt, ohne eigene große Gefahr retten kann, und es nicht thut, erhält Gefängnißſtrafe. Dagegen erhalten Diejenigen Belohnungen, welche ſo edelmüthig ſind, mit eigner Gefahr einem Menſchen das Leben zu retten. Wer einen Ertrunkenen, Erhenkten, Erſtickten oder Erfrornen findet, ſoll ihn ſogleich in's Leben zu bringen ſuchen, und der Obrigkeit davon Nachricht geben.

2. Jeder Menſch hat ein Recht auf ſeine Geſundheit; daher ſollſt du keinem Menſchen Schaden an ſeiner Geſundheit zufügen. Je größer der Schade iſt, welchen ein Menſch dem andern an ſeiner Geſundheit zufügt, deſto größer iſt auch die Strafe, welche er nach den Geſetzen erhält. Ein geringeres Vergehen dieſer Art wird mit Geld- oder Gefängnißſtrafe, ein größeres mit Zuchthausſtrafe belegt. Wer einen ſeiner Mitbürger verwundet, erhält nicht nur Strafe, ſondern muß auch noch die Heilungskoſten bezahlen, und dem Verwundeten eine Entſchädigung an Gelde, wegen der ihm verurſachten Schmerzen und der Störung in ſeinem

Berufe, geben. Wer einen Andern durch Verwundung oder Mißhandlung ganz zur Arbeit untüchtig macht, muß ihn zeitlebens ernähren.

3. **Jeder Mensch hat ein Recht auf seine Freiheit; daher sollst du keinem Menschen seine Freiheit nehmen.** Wer einen Menschen verhindert, das zu thun, was er rechtmäßiger Weise thun darf, oder ihn einsperrt, so daß er sich nicht hinbegeben kann, wohin er will und darf, der hat ihm seine Freiheit genommen. Ein Mensch, der seine Freiheit nicht hat, kann seine Kräfte nicht dazu gebrauchen, wozu sie ihm von Gott gegeben sind, nämlich zu seiner Vollkommenheit und Glückseligkeit. Jeder Mensch hat also ein Recht auf seine Freiheit, und er verliert dies Recht nur dann, wenn er seine Freiheit mißbraucht, um Andern zu schaden. Dann hat die Obrigkeit das Recht, ihm seine Freiheit zu nehmen, aber kein Anderer hat hierzu ein Recht, und wer daher einen Menschen mit Gewalt von Etwas abhält, was er thun darf, oder ihn gar einsperrt, wird gestraft. Deshalb kann auch in einem wohl eingerichteten Staate Sclaverei nicht Statt finden. Auch hängen die unveräußerlichen Rechte des Menschen nicht von der Farbe der Haut ab. Haben aber die Thiere auch unveräußerliche Rechte?

4. **Jeder Mensch hat ein Recht auf Ehre; daher sollst du keines Menschen Ehre und guten Namen kränken,** und wenn du es thust, wenn du also z. B. einen Menschen verächtlich behandelst, ihn durch Gebehrden, Schimpfworte und beleidigende Handlungen kränkst, so bist du nach den Gesetzen strafbar. Auch Derjenige, welcher Andern schlechte Handlungen, die er wirklich begangen hat, öffentlich vorwirft, wird von der Obrigkeit als ein Ehrenschänder bestraft; denn nur die förmliche Anklage, aber nicht öffentliche Beschimpfung, ist erlaubt. Wer Andere in einer Schrift, oder durch ein Gemälde, auf welchem sie in einer lächerlichen oder verächtlichen Gestalt dargestellt sind, beschimpft (durch sogenannte Pasquille), wird ebenfalls als ein Ehrenschänder gestraft. In diese Strafe fällt auch Derjenige, welcher solche Schmähschriften oder Pasquille verbreitet und bekannt macht.

5. **Jeder Mensch hat ein Recht auf sein recht-**

mäßig erworbenes Eigenthum; daher sollst du
nicht stehlen, und keinem Menschen in Ansehung seines
Eigenthums oder Vermögens Schaden zufügen, besonders wenn
dir das Eigenthum Anderer zur Bewahrung anvertraut worden
ist. — Wer das, was einem Andern gehört, ohne Vorwissen und
ohne Einwilligung des rechtmäßigen Eigenthümers wegnimmt,
um es zu behalten, begeht einen Diebstahl, und wird von der
Obrigkeit hart gestraft, wenn der Diebstahl entdeckt wird. Auch
Derjenige wird als ein Dieb bestraft, der Etwas findet, und
es weder Demjenigen zurückgibt, der es verloren hat, noch der
Obrigkeit seinen Fund anzeigt. — Je größer der Werth eines
gestohlenen Gutes ist, desto größer ist auch die Strafe des
Diebes. — Wer bei einem Diebstahle Thüren und Schlösser
erbricht, oder tödtliche Instrumente bei sich führt, oder gar
dem Eigenthümer Gewalt anthut, wird härter bestraft, als ein
gewöhnlicher Dieb. Eben dies geschieht, wenn sich Jemand
an solchen Sachen vergreift, welche bei Feuers-, Wassers- und
Kriegsnoth gerettet worden sind. Wer solche Sachen stiehlt,
welche unmöglich sorgsam verwahrt werden können, z. B. ge-
fälltes Holz in einer Haide, oder auf einem Holzmarkte, Floßholz, Feld- und Gartenfrüchte, Ackergeräthschaften u. dgl., der
wird vorzüglich hart gestraft. — Wer einen Andern gewaltsam überfällt, um ihm sein Eigenthum zu nehmen, der
wird als Räuber zu langwierigem Gefängnisse verurtheilt; hat
er bei dem Raube einen Menschen getödtet, so wird er als ein
Mörder am Leben gestraft. — Wer sich, um zu rauben und zu
stehlen, mit einer Bande von Räubern vereinigt, wird härter
gestraft, als jeder andere Dieb oder Räuber; vorzüglich hart
wird der Anführer einer solchen Bande gestraft.

Die Strafen des Diebstahles und Raubes treffen nicht blos
Diejenigen, welche die Hauptpersonen dabei gewesen sind, son-
dern auch Diejenigen, welche auf irgend eine Weise, z. B. durch
Anweisung einer guten Gelegenheit zum Stehlen, oder durch
Verheimlichung des Diebstahls, als Diebeshehler, an dem-
selben Antheil genommen haben.

Auch Diejenigen werden von der Obrigkeit gestraft, welche
aus Rache, Bosheit, Muthwillen oder Unachtsamkeit fremdes
Eigenthum beschädigen, z. B. dadurch, daß sie mit dem

Feuer und Lichte unvorsichtig umgehen, und einen Brand ver=
anlassen. Sie müssen außerdem noch den verursachten Scha=
den erfetzen.

Wer Fruchtbäume und andere Bäume, die ihm nicht gehö=
ren, besonders diejenigen, welche auf öffentlichen Plätzen und
an den Landstraßen stehen, umhaut, oder beschädigt, und aus
Muthwillen oder Bosheit Lebensmittel verbirbt, wird vorzüg=
lich hart gestraft.

Wer boshaft genug ist, Feuer anzulegen, und es geht dabei
ein Menschenleben verloren, der wird als ein Mordbrenner
von der Obrigkeit am Leben gestraft. Wer darum weiß, daß
ein Anderer Feuer anlegen will, und es der Obrigkeit nicht an=
zeigt, muß Gefängniß= oder Zuchthausstrafe leiden. Dagegen
bekommt oft Derjenige eine ansehnliche Belohnung an Gelde,
welcher der Obrigkeit von solchen gefährlichen Menschen, die
Feuer anlegen wollen, oder angelegt haben, sichere Nach=
richt gibt.

Wer Andere durch falsche Versicherungen irre führt und
hintergeht, oder ihnen gar durch solche Versicherungen einen
Schaden an ihrem Vermögen zufügt, der ist ein **Betrüger**.
Wer sich der Betrügerei schuldig gemacht hat, muß nicht nur
den dadurch verursachten Schaden ersetzen, sondern auch Geld=
oder Gefängnißstrafe erleiden. Am härtesten werden Diejenigen
gestraft, welche falsches Geld machen, oder wissentlich
Andern falsches Geld geben. Wer solche Sachen, die ihm zur
Verwahrung anvertraut, oder geliehen sind, ableugnet und
unterschlägt, wird härter gestraft, als jeder andere Betrüger.
Kaufleute, welche die Waaren, oder das Gewicht und Maß
verfälschen, sind schändliche Betrüger, und haben harte Strafen
zu erwarten, wenn die Obrigkeit ihre Betrügerei entdeckt.

Jeder muß das Beste seines Vaterlandes, und seiner Mit=
bürger, so viel er kann, zu befördern, und Schaden zu verhüten
suchen, sollte er auch selbst darüber Schaden leiden.

Eines der größten Verbrechen begeht Derjenige, welcher
gefährliche und boshafte Anschläge gegen den Staat und die
Verfassung desselben macht, oder sich mit den Feinden seines
Vaterlandes in ein Verständniß einläßt.

Wer sich von einem Andern beleidigt, und in seinen Rechten

gekränkt glaubt, soll sich nicht selbst Recht verschaffen, sondern bei der Obrigkeit Schutz und Genugthuung suchen. Der angreifende Theil aber soll sich ohne Widerrede den Befehlen der Obrigkeit unterwerfen, und die Strafe leiden, welche auf sein Verbrechen gesetzt ist.

Keiner soll sich den Abgeordneten, Bedienten oder Wachen, welche die Obrigkeit sendet, widersetzen, wenn sie thun, was ihnen aufgetragen ist.

3. Von dem Verhalten der Menschen bei dem Gebrauche ihrer Rechte.

Es ist nicht genug, daß ein Mensch den Andern nicht in dem Genusse seiner Rechte störe und alle Pflichten, die ihm als Staatsbürger obliegen, gewissenhaft ausübe; Jeder soll auch bei dem Gebrauche seiner Rechte gesetzmäßig verfahren; wer dies nicht thut, wird entweder seines Rechts verlustig, oder seine Handlung wird für ungültig erklärt.

Nur die Mündigen, d. h. Diejenigen, welche ein gewisses Alter (nach unsern Gesetzen das 21ste Jahr) erreicht haben, dürfen ihre Rechte selbst in Ausübung bringen. Minderjährige, d. h. solche Personen, welche dieses Alter noch nicht haben, können nur durch Andere ihre Rechte ausüben lassen. So lange der Vater lebt, ist dieser der Stellvertreter seiner minderjährigen Kinder; lebt er nicht mehr, so erhalten sie von der Obrigkeit einen Aufseher, welcher der Vormund genannt wird. Diejenigen, welche unter einem Vormunde stehen, werden Mündel genannt. Sie dürfen ohne Einwilligung ihres Vormundes nichts Wichtiges unternehmen.

Wer nicht mehr minderjährig ist, sondern die Volljährigkeit erreicht hat, darf seine Rechte selbst gebrauchen, und dies auf jede Art thun, welche ihm vortheilhaft zu sein scheint, so lange er dabei die Rechte Anderer nicht kränkt. Er darf also z. B. Verträge schließen, wodurch er Andern sein Recht abtritt. Auch darf er bestimmen, wer seine Rechte, und in's Besondere sein Eigenthum nach seinem Tode haben soll; er darf ein Testament machen.

Keiner darf über unerlaubte Handlungen einen Vertrag schließen. Verträge von Wichtigkeit muß man entweber schriftlich oder im Beisein von Zeugen abschließen, oder von der Obrigkeit bestätigen lassen. Wer durch Zwang oder Betrug dahin gebracht worden ist, einen Vertrag zu schließen, und dies beweisen kann, darf sein gegebenes Wort zurücknehmen; in jedem andern Falle aber muß er sein gegebenes Wort halten. Die Obrigkeit sorgt dafür, daß ein Jeder sein gegebenes Wort halte, und den eingegangenen Vertrag erfülle.

XIV.
Lieder und Gesänge.

---

1. Morgenlied.

1. Mein erst Gefühl sei Preis und Dank, erhebe Gott, o Seele! Der Herr hört meinen Lobgesang, lobsing' ihm, meine Seele!

2. Mich selbst zu schützen ohne Macht, lag ich, und schlief im Frieden. Wer schafft die Sicherheit der Nacht, und Ruhe für die Müden?

3. Wer wacht, wenn ich von mir Nichts weiß, mein Leben zu bewahren; wer stärkt mein Blut in seinem Fleiß, und schützt mich vor Gefahren?

4. Wer lehrt das Auge seine Pflicht, sich sicher zu bedecken? Wer ruft dem Tag, und seinem Licht, uns wieder zu erwecken?

5. Du bist es, Gott und Herr der Welt, und dein ist unser Leben; du bist es, der es uns erhält, und mir's jetzt neu gegeben.

6. Gelobet seist du, Gott der Macht, gelobt sei deine Treue, daß ich, nach einer sanften Nacht, mich dieses Tag's erfreue!

7. Laß deinen Segen auf mir ruh'n, mich deine Wege wallen, und lehre du, o Herr, mich thun nach deinem Wohlgefallen.

8. Gib mir ein Herz voll Zuversicht, voll Glauben, Lieb' und Ruhe; ein weises Herz, das seine Pflicht erkenn' und willig thue.

2. Morgenlied.

Mel. Von Gott will ich nicht laſſen ꝛc.

1. Allmächtiger! ich hebe mein Aug' empor zu dir. Preis dir, durch den ich lebe, und neuen Dank dafür! Herr, deine Huld iſt groß, und niemals hat das Lallen des Dankes dir mißfallen, das aus dem Herzen floß.

2. Daß nicht in Todesſchlummer des Lebens Licht erliſcht, und daß mich, frei von Kummer, ein ſanfter Schlaf erfriſcht; dies dank' ich deiner Macht, und deiner Vatertreue; durch ſie bin ich auf's Neue mit heiterm Muth erwacht.

3. Beſchützer meiner Seele, ich traue freudig dir; nicht, was ich mir erwähle; dein Rath geſcheh' an mir! Gib, was mir heilſam iſt; und wenn ich Schwacher wanke, ſo ſtärk' mich der Gedanke, daß du ſtets um mich biſt.

4. Beglücke, Herr, die Meinen nach deiner Gütigkeit, und wo Bedrängte weinen, wend' ihrer Herzen Leid. Du willſt ja gern erfreuen, eilſt, Allen beizuſtehen; ſo laß auch dies mein Flehen dir wohlgefällig ſein!

3. Gottes Güte.

*1. Wie groß iſt des Allmächt'gen Güte! Iſt der ein Menſch, den ſie nicht rührt? Der mit verhärtetem Gemüthe den Dank erſtickt, der ihm gebührt? Nein, ſeine Liebe zu ermeſſen, ſei ewig meine größte Pflicht; der Herr hat mein noch nie vergeſſen, vergiß, mein Herz, auch ſeiner nicht!

2. Wer hat mich wunderbar bereitet? Der Gott, der meiner nicht bedarf! Wer hat mit Langmuth mich geleitet? Er, deſſen Rath ich oft verwarf! Wer ſtärkt den Frieden im Gewiſſen? Wer gibt dem Geiſte neue Kraft? Wer läßt mich ſo viel Gut's genießen? Iſt's nicht der Herr, der Alles ſchafft?

3. Blick, o mein Geiſt, in jenes Leben, für welches du erſchaffen biſt; wo du, mit Herrlichkeit umgeben, Gott ewig ſchau'n wirſt, wie er iſt. Du haſt ein Recht zu dieſen Freuden, durch Gottes Güte ſind ſie dein; auch darum mußte Chriſtus leiden, damit du könnteſt ſelig ſein.

4. Und dieſen Gott ſollt' ich nicht ehren, und ſeine Güte nicht verſteh'n? Auf ſeinen Ruf ſollt' ich nicht hören, den Weg, den er mir zeigt, nicht geh'n? Sein Will' iſt mir in's Herz

geschrieben; Vernunft und Schrift belehren mich: Gott sollst du über Alles lieben, und deinen Nächsten so, wie dich.

5. O Gott, laß deine Vaterliebe mir immerdar vor Augen sein! Sie stärk' in mir die frommen Triebe, mein ganzes Leben dir zu weih'n; sie tröste mich zur Zeit der Schmerzen; sie leite mich zur Zeit des Glücks, und sie besieg' in bangen Herzen die Furcht des letzten Augenblicks.

4. Die Sendung Jesu.
Mel. Dir, Herr und Vater, dienen rc.

1. Dem finstern Erdkreis ist vom Herrn ein helles Licht erschienen. Es leuchtet nah, es leuchtet fern. Zahllose Völker dienen den todten Göttern nun nicht mehr; sie kennen ihn, den Herrn, und er läßt sie im Lichte wandeln.

2. Kaum sandte Gott durch seinen Sohn der Erde reiche Freuden; so sammelt er sich selber schon die Erstlinge der Heiden. Der Wahrheit Bild, ein schöner Stern, führt sie zu ihrem neuen Herrn; sie kommen, anzubeten.

3. O wär' uns nicht dein Licht, o Gott, so hell und rein erschienen, wir würden, der Vernunft zum Spott, noch jetzt den Götzen dienen. Nicht sie, nicht eig'ne Würdigkeit, nur deine Huld hat uns befreit von jenen Finsternissen.

4. D'rum laß mit froher Dankbarkeit uns nun im Lichte wandeln, uns in der gnadenreichen Zeit stets fromm und weise handeln; auf dich, bei treu erfüllter Pflicht, zufrieden und voll Zuversicht in Noth und Tod vertrauen.

5. Das Leben Jesu.
Mel. Wie wohl ist mir rc.

1. Auf dich, Erlöser, stets zu sehen, so wie du warst, gesinnt zu sein, der Tugend Weg dir nachzugehen, der Brüder Glück sich ganz zu weih'n, hast du den Deinen, die dich lieben, als Pflicht aus Liebe vorgeschrieben; wie dringend ist sie, Herr, wie süß! Wenn jeder Mensch nach deinem Bilde so eifrig seine Pflicht erfüllte, die Erde wär' ein Paradies.

2. Entflammt war deine ganze Seele von reinster Liebe gegen Gott, war seinem heiligen Befehle gehorsam bis zum Kreuzestod. Du suchtest nur des Vaters Ehre; im Tempel

war sie deine Lehre, dein Wandel zeigte sie der Welt. Den Schöpfer aller Creaturen verkündigtest du auf den Fluren, als Vater, der die Welt erhält.

3. Wie eifrig warst du, seinen Willen, als Bürger und als Unterthan, als Sohn, als Bruder zu erfüllen, auf deiner ganzen Lebensbahn! Als Freund, wie zärtlich gegen Freunde! verfolgt, wie duldend gegen Feinde! für Aller Wohl schlug deine Brust. Die Menschen trösten und erquicken, erfreuen, heilen und beglücken, war dein Geschäft, war deine Lust.

4. Tief rührte dich die Noth der Sünder! Wie sorgsam gingst du ihnen nach! Wie viele wurden Gottes Kinder, wenn rührend deine Liebe sprach! Du kämpftest, Wahrheit zu verbreiten, und Alle zu dem Heil zu leiten, das nicht mit Welt und Zeit vergeht. Entzogst du matt dich dem Getümmel, so war die Einsamkeit dein Himmel, dein Geist beim Vater im Gebet.

5. Du warst demüthig und bescheiden, ein Freund erlaubter Heiterkeit, bewiesest bei den schwersten Leiden Geduld, Muth und Gelassenheit; vergabst, von Liebe tief durchdrungen, die härtesten Beleidigungen im Leben, und dem Tode nah, und starbst so rührend und erbauend, so freudig, standhaft, Gott vertrauend, so göttlich groß auf Golgatha.

6. Wie du gesinnt, zu sein, zu handeln, ist deiner Schüler höchste Pflicht; der muß nach deinem Vorbild wandeln, der von Verehrung Jesu spricht. Dann wird zum Fleiß in guten Werken uns göttlich der Gedanke stärken, daß wir des Vaters Willen thun, und daß sein heilig Wohlgefallen, sein Geist und Segen auf uns Allen hier und im Himmel lohnend ruh'n.

6. Das Leiden Jesu.
Mel. Wenn mein Stündlein 2c.

1. Die fürchterliche Stunde naht! Von Menschen ausgestoßen, verkauft, o Jesu, durch Verrath, ist schon dein Tod beschlossen. Doch häuft um dich der Feinde Wuth erst Schmerz um Schmerz, und fordert Blut, und sättigt ihre Rache.

2. Sie schwingt die scharfe Geißel, dreht von Dornen eine Krone. Da steht dein Jammerbild, und fleht vergebens: Ach verschone! An's Kreuz! An's Kreuz! schreit Raserei, und führt die Fluth der Angst herbei, in welcher du versinkest.

3. Ich seh' vor dieser höchsten Noth dich, Jesu, zittern, zagen. Ich höre dein Gebet zu Gott, dein jammervolles Klagen. Du liegst auf deinem Angesicht. Die Erde nicht, der Himmel nicht hat Trost für deine Seele.

4. Laß, Vater, flehst du, diese Noth vor mir vorüber gehen! doch willst du, Vater, meinen Tod; dein Wille soll geschehen! Indem dein Herz in Aengsten bebt, ermannt die Seele sich, und hebt sich auf zum Throne Gottes.

5. Wer spricht dir nach, wenn Noth ihm dräut: Dein Wille, Gott, geschehe? Wer geht, wie du, wenn Gott gebeut, den Weg zur blut'gen Höhe? Wer, wenn vom Trost, nach dem er ringt, den letzten Strahl die Nacht verschlingt, verbleibt im Herzen Gottes.

6. Herr, ich will gern dein Jünger sein! O stärke mich, mich Schwachen! Wie leicht bringt Kummer auf mich ein! Ach lehr' mich beten, wachen! Ehr' ich des Heiligen Gebot; so kann mich wohl Gefahr und Tod erschüttern, nicht besiegen.

7. Der Tod Jesu.
Mel. Wie wohl ist mir ꝛc.

1. Den größten Sterbenden zu sehen, schwingt sich mein Geist zum Golgatha. Er ist's, den hier die Mörder schmähen, er, den die Welt nur wohlthun sah. Der Heilige, voll Liebe, flehet für sie, die ihn an's Kreuz erhöhet, für sie zu Gott in seiner Pein. Wie könnt' ich je nun Rache üben! Nein, meinen Feind auch will ich lieben, wie Jesus, Lästerung verzeih'n.

2. Welch' Beispiel kindlich frommer Triebe, als, unter Leiden ohne Zahl, der Herr dem Jünger seiner Liebe die Mutter sterbend noch empfahl! Stets reizend muß es mir erscheinen, daß ich auch für die Ruh' der Meinen mit Freuden sorg', und Gutes thu'; daß, muß ich einst von ihnen gehen, sie nicht sich ohne Hilfe sehen, mich segnen noch in meiner Ruh'.

3. Heil euch, bußfertige Verbrecher! Bekehrte schont einst das Gericht. Hört, was zu dem gebeugten Schächer der Göttliche voll Gnade spricht! Zu retten irrgeführte Seelen, zu trösten, die voll Reu' sich quälen, soll stets auch mein Bestreben sein. Und weih' ich Gott mein ganzes Leben; so wird er sanften Tod mir geben, auch mich im Paradies erfreu'n. —

4. Wer kann des Heilands Leiden fassen? Er ruft, zernagt von Qual und Spott: Auch du, mein Gott, hast mich verlassen? Warum auch du mich, Gott mein Gott? Doch bald verstummen Gram und Schmerzen; der Friede schwebt zu seinem Herzen; die Leidensnacht wird Himmelslicht. Und so erhört auch Gott mein Flehen; er kommt, mir liebreich beizustehen, ruf' ich: Mein Gott, verlaß mich nicht.

5. Noch muß er schmachten, bluten, ringen, der Aller Hilf' in Nöthen war. Mich dürstet, klagt er, und sie bringen, ach Essig ihm zum Labsal dar. Er ruft noch immer um Erbarmen aus jedem mitleidswürd'gen Armen, den Hunger, Durst und Blöße drückt. Gern will ich diesen Ruf erfüllen; denn die des Armen Mangel stillen, die haben Jesum selbst erquickt.

6. Nun enden sich die schweren Leiden, der Dulder spricht: Es ist vollbracht! O Wort des Sieges, Wort voll Freuden, du nimmst dem Tode seine Macht! Heil uns! Heil uns! Wer darf's nun wagen, uns, die Erlösten, zu verklagen? Gott ist die Liebe; wir sind sein. Gib, daß am Ende meiner Tage auch ich, o Herr, mit Freuden sage: Es ist vollbracht! Der Sieg ist mein!

7. Das letzte Wort aus deinem Munde, o Jesu, soll auch meines sein. Laß es in meiner Todesstunde mir Muth und Zuversicht verleih'n. Ich rufe: Vater, ich befehle in deine Hände meine Seele, und schließ' getrost die Augen zu. Vorüber sind dann Müh' und Leiden; ich schweb' empor zu ew'gen Freuden, geh' ein zu meines Vaters Ruh'.

8. Die Auferstehung Jesu.
Mel. Eine feste Burg ist unser ꝛc.

1. Er lebt, o Freudenwort! er lebt, der Heiland aller Sünder. Der Feinde Heer erschrickt und bebt vor seinem Ueberwinder. Er stritt mit Heldenmuth, und kämpfte bis auf's Blut. Und nun vom Tod erwacht, herrscht er mit größ'rer Macht. Wer kann, wer kann mir schaden?

2. Er lebt! Gott hat ihn auferweckt; Gott wird auch mich erwecken. Was Sterbliche am meisten schreckt, der Tod kann mich nicht schrecken. Mag diese Welt vergeh'n, der Erde Staub

verweh'n; nie, nie vergeht ein Geist, der Gott durch Tugend preist, wie Jesus, treu vollendet.

3. Er lebt! O Christen, laßt uns heut' frohlockend ihn erheben! Durch unf're ganze Lebenszeit ihm wohlgefällig leben! Wir sind sein Eigenthum, erkauft zu seinem Ruhm. Sein wollen wir allein todt und lebendig sein, uns seiner ewig freu'n.

9. Morgen=Gesang.

Mel. Nun danket alle Gott rc.

1. Das Grau'n der Nacht entfloh, die Sonne kehret wieder, und was auf Erden lebt, singt dir des Dankes Lieder, dir, der du Berg und Thal mit deinem Thau erquickst, und auch den Sterblichen durch süßen Schlaf erquickst.

2. Gestärkt eilt unser Geist nun wieder zum Geschäfte, das du für uns ersah'st, wozu du Lust und Kräfte, und dein Gedeihen gabst. Steh' uns noch ferner bei, daß unser Eifer uns und Andern nützlich sei!

10. Andenken an Gott.

Mel. Lobt Gott, ihr rc.

1. Noch leben wir, und haben Brod, und ein gesundes Blut macht uns auf's Neu' die Wangen roth, und füllt das Herz mit Muth.

2. So lange dieses Herz noch schlägt, die Augen offen steh'n, soll dieses Herz, von Dank bewegt, auf Gott, den Geber, seh'n.

11. Beim Schluß der halbjährigen Lection.

Mel. Was Gott thut, das ist rc.

1. Vollendet ist auch diese Bahn, Preis dir, der sie uns führte; der Großes, auch an uns, gethan; deß Weisheit uns regierte! Du gabst uns Kraft, der Wissenschaft und unf'rer Pflicht zu leben, und weiter fort zu streben.

2. Wohl uns, wenn des Gewissens Ruh' in unsern Herzen wohnet; sie strömt uns süße Freuden zu, ihr sanft Gefühl belohnet für Müh' und Schweiß den treuen Fleiß; sie läßt uns mit Vertrauen die hellste Zukunft schauen.

3. Verzeih', wenn säumend unser Fuß nicht rasche Schritte

wagte, der Mund, voll Mißtrau'n und Verdruß, oft über Lasten klagte. Hinfort soll nie der Arbeit Müh' uns schrecken, nicht Beschwerden! Wir wollen besser werden!

12. Nach geendigter Arbeit.

Mel. Lobt Gott, ihr Christen 2c.

1. Vollbracht ist unser Tagewerk! Nun laßt uns fröhlich sein! Die Freude gibt zur Arbeit Stärk', und unserm Leib Gedeih'n.

2. Von unserm jugendlichen Reih'n sei Lärm und Muthwill' fern; vernünftig soll die Freude sein, und angenehm dem Herrn.

3. Wie gut ist unser Gott, wie gut! Er gibt gesunden Leib, ein frohes Herz und frischen Muth, und so viel Zeitvertreib.

4. Laßt uns ihm dankbar sein! Die Lust beim frohen Jugendspiel ersticke nie in unf'rer Brust der Gottesfurcht Gefühl.

5. Mit Gnade blickt er dann herab, sieht unf're Freuden gern, die Freuden, die er selbst uns gab; o Kinder, lobt den Herrn!

13. Danklied nach der Mahlzeit.

1. Dankt dem Herrn! Mit frohen Gaben füllet er das ganze Land; Alles, Alles, was wir haben, kommt aus seiner

thu'; das Laster treibt ihn hin und her, und läßt ihm keine Ruh'.

4. Der schöne Frühling lacht ihm nicht, ihm lacht kein Aehrenfeld; er ist auf List und Trug erpicht, und wünscht sich nichts als Geld.

5. Der Wind im Hain, das Laub am Baum sauf't ihm Entsetzen zu; er findet nach des Lebens Traum im Grabe keine Ruh'.

6. D'rum übe Treu' und Redlichkeit bis an dein stilles Grab, und weiche keinen Finger breit von Gottes Wegen ab.

7. Dann segnen Enkel deine Gruft, und weinen Thränen d'rauf, und Sommerblumen, voll von Duft, blüh'n aus den Thränen auf.

15. Vor dem Schulunterrichte.
Mel. Sei Lob' und Ehr' ꝛc.

1. Herr, unser Gott, wir bitten dich um Weisheit und um Tugend. Regiere du uns väterlich in unf'rer frühen Jugend! Laß deinen Segen auf uns ruh'n, nur das zu lieben und zu thun, was deine Wahrheit lehret.

2. Nach Einsicht und Geschicklichkeit laß täglich mehr uns streben. Mach' uns zum Dienst der Welt bereit, bereit zum höhern Leben; dann werden wir mit Freudigkeit zurück auf unf're Jugendzeit in jeder Zukunft blicken.

16. Bei dem Anfange des Unterrichts.
Mel. Bis der Tod ihm winkt ꝛc.

1. Nichts kann uns die Zeit ersetzen, die uns ungenützt verschwand. Laßt uns jede Stunde schätzen, als Geschenk aus Gottes Hand. Hier wird unser Geist belehrt; jede Stunde sei uns werth.

2. Bis zum Abend unsers Lebens laßt uns treu und thätig sein. Nie leucht' uns ein Tag vergebens, denn es würd' uns spät gereu'n. Stärke, Vater, jederzeit unsern Trieb zur Thätigkeit!

17. Ermunterung zum Fleiße.
Mel. Sei Lob und Ehr' ꝛc.

1. Von deiner Weisheit, Gott, sind wir bestimmt zum Fleiß auf Erden; du willst es, daß wir Alle hier einander nütz-

lich werden. Gib uns Verstand und Lust und Kraft, getreu und stets gewissenhaft zu thun, was uns gebühret.

2. Die Jugend ist die Zeit der Saat; das Alter erntet Früchte. Wer jung nicht, was er sollte, that, deß Hoffnung wird zunichte. Den Fleiß belohnt die Ewigkeit; doch die verlorne Jugendzeit kann Gott nicht wieder geben.

18. Nach dem Unterrichte.

Mel. Es schuf die ew'ge Liebe 2c.

1. Wohl uns, hier floß auch heute uns Licht und Segen zu. Der Tugend folget Freude, der Arbeit folget Ruh'. O laßt uns ihrer freu'n, und immer froher streben, treu uns'rer Pflicht zu leben, von Herzen gut zu sein!

2. Dich, guter Vater! lieben, gehorchen freudig dir, und nur, was gut ist, üben, ja dies, dies wollen wir! O du, der Alles schafft, du hörst, was wir geloben; gib, lieber Gott, von oben uns zu der Tugend Kraft!

19. Am Schluß der Lehrstunden.

Mel. Christus, der ist mein 2c.

1. Die Stunden weiser Lehren sind abermals dahin; wohl uns, wenn wir sie nützen zu bleibendem Gewinn!

2. Wem wohlgenutzt die Stunden des Tags vorübergeh'n, dem lohnet Ruh' im Herzen, dem ist der Abend schön;

3. Der wird sich seiner Jugend noch spät im Alter freu'n, wird froh zu Grabe gehen, dann ewig selig sein.

20. Gebet.

Mel. Ermuntre dich, mein 2c.

1. Ich trete vor dein Angesicht, du Schöpfer meiner Jugend! Verwirf mein kindlich Flehen nicht um Weisheit und um Tugend. O nimm dich meiner Schwachheit an, und wenn sich mir Gefahren nah'n, so stehe mir zur Seite, damit mein Fuß nicht gleite!

2. Mein Herz von Lastern zwar noch rein, doch jung und unerfahren, wird leicht geblendet durch den Schein, und stürzt sich in Gefahren. O mache mich mir selbst bekannt, und gib

mir Weisheit und Verstand, damit ich meine Wege unsträflich gehen möge!

3. Zum Leichtsinn, der das Herz verführt, das Böse zu erwählen; zum Ehrgeiz, der den Stolz gebiert, dies Merkmal schwacher Seelen; zur Trägheit, die den Geist verzehrt und jeden Trieb zum Laster nährt — laß nie zu diesen Sünden in mir sich Neigung finden!

4. Wenn mir auf meiner Jugend Bahn, mich in ihr Netz zu ziehen, Verführer sich voll Arglist nah'n, so laß mich weislich fliehen ihr Beispiel! Herr, entferne nicht mein Herz von dir und seiner Pflicht! Ihr Spotten und ihr Lachen soll nie mich wankend machen.

5. Der Tugend heilige mich ganz, mein Schöpfer, mein Erhalter! Sie werde meiner Jugend Glanz, und sei mein Trost im Alter! Erhalte mein Gewissen rein; laß keinen meiner Tage sein, der nicht zu deiner Ehre, geweiht der Tugend wäre!

6. Auch lehre mich den Werth der Zeit, daß ich sie nie verschwende, daß ich mit weiser Thätigkeit zum Guten sie verwende. Gott, meiner Jugend Fleiß und Müh' sei nicht umsonst; o segne sie! laß auch durch mich auf Erden dein Werk gefördert werden!

7. Erhöre gnädig mein Gebet, du Führer meiner Jugend; erhör' es! Meine Seele fleht um Weisheit und um Tugend. Mein ganzes Leben dank' ich dir. Nie weiche, Gott, dein Geist von mir, damit ich meine Wege unsträflich wandeln möge!

21. Bei der Einführung eines Lehrers.

Mel. Befiehl du deine Wege ꝛc.

1. Mit freudigem Vertrauen blick' auf, und zweifle nicht! Empor zum Himmel schauen, dies gibt uns Muth und Licht. Der Vater deines Lebens, der Alles wohl regiert, der hat dich nicht vergebens in unsern Kreis geführt.

2. Auch hier ist Gottes Garten; gleich Blumen blühen wir. Du wirst uns pflegen, warten; der Herr vertraut uns dir. O Freund, mit welcher Liebe seh'n wir uns dir geschenkt; nie sei dein Auge trübe, nie sei von uns gekränkt!

22. Abendlied.

Mel. Wer nur den lieben Gott 2c.

1. O Jesu, wenn zum Stärkungsschlummer dein Haupt ermüdet niedersank, wie manches Erdenpilgers Kummer, der aus dem Kelch der Leiden trank, war dann gestillt! wie mancher Schmerz geheilt durch dein erbarmend Herz.

2. Wie waren deine treuen Hände zum Wohlthun immer ausgestreckt! Wie hatte, wo sich Elend fände, dein menschen= freundlich Aug' entdeckt! Du lebtest jeden Augenblick für Brü= derwohl, für Menschenglück!

3. Und ich, lebt' ich vielleicht vergebens? Vielleicht kaum halb nur diesen Tag? Was helfen Stunden eines Lebens, von welchen ich nichts ernten mag? Ach, hätt' ich deiner oft gedacht, sie wären besser zugebracht!

4. Ich blicke reuend auf die Stunde, die ungenützt mir heut' entwich; gelobe dir mit Herz und Munde, o Gott! mehr Treue gegen dich! Ja, dieses künft'gen Tages Licht sei Zeuge treu erfüllter Pflicht. —

23. Bei einer Schulprüfung.

Mel. Wie schön leucht't 2c.

1. Sei mir gegrüßt und feierlich der Prüfung Tag, da rings um mich sich viele Zeugen sammeln! Du kommst, mit dir kommt Freud' und Schmerz; hier freut sich hoch, dort bebt ein Herz, wenn sich die Zeugen sammeln. Beifall, Ehre, Lob und Liebe krönen heute Fleiß und Tugend. Heil dir, wohl durch= lebte Jugend!

2. Dem Trägen klopft die bange Brust, er fühlet Weh= muth statt der Lust, muß Thorheit nun bereuen. Der aber, der im regen Fleiß die Zeit durchlebte, erntet Preis, und kann sich heute freuen. Alles Gute wird belohnet von dem Vater unf'res Lebens, nur der Träge hofft vergebens.

24. Lob der Arbeitsamkeit.

1. Arbeit macht das Leben süß, macht es nie zur Last; der nur hat Bekümmerniß, der die Arbeit haßt. Kräfte gab uns die Natur zu Beruf und Pflicht, leere Müßiggänger nur klagen, leben nicht.

2. Arbeit nur gibt frohen Muth, und zufried'nen Sinn, schafft im Körper rasches Blut, lohnet mit Gewinn. O wer wollte nun wohl nicht gern geschäftig sein? Nicht sein Leben treu der Pflicht, Gott und Brüdern weih'n?

XV.
Das Gebet des Herrn.

Unser Vater im Himmel; — Dein Name werde geheiliget; — Dein Reich komme; — Dein Wille geschehe auf Erden wie im Himmel; — unser täglich Brot gib uns heute; — Und vergib uns unsere Schulden, wie wir auch vergeben unsern Schuldigern; — Und führe uns nicht in Versuchung; — Sondern erlöse uns von dem Uebel. —

Denn Dein ist das Reich und die Kraft und die Herrlichkeit in Ewigkeit. Amen.

XVI.
Sprüchwörter und Denksprüche.

1. Die Zunge hat kein Bein, schlägt aber Manchem den Rücken ein.

2. Ein Auge hat mehr Glauben, als zwei Ohren.

3. Die Klugen haben ihren Mund im Herzen, aber die Narren das Herz im Munde.

4. Nutzbare Kunst gibt Brot und Gunst.

5. Eine Schwalbe macht keinen Sommer.

6. Morgenstunde hat Gold im Munde.

7. Mit Vielem hält man Haus, mit Wenigem kömmt man aus.

8. Lust und Liebe zu einem Dinge macht alle Müh' und Arbeit geringe.

9. Vorgethan und nachbedacht, hat Manchen in groß Leid gebracht.

10. Ordnung lerne; sie gefällt, und ersparet Müh' und Geld.

11. Ein Horcher an der Wand hört seine eigene Schand'.

12. Der Jungen That, der Alten Rath, der Männer Muth sind allezeit gut.

13. Hochmuth kommt vor dem Falle.

14. Wohlschmack bringt Bettelsack.

15. Noth lehrt beten.

16. Williges Herz macht leichte Füße.

17. Wächst die Ehre spannenlang, wächst die Thorheit ellenlang.

18. Seide und Sammet am Leibe löschen das Feuer in der Küche aus.

19. Wer in Röhren sitzt, schneidet sich Pfeifen, wie er will.

20. Es wird kein Meister geboren.

21. Langsam zum Beutel, hurtig zum Hut, hilft manch' jungem Blut.

22. Steter Tropf höhlet den Stein.

23. Jung gewohnt, alt gethan.

24. Trau, schau, wem?

25. Deutsche Treu' und Redlichkeit.

26. Wer Andern eine Grube gräbt, fällt selbst hinein.

27. Ende gut, Alles gut!

Anhang.

Kurzgefaßte Geographie

von Amerika und insbesondere von den Vereinigten
Staaten Nordamerika's.

I.
Amerika.

Der Theil der Erde, auf dem wir wohnen, heißt Amerika.
Dieser Name kommt aber nicht allein den Ver. Staaten von
Nordamerika zu, sondern gilt für den ganzen Welttheil, von
welchem diese nur ungefähr ein Siebentel einnehmen.

Man kennt bis jetzt fünf solcher Welt= oder Erdtheile (siehe
S. 90); drei davon, Asien, Europa und Afrika, bilden
die sogenannte alte Welt, und Amerika ist, weil es später von
den Bewohnern der alten Welt entdeckt wurde, vielleicht auch
weil seine Oberfläche dem Pflanzen=, Thier= und Menschenleben
sich später zur Entwickelung dargeboten hat, die neue Welt ge=
nannt worden. Auch hat es diesen Namen behalten, ungeachtet
nachher auf der südlichen Halbkugel noch ein fünfter Welttheil,
Australien, und in dem letzten Jahre (1840) ein, um den
Südpol liegendes Festland entdeckt worden ist.

Auf einem Globus — einer künstlichen Abbildung der Kugel=
gestalt der Erde (s. S. 90) — sieht man, daß sich Amerika auf
der einen Seite desselben, und zwar auf der, welche die west=
liche Halbkugel (Hemisphäre) genannt wird, allein befindet,
fast vom Nordpol bis an den Südpol (79° n. Br. bis 56°
s. Br.) reicht, etwa 9400 Meilen lang ist und ungefähr 3000
Meilen in seinen breitesten Theilen mißt. Es bildet zwei ziem=
lich gleichgeformte, dreieckige Halbinseln, welche die nur 30 —
50 Meilen breite Landenge von Panama oder Darien verbindet.

Die Vermuthung, daß Amerika im Norden mit Asien zusammenhange, hat sich bis jetzt nicht bestätigt. Die Cook-Beringsstraße trennt beide Welttheile in Nordwest.

Demnach scheint Amerika ringsum von Wasser umgeben zu sein; im Osten ist es vom atlantischen, im Westen vom stillen (asiatischen) Ocean, im Norden vom Polar-, im Süden vom Magellanischen Meer umflossen.

Um dieses große Festland herum liegen noch mehre Inseln, die zu diesem Welttheile gerechnet werden. Das ganze große Festland selbst aber ist in seiner ganzen Ausdehnung von Norden nach Süden an eine gewaltige, unter dem Namen Cordilleras de los Andes (eigentlich Antis, d. i. Kupfergebirge) bekannte, Gebirgskette im Westen gleichsam angelehnt. Von diesem Gebirg aus breitet sich das Land allmählig fallend nach den Ostküsten zu in großen Flächen aus, während westlich von dem Felsengebirge verhältnißmäßig wenig Land ist. Diese Bildung des Landes ist die Ursache seiner großen Ströme und seiner Fülle von Flüssen und leichten Flußverbindungen.

Betrachtet man die Karte von Amerika genauer, so entdeckt man leicht, daß die großen Buchten, welche durch das Eindringen des Meeres auf das Land gebildet werden, die nördliche Halbinsel durch die Hudsonsbay in zwei ziemlich gleiche Theile scheidet. Nach dieser und der südlichen Scheidung durch die Bay von Merico scheint die neuere Eintheilung in Nord-, Mittel- und Südamerika sich mehr zu rechtfertigen, als die frühere in Nord- und Südamerika. Den Slawen scheint der Norden, den Germanen die Mitte und den Romanen der Süden bestimmt. In diesem Verhältniß stehen diese Völkerstämme auch in Europa neben einander.

In dem nördlichen Theile ist der Mackenzie der Hauptstrom; der St. Lorenz und der Mississippi sind die Hauptströme der Mitte, wie der la Plata oder Silberfluß und der Amazonenfluß oder Maranon die des Südens. Der letztere ist der größte Strom der Erde; sein ganzer Lauf beträgt 3700 Meilen; er nimmt an 60 Ströme auf, die an Größe nur den Mississippi hinter sich lassen, und seine Hauptmündung ist 69 Meilen breit.

In Norden ist der Sclavensee und der Winnipegsee, in Mittelamerika die vom St. Lorenz gebildeten, der Obere (Supe-

rior), der Michigan=, Huron=, Erie= und Ontariofee und der
Wafferfall von Niagara, im Süden der Maracaibo=, Titicaca=,
Parime=, Merun u. a. m. zu bemerken. Zu den schon genann=
ten größten Buchten, welche Binnenmeere und als solche Land=
scheiden zu nennen find, kann man im Norden noch die Baffins=
bay und im Süden den Meerbufen von Californien oder das
Purpurmeer (mare vermejo) an der Westküste von Mexico
rechnen.

Bei feiner Ausdehnung vom äußersten Norden bis über die
Mitte der südlichen Halbkugel liegt Amerika in der heißen, den
beiden gemäßigten und der nördlichen und südlichen kälten Zone.
Es kann daher nicht fehlen, daß Klima und Erzeugnisse fehr
verschieden find. Im Allgemeinen zeichnet fich diefer Erdtheil
durch fein üppiges und reiches Pflanzenreich und die geringere
Wildheit feines Thierreichs aus. Selbst die von Europa hieher
verpflanzten Hausthiere find fanfter geworden.

In den Polarländern (d. h. in den Ländern, die im äußer=
ften Norden und Süden liegen) scheint Alles von Froft und
Eis erftarrt; nur Moos, Beeren, Krüppelholz, Fische, Wall=
roffe, Seehunde, Eisbären, höchstens Rennthiere kommen fort.
Der Sommer ist sehr kurz, defto länger der Winter, in welchem
der Schein des Nordlichts die mangelnde Sonne etwas erfeßt.
Auch scheint hier der Mond viel klarer und mitten im Winter
fünfzehn Nächte lang (denn Tage gibt es im Winter dort nicht),
ohne unterzugehen. Von beiden Polen landeinwärts wird die
Kälte allmählig erträglicher, der Sommer länger; es wächst
beffere Waldung; man findet Schnee= und Rebhühner, Biber,
Füchfe, Dachfe, weiße und braune Bären, Wölfe, Luchse, Mar=
der, Fifchottern, Hermeline, Kaninchen, Hafen, Elenne, Wall=
fifche, Kabliaue, Seehunde, Lachfe, Seevögel, und im Mineral=
riche werden Blei, Kupfer, Eifen und Steinkohlen angetroffen.

Weiter im Innern wird das Klima eher gemäßigt, als an
den Küften. Hier breiten fich die großen Prairien mit ihren
Gräfern und Blumen aus. Heerden von Büffeln zeigen fich,
Ziehzucht und Feldbau, Getreide, Gemüfe und Obft gedeihen.
Schon kann man die 4 Jahreszeiten unterscheiden.

So gelangt man an die wärmere Zone. Immer gewaltiger
entwickelt der Boden feine Kräfte. Fröfte und Schnee werden

immer seltener; der Winter hört allmählig auf und seine Stelle
vertritt vom 28° bis zur Linie im Juni eine Regenzeit, die bis
zum Ende des September anhält; die übrige Zeit ist Sommer.
Der Boden ist meistentheils sehr fruchtbar; der Aufenthalt an
der Küste und an Stellen in der Nähe der Gewässer, wo kein
Luftzug stattfindet, ist wegen der Muskiten und der Hitze unbe=
quem und ungesund. Unter den Wendekreisen (23°) und nach
der Linie (Aequator*) zu steigen die Länder von den Küsten
allmählig zu 5—10,000 Fuß hohen Gebirgsebenen auf. Diese
Höhe milbert die Hitze bedeutend; die köstlichsten Früchte, die
üppigste Pflanzenpracht; vielerlei Thiergattungen, besonders
schönfärbige Vögel, so wie edle Metalle (Gold, Silber, Platina)
und Steine (Diamanten) und eine gleichmäßigere Temperatur
bezeichnen diesen Himmelsstrich.

Im Allgemeinen ist das Klima Amerika's kälter, als in den
Ländern, welche in der entgegengesetzten Erdhälfte unter gleicher
Breite liegen; so hat z. B. Philadelphia eine bedeutend kältere
Jahres=Temperatur als Neapel, obgleich es unter dem 39° und
dieses unter dem 40° n. Br. liegt, und in Canada, das mit
Frankreich gleich nördlich liegt, ist es so kalt, wie im europäi=
schen Rußland. Diese Erscheinung rührt hauptsächlich von dem
Golfstrom her, einer Meerströmung, die vom Südpol her an
der Küste von Afrika hinauf bis in den Meerbusen von Guinea
und von da westwärts in die Bay von Mexico strömt, sich in
dieser stößt und an der Küste der Ver. Staaten nach Norden
hinab, dann aber ostwärts wendet, bis sie endlich bei Schott=
land und Norwegen endet. Sie verursacht eine so bedeutende
Luftströmung, daß dadurch die Atmosphäre westwärts gleich=
sam abgesondert, und, weil es an hohen Gebirgen fehlt, den
Luftzuge von Norden her preisgegeben ist.

------

*) Aequator (Gleichmacher) bezeichnet in der Geographie die Linie, welche
man sich gleich weit vom Nord= und Südpol entfernt von Osten nach Westen um
den Erdball gezogen denkt. In dem ganzen Bereich dieser Linie finden gewisse
gleiche Naturverhältnisse statt: Tag und Nacht sind das ganze Jahr hindurch fast
gleich lang, weil hier nur Frühling und Herbst, nicht wie mehr nach den Polen
zu Sommer und Winter stattfinden können. Die Entfernung von dieser Linie
nach Süden oder Norden nennt man südliche oder nördliche Breite und berechnet
sie nach Graden von der Linie aus nach den Polen zu.

Im heißesten Klima Amerika's ist die Wärme erträglicher, als z. B. in Afrika. Gebirge, deren höchste Gipfel mit Schnee und Eis bedeckt sind, die Nähe des Meeres und große, einen starken Luftzug erzeugende Ströme wirken nebst der gleichen Länge der Nächte und Tage kühlend ein. Ungeheuere Waldungen und Mangel an Anbau des Landes tragen auch hier wie in den gemäßigten Zonen dazu bei, daß die Temperatur verhältnißmäßig kälter ist, als in andern Ländern der Welt unter gleichen Erdgürteln, besonders so weit sie Europa, westlich von Rußland, entsprechen. Die Tropenländer sind häufigen Orcanen und Erdbeben und an den Küsten dem kalten Fieber unterworfen.

Der Boden ist des Anbaues so fähig und so ergiebig, als in irgend einem andern Lande. Zu dieser Begünstigung des Himmels steht indeß noch keineswegs die Zahl seiner Bewohner im Verhältniß. Denn auf dem ungeheuern Flächenräume von 15 Millionen Geviertmeilen, die es enthält, — fast ein Viertel alles Landes der Erde — leben ungefähr 40 und, wenn man die Inseln hinzurechnet, 45 Mill. Menschen, also nur 5 Mill. mehr als in dem einzigen Deutschland. Im Durchschnitte gerechnet, kämen also nicht mehr als 3 Menschen auf eine Geviertmeile, wo in europäischen Ländern 120 — 130 und mehr anzunehmen sind. — Es ist hier also noch Platz genug für Einwanderer. —

Die Bewohner Amerika's gehören ihrer Abstammung nach drei Hauptstämmen der Menschheit an; sie sind 1) Eingeborne, Ureinwohner, die man bei der Entdeckung vorfand (Indianer, vom Mongolenstamme); 2) Weiße, welche von Europäern (Kaukasiern) abstammen; 3) Schwarze (Neger), die aus Afrika dahin gebracht wurden. Aus Vermischung derselben sind Unterarten a) von Europäern und Indianern Mestitzen; b) von Europäern und Negern Mulatten, 2c. entstanden.

In Südamerika werden außerdem noch Weiße, die in Europa geboren sind, mit der Benennung Chapetons, und Weiße, die im Lande von Europäerinnen geboren sind, mit der Benennung Creolen unterschieden.

Die Weißen werden im Ganzen auf 23 Millionen, Indianer auf 10 Millionen, Mischlinge (Farbige) auf 7 Millionen, Neger auf 6½ Millionen geschätzt.

Noch ein Unterschied findet statt: es gibt nämlich Freie und Sclaven, und zwar von letzteren über 5 Millionen! Frei ist jeder Weiße von Geburt. Sclaven oder leibeigene Knechte sind die meisten Neger und Abkömmlinge derselben. In neuester Zeit ist man bemüht, die Sclaverei, welche ein schmähliges Unrecht ist, abzuschaffen; z. B. in Merico, in den englischen Colonien; auch in den östlichen und nördlichen Staaten der Union.

Amerika besteht aus folgenden einzelnen Ländern und Staaten:

1) Grönland, wahrscheinlich eine Insel, deren eine Küste schon 400 Jahre vor Columbus von den Normannen entdeckt und Vinland genannt wurde, jetzt im Besitze der Dänen, zählt auf etwa 100,000 Quadratmeilen 20,000 Eskimo's und 5000 Europäer, besonders Dänen, die in 18 kleineren und größeren Colonien und Handelslogen im Lande vertheilt sind. Die Herrnhuter sind bis dahin gedrungen und haben dort mehre Niederlassungen (Lichtenfels und Neu-Herrnhut) gestiftet, um die unwissenden Eingebornen zu unterrichten und sie zum Christenthume zu bekehren. Sonst wird es nur wegen des Wallfischfanges und Robbenschlages besucht. Die Producte sind: Granit, Bergkrystall, Asbest, Marmor, Labradorstein, Kupfer, Tuffstein, Amianth, Chalcedon, Turmalin, Schwefel, Spuren von Blei und Silber, Steinkohlen; Wachholdersträuche, krüppelhafte Bäume, Löffelkraut und verschiedene Arten Beeren; Rinder, Schaafe, weiße und andere Bären, Hasen, Hunde, die man zum Ziehen benutzt, kleine Hirsche, graue und bläulichte Füchse, Schneehühner, Raben, Falken, Sperlinge mit lerchenartigem Gesang, Eider-, Strand- und Wasservögel, Wallfische u. dergl. schon oben bei den Polarländern erwähnte Seethiere.

2) Spitzbergen und ein ansehnlicher Strich Landes an der Nordwest-Küste, nebst der Halbinsel Alaschka, mit einer sehr spärlichen Bevölkerung, steht unter der Botmäßigkeit der Russen, die viel Pelzwerk dort holen. Die Vegetation beschränkt sich auf einige Moose und Kräuter; der einzige Baum ist eine 3—4 Zoll hohe Weide (salix herbacea). Das Thierreich enthält weiße Bären, Füchse, Rennthiere, Schnee- und Eisvögel, Seekühe, Seehunde, Wallfische,

Narwalls, Haifische u. f. w.; die einzigen nützlichen Mineralien sind etwas Marmor und Steinkohlen.

3) Die Besitzungen der Engländer, zu denen auch
die Länder der freien Indianer mitgerechnet werden, enthalten
einen ungeheuern Flächenraum, jedoch mit sehr dünner Bevölkerung. Besonders genannt zu werden verdienen die Provinzen
Neu=Braunschweig, Neu=Schottland und Canada (Quebeck
und Montreal Hauptstädte) und die Insel New Foundland, in
deren Nähe jährlich gegen 4000 Schiffe, vorzüglich mit dem
Stockfischfange, beschäftigt sind. Die Producte sind um die
Hudsonsbay denen von Grönland ziemlich gleich; südlicher gedeihen Mais und andere Getreidearten, Taback, Flachs, Hanf,
Obst, Wein ꝛc. Unermeßliche Waldungen geben das schönste
Schiffsbauholz. Das Mineralreich liefert Steinkohlen, Eisen,
Schwefel, Kupfer, Blei ꝛc. Zu den schon genannten Thieren
kommen Pferde, Zibethkatzen, Kolibri, Ochsenfrösche, Flußfische,
Schildkröten ꝛc.

4) Die Vereinigten Staaten von Nordamerika.

5) Texas, eine ehemalige Provinz von Mexico, die sich
aber seit 1836 unabhängig erklärt und eine eigene republika-
nische Verfassung angenommen hat, — eine sehr fruchtbare,
jedoch noch wenig angebaute Landschaft. Sitz der Regierung ist
Austin, eine neue Stadt; früher war es Houston mit 5000
Einw. Einen guten Hafen bietet Galveston.

6) Mexico, wozu auch die Halbinsel Californien gezählt
wird, ein Freistaat mit der Hauptstadt gleichen Namens, welche
150,000 Einwohner enthält, ist reich an kostbaren Producten.
Das Mineralreich liefert alle edeln Metalle und nützliche Erze,
Steine und Erden, Halbmetalle und Edelsteine (Bergwerke
St. Luis de Potosi und Quenaxuato). Die Vegetation geht
zu den tropischen Gewächsen, Cacao, Vanille, Indigo, Orlean,
den Farbe= und feinen Möbelhölzern, Caffee, Zucker, Baumwolle, Wein, Orangen, Reis, Ananas und Gewürzen über.
Löwen, Tiger, Perlenmuscheln, Seidenraupen, Cochenille, Pur-
purschnecken u. f. w. erscheinen im Thierreiche. Veracruz und
Acapulco sind die Haupthäfen. Die Zahl der Einwohner wird
auf 6 Millionen angegeben. Die Spanier sind seit Cortez Er-

oberung Herren des Landes; seit 1823 haben auch die Abkömmlinge der Eingebornen (Indianer) gleiche Rechte.

7) Die Republik G u a t i m a l a, mit der Hauptstadt glei-
chen Namens, ist dem vorigen Staate ähnlich in Hinsicht des
Reichthums der Natur-Erzeugnisse und zählt 2 Mill. Einw.
Zu den früher genannten Producten kommen hier Terpentin,
Balsam und Chiapapfeffer als die wichtigsten.

8) W e s t i n d i e n. Unter diesem Namen versteht man die
zwischen Mittel- und Südamerika im Meerbusen von Mexico
und der caraibischen See gelegenen Inseln, von denen Columbus, als er einen neuen Seeweg nach Ostindien suchte, einen
Theil entdeckte und fälschlich Anfangs für die Westküste dieses
Landes hielt. Sie liefern Caffee, Zucker, Indigo, Baumwolle
und Taback, welche auf Plantagen von Negern, unter denen,
so weit sie den Engländern gehören, die Sclaverei von der britischen Regierung 1838 abgeschafft worden ist, gebaut werden.
Die bemerkenswerthesten derselben sind:

Cuba und Portorico, den Spaniern; Jamaica, den Engländern; Martinique, den Franzosen gehörig, und Haity (St.
Domingo), ein freier Negerstaat. Die Bevölkerung besteht
aus ungefähr 1 Mill. Weißen, 1 Mill. schwarzer oder farbiger
Sclaven und 1 Mill. freier Farbigen. Die Ureinwohner sind
von den Spaniern ganz vertilgt worden.

9) G u i a n a, wird theils von den Briten (Georgetown),
theils von den Franzosen (Cayenne), theils von den Nieder-
ländern (Surinam) besessen; es wird noch von vielen Wilden
bewohnt. Außer den Producten, die bisher genannt wurden,
sind hier Gewürznelken, Muscatnüsse, Zimmt, Balsam- und
Brotbäume, Maniok und Guajak zu bemerken.

10) C o l o m b i a, ein Staatenbund, aus Venezuela, Neu-
Granada und Quito bestehend, mit ungefähr 3 Mill. Einw.
Hauptstädte sind Santa Fe (de Bogata), Carthagena und
Quito. Letztere ist wohl die höchste Stadt der Erde; sie liegt
9000 Fuß über der Meeresfläche erhaben auf einer Hochebene.
Außer Gold ic. ist unter den Producten der Cacao und die Va-
nille, welche hier von vorzüglicher Güte sind, ausgezeichnet.
Der höchste Berg, der Chimborazo, steigt hier aus den Andes-

kette 20,158 Fuß hoch auf und ist gewöhnlich von seiner Spitze abwärts 4800 Fuß mit Schnee und Eis bedeckt.

11) Peru, berühmt wegen der China oder Fieberrinde (Peruvian bark) und seiner Gold= und Silberbergwerke, ist hie und da häufigen Erdbeben ausgesetzt, und hat feuerspeiende Berge. Hauptstädte Lima und Cuzco.

12) Bolivia, nach einem General Bolivar, der es von der Botmäßigkeit des Königs von Spanien befreien half und zu einem Freistaat machte, so genannt, hat die ergiebigsten Silberminen der Welt bei Potosi, welche seit ihrer Auffindung (innerhalb 250 Jahren) 1,600,000,000 Dollars Werth Ausbeute an Silber gaben. Hauptstadt: La Plata.

13) Chili, ein rauhes Gebirgsland an der Küste, mit reichen Kupfer=, Silber= und Goldminen. Hauptstadt St. Jago, Hafen Valparaiso.

14) Die Ver. Staaten von Südamerika (oder La Plata), bestehend aus der Argentinischen Republik mit der Hauptstadt Buenos Ayres, Araguay mit der Hauptstadt Montevideo, und Paraguay *) mit der Hauptstadt Assumcion. Unter den vielen Erzeugnissen ist als besonders Paraguay eigen der Maté zu bemerken, ein aus den Blättern eines Baumes bereiteter Thee, der stark in Südamerika getrunken wird und eine dem Opium ähnliche betäubende Wirkung hat. Von Buenos Ayres werden jährlich über 1 Mill. Häute von Ochsen, die im Innern des Landes in großen Heerden wild umherlaufen, ausgeführt; sie liefern das beste Sohlenleder.

15) Brasilien, ein seiner ganzen Ausdehnung nach noch wenig durchforschtes Land, in welchem die Portugiesen ein Kaiserthum errichtet haben. Man rechnet seinen Flächenraum auf 500,000 Quadratmeilen, aber nur 4 Mill. Einw. Es ist überreich an kostbaren Producten, vorzüglich schönen und nützlichen Holzarten (z. B. Rosenholz, Fernambukholz), Gold, Diamanten und Taback; wird aber auch von vielen grimmigen Thieren (Jaguar, Riesenschlange) und wilden Menschen bewohnt. Die Hauptstadt des Landes, mit einem schönen Hafen, ist Rio de

---

*) Seit 1812 hat ein Advocat, Dr. Francia, unter dem Titel eines Dictators die oberste Gewalt, wie ein völlig unbeschränkter König ausgeübt; er ist 1840 gestorben.

Janeiro; sie zählt gegen 300,000 Einw. und ist also wohl nebst New York die volkreichste Stadt der neuen Welt.

16) Patagonien, ein noch wenig bekanntes, unwirth=bares Land, welches den südlichsten Theil des amerikanischen Festlandes bildet. Es wird von Heerden Rindviehs und Pfer=den und Indianern bewohnt, unter denen sich besonders ein Stamm durch seine Körpergröße auszeichnet.

17) Das Feuerland und eine Gruppe kleiner In=seln, kalte, traurige Eilande, welche von fast stumpfsinnigen Menschen, den Pescherähs, bewohnt werden. — Cap Horn heißt das südlichste Vorgebirge.

Die unter 1—5 genannten Länder rechnet man nach der alten Ansicht zu Nordamerika, die unter 6—8 zu Mit=tel= oder Central=Amerika, die unter 9—17 zu Süd=amerika. Richtiger ist es, nur die Länder von 1—3 zu Nord=, die von 4—6 zu Mittel= und die sämmtlichen übrigen zu Süd=amerika zu zählen. In den Ländern unter 1 und 2 herrscht die finnische und dänische, unter 3—5 die englische Sprache und Sitte, in denen unter 6—17 die portugiesische und spanische vor. Es versteht sich von selbst, daß die wilden Völkerschaften ihre eigenen — man sagt, über 400 — Sprachen reden. Die Indier sind meistens Fetisch= (Natur=) Diener. In den von Europäern begründeten Reichen sind Christen von allen Be=kenntnissen, so wie auch Juden. Die politischen Verfassungen sind, außer in Brasilien, Canada, den Polarländern und den meisten Inseln, republikanisch.

II.
Die Vereinigten Staaten.

Im Norden von den britischen und russischen Besitzungen, im Osten vom atlantischen Ocean, im Westen vom stillen Meere, den Oregon= oder Felsengebirgen und Mexico, im Süden von Texas und dem mexicanischen Meerbusen begrenzt, dehnt sich 2500 Meilen in die Breite, 1500 M. in die Länge, im Ganzen 2⅔ Mill. Quadratmeilen, 1/20 der trockenliegenden Theile der Erde, enthaltend, das Gebiet aus, welches seine Bewohner mit

Stolz ihr Vaterland nennen mögen. Man kann es sowohl
seiner (geographischen) Lage als seiner Bedeutung nach das
Herz (den Sitz des Lebens) von Amerika nennen, wie Deutschland in Bezug auf Europa genannt wird.

Die Gestalt des Landes ist eine von den Felsengebirgen im
Westen nach der Ostküste am atlantischen Ocean sich allmählig
abdachende Fläche, die im Osten von den drei von Nordost nach
Südwest neben einander hinlaufenden Ketten des Alleghenny
durchschnitten wird. Der Raum zwischen beiden Gebirgen ist
das gewaltige Flußgebiet des Mississippi, das den größten und
fruchtbarsten Theil der Ver. Staaten bildet. Im Westen von
den Felsengebirgen und im Osten von den Alleghenies liegen
an den Meeresküsten hin zwei schmale Küstenstriche, welche
ganz das Ansehen von bald wellenförmigem, bald ganz flachem
und ebenem Meeresboden haben. Die Nordgrenze bildet das
Gebiet des St. Lorenz mit seinen Seen. Sein Flußgebiet ist
nach der Südseite zu sehr schmal und es entspringen in der Nähe
der Seen viele bedeutende Flüsse, welche ihren Lauf nach Süden
und Südost nehmen, indem sie oft die Ketten der Alleghenies
quer durchbrechen, um an der Ostküste sich in den atlantischen
Ocean zu ergießen. Die Felsengebirge (Rocky mountains)
sind ein Theil der Andeskette; ein vom Missouri herablaufender
Zweig desselben heißt das schwarze Gebirg; auch führen sie
den Namen Chipewayan-Gebirge; die östlichste Kette der Alleghenies nimmt in Süd-Carolina den Namen Cumberland-
Gebirge an; auch werden die Alleghenies Apalachen genannt.
In den neu-englischen Staaten nennt man sie das grüne und
endlich das weiße Gebirge. Während sich das Felsengebirg im
Long's Peak zu 12,000, und im James Peak zu 11,000 Fuß
erhebt, erreichen in Nord-Carolina der Roan nur 6038 und
der Black Mount 6476 Fuß; beide sind die höchsten Spitzen
der Alleghenies. Der 6234 Fuß hohe Washington ist die höchste
Spitze der White Hills in New Hampshire. In Massachusetts
ist der Saddle Back die 4000 Fuß hohe Spitze des grünen Ge-
birgs, und der Round Top mit 3804 Fuß der höchste Rücken
der Catskill-Berge in New York.

Nächst den bereits genannten Seen und Flüssen sind der
Penobscott, der Kennebeck, der Connecticut, der Hudson, die

17

Delaware, die Susquehanna, der Potomac, der Jamesfluß, die Savannah, die in das atlantische Meer, der Ohio (schöne Fluß), der Arkansas, der Missouri, die in den Mississippi (Vater der Ströme) fallen und die Columbia, die das Oregon-Gebiet durchfließt und in's stille Meer mündet, die bedeutendsten. Durch sie und ihre zahlreichen Nebenflüsse wird nicht nur der Boden frucht- und bewohnbar gemacht, sondern auch Handel und Wandel erleichtert. Wo diese natürlichen Wasserstraßen noch nicht auszureichen schienen, hat man noch künstliche, Canäle, gegraben. Die größten sind: der Erie-Canal von Buffalo nach Albany (N. Y.), 363 Meilen, der Pennsylvania-Canal von Columbia nach Pittsburg (Pa.), 260 M., der Chesapeake- und Ohio-Canal von Georgetown (D. C.) bis nach Pittsburg, 340 M., der Ohio-Canal von Cleveland (D.) bis Portsmouth (Va.), 334 M., der Schuylkill-Canal von Philadelphia nach Port-Carbon (Pa.), 110 M., der Wabash und Erie, der den Wabash- und den Maumee-Fluß verbindet, 200 M., der Morris-Canal von Jersey City bis nach Easton (Pa.), 101 M., der Delaware- und Hudson-Canal, 108 Meilen lang.

In neuerer Zeit hat man noch ein Mittel ausgefunden, die Entfernung der Orte von einander weniger fühlbar zu machen — die Eisenbahnen, auf deren Schienen die schwersten Wagen, wenn ihre Spur an den Rädern darnach eingerichtet ist, mit der größten Leichtigkeit fortbewegt werden. Solcher Riegelwege (rail roads, wie sie hier zu Lande auch genannt werden) ist ebenfalls eine bedeutende Anzahl angelegt, z. B., von New York nach Philadelphia, 100 M., von Philadelphia nach Baltimore (Md.), 120 M., von Philadelphia nach Chambersburg (Pa.), 152 M., von Philadelphia nach South Amboy (N. J.), 61 M., von New-York nach Stonington (Ct.), 100 M., von Baltimore nach Washington, 40 M., von Savannah bis Macon (Geo.), die sogenannte Central-Eisenbahn, bis jetzt 122 M., von Charleston nach Hamburg (S. C.), 136 M., von Utica nach Albany (N. Y.), 95 Meilen.

Hierzu kommt noch die Anwendung des Dampfes sowohl auf Flüssen als zur See. — Den ersten Versuch in der Dampfschifffahrt machte 1802 ein Amerikaner, Robert Fulton. — Auf diese Weise kann man z. B. auf dem Dampfboote 8—

12, auf der Eisenbahn 12—18 Meilen in einer Stunde zurücklegen. Mit außerordentlicher Schnelligkeit werden dadurch Reisende, Nachrichten und Waaren befördert. Jene Werke (Canäle
und Eisenbahnen) werden daher mit Recht public improve-
ments (öffentliche Verbesserungen) genannt. Sie sind größtentheils durch die Hände deutscher und irischer Einwanderer ausgeführt worden. Das Geld zu vielen derselben haben nicht die
Staaten, sondern einzelne Gesellschaften, Vereine reicher Kaufleute (Capitalisten), hergegeben, die auch die Einnahmen davon
beziehen. Mehre Bahnen und Canäle sind aber, wie sich jetzt
ausweist, zu früh angelegt und daher eine große Last für die be-
treffenden Staaten, weil sie nichts einbringen, viel kosten und
kostspielig zu unterhalten sind.

Man rechnet, daß 2000 Meilen Canal- und 1500 Meilen
Eisenbahn-Weges vollendet und gegen 3000 Meilen in Plan
und Arbeit sind.

Das Klima in einem so ausgedehnten Lande muß natürlich sehr verschieden sein. Die nördlichen und östlichen Theile,
bis New York, sind zum kalten, die mittlern zum gemäßigten,
die südlichen zum heißen zu rechnen. Während in Albany
(N. Y.) im Februar der Fluß noch von Eise starrt, die Bäume
von Schnee weiß sind, fängt in New Orleans an das Grün
sich zu zeigen und die Wärme macht Sommerkleider rathsam.
Doch mehr als dieses fällt eine andere Erscheinung auf. Nirgends ist die Witterung so schnellem Wechsel unterworfen, als in
Nordamerika; an einem Tage kann man dreierlei Wetter, Kälte,
Wärme und Regen haben. Besonders ist dieser rasche Ueber-
gang in den Küstenstrichen bemerklich. Die Einwanderer, nicht
daran gewöhnt, sind dadurch häufigen Unpäßlichkeiten unterworfen. Die im Lande Geborenen leiden oft an heftigen Rheu-
matismen. Es können folgende acute Krankheiten als von Zeit
zu Zeit herrschend betrachtet werden: im Süden während der
heißen Jahreszeit das gelbe, im Westen in neu angesiedelten
Gegenden, wo viel Humusboden ist, während des Frühlings
und Herbstes, das kalte, in heißen Sommern das Gallen-
(bilious) Fieber.

Der Boden längs der Küste von New York bis nach Florida besteht aus angeschwemmtem Sande und Erde und es kom-

17*

men darauf meist nur Nadelhölzer, an sumpfigen Stellen auch
Reis fort. Je mehr landeinwärts, desto besser pflegt er zu sein.
Man findet weite Wiesengründe, herrliche Wälder, in welchen
die Holzarten (vorzüglich Eichen, deren es 26 verschiedene Arten
gibt) vermischt sind, und Strecken von schwerem Humusboden.
Das Land eignet sich sehr gut zum Feldbau, zur Weide und
zur Obstzucht. Am fruchtbarsten ist der Humusboden—bottom
genannt — Schichten Erde aus dem vermoderten Laube und
anderen Pflanzenstoffen, die Jahrhunderte lang sich aufgehäuft,
entstanden; Schade daß, wie schon erwähnt, seine Ausdünstungen auf die Gesundheit nachtheilig wirken. — Beharrlichkeit und
Fleiß hat auch weniger begünstigte Stellen urbar und ergiebig
gemacht; besonders bemerkenswerth in dieser Hinsicht ist, was
die Engländer in den nördlichen Staaten, die deutschen Bauern
in Pennsylvanien, Ohio rc. geleistet haben.

Erzeugnisse des Landes im Mineralreiche sind sehr man-
nigfaltig. Eisen wird in großer Menge überall gefunden. Blei,
Kalkstein, Anthracit- und harzige Steinkohlen gibt es in uner-
schöpflicher Menge. In Virginien, beiden Carolinen, Georgien,
Alabama und Tennessee hat man neuerlich auch Goldminen
entdeckt. Die Bleiminen in Illinois, Missouri und Wisconsin
werden für die reichsten in der Welt gehalten. Salzquellen finden sich in allen Theilen der Union. Die Ver. Staaten können
alle Bedürfnisse aus ihrem eigenen Schooße befriedigen, ja noch
viel von den Erzeugnissen ausführen, z. B. Baumwolle, Taback, Reis, Fische, Potasche rc. Was eingeführt wird, sind mehr
Luxusartikel, als Thee, Caffee, Weine und Gewürze. Auch die
Manufacturen sind bedeutend und in allmähligem Zunehmen,
wozu in den östlichen und mittleren Staaten besonders die reichlich vorhandene Wasserkraft benutzt wird. Vorzüglich werden
Baumwollen-, Wollen-, Eisen-, Glas-, Papier-, Holz- u. dergl.
Waaren erzeugt. Sie werden mit Taback, Mehl, Fleisch, Fischen und verschiedenen Erzeugnissen des Landbaus ausgeführt
und besonders die Erzeugnisse der tropischen Länder dagegen
eingetauscht. England ausgenommen, treiben die Vereinigten
Staaten den stärksten Handel in der Welt, indem sie Schiffe
nach allen Theilen der Erde hin senden und von da empfangen.
Die Hauptstapelplätze und Häfen sind: Boston, New

York, Philadelphia, Baltimore, Charleston, Savannah und
New Orleans.

Unter den Einwohnern finden sich Abkömmlinge aller
europäischen Nationen, vorzüglich Engländer, Deutsche, Nie=
derländer, Irländer, Franzosen und Spanier; außerdem Far=
bige (Neger und Mulatten) und Indianer. Von letzteren hau=
sen nur noch etwa **333,000** innerhalb des Gebiets der Ver.
Staaten; 80,000 davon sollen sich auf der westlichen Seite des
Felsengebirges befinden, die Uebrigen auf der Ostseite. Die Re=
gierung hat ihnen ihre Ländereien (Indian claims) nach und
nach abgekauft und eine Gegend jenseits des Mississippi bei den
Rocky Mountains als Wohnsitze zugesichert, wohin sie auch,
mit Ausnahme einiger Tausende in Florida und im Staate New
York, ausgewandert sind. — Um die Zahl der Einwohner zu er=
mitteln, wird alle 10 Jahre eine Volkszählung (census) ver=
anstaltet. Die von 1830 ergab 10,525,232 Weiße; 319,576
freie Farbige und 2,009,050 Farbige, die als Sclaven in den
südlichen Staaten vorzüglich zum Plantagenbau gebraucht
werden; zusammen 12,852,858 Seelen. Man kann annehmen,
daß diese Zahl sich innerhalb der seitdem verflossenen 10 Jahre
um 4 Millionen vermehrt hat; eine Zunahme, wie sie fast kein
Land aufzuweisen hat, die aber theils durch Freiheit und Wohl=
stand des Einzelnen, welche das Familienleben erleichtern, theils
durch die große Menge Einwanderer erklärlich wird.

Von den Sprachen ist die englische vorherrschend; sie ist
die Sprache der Mehrheit und in ihr allein werden die öffent=
lichen Angelegenheiten verhandelt. In Pennsylvanien, New
York, Ohio, Illinois, Indiana, Michigan und Missouri wird
auch sehr viel, aber aus Mangel an deutschen Schulen leider
sehr schlechtes Deutsch *) gesprochen, wie überhaupt die Deut=
schen nach den Engländern die zahlreichsten sind: in Louisiana
und Florida hört man auch Französisch und Spanisch.

Trotz aller dieser Verschiedenheiten umschlingt die Staaten
alle ein Band, das der Bundes=Verfassung, welche, auf

---

*) In Pennsylvanien müssen die Beschlüsse der gesetzgebenden Behörde
(Pamphlet=Gesetze) und andere Acten seit 1837 auch in deutscher Sprache ge=
druckt werden.

Grundsätze der Vernunft gestützt, unter allen bestehenden Ver=
fassungen das demokratische Princip am weitesten ausgedehnt
hat. Die Haupt=Wahrheiten, die in der unsterblichen Unab=
hängigkeits=Erklärung von 1776 ausgedrückt und an der weißen
Bevölkerung verwirklicht werden, sind: Alle Menschen sind von
Natur gleich, haben gleiche Rechte, Leben, Freiheit und Glück
zu genießen. Alle Regierungs=Gewalt geht vom Volke (der
Mehrheit der Staatsbürger) aus; jeder männliche Eingeborene
wird mit dem 21. Jahre stimmfähig, der mündige Einwanderer
nach 5 Jahren; die Beamten werden vom Volke gewählt und
sind ihm über den Gebrauch der übertragenen Gewalt verant=
wortlich. Da gibt es also keine erblichen Herrscher=Familien
(Könige, Fürsten), keinen Adel und Rangclassen (Stände),
keine lebenslänglichen Aemter; Alles soll von Fähigkeit und
Wohlverhalten abhängen. Wenn diese Rechte des Volks mit
strengster Gewissenhaftigkeit geübt würden, so könnte dasselbe
allen Ländern der Erde zum Vorbild dienen. Die Kosten der
Staatsverwaltung sind bisher aus dem Ertrage der Einfuhr=
zölle und des Postwesens und aus dem Verkaufe der Staats=
ländereien bestritten worden. Gegenwärtig hat die Union bei=
nahe keine Staatsschuld mehr, während die europäischen und
südlichen Staaten darunter seufzen.

Der erste Beamte der Ver. Staaten ist der Präsident,
nach ihm der Vicepräsident. Beide werden auf 4 Jahre ge=
wählt, können jedoch, wenn das Volk mit ihrer Verwaltung
(administration) zufrieden ist, auf's Neue gewählt werden;
wie das z. B. mit den Präsidenten Washington, Jefferson,
Madison, Monroe und Jackson der Fall war, von denen jeder
diese höchste Würde 8 Jahre bekleidete. Der Präsident bildet
sich sein Cabinet, d. h. er ernennt mit Zustimmung des Senats
den Staats=, den Kriegs=, den Marine=Secretär, den Staats=
Schatzmeister, den General=Rechts=Anwalt und den General=
Postmeister, welche nach seinen politischen Ansichten die in ihren
Kreis einschlagenden Geschäfte zu besorgen haben. Dies ist die
vollziehende Gewalt (Executive). Ihr zur Seite steht die
gesetzgebende (Legislative) oder der Congreß (Bundes=Ver=
sammlung). Jeder Staat schickt dazu eine Anzahl Abgeord=
neter, welche des Volkes (ihrer Constituenten) Willen vertreten,

dem gemäß über die öffentlichen Angelegenheiten berathen und Beschlüsse mit Gesetzes Kraft erlassen. Dies geschieht in zwei Häusern, dem Senate und dem Hause der Repräsentanten. In den Senat sendet jeder Staat der Union 2 Glieder auf 6 Jahre, in das Haus der Repräsentanten für je 47,700 Einwohner *) ein Glied auf 2 Jahre. In Zukunft soll aber nur von 60,000 Menschen ein Vertreter gewählt werden. — Vorsitzer im Senate ist der zeitige Vicepräsident; das Repräsentantenhaus wählt sich einen Sprecher aus seiner Mitte. Der Sitz der Bundes-Regierung ist Washington, im eigens dafür abgetretenen Districte Columbia. Der Congreß beginnt seine Sitzungen regelmäßig jedes Jahr am 1. Montage im December im Capitol daselbst, wo die Geschäfte damit anfangen, daß der Präsident Bericht (Botschaft, message) über die Staatsangelegenheiten erstattet. — Neben diesen beiden Gewalten gibt es noch eine richterliche (Judicial Power), welche in einem obersten Gerichts-hofe (Supreme Court) und jetzt 31 District- und 7 Kreis- (Circuit-) Gerichten beruht, um über Streitigkeiten zu entscheiden. Ueber gewöhnliche Criminalfälle und Processe wird in jedem Staate und Districte durch Gerichte von Geschwornen (Jury) geurtheilt, indem rechtliche Bürger beeidigt werden und als Richter den Spruch nach bestem Wissen und Gewissen thun, und die Advocaten (Rechtsgelehrten) nur als Beistände der Parteien dienen sollten, die Sache in's Licht zu stellen.

Seine Ansichten über Staats- und andere Gegenstände darf Jedermann ungescheut kund geben; es ist Rede- und Preß-freiheit. Daher die große Menge von Zeitungen, unter denen auch über 50 in deutscher Sprache **) erscheinen.

Ein nicht minder schätzbares Gut ist die völlige Religions-freiheit. Es gibt hier keine herrschende Kirche, sondern Jedermann kann das höchste Wesen nach den Eingebungen seines Gewissens verehren und sich einer Gemeinde anschließen, deren Lehren und Gottesdienst ihm am meisten gefallen, wenn sie nur nicht die bürgerliche Gesellschaft gefährden. Daher finden sich

---

*) In den Sclavenstaaten rechnet man 5 Sclaven für 3 weiße Bürger und die Sclavenhalter geben statt ihrer die Stimmen.

**) Unter ihnen zeichnet sich die in Philadelphia seit 7 Jahren erscheinende „Alte und neue Welt" durch Anstand und Würde aus.

auch hier so viele Secten, wie in keinem andern Lande der Erde. Sie gewähren den Vortheil, daß durch Gleichgesinnte für die Erhaltung der Religion eifriger gewirkt wird. Die wichtigsten kirchlichen Glaubensparteien bilden die Episcopalen und Presbyterianer, die aber in sich wieder in Secten zerfallen sind; die Lutheraner und Reformirten; die Methodisten, die Baptisten, die Mennoniten, Herrnhuter, Quäker; die Schwedenborgianer, die Katholiken. Alle diese Parteien sind von Europa herüber gekommen, haben sich aber hier mehrfach gespalten und geändert, mit Ausnahme des Katholicismus, welcher mit dem römischen Stuhle in fester Verbindung steht. Unter den in Amerika entstandenen Secten sind die Unitarier und die Universalisten die bedeutendsten; die Mormoniten aber die merkwürdigste, weil ein angebliches Wunder sie in's Dasein gerufen hat. Die Unkosten des Cultus werden nicht vom Staate, sondern von den kirchlichen Gemeinden getragen, außer in Massachusetts und New Hampshire.

Die Folge der Trennung der Kirche vom Staate ist die Trennung der öffentlichen Schulen von den Kirchen. Es wird in denselben deßhalb kein Religionsunterricht ertheilt, da wegen der verschiedenen Religionsparteien eine Vereinigung über Glaubenslehren nicht möglich wäre. Viele Gemeinden haben deßhalb Schulen errichtet, wo nach ihren Grundsätzen die Schüler in der christlichen Religion unterrichtet werden. Besonders zeichnen sich hierin die deutschen protestantischen und katholischen Gemeinden aus. Auch ist zu bedauern, daß bisher in den öffentlichen Schulen nur selten neben den Lehrgegenständen, Sitten und Anstand gelehrt wurden, so daß die amerikanische Jugend den Gehorsam und die Achtung gegen Aeltern und Lehrer meistens erst dann lernt, wenn es zu spät ist. — Bis jetzt haben die Schulen eine sehr einseitige Richtung auf Mittheilung einiger nützlichen Kenntnisse, allein es fehlt sehr an guten Schulbüchern, welche Liebe zum gründlichen Wissen erzeugen könnten, ja man macht dieses darin sogar lächerlich! Nur hie und da haben einzelne Gemeinden und Vereine sich dem musterhaften Schul- und Unterrichtswesen in Deutschland angeschlossen; ein Staat hat etwas allgemein Durchgreifendes noch nicht gethan. Am besten ist das Volks-

schulwesen in den Staaten Massachusetts und New York be=
stellt; Connecticut und Virginien haben nach jenen die erfolg=
reichsten Anstrengungen gemacht. In höhern Schulen zeichnet
sich besonders Neuengland aus; besonderer Erwähnung verdie=
nen die von England schon 1791 nach Amerika verbreiteten
Sonntagsschulen, und der seit 1824 dafür errichtete Verein
zu Philadelphia. In den Sonntagsschulen der Ver. Staaten
sollen bereits wöchentlich 600,000 Kinder von 80,000 Lehrern
Unterricht erhalten. Es gibt 68 gelehrte, 23 medicinische, 9
Rechtsschulen und 37 theologische Seminarien. Große und
gute Bibliotheken gibt es erst wenige, doch ist man im Begriff
mehr für Einfuhr von guten Büchern und Anlegung von Samm=
lungen zu sorgen. In neuester Zeit fangen auch die Deutschen
in den Ver. Staaten an die Wichtigkeit guten Schulunterrichts
zu begreifen. Jeder junge Republikaner sollte es sich recht an=
gelegen sein lassen, sich gute Kenntnisse zu erwerben, seinen
Geist aufzuklären und sein Herz der Tugend und Rechtschaffen=
heit zu weihen, weil davon einst das Glück der Familien und
des Staates abhängt.

Für die äußere Sicherheit sorgt eine Landmacht von
12,000 Mann, die hauptsächlich die Grenzen gegen die India=
ner zu bewachen hat, und eine Seemacht von ungefähr 60
Schiffen verschiedener Größe, welche den amerikanischen Han=
del auf dem Meere schützen soll. Darunter ist die Pennsylvania
das größte Linienschiff und gegenwärtig werden auch Kriegs=
dampfschiffe von großem Umfange gebaut. Im Falle der Noth
kann eine Landwehr (militia) von 1½ Million in's Feld
rücken, indem jeder wehrhafte Mann bis zu einem gewissen Al=
ter zur Vertheidigung des Landes verpflichtet ist. Unter letzte=
rer zeichnen sich besonders die sogenannten Freiwilligen=Com=
pagnien und unter diesen auch von Deutschen gebildete aus, in=
dem sie besser exercirt und bewaffnet sind, als die gewöhnlichen
Miliz=Compagnien.

Die Ver. Staaten führen in ihrem Wappen den Wahl=
spruch E pluribus unum (aus Mehren Eins) und sind dem=
nach ein Staatenbund, dessen einzelnen Gliedern ihre innere
Entwickelung nach Maßgabe der für alle gültigen republikani=
schen Grundsätze überlassen ist, die aber als politisches Ganze

sich den Staaten der alten und neuen Welt gegenüber gestellt haben und nur als solches Krieg beginnen und Frieden schließen können. Jeder Staat ist sonach nur im Innern selbstständig und hat für seine besonderen Angelegenheiten eine eigene Verfassung und Regierung, der gemeinsamen möglichst ähnlich. An der Spitze eines jeden derselben steht ein Gouverneur, ihm zur Seite eine gesetzgebende Behörde, welche, wie beim Congresse, aus Ober= und Unterhaus (Senat und Repräsentanten) besteht. Diese Beamten werden von den Bürgern durch Stimmenmehrheit erwählt. Die Zeit der Wahl, der Amtsdauer und der Zusammenkunft ist je nach den verschiedenen Staaten verschieden. —

Die Staaten sind sämmtlich zur Erleichterung der Verwaltung in Counties getheilt. Nur in Süd=Carolina heißen sie Districts und in Louisiana Parishes. In den Staaten von Neu=England, New York, Pennsylvanien, New Jersey, Ohio, Indiana und Michigan werden die Counties (Grafschaften) wieder in Townships (Gemeinden) und in Delaware in Hundreds (Hunderte) abgetheilt. — Die Staaten sind folgende:

1) Oestliche oder Neu=England=Staaten

sind fast ausschließlich von Ansiedlern aus England bevölkert worden. Die Einwohner, welche man mit einem Spottnamen Yankees nennt, zeichnen sich durch Betriebsamkeit (Fabriken), Unternehmungsgeist (Handel) und Sinn für Bildung vortheilhaft aus. Der Boden, an der Seeküste eben, im Innern gebirgig, ist mäßig fruchtbar und mehr zur Viehzucht als zum Ackerbau geeignet, dennoch ergiebig gemacht. — Das Klima, rauh und im Sommer außerordentlichem Wechsel von Wärme und Kälte unterworfen, ist gleichwohl wegen der Reinheit der Luft sehr gesund. Die einzelnen Staaten sind:

1) Maine (Me.) hat auf einem Flächenraume von 35,250 Quadratmeilen eine Bevölkerung von 400,000 Seelen*), welche vorzüglich im südlichen Theile wohnen, während der nördliche

---

*) Die Volkszählung von 1830 hat im Allgemeinen als Richtschnur beibehalten werden müssen, weil die von 1840 noch nicht beendigt und veröffentlicht worden ist. — Man nimmt für Maine seitdem einen Zuwachs von 100,000 Seelen an.

noch eine Wildniß ist. Seine Producte sind Getreide, Futter=
kräuter und Flachs; Holz jedoch und Fische sind die Hauptaus=
fuhr=Artikel. Der Sitz der Regierung ist Augusta am Ken=
nebeckfluß; es hat ein Staatenhaus von Granit und ein Arse=
nal. Die vornehmste Stadt ist Portland (in Cumberland
County), welche in der Casco=Bay einen guten Hafen hat und
jetzt 17,218 Einw. zählt. Noch ist Bath am Kennebeck, als
bekannt wegen seines Schiffbaus, zu bemerken. — Kalk, Mar=
mor und Granit bilden einen bedeutenden Ausfuhrartikel für
die Stadt Thomastown. Die übrigen vorzüglichsten Städte
sind Eastport, Machias, Calais, Orono, Belfast, Saco und
York. Noch sind Brunswick und Waterville wegen ihrer Hoch=
schulen zu erwähnen.

2) New Hampshire (N. H.), der Granitstaat genannt,
hat 8500 Quadratmeilen, jetzt etwa 280,000 Einw., ist voll
malerischer Landschaften, die von den White Mountains gebil=
det werden, und fruchtbar und wohlangebaut in den Thälern.
Es gibt den meisten Flüssen Neu=Englands ihren Ursprung.
Außer dem prächtigen Holzwuchse hat es auch mineralische
Schätze, vorzüglich feinkörnigen Granit, Kupfer und Eisen.
Die Winter sind hier wegen der hohen Gebirge (den höchsten
diesseits des Mississippi) sehr streng. Sitz der Regierung ist
Concord (in Merrimack County, an der Westseite des Flusses
dieses Namens) mit 3727 Einw., Mittelpunkt des Handels für
den nördlichen Theil des Staates. Die wichtigste Stadt jedoch
und der einzige Seehafen desselben (wo auch die Ver. Staaten
auf Navy Island einen Theil der Seemacht stationirt halten)
ist Portsmouth, an der Piscataqua, 3 Meilen vom Meere
(Rockingham County), mit 8082 Einw. und lebhaftem Handel.
Dover mit 6000 Einw. ist als die älteste Stadt im Staate und
seiner Manufacturen halber Hannover als der Sitz der Dart=
mouth=Universität merkwürdig. In Exeter, Rockingham Co.,
ist die Philipps=Academie und eine Segeltuchfabrik. Unter den
Manufacturstädten verdienen Sommersworth, New Market
und Nashua noch ausgezeichnet zu werden.

3) Vermont (Vt.), von dem mit immer grünen Holz=
arten, als Fichten, Cedern, Pechtannen, Schierlingstannen und
Rhododendron (Laurel) bewachsenen Gebirge (Green Moun-

tains) so genannt, ist ein fruchtbares und gesundes Land; sein
Boden ist sehr reich; es hat die schönsten Weiden für Rindvieh.
Dieses und Wolle sind hier sehr wichtige Producte. Es hat
schöne Marmorbrüche und Bergwerke, in denen auf Schwefel=
kies, wovon jährlich 3 Mill. Pfund Kupferwasser verfertigt
werden, Blei und Eisen gegraben wird. Es sind 20 Baumwol=
lenspinnereien im Lande. Seine Größe beträgt 10,212 Qua=
dratmeilen, die Volkszahl jetzt muthmaßlich 291,848 Seelen.
Montpellier (in Washington Co.), äußerst reizend in einem
Bergthale gelegen, mit 1792 Einw., ist der Sitz der Regierung.
Middlebury (in Addison Co.), durch seine Manufacturen und
Erziehungs = Anstalten ausgezeichnet. Burlington (Chittenden
Co.), am Champlain=See, ist der bedeutendste Handelsort.
Bennington, im gleichnamigen County, durch eine Schlacht
bekannt, in welcher die Amerikaner unter General Starke 1777
eine Abtheilung von Bourgoyne's Armee schlugen. Der Staat
Vermont liegt ganz im Innern, ist aber durch den Champlain=
Canal, der von dem See dieses Namens ausgeht, mit dem Meere
in Verbindung gebracht und hat dadurch sehr gewonnen. Auch
hat er kleinere Canäle im Lande, unter denen der am Bellows=
falle merkwürdig ist, weil hier die Böte 50 Fuß hoch über neun
Schleusen gehoben werden.

4) **Massachusetts** (Mass.), mit dem Zunamen Bay=
staat, 8500 Quadratmeilen mit jetzt 737,786 Einw. enthaltend,
besitzt alle Vorzüge der Neu = England = Staaten vereint und in
größter Vollkommenheit. Durch seine Bayen und Buchten hat
dieser Staat die vortheilhafteste Lage zur Schifffahrt und steht
nur New York im Range als Handelsstaat nach; die Land=
wirthschaft, welche hier sehr geschickt betrieben wird, liefert
Welschkorn, Hafer, Roggen, Weizen, Kartoffeln, Rindvieh und
Schweine. Die Manufacturen blühen und die Fabrikate, wor=
unter besonders auch Hüte und Kappen aus Stroh und Palm=
blättern, Besen ꝛc., als neue wichtige Artikel zu bemerken, sind
sehr geschätzt. Der Schiffbau ist sehr bedeutend, ebenso die Ge=
winnung von Seesalz. Ausgezeichnet verdient das Fabrikwesen
zu Lowell zu werden, auf das 6½ Mill. Doll. verwendet wor=
den sind, und das gegen 8000 Arbeiter, meistens junge Mädchen,
beschäftigt und sittlich gut erzieht, während andere Fabriken die

Sitten verderben. In keinem Staate wird für die Verbreitung von Kenntnissen mehr gethan; jeder District, der 50 Familien enthält, ist durch's Gesetz verbunden, eine Volksschule (common school) zu unterhalten; außerdem bestehen hier viele höhere Schulen (Colleges und Universities), unter denen die Harward-Universität zu Cambridge die berühmteste in den Ver. Staaten und die einzige ist, die auf den Namen einer Universität Anspruch machen kann. Die vornehmste und Hauptstadt ist Boston (in Suffolk County), auf einer schmalen Halbinsel in der Massachusetts-Bay gelegen mit einem Hafen, in welchem Schiffe jeder Größe einlaufen können, hat den lebhaftesten Verkehr mit dem In- und Auslande; es zählt nach dem Census von 1840 84,400 Einw. Der berühmte Franklin war in Boston geboren. Lynn mit 10,000 Einw., Plymouth, die älteste Stadt in Neu-England, treiben bedeutenden Handel mit Schuhen, Kabliau, Thran und Wallrath; desgl. Worcester mit 5000 Einw., Salem mit 13,886 Einw., Springfield mit 7000 Einw. und einem Arsenal der Ver. Staaten u. a. m. Auch wird aus der Massachusetts-Bay ein starker Handel mit Eis in die südlichen Staaten und Inseln betrieben.

5) Rhode Island (R. J.), aus 3 größern und einigen kleinern Inseln in und vor der Narragansett-Bay und einem schmalen Strich Landes an beiden Ufern derselben bestehend, enthält 1500 Quadratm. mit 100,000 Einw., ist berühmt wegen seines herrlichen gesunden Klima's, in dem selbst Kranke ihre Wiedergenesung suchen, ist hügelig und daher mehr für Viehzucht, als zum Ackerbau geeignet, liefert Butter und Käse, Schweine und Rindvieh und hat zugleich in Verhältniß zu seiner Bevölkerung die zahlreichsten Fabriken, wozu seine kleinen Flüsse mit starkem Fall und reichem Wasser die Triebkraft geben. Sitz der Regierung und Haupthandelsplatz ist Providence, am obern Ende der Bucht von Narragansett, mit 22,042 Einw. Newport, mit 8000 Einw., hat einen vortrefflichen Seehafen, Handel und sehr gesundes Klima. Merkwürdig ist, daß dieser Staat sich keine eigene Constitution abgefaßt hat, sondern sich noch nach den alten Gesetzen der königl. Urkunde von 1663 regiert, und im Amtsstyl sich „Rhode Island und die Pflanzungen von Providence" nennt.

6) Connecticut (Ct.) zählt auf 4764 Quadratmeilen 300,000 Einw. Der Boden ist meistens hügelig und im Nord= westen bergig, aber gut, und der Ackerbau keineswegs vernach= lässigt. Das Thal des Flusses Connecticut ist von Middletown bis zur Nordgrenze eine üppige Wiese, mit bunten Korn= und Weizenfeldern vermischt. Es wird unter Anderm hier auch viel Flachs gebaut; Fischerei, Handel und Fabriken sind die haupt= sächlichsten Nahrungszweige. Da die Bevölkerung sehr stark ist, so wandern jährlich viele Einwohner nach andern Staaten der Union aus. New Haven, das eine schöne Lage an der Bay, starken Handel zur See und 10,698 Einw., viele schöne Häuser und das 1701 gestiftete Yale College besitzt, ist die Hauptstadt des Staats. Hartford, am Connecticut, hat 9000 Einw., starken Gewerbsfleiß in Buchhandlungen, Druckereien, Schuhmachereien, Sattlereien, Karten= und Drahtfabriken.

2. Die mittleren Staaten

sind der schönste Theil der Union; das Klima ist gesund, der Boden wechselnd bald bergig, bald eben, im Ganzen sehr frucht= bar an Weizen, Roggen, Gerste, Hafer, Welschkorn, Buchwei= zen, Taback, Kartoffeln, Bohnen, mehren Kohlarten, Hanf und Flachs, Aepfeln, Pfirsichen. Das Mineralreich liefert Kohlen, Eisenerze, Salz, Kalk 2c. Die Bevölkerung ist gemischt, doch besteht die Mehrzahl aus englischen Abkömmlingen; nach ihnen bilden Deutsche die Mehrzahl. Es herrscht auch hier viel Fa= brikfleiß; der Handel ist sehr bedeutend und wird hauptsächlich durch die vielen Canäle und Eisenbahnen unterstützt; der Hud= son und Delaware unterhalten ihn besonders mit dem Innern.

7) New York (N. Y.), mit der Insel Long Island, die sich längs der Küste von Connecticut hinzieht, hat 46,200 Qua= dratmeilen und jetzt muthmaßlich 2,429,481 Einw., also wenn nicht der größte, doch der Staat, welcher die zahlreichste Bevöl= kerung hat. Zwei Drittel der Bewohner sind Engländer, dann sind die Deutschen und Holländer am zahlreichsten. Das Klima ist im Allgemeinen gesund. Der Staat bildet einen Theil der Hochlande der V. St. Der Boden ist an der Küste sandig, in der Mitte wellenförmig, im Westen und Süden eben, reich und wie angeschwemmt. Die Hauptflüsse sind der Hudson, Delaware,

Susquehanna, Genesee, Oswego und Mohawk. Der Niagara-
fall ist eine der größten und schönsten Naturmerkwürdigkeiten.
Ein Theil der Seen Erie, Ontario und Champlain gehören
dem Staate zu. Diese und der herrliche Hafen von New York,
in den der Hudson mündet, machen diesen Staat zum reichsten
der Union durch seinen Welthandel. Der Landbau liefert besonders Weizen; die Viehzucht Schafe, deren man über 4 Mill.
in dem Staate zählte. Die Fabriken in Wolle, Baumwolle,
Eisen ꝛc. sind sehr ausgedehnt. Eisenerz ist besonders im nordöstlichen Theile des Staats vorzüglich und reichlich vorhanden.
Auch Blei wird gefunden. Salz = und Mineralquellen gewähren einen großen Handelsnutzen, und letztere werden als Bäder
häufig besucht (Saratoga, New Lebanon, Ballston). Der
Staat zeichnet sich durch seine großartigen öffentlichen Bau-
werke aus, besonders die, wodurch die Seen mit dem Meere in
Verbindung gesetzt werden. Der Sitz der Regierung ist Albany am Hudson = Flusse mit 33,627 Einw., Mittelpunkt des
Binnenhandels. Es wird jährlich von etwa 600,000 Reisenden
besucht. Die wichtigste Stadt ist New York an der Mündung
des Hudson, mit 312,234 Einw., die bevölkertste Stadt und der
erste Handelsplatz der Ver. Staaten, in deren Hafen Schiffe
aus allen Theilen der Erde eintreffen. Zwei lange Reihen von
Canälen setzen sie mit dem Innern des Staates und der Union
in Verbindung. Die Stadt ist regelmäßig gebaut bis auf den
älteren Theil, dessen Straßen krumm und eng sind. Der In-
halt der Schiffe, die dem Hafen der Stadt gehören, beläuft sich
auf 410,879 Tonnen. Es gibt dort 22 Banken. Die City
Hall ist von weißem Marmor, 216 Fuß lang. In ähnlicher
prachtvoller Art sind mehre öffentliche Gebäude. Unter den Pri-
vatgebäuden ist das Astorhaus von Granit mit 390 Zimmern
bemerkenswerth. — Auch sind dort bedeutende Wohlthätigkeits-
Anstalten und Gesellschaften; nicht minder ist für Wissenschaften und Künste der Sinn schon ziemlich geweckt. New York
gegenüber auf Long Island liegt Brooklyn mit 25,000 Einw.,
mit einem Schiffbauhof der Union. Am Hudson hinauf, sechs
Meilen über Albany, liegt Troy, mit 17,000 Einw. So reiht
sich eine blühende Stadt an die andere bis an den Eriesee, wo
Buffalo der Hauptpunkt ist. Diese Stadt zählt etwa 22,000

Einw. und verspricht einst so wichtig für den Handel auf den Seen zu werden, als New York für das Meer. Der Staat hat 12 Colleges mit 5985 Studenten, 502 Academien und Sprach= schulen mit 36,800 Schülern, 10,879 Elementarschulen, worin über ½ Mill. Kinder jährlich unterrichtet werden. — Die Ent= wicklungen aller Kräfte dieses Staats haben einen so mächtigen Anlauf genommen, daß er mit Recht ein Uebergewicht in der Union übt und den Namen Empire State verdient. 'z

8) New Jersey (N. J.), eigentlich eine Halbinsel zwi= schen dem Meere und dem Flusse Delaware, zählt auf 6600 Quadratm. 373,272 Einw., unter denen noch ungefähr 2200 Sclaven. Es ist im südlichen Theile eben und sandig, im mitt= leren hügelig, im nördlichen gebirgig, und bringt Eisenerz, Holz und köstliches Obst (vorzüglich Pfirsichen und Aepfel) hervor; auch der Fischfang ist ergiebig, aber der Landbau mehr durch den Fleiß seiner Bewohner, als durch die Natur einträglich. Die Nähe der großen Städte New York und Philadelphia bie= tet einen vortrefflichen Markt für alle Erzeugnisse des Garten= baus. Die Manufacturen sind im Verhältniß zur Bevölkerung hier zahlreicher, als in der Hälfte der größern Staaten und der Handel ist nicht unbedeutend. Eisenerz ist hier im Ueberfluß. An den Küsten wird Fisch= und Austernfang lebhaft betrieben. Der Volksunterricht ist erst in neuerer Zeit mehr in's Auge ge= faßt und ein Schulfond, der jetzt 278,234 Doll. besitzt, angelegt worden. Das beste College ist zu Princeton. Als eine Natur= merkwürdigkeit verdient der Passaic=Fall (bei Patterson), wel= cher 120 Fuß breit in einer einzigen Wassermasse 70 Fuß senk= recht herabstürzt, eine Erwähnung. — Die bemerkenswerthesten Plätze sind: Trenton, an der Delaware, mit 7000 Einw., Sitz der Gesetzgebung, mit ansehnlichen Fabriken und Handel; Am= boy, mit dem besten Hafen des Staates, an der Raritan=Bay, und ungefähr 2000 Einw.; Newark, die größte und wichtigste Stadt am Passaic, 3 Meilen von der Newark=Bay, mit New York durch Dampfböte, Eisenbahn= und Canalverbindung im beständigen Verkehr; hat treffliche Fabriken und Manufacturen; Wagen, Schuhe, Stiefeln, Sattelwerk, Goldarbeiten, Hüte, Möbel rc. sind die Erzeugnisse.

9) Pennsylvanien (Pa.) hat einen Flächenraum von

46,000 Quadratm., muthmaßlich jetzt mit 1,500,000 Einw.,
von denen die Hälfte deutscher, ⅓ englischer, der Rest irländi-
scher, französischer ꝛc. Abstammung sind. Sclaven gibt es nicht
mehr, wohl aber gegen 30,000 freie Farbige.— Die Ketten des
Allegheny=Gebirges durchziehen das Land in vielen waldigen
Zügen, nach welchen es in drei streng geschiedene Abtheilungen
zerfällt, nämlich in die östlichen oder atlantischen Niederungen,
meist mit hellem, sandigem Boden; in die mittlern Gebirgs-
gegenden, mit schönem Lehmboden in Thälern und Flächen und
die westlichen Hochländer des Ohioflusses und des Eriesee. Das
Klima ist mild, der Winter veränderlich, im Sommer oft sehr
heiß und nicht überall gesund. Nur die östlichen Gegenden sind
ganz angebaut und diese bringen alle Arten Getreide und Obst
hervor. Kein Staat der Union hat so guten Landbau. Weizen
wird in Ueberfluß gebaut. Die Pferdezucht ist ausgezeichnet,
in der Hornviehzucht blieb er noch zurück. Man findet Eisen,
mächtige Steinkohlenlager, Kupfer und Marmor. Die Delaware, die Schuylkill und die Susquehanna durchbrechen, von
Nordost herkommend, mehre Ketten des Allegheny, um sich den
Lauf nach dem atlantischen Meere zu erzwingen. Im Westen
sind die Flüsse Allegheny und Monongahela, aus deren Zusammenfluß der Ohio entsteht, mit diesem die bedeutendsten. In
Fabrik= und Manufacturfleiß steht das Land nur hinter Massachusetts und New York zurück, leider aber auch im Schulwesen,
was hauptsächlich daher kommt, daß der englische Theil der Bevölkerung den größeren deutschen nöthigen will, seine Sprache
zu vergessen, obgleich diese bildungsfähiger und reicher ist, als
die englische. Bis jetzt nehmen daher nur etwa 300,000 Kinder
Schulunterricht und viele Aeltern bleiben dagegen gleichgültig,
ob ihre Kinder etwas lernen oder nicht. Der Staat enthielt
55 Academien, 2 Universitäten in Philadelphia und Pittsburg,
8 Colleges, 5 theologische Seminarien und 2 medicinische Schulen. Der Gewerbfleiß und Handel steht nur dem von Massachusetts und New York nach. Sitz der Regierung ist Harrisburg (Dauphin County) mit 6000 Einw., aber der Hauptort
des Staates ist Philadelphia, am Zusammenfluß der Schuylkill
mit der Delaware, die hier noch Ebbe und Fluth hat. Sie gilt
an Größe für die zweite, an Regelmäßigkeit und Schönheit der

Gebäude für die erste Stadt der Union. Sie zählt 258,000 Einw., welche verschiedene Gewerbe, Schifffahrt und Handel treiben. Sie hat eine Staatsmünze, ein Schiffswerft, eine Universität, mehre gelehrte Gesellschaften und Wohlthätigkeits=Anstalten, 170 Kirchen und 4 Theater. Bemerkenswerth ist die reiche Girard'sche Stiftung für Waisenkinder, die aber wahrscheinlich durch ein Bauwerk vergeudet wird. Zu den größten Unternehmungen nützlicher Art gehört das Wasserwerk zu Fair Mount bei Philadelphia, welches die ganze große Stadt mit frischem Trinkwasser aus der Schuylkill versieht. Pittsburg (Allegheny County), mit 25,000 Einw., am Zusammenfluß des Allegheny und der Monongahela, wodurch die Stadt mit dem Mississippi in Verbindung steht, der ihr nebst den künstlichen Verbindungen mit allen Theilen der Union eine große Wichtigkeit als Fabrikstadt sichert. Sie hat nicht nur bedeutenden Handel, sondern auch sehr viele Fabriken, besonders von Eisenwaaren. Lancaster, im gleichnamigen County, mit ungefähr 10,000 Einw., eine reiche Stadt, deren Umgebung wegen des trefflichen Anbaues der Garten von Pennsylvanien genannt wird. Economy (Beaver County), eine durchaus deutsche Ansiedelung unter G. Rapp's Leitung, die sich durch Gewerbfleiß eben so wohl, als durch ihre besonderen Religions=Grundsätze auszeichnet. Der Staat hat eine große Anstrengung gemacht, um öffentliche Straßen, Canäle und Eisenbahnen zur Beförderung des Verkehrs herzustellen und ist dadurch in eine Schuldenlast von 38 Mill. Doll. gerathen, ein Zustand, der seine Entwickelung sehr zu hemmen droht.

10) Delaware (Del.), ein schmaler 90 Meilen langer Küstenstrich am rechten Ufer des Flusses und der Bay gleichen Namens, von 2068 Quadratmeilen Flächeninhalt mit etwa 90,000 Menschen, unter denen noch etwa 3000 Sclaven und 12,000 freie Neger sich befinden. Das Land ist eine zum Anbau meist geeignete Ebene. Der Höhenzug, welcher die Delaware=Bay von der Chesapeak=Bay scheidet, ist eine Reihe von Sümpfen, deren Wasser auf einer Seite in diese, auf der andern in jene abfließt. Das übrige Land eignet sich hauptsächlich zu Weizenbau. Die Frucht gibt ein im Handel sehr beliebtes Mehl. Die immer mehr aufblühenden Manufacturen liefern Wollen=

und Baumwollen=Waaren, Papier und Schießpulver. Die
Städte haben alle Academien, und auf je 4 Quadratmeilen des
Landes kommt eine Districtschule. Das Land ist durch mehre
wichtige Canal= und Wasserbauten und Eisenbahnen durch=
zogen. Der große Delaware=Wasserbrecher bei Henelopen, der
aus zwei Dämmen, einem 1500 Fuß langen Eis= und einem
3600 Fuß langen Wasserbrecher besteht, ist höchst bemerkens=
werth. Wilmington mit 8500, und Dover, der Regierungs=
sitz, mit 1500 Einw., sind die größten Städte.

11) Maryland (Md.), an beiden Ufern der Chesapeak=
Bay gelegen, auf 10,950 Quadratmeilen 467,500 Einw. zäh=
lend, unter denen 100,000 Sclaven und etwa 50,000 freie Far=
bige, hat schon ein milderes Klima (doch friert zuweilen der
Potomac). Der Boden ist oberhalb des Fluthwassers wellen=
förmig und weiter westlich durch die Alleghenies gebirgig, aber
fruchtbar und gesund; er bringt außer trefflichem weißen Wei=
zen und Baumfrucht auch schon Baumwolle und guten Tabak
hervor. Der Handel ist sehr bedeutend, indem die Häfen des
Landes zum Ausfluß der Producte großer Strecken von Virgi=
nien, Pennsylvanien und mehren westlichen Staaten dienen.
Herings= und Kabliaufischerei wird hier lebhaft betrieben. Die
Canal= und Eisenbahnbauten des Staats sind eben so bedeu=
tend als wichtig; sie verbinden die Küste von Maryland mit
dem Ohio, also mit dem Westen, und machen die Hauptflüsse
des Staats, Potomac, Susquehanna, Patapsco, Pawturent,
Elk, und einige andere nützlich für die Binnenschifffahrt. — Auch
hier wird für Schulen jetzt eifriger gesorgt. Der Sitz der Re=
gierung ist Annapolis mit etwa 3000 Einw. Die ansehn=
lichste Stadt ist Baltimore an der Patapsco=Bay, welche in die
Chesapeak=Bay mündet, mit einem geräumigen, jedoch nicht
sehr tiefen Hafen. An Volksmenge (101,378 Einw.) die vierte,
aber an Handelswichtigkeit die dritte Stadt der Union. Sie
liegt 200 Meilen vom Meere. Der Schiffbau ist sehr belebt.
Die Stadt ist nicht sehr regelmäßig, aber gut gebaut, hat gegen
50 (meistens katholische) Kirchen, einen katholischen Bischof
und einige gelehrte Schulen (St. Mary's College) und die
beste deutsche Bürgerschule in der Union. Zwei Denkmäle, eine
140 Fuß hohe dorische Säule von weißem Marmor, mit einer

18*

Wendeltreppe im Innern, die bis zum Gipfel führt, Washington zu Ehren errichtet, und ein Obelisk von Marmor, zum Andenken der 1814 bei Vertheidigung der Stadt gegen die Engländer gefallenen Krieger zieren die schönsten Plätze der Stadt. Nächst ihr ist Fredericktown mit etwa 8000 Einw. die schönste, reichste und gewerbthätigste Stadt des Staats.

Zwischen Maryland und Virginien liegt der District Columbia, ein Viereck von 120 Quadratmeilen Flächeninhalts, das 1790 von diesen beiden angrenzenden Staaten zur Anlegung einer gemeinsamen Bundesstadt abgetreten wurde. 1800 wurde der Sitz der Unionsregierung dahin gelegt. Die Verwaltung des Districts hängt unmittelbar vom Präsidenten ab. Die nach einem großartigen Plane angelegte, jedoch noch nicht vollkommen ausgebaute Bundesstadt Washington wurde 1791 unter Leitung des tapfern Feldherrn und weisen Staatsmannes, dessen Namen sie trägt, gegründet. Sie liegt am nördlichen Ufer des Potomac und hat 23,677 Einw. Sie hat ein Arsenal und einen Schiffsbauhof, 20 Kirchen, ein Collegium. Hier hält der Congreß in dem prächtigen Capitole seine Sitzungen, hier ist die Wohnung des Präsidenten und der Minister für das Kriegs- und Seewesen, so wie die Schatzkammer; das Oberpostamt, die Patent-Office, wo man die Modelle aller in den Ver. Staaten gemachten Erfindungen sehen kann, ein Arsenal und ein Werft; auch halten sich hier die Gesandten der auswärtigen Mächte auf. Der District zählte 1830 39,834 Einw. und ist noch nicht im Congresse vertreten. Noch sind Alexandria, als eine Hauptniederlage des Sclavenhandels, und Georgetown als blühende Städte zu bezeichnen.

3. Die südlichen Staaten

dehnen sich vom Potomac bis zum Sabinefluß aus. Ihre sandigen, flachen Küsten sind 50—100 Meilen breit mit Fichtenwald bedeckt. Von da an steigt das Land zum Alleghenygebirge auf. In den niedrigen Gegenden ist das Land nur an den Flüssen fruchtbar. Der Landbau, die Hauptbeschäftigung der Bewohner, wird mit Sclaven betrieben. Baumwolle, Reis, Zucker und Tabak sind die hauptsächlichsten Ausfuhrproducte. Die Pechtanne Carolina's liefert Theer, Pech, Terpentin und Holz.

Gold wird in den höhern Gegenden so reichlich jetzt gefunden, daß es ein Gegenstand von Nationalwichtigkeit geworden ist. Die Bevölkerung ist meist englischer Abkunft; in Louisiana hört man jedoch meist französisch sprechen. Die Neger bilden ²/₅ der Bevölkerung und sind meist Sclaven. Städte gibt es wenig; die Bewohner leben auf den Plantagen und treiben nur wenig Manufacturen und Handel. Sie sind gastfrei, ehrliebend und sehr unabhängig in ihrer Denkungsweise. Die ärmere weiße Classe ist aber weder so mäßig, noch so fleißig, noch auch so unterrichtet wie in den nördlicheren Staaten.

12) Virginia (Va.), 64,000 Quadratmeilen groß, hat 1,300,000 Einw., unter denen sich gegen 400,000 Sclaven und 30,000 freie Farbige befinden. Der Staat ist von schönen Flüssen in allen Theilen durchströmt. Die größten sind der Potomac, Shenandoah, James, Rappahannock, Pamunky, Rivannah, Ohio, Sandy, Monongahela u. a. m. Der Alleghany breitet hier seinen zahlreichen Bergrücken aus. Im Osten flach, steigt das Land westlich zum Gebirg auf. Dort sandig, ist er hier fruchtbar, hier gesund, dort feucht und ungesund. Außer den Erzeugnissen der nördlichen Staaten liefert er süße Kartoffeln, den schönsten Taback und Baumwolle. Mandeln, Feigen, Granatäpfel und Reis gedeihen im Süden des Landes; auch Wein und Maulbeerbäume. Die Pferdezucht ist die beste der Union. Gold wird häufig gefunden, doch hat der Bau sich noch nicht bezahlt machen wollen. Kupfer, Eisen, Blei, Kohlen, Salz, Alaun, Marmor, Granit, Seifen- und Sandstein gehören mit vielen andern Mineralien zu den Schätzen des Landes und beleben mehr und mehr den Bergbau. Der Staat besitzt ein Capital von 3 Mill. Doll., dessen Zinsen zur Anlage und Erhaltung öffentlicher Werke verwendet werden. Eisenbahnen und Canäle, Landstraßen und Brücken sind davon gebaut und werden verhältnißmäßig erweitert. Diese sehr weise Einrichtung hat man auch für das Schulwesen getroffen. Der Staat hat zahlreiche Sprachschulen und Academien: das College William und Mary ist nach dem Harward College das älteste in den Ver. Staaten; es wurde 1691 gestiftet. Die wichtigste Anstalt ist die Universität zu Charlottesville, die seit 1825 besteht. Außerdem gibt es noch mehre treffliche Colleges. Die Hauptstadt des

Staats ist Richmond; sie ist auf mehren Anhöhen gebaut und liegt sehr reizend. Sie zählt mit dem durch eine Brücke verbundenen Manchester 25,000 Einwohner. Der größte Seehafen ist Norfolk am Elisabethfluß. Im westlichen Theile des Staats ist Wheeling am Ohio mit 11,000 Einw. die wichtigste Stadt.—Als Merkwürdigkeit ist die natürliche Brücke über die Cedern = Creek, unweit Lexington, 100 Fuß lang, 60 Fuß breit und 250 Fuß hoch über die Oberfläche des Wassers gewölbt zu erwähnen. In Wakefield am Potomac, Westmoreland County, wurde am 11. Febr. 1732 Georg Washington geboren und in Mount Vernon begraben. Auch Thomas Jefferson, der Verfasser der Unabhängigkeits = Erklärung, war ein Virginier.

13) Nord = Carolina (N. C.) zählt auf einer Oberfläche von 43,800 Quadratmeilen eine 750,000 Seelen starke Bevölkerung, von welcher 245,000 Sclaven und 20,000 freie Farbige sind. Der östliche Theil des Staates, 70—80 Meilen weit von der See landeinwärts, eine fast ununterbrochene Ebene mit weiten sumpfigen Flußufern und Fichtenwaldung, liefert Pech, Theer, Terpentin und Bauholz. Das Innere wird vom Allegheny gebildet, von welchem aus nach Westen zu das Land in reizenden Thälern, Bergen und Wäldern, mit gesunder, frischer Luft abwechselt. Das blaue Gebirg bildet die Scheide zwischen den Gewässern des atlantischen Meeres und des Mississippi, und ist 5500 Fuß hoch. Das schwarze Gebirg ist der höchste Punkt im Osten der Union (6476 Fuß). Zwischen ihm und dem röthlich grauen Gebirg (6038 Fuß) dehnt sich eine weite Landstrecke aus, die 2000—2500 Fuß über der Meeresfläche liegt. In diesen Gebirgen findet sich Eisen, Kupfer, Wasserblei und Gold. Letzteres liegt in Körnern von unsichtbarer Größe bis zu Stücken zum Werth von mehren 1000 Doll. im Boden. Daher ist das Land von Abenteurern überschwemmt, die, statt zu arbeiten, die Hügel ausgraben. Bei Eröffnung von Bergwerken hat man Spuren gefunden, daß schon zu irgend einer früheren, aber fernen Zeit von unbekannten Menschen, die keine Europäer gewesen sein können, hier Bergbau getrieben worden ist. Im Osten wird auf den Plantagen bloß Indigo, Reis, Baumwolle; im Westen mehr die Früchte des Nordens: Weizen, Welschkorn, Taback, Hanf gezogen. Der Handel wird

hauptſächlich durch die Seehäfen der benachbarten Staaten betrieben, da die Küſte zu ſehr mit Sandbänken und Inſeln beſetzt
iſt, um eigene gute Häfen zu haben. Die Flüſſe bieten wegen
ihrer Seichtigkeit wenig gute Gelegenheit zum innern Verkehr.
Zwar ſind einige Canäle gegraben, allein noch iſt im Ganzen
wenig für den innern Verkehr gethan. Für die allgemeine Erziehung iſt in dem Staate noch nichts geſchehen. Die Univer-
ſität zu Chapel Hill iſt die Haupterziehungsanſtalt des Landes.
—Große Städte hat dieſer Staat nicht. Sitz der Geſetzgebung
iſt Raleigh mit 1700 Einw. am Ufer der Neuſe, beinahe im
Mittelpunkte des Staates, ſehr angenehm gelegen. Newbern,
an demſelben Fluſſe, mit etwa 4000 Einw., iſt die größte Stadt
des Landes. Außerdem iſt Wilmington als Handelsplatz zu
erwähnen.

14) Süd-Carolina (S. C.) zählt auf 30,000 Quadratmeilen 600,000 Menſchen, von denen die Hälfte Sclaven. —
Boden, Klima und Erzeugniſſe ſind denen des vorigen Staates
ganz gleich. Die Flüſſe ſind mit kleinen Schiffen fahrbar, doch
oft von Sandbänken gehemmt. Die Seehäfen ſind im Allgemeinen unbedeutend. Die Küſte iſt von einer Reihe ſchöner Inſeln umgeben; zwiſchen beiden iſt die Schifffahrt ſicher und be-
quem. Das Küſtenland iſt 80—100 Meilen weit eben, und
mit Pechtannen bewachſen und mit Sümpfen durchzogen. Hieran ſtößt das Sandhügelland; es iſt 60 Meilen breit und völlig
unfruchtbar. Von hier gelangt man in das Oberland. Es iſt
auf der atlantiſchen Seite ſteil und oben dehnt ſich eine fruchtbare Hochebene mit kleinen Flüſſen weit aus. Jenſeit der Gebirge gleicht das Land dem der nördlichen Staaten und iſt überaus reizend in ſeiner Abwechſelung mit Berg und Thal, Feldern und Wäldern, Flüſſen, Büſchen und Wieſen. Die Gebirge dachen hier ſich allmählig ab. Die Hauptſtadt Columbia am Congaree iſt regelmäßig gebaut, liegt angenehm und
hat 3500 Einw. Die größte Stadt und wichtig durch ihren
(wenn auch durch eine Sandbank gefährlichen) Hafen und bedeutenden Handel iſt Charleston mit 30,000 Einw. Statt in
Counties, wird der Staat in Diſtricte mit Kreisgerichten (Court
Houses, C. H.) getheilt. Der Staat hat keine Manufacturen,
aber viele Freiſchulen, Academien und Colleges. Auch ſind

mehre Canäle und Eisenbahnen angelegt. Von letzteren ist die nach Cincinnati die bedeutendste.

15) Georgien (Geo.), 58,000 Quadratmeilen groß mit 530,000 Einw., unter denen ungefähr 220,000 Sclaven, die hier härter, als sonst wo behandelt werden, und 2500 freie Farbige. Es finden hier fast dieselben Verhältnisse statt, was Producte, Klima und Boden betrifft, wie in den vorhergehenden Staaten. Der Hauptfluß ist der Savannah mit einem guten Hafen an seiner Mündung und der nach ihm genannten Stadt, 17 Meilen oberhalb der Mündung. Sie zählt 11,000 Einw. und ist sehr schön angelegt. — Sitz der Regierung ist Milledgeville am Oconie, eine angenehme Stadt, die zugleich einen nicht unbedeutenden Handel treibt. Sie hat 2000 Einw. Bedeutender ist Augusta am Savannah, wo die Dampfschifffahrt beginnt. Es ist die Niederlage im Innern und zählt bereits 8000 Einw. — Es gibt Striche in diesem Staate, welche fast eine tropische Temperatur haben und sich noch besser als Süd-Carolina zum Anbau des Zuckerrohrs, der Olive und der süßen Apfelsine eignen. Die Berggegenden sind so gesund wie irgend ein Theil von Amerika. Gewöhnlich fängt der Winter im December an und endigt um die Mitte des Februar. Es gibt eine beträchtliche Anzahl Academien im Lande; doch ist im Ganzen für das Schulwesen wenig gethan. Dagegen sind große Summen auf Verbesserungen der Straßen, Eisenbahnen und Canäle gewendet worden.

Das Territorium Florida

grenzt nördlich an Georgien und Alabama, und ist östlich vom atlantischen, westlich vom Meerbusen von Mexico umspült. Ehedem hieß das ganze Land östlich vom Mississippi am Meere hin bis zum St. Marysflusse Florida. Der jetzige östliche Theil des Landes, der diesen Namen behalten hat, ist das Territorium, in welchem die Indianer vom Seminolen-Stamme sich seit zehn Jahren mit Verzweiflung gegen die Truppen der Ver. Staaten um den Besitz des Landes schlagen. Es enthält 57,750 Quadratmeilen, etwa 40,000 Einw. und darunter 15 — 16,000 Sclaven. Der Boden ist eben und von zahlreichen Seen und Flüssen durchschnitten. Im Süden ist Marschland, das mit

Klippen am Cape Sable endigt. Der Golfstrom hat Land an
den Küsten weggeschwemmt und die unter dem Namen Felsen=
bänke bekannten Riffe gebildet, zwischen denen und dem Fest=
lande ein fahrbarer Canal sich befindet. Auf der Thompson's=
Insel (Key West) ist ein guter Hafen und Sitz eines Admira=
litätsgerichts. Die Wirbel, welche der Golfstrom an der Küste
bildet, verursachen viele Schiffbrüche. Der Boden des Landes
ist in den Flußgebieten vortrefflich, in andern Theilen unbedeu=
tend und in großen Strecken ohne allen Werth. Die Grüneiche,
Wachs, Talg, Cederstämme, Feigen, Granatäpfel, Apfelsinen,
Datteln sind nächst Baumwolle die Hauptproducte des Landes.
Zuckerrohr und Reis werden fleißig gebaut. Das Land eignet
sich sehr zur Viehzucht. Vom October bis Juni ist das Klima
gesund; Juli, August, September sind heiß und ungesund. St.
Augustine hat ein vortreffliches Klima und ist ein Erholungs=
platz für Kranke. Sie ist die älteste Stadt in den V. Staaten,
regelmäßig, aber eng gebaut. Die Häuser stehen meist leer und
die Bevölkerung hat sich von 5000 auf 2000 vermindert. Das
große Nonnenkloster ist jetzt eine Caserne. Die Festung St.
Marks ist wichtig und die Stadt mit schönen Gärten geziert.
Das Land wird einst sehr wichtig werden, da es mehre gute
Häfen hat, unter denen bis jetzt St. Marks und St. Joseph
die bedeutendsten sind.

16) Alabama (Al.) hatte 1839 auf 46,000 Quadratmei=
len über 500,000 Bewohner, worunter 214,989 Sclaven und
nur 1832 freie Farbige waren. Das Land ist an der Grenze
von Florida und dem Golf von Mexico eben und niedrig, mit
Tannen, Cypressen ꝛc. bedeckt; in der Mitte ist es hügelig, mit
einigen Strecken ebenen Landes; der nördliche Theil ist bergig
und im Allgemeinen mehr über dem Meere erhaben, als andere
Theile der Ver. Staaten bei gleicher Entfernung vom Ocean.
In den nordöstlichen Theilen endigt das Allegheny=Gebirge.
Das Land hat die größten Verschiedenheiten des Bodens und
Klima's. Die Flußgebiete des Mobile und Tennessee sind für
Landbau und Handel ausgezeichnet günstig gelegen. Zuckerrohr
gedeiht in der Nähe der Flüsse trefflich. Dahinter ist ein Strich
Sumpfboden und dann folgt ein 10—15 Fuß hohes ebenes
Land, mit schwarzem reichen Boden. Sodann folgt Wiesen=

land (prairies) von großer Ausdehnung, bald eben, bald wel=
lenförmig. Der Bau der Baumwolle liefert hier den höchsten
Ertrag, der sich jährlich auf mehr als 350,000 Ballen beläuft.
Im Ganzen ist das Klima schön und gesund, wenn man die
südlichen Theile an der 60 Meilen langen Meeresküste aus=
nimmt. In jedem Township sind 640 Acker für Schulen, und
zwei ganze Stadtgebiete oder 46,080 für den gelehrten Unter=
richt zurückbehalten. Dieser Staat verspricht ein schnelles Auf=
blühen. — Ungefähr in der Mitte desselben, zu Tuscaloosa,
ist der Sitz der Regierung. Es hat ungefähr 2000 Einw. und
liegt am Black Warriorflusse. Der Hauptort ist Mobile, wel=
cher, an der Bay gleichen Namens, unfern des mexicanischen
Meerbusens gelegen, an Handel und Bevölkerung (8000 Ew.)
äußerst schnell zunimmt. Auch Blakely an der andern Seite
der Bay hat eine vortheilhafte Lage zum Verkehr, erhebt sich
aber nicht so schnell, obgleich es einen bessern Hafen als Mo=
bile hat.

17) Mississippi (Mi.), 48,000 Quadratmeilen mit
378,797 Einw., unter denen man 198,764 Sclaven und 1366
freie Farbige im Jahre 1840 zählte, ist im Süden eben und zum
größten Theile fruchtbar und culturfähig, besonders zum An=
bau von Reis, Baumwolle und Zucker wohl geeignet. Weiter
nördlich wird das Land hügelig und angenehm abwechselnd.
Die Fruchtbarkeit für Baumwolle, Indigo, Korn, süße Kar=
toffeln und Gartengewächse erhöht sich. Der Yazoo = oder Mis=
sissippi=Sumpf, ein Strich von 175 Meilen zwischen beiden
Flüssen, wird jährlich zum größten Theile überschwemmt und
deshalb ungesund. Nördlich vom Yazoo sind Klima und Bo=
den vortrefflich und dieser Theil des Landes verspricht von gro=
ßer Wichtigkeit zu werden. In dem Sumpfe finden sich Mauern
und andere Spuren einer früheren Cultur eines unbekannten
zahlreichen Volks. Die Chikasaw haben noch ein Gebiet zwi=
schen den Quellen des Yazoo und Tennessee inne. — Für den
Unterhalt der Schulen sind dieselben Vorkehrungen wie in Ala=
bama getroffen. Es gibt mehre Academien und drei Colleges
im Staate. — Sitz der Regierung ist Jackson, am Pearlflusse,
mit 1000 Einw., die wichtigste Stadt jedoch Natchez, am großen
Mississippi=Flusse, 300 Meilen über New Orleans, von wo

gewöhnlich nur an Baumwolle 30—40,000 Ballen ausgeführt werden; es zählt 6000 Einw. Auch Vicksburg, 106 Meilen höher hinauf am Mississippi, 12 Meilen unterhalb des Einflusses des Yazoo, ist im Aufblühen.

18) **Louisiana** (La.), 48,220 Quadratmeilen mit einer Bevölkerung von 280,000 Seelen, von denen die Mehrzahl der Weißen Franzosen und beinahe die Hälfte Sclaven und 16,000 freie Farbige sind, ist einer der ebensten und fruchtbarsten Staaten der Union. Drei Viertel dieses Staates sind ohne solche Erhabenheiten des Bodens, daß man sie mit dem Namen Hügel belegen könnte. Der südliche Theil an den Mündungen des Mississippi ist 30—40 Meilen mit todtem Sumpf bedeckt und fast nur mit 4—5 Fuß hohem Rohre bewachsen; ein Fünftel besteht aus unabsehbaren Prairien, die dem Auge wie ein ruhiges Meer erscheinen. Die Tannenwälder steigen dagegen gewöhnlich in sanfte Anhöhen mit platten Gipfelflächen auf und fallen in kleine Thäler von 30—40 Fuß herab. Da der Boden in einer Ausdehnung von 5 Mill. Acres niedriger als der Mississippi ist, so hat man längs den Ufern des Flusses Erddämme (levees) aufwerfen müssen, um dessen Eindringen zu verhindern. Während der jährlichen Ueberschwemmung des Mississippi bilden sich Wasserabflüsse, welche den Wasserüberfluß dem Meere zuführen. Gleich nach dem Eintritt des Flusses in das Gebiet von Louisiana ist sein Bett mit Baumstämmen angefüllt und verstopft. Dieses Floßholz verbreitete sich früher auf eine Strecke von 160 Meilen, wovon schon 130 Meilen aufgeräumt sind. Das Klima ist bei der sumpfigen Beschaffenheit des Bodens und der großen Hitze meist sehr ungesund. Mais, Zuckerrohr, Reis, Baumwolle und Indigo sind die Hauptgegenstände des Anbaues auf den Plantagen, die nur längs der Flüsse angelegt sind; das Uebrige des Landes liegt noch wüste, wird aber zu Weiden für große Heerden Rinder und Pferde benutzt. Große Strecken Landes sind dem Schulfonds bestimmt. Der Staat hat drei Colleges. Armenschulen haben keine Aufnahme gefunden. Der Staat hat bedeutende Eisenbahn-Anlagen begonnen; auch sind Canäle gegraben. Der rothe Fluß ist der größte der dem Mississippi zufließenden Ströme, so wie auch der bedeutendste nach ihm im Staate. Der Teche, Vermillion,

Mermenteau, Calcasiu, im Osten der Pearl und der Sabine im
Westen fallen in den Golf von Mexico. Sitz der Regierung
und wichtigste Stadt ist New Orleans, die vermöge ihrer
günstigen Lage am untern Mississippi einer der wichtigsten Han-
delsplätze für das Binnenland so wie für das Ausland schon ist
und noch mehr werden kann; sie zählt schon jetzt 102,191 Ew.
Die Stadt liegt auf einer todten ebenen Fläche und ist regelmäßig ausgelegt. Das Wasser ist bei hohem Wasserstande 3—
4 Fuß über der Bodenfläche der Stadt erhaben und selbst bei
niedrigem Stande noch höher, als die die Stadt umgebenden
Sümpfe. Man hat daher den ganzen Fluß entlang 4—8 Fuß
hohe Dämme errichtet, um die Ueberschwemmungen abzuweisen.
Baton Rouge, 130 Meilen oberhalb New Orleans, am Mississippi, wird als der gesündeste Ort des Staats an jenem Flusse
angesehen. Hier ist ein Arsenal und eine Festung der V. Staaten. Es hat 1500 Einw.

4. Die westlichen Staaten

schließen alle Staaten und Gebiete westlich vom Alleghany bis
zum stillen Meere ein. Die wenig bekannten Chippewayan und
Felsengebirge, mit fruchtbarer Oberfläche und steilen Felsenwänden, sind die bedeutendsten dieses Theils der Ver. Staaten.
Südwestlich von Missouri bis Mexico erstreckt sich ein Arm desselben unter dem Namen Ozarkgebirge, und zwischen dem Missouri und Yellow Stone-Flusse läuft das schwarze Gebirge
hin. Ein dritter Gebirgsarm zieht sich zwischen dem Missouri
und St. Peters-Flusse unter dem Namen Coteau des Prairies
hin. Weiter östlich und unmittelbar im Süden des Obersees
scheidet das Porcupine-Gebirg die Flüsse dieses Sees von denen
des Mississippi- und Michigansees. Die Prairies, unabsehbare
flache Ebenen, entblößt von Bäumen und Gesträuchen, machen
den Hauptcharakter dieser Länder aus. Wo sie wellenförmig
sind, finden sich Heerden von Büffeln. Die Indianer zünden
in der trocknen Jahrszeit die Lieblingsplätze der Hirsche und
Büffel an, damit das junge Gras diese Thiere zur Jagd an-
locke. Auch die Weißen thun dies jetzt, um frische Weiden zu
gewinnen. Charakteristisch sind hier die ungeheuren Flüsse mit
ihren 100 Armen, die sich tausende von Meilen über alle Enden

des Territoriums ausstrecken und die entferntesten mit dem
Meere in Verbindung setzen. Der Ohio im Osten, der Arkansas,
der rothe Fluß und der Platte im Westen sind die größten Zweige
des Hauptstammes—des Mississippi und Missouri. Die Dampfschifffahrt hat die frühere Bootschifffahrt verdrängt. Blei, Eisen,
Kohlen, Salz und Kalk finden sich im Ueberfluß. Taback, Welschkorn, Baumwolle, Hanf, Fleisch, Mehl, Branntwein, Häute,
Pelze sind mit jenen Mineralien die größten Ausfuhrartikel, zu
denen jene Flüsse eine Wasserverbindung geben, wie sie schwer-
lich noch ein Land in der Welt hat.

19) Ohio (O.) hat einen Flächenraum von 38,850 Qua-
bratm. und soll nach der Zählung von 1840 bereits 1,585,605
Einw. zählen. Es ist ein flaches, wellenförmiges Land, das
im Innern etwa 1000, an den nördlichen und südlichen Grenzen etwa 6—800 Fuß über der Meeresfläche liegt. Eine fast
unmerkliche Wasserscheide, steiler und kürzer nach den Erie- und
Michiganseen führt diesen und dem Ohio die Gewässer zu. Die
größten finden sich auf dem letzteren Wege und durchbrechen in
vielen Thälern eine Kette niedriger Gebirge. Das mittlere
Land ist eben und hat mitunter Sümpfe und Moräste. Neun
Zehntel des Landes sind culturfähig und drei Viertel von höch-
ster Ergiebigkeit. Die Bottomländer an den Flüssen sind von
großer Ausdehnung und außerordentlich fruchtbar. In der
Mitte und nordwestlich finden sich viele schöne Weiden; ur-
sprünglich war das ganze Land mit dicken Wäldern bedeckt, die
auch bis jetzt noch wenig berührt sind. Unter den nach dem
Ohio abfließenden Flüssen sind der Muskingum, Sandy River,
Hockhocking, Scioto, Miami; nach den Seen fließen der Maumee, Sandusky, der Cuyahoga. Kohlen, Salz, Kalk und vorzüglich gutes Eisen sind die Hauptproducte des Mineralreichs.
Welschkorn und Weizen werden in großer Menge gebaut und
verschifft; aber auch alle andere Getreidearten, Aepfel und Pfirsichen, selbst Wein bei guter Pflege, Hanf, Taback, Gemüse und
Küchenkräuter gedeihen trefflich; Nüsse und Beeren, Hopfen,
Ginseng, Spargel, Sassaparille und Schlangenwurzel wachsen
im Ueberflusse wild. Pelz- und Rothwild, Truthähne, Fasanen,
Gänse, Enten und Wandertauben finden sich in Menge; Hornvieh und Schweine werden in großen Heerden gezüchtet und ihr

Fleisch bildet einen großen Handelszweig. Die Manufacturen mehren sich von Jahr zu Jahr; die Leichtigkeit der Wasserver=bindungen nach Norden, Osten und Süden reizt zu Handel und Gewerbe; besonders bietet New Orleans einen vortheilhaften Markt. Bereits sind die wichtigsten Land= und Wasserver=bindungen durch Canäle und Eisenbahnen hergestellt, die dem Staate zwar eine Schuld von 10 Millionen Dollars zugezogen, allein es ist nichts Unnützes hier geschehen, und alle öffentlichen Werke sichern dem Staate seine große Wichtigkeit im Herzen der Union. Dies ist auch der Fall mit dem Schulwesen, wel=ches nach einem gut durchdachten Plane eingeleitet worden ist. Es gibt 20 Academien, mehre Universitäten und Colleges. Der Sitz der Regierung ist Columbus am Scioto mit etwa 5000 Einw. Cincinnati am Ohio, 445 Meilen unterhalb Pittsburg und 860 Meilen oberhalb New Orleans, ist die größte Handels= und Gewerbsstadt des Staats, hat eine schöne, gesunde Lage und zählt bereits über 50,000 Einw. Der Staat ist erst seit 1788 angesiedelt und seit 1802 im Bunde; man hat ihm den ehrenvollen Namen Rechtsstaat (Right state) gegeben, und es ist zu hoffen, daß er ihn durch seine innere, auf rechtlichen und sittlichen Grundsätzen festgegründete Entwickelung stets recht=fertigen werde.

20) Kentucky (Ky.) nährt auf einem Flächenraum von 40,500 Quadratmeilen 700,000 Einw. und darunter 105,350 Sclaven. Der Ohio, welcher es nördlich von dem vorherbe=schriebenen Staat (19) trennt, der Mississippi, Tennessee, Cum=berland, Kentucky, Green, Licking, Big Sandy, Salt und der Rolling sind die Hauptflüsse des Landes. Im Südosten ist es vom Cumberlandgebirge, im Osten von den Gebirgen Virgi=niens und auch längs des Ohio von 25 Meilen breiten Gebirgen eingeschlossen. Zwischen letzteren, dem Greenfluß und den öst=lichen Counties liegt der sogenannte Garten des Staats. Dieser Landstrich ist 150 Meilen lang und 50—100 Meilen breit und am besten bevölkert, hat eine angenehm wellenförmige Oberflä=che, einen schwarzen zerreiblichen Boden und bringt schwarze Wallnüsse und Kirschen, Zuckerahorn, Maulbeeren, Ulmen, Eschen, Baumwollenstauden und Weißdorn hervor. 6—8 Fuß unter der Oberfläche geht durch den ganzen Staat ein Kalk=

steinlager, in deſſen zahlreichen Oeffnungen die Gewäſſer der Flüſſe verſinken. In der trocknen Jahreszeit verſchwinden die kleinen Flüſſe ganz und gar. Die Flüſſe haben ſich in dieſem Kalkſtein tiefe Betten gewühlt und bisweilen ſind die Ufer wild-romantiſch. Der Landbau liefert Hanf, Taback, Weizen und Welſchkorn; die Manufacturen liefern Tuch, Weingeiſt, Seil-werk, Salz und Ahornzucker. In Hanf, Taback und Weizen geſchieht die Hauptausfuhr; Louisville am Ohio bildet den Mittelpunkt des Producten-Handels, der den Ohio und Miſ-ſiſſippi hinab, aber auch nach New-York und Pennſylvanien geht und von mehren trefflichen Canälen, Eiſenbahnen und Landſtraßen unterſtützt wird; für Schulen hat man hier noch wenig Durchgreifendes gethan; es gibt in mehren Counties Gemeindeſchulen, einige Academien und 6 Colleges. Frank-furt, am rechten Ufer des Kentucky maleriſch gelegen, iſt die Hauptſtadt des Staats und hat nahe an 2000 Einw. Die wich-tigſte Stadt iſt Louisville mit 19,000 Einw., gut gebaut mit bequemen Landungsplatz. Noch verdienen Lexington, die älteſte Stadt im Staate, romantiſch gelegen, gut gebaut und gepfla-ſtert, mit etwa 8000 Einw., der Transylvania-Univerſität und mehren großen Fabriken, und Maysville, das im raſchen Auf-blühen begriffen iſt, mit etwa 6000 Einw., erwähnt zu werden.

21) Tenneſſee (Ten.) enthält auf 40,000 Quadratmei-len 700,000 Einw. Seine Hauptflüſſe ſind der Miſſiſſippi, an der weſtlichen Grenze, der Tenneſſee und Cumberland, die das Land in vielfachen Krümmungen durchziehen, der Clinch, Duck, Halſton, French Broad, Nolichucky, Hirvaſſee, Tellico, Reel-foot, Obion, Forked Deer, Wolf und der Elk. Die drei erſteren ſind die natürlichen großen Wege ſeines Handels. Das Land zwiſchen dem Tenneſſee und Miſſiſſippi iſt flach und eben; der mittlere Theil iſt etwas bergig, und der öſtliche Theil iſt ſehr gebirgig und maleriſch. Der Cumberland und der große Laurel ſind die merkwürdigſten Berge. Die Stone-, Bald-, Smoky-und Unaka-Hügelketten laufen an der Oſtgrenze in nordöſtlicher und ſüdweſtlicher Richtung zuſammen. Das Gebirgsland iſt zum Theil wenig fruchtbar, während die Niederungen ſchwar-zen fetten Boden haben; in der Mitte iſt das ſchönſte Land. Das Klima iſt in den öſtlichen Berggegenden rein und geſund,

und wird im Sommer von der andern Seite noch durch die kühlen Winde aus der Bay von Mexico gekühlt, so daß dieser Staat vielleicht das angenehmste Klima in der Union hat; denn auch der mittlere Theil hat das milde und gesunde Klima von Kentucky. Der Landbau, die Hauptbeschäftigung der Bewohner, liefert besonders Taback, Baumwolle und Mehl, die mit Salpeter und großen Heerden Hornvieh ausgeführt werden. Eisen, Kohlen und Salz werden reichlich gewonnen; auf Gold, welches sich im südöstlichen Theile findet, wird noch nicht ordnungsmäßig gebaut. Man beschäftigt sich damit, den Staat von gewissen Punkten aus mit den Seestädten der Union in Verbindung zu setzen und es ist dazu eine Eisenbahn über die Gebirge in östlicher Richtung in Vorschlag. Eine Bahn von Nashville nach New Orleans von 500 Meilen ist bereits in Arbeit genommen. Für den Unterricht ist nichts geschehen; es besteht ein Schulfonds, woraus die Gemeinden Zuschüsse erhalten, die ein Schulhaus gebaut haben. Es gibt mehre Academien und Colleges. Nashville, am südlichen Ufer des Cumberland, ist die Hauptstadt. Es liegt gesund, fruchtbar und angenehm auf einer Anhöhe, ist gut gebaut und hat mehre Manufacturen. Die Einwohnerzahl belief sich 1835 auf 7000. An den verschiedenen Flüssen haben sich noch mehre kleine, allmählig aufblühende Städte gebildet, wie Franklin am Cumberland, Knoxville am Halston, Winchester, Fayetteville, Pulasky am Elk und andere, von denen aber nur die ersteren beiden mehr als Dörfer sind.

22) Indiana (Ja. oder Inda.) hat 36,000 Quadratmeilen; die Bevölkerung soll sich 1835 schon auf 600,000 Ew. belaufen haben. Die Hauptflüsse des Staats sind der Ohio und Wabash; der eine trennt ihn von Kentucky, der letztere von Illinois. Im Norden bespült es der Michigansee. Das Land ist hügelig, aber nicht gebirgig. Zwischen Wabash und Michigansee ist der Boden flach und es wechseln Gehölze, Weiden, Seen, Sümpfe; an den übrigen Flüssen, den Ohio ausgenommen, ist der Boden angeschwemmtes Weideland, drei bis sechs Meilen breit. Die Ausfuhr besteht in Hornvieh, Pferden, Schweinen und geräuchertem Fleisch, Welschkorn, Hanf, Taback, Federn, Bienenwachs, Branntwein u. s. w. Der Manu-

facturen sind wenige; das Mineralreich ist noch nicht untersucht, doch gibt es Kohlen, Eisen, Kalk und Salz im Ueberfluß.
Die, öffentlichen Werke sind nicht unbedeutend; der Wabash-
canal, von Manhattan an der Mündung des Maumee bis nach
Terre Haute am Wabash und von da bis Evansville am Ohio,
ist 444 Meilen lang. Außerdem werden noch Eisenbahnen und
andere Canäle gebaut. Es ist dadurch eine Staatsschuld von
13½ Mill. Doll. entstanden, die dem gegenwärtigen Nutzen der
öffentlichen Werke nicht entspricht und daher die Entwickelung
des Staats zu hemmen droht. Für Schulen ist etwas Allgemei-
nes noch nicht gethan, obgleich, wie in andern neuen Staaten,
vom Congreß ein Schulfonds gebildet worden ist, und die Constitution es zur Pflicht macht, dafür zu sorgen. Die Hauptstadt
Indianopolis liegt in einer schönen Ebene am schiffbaren
Whitefluße und ist geschmackvoll und regelmäßig ausgelegt. Die
Einwohnerzahl beläuft sich auf etwa 2000. Die größte Stadt
im Staate ist New Albany, unterhalb des Ohio Fall; sie hat
ungefähr 3000 Ew. Es gibt mehre aufblühende kleine Städte;
allein der Staat hat keinen einzigen guten Hafen.

23) Illinois (Ill.). Dieser fruchtbare Staat hat einen
Flächeninhalt von 59,500 Quadratmeilen und zählte im Jahre
1830 157,575 Einw. Außer dem Mississippi, Ohio und Wabash, die beinahe zwei Drittel seiner Grenzen bilden, hat er viele
bedeutende Flüsse. Der südliche und der mittlere Theil des Landes sind größtentheils eben; der nordwestliche Theil ist hügelig
und durchbrochen, allein Berge gibt es nirgends. Das Klima
ist wie in Indiana und Ohio. Der Boden liefert unglaubliche
Ernten und die Bäume, welche den unangebauten Theil bedecken, sind von riesenhaftem Wuchs und Umfang. Im Innern
trifft man unermeßliche Prairien, viele oft meilenweit überschwemmt, andere oft wasserlos. Der Boden, schon seit Men-
schenaltern in Cultur, scheint unerschöpflich; ungeachtet Taback,
Hanf und andere aussaugende Gewächse darauf gezogen werden, denkt Niemand daran, ihn zu düngen. Der nördliche Theil
ist noch wenig angebaut und bis an den Michigansee ein einziger, ununterbrochener Wald. Mais ist das Hauptproduct des
Staats; Weizen, der vortreffliches Mehl gibt, Roggen, Hanf,
Taback, Baumwolle werden meistens im Lande selbst verarbeitet

19

und verbraucht. Die Hauptausfuhr bilden Hornvieh und
Schweine, die ohne große Mühe gezogen werden. Kohlen,
Salz, Kalk, Eisen, Blei, Kupfer gibt es in großer Menge; doch
hat man die Schätze der Erde noch nicht aufdecken können. Für
den Unterricht ist noch nichts geschehen, doch ist ein Schulfonds
aus Staatsländereien gebildet. Einige Canäle und Eisenbahnen
sind im Entstehen. Die Hauptniederlage des Staats ist Chi-
cago am Michigansee, das, wenn der von da nach dem Illinois
begonnene Canal fertig sein wird, sehr schnell aufblühen wird.
1835 legten, außer mehren Dampfbooten, schon 267 Schooner
und Briggs hier an. Von Vandalia, dem ehemaligen Regie-
rungssitze an der Kaskaskia mit 500 Einw., ist die Regierung
nach Springfield (3000 Ew.), im Mittelpunkt des Staats,
verlegt worden. Alton am Missisippi, 2½ Meilen oberhalb
seiner Vereinigung mit dem Missouri, hat einen schönen Hafen
und ist die Niederlage des westlichen Theils des Staats.

24) Michigan (Mich.) besteht aus einer südlichen
Halbinsel zwischen Michigan- und Huronsee, von 38,000 Quadratmeilen und einer nördlichen Halbinsel, die nördlich vom
Obersee, östlich vom St. Mary River, südlich von den Seen
Huron und Michigan und südwestlich von den Flüssen Menno-
monie und Montreal begrenzt wird, mit 28,000 Quadratmeilen.
Diese letztere ist noch wenig bekannt und nur von Indianern
und Jägern besucht, wird aber wegen ihrer Waldungen und
des Fischfangs am Obersee wichtig werden. Die Flüsse haben
einen kurzen Lauf und fallen in den Obersee; dessen Ufer aber
sind flach und die Nordweststürme, welche hier vorherrschen,
machen sie unsicher. Die Pictured Rocks oder malerischen Felsen, die von Weitem wie ein Gemälde von Häusern, Bäumen,
Wasserfällen u. s. w. aussehen, bilden eine Naturmerkwürdig-
keit. St. Mary ist die einzige Ansiedelung in diesem Lande;
die Einwohner, 800 an der Zahl, sind ein Gemisch von Indianern und Franzosen. — Die südliche Halbinsel, das eigentliche
Michigan, zählte 1839 etwa 200,000 Einw. Es ist flach und
nur selten erheben sich kleine Hügelreihen. In der Mitte ist es
erhaben und am Huronsee hin befinden sich mitunter hohe Bluffs,
am Michigansee hin aber Sandhügel, die oft mehre hundert
Fuß hoch sind. Die Halbinsel ist von vielen, nur selten bis in's

Innere schiffbaren Flüssen durchschnitten; der St. Joseph und der Grand River sind die bedeutendsten und bis zu ihren Strom=schnellen schiffbar; weiter nördlich ist der Saginaw der größte. Die Lage des Staats ist vortheilhaft, der Boden höchst frucht=bar; das Klima so gesund, wie die junge Bodencultur es nur zuläßt. Der Winter ist hier gesünder, als in den Nachbarstaaten unter gleicher nördlicher Breite. Weizen, Welschkorn, Hafer, Gerste, Buchweizen, Kartoffeln, Rüben, Bohnen, Aepfel, Bee=ren, Pflaumen, Kirschen und Pfirsichen werden im Ueberfluß gebaut. Der Handel des Landes ist sehr bedeutend im Verhält=niß der Bevölkerung und der Jugend des Staats; die Pläne für innere Verbesserungen durch Canäle und Eisenbahnen wer=den lebhaft betrieben. Detroit am St. Clairfluß, von den Franzosen gegründet, ist die Hauptstadt und liegt zum Handel äußerst vortheilhaft zwischen dem Clair= und dem Eriesee. Sie ist regelmäßig gebaut, liegt sehr schön und soll bereits 10,000 Einw. haben. Die Insel Michillimackinac an der Nordspitze der Halbinsel gilt für einen der reizendsten Punkte in der Union und ist eine Hauptniederlage der Pelzhändler.

25) Missouri (Mo.), mit 65,000 Quadratmeilen und 360,000 Einw., ist im Osten vom Mississippi und im Westen vom Missouri begrenzt, und hat außerdem noch eine große Menge bedeutender schiffbarer Flüsse, z. B. den Osage, Grand, Salt, Chariton, Gasconade, Merrimac, Big Black, St. Fran=cis. In der Mitte ist das Land vom Ozarkgebirge durchschnit=ten; nördlich vom Missouri ist es wellenförmig, südöstlich ist ein großer Morast, welcher mit den Sümpfen von Arkansas zu=sammenhängt. Der Boden am Missouri ist außerordentlich fruchtbar. Wo das Land in gewisser Entfernung vom Ufer un=fruchtbar wird, enthält es reiche Mineralschätze. Land von mitt=lerer Gattung gibt es fast nicht. Das Klima ist gesund und mild. Es werden auf den vortrefflichen Grasungen Heerden von Hornvieh, Pferden und Schweinen gezogen. Ochsen= und Schweinefleisch, Talg und Häute sind wichtig für die Ausfuhr. Taback und Baumwolle gerathen gut; noch reichlicher aber alle Getreidearten. Mais, Mehl, Büffelhäute und Zungen, Bre=ter u. s. w. bilden Handelsgegenstände. Der Bleireichthum von Missouri soll einen Flächenraum von 3000 Quadratmeilen be=

19*

decken. Das Bleierz wird in abgesonderten Massen und nicht in Gruben gefunden; daher ist der Bergbau unsicher. Auch wird Eisen, Kupfer, Zink, Magnesia, Antimonium, Calamine, Kobalt gefunden. In den hohen Felsenwänden des Mississippi sind Schrotgießereien angelegt, wodurch man die Thürme erspart. Kohlen, Alaun= und Salpetererde, Marmor, Salz ꝛc. sind ebenfalls im Ueberfluß vorhanden. Es sind drei Colleges im Staate, wovon 2 katholisch sind. Die Gesetzgebung hat allgemeine Vorkehrungen zur Einrichtung von Schulen getroffen. Jefferson am Missouri ist der Regierungssitz, aber nicht zum Besten gewählt. St. Louis am Mississippi ist der Mittelpunkt des Handels und wächst mit unglaublicher Schnelle. Es soll jetzt schon gegen 20,000 Einw. haben, während es 1832 erst 5800 hatte. In diesem Staate liegt Hermann am Missouri, eine 1838 von Deutschen in einer angenehmen Gegend angelegte Stadt, 100 Meilen von St. Louis, mit 500 Einw.

26) Arkansas (Ark.). Der Flächeninhalt dieses Staats beträgt 51,000 Quadratmeilen, die Zahl seiner Einw. 69,000; es grenzt nördlich an Missouri, östlich an den Mississippi, südlich an Louisiana und westlich an das westliche Territorium der Indianer und an Texas. Der Hauptfluß ist der Arkansas, welcher von den Felsengebirgen kommt und fast durch die Mitte des Staats läuft. Wichtig sind noch die Flüsse: Red River, St. Francis, White und Washita. Jeder Theil des Landes steht durch sie mit dem Mississippi und durch ihn mit New Orleans in Verbindung. Im Osten längs des Mississippi ist das Land flach und häufigen Ueberschwemmungen ausgesetzt; im mittlern Theile ist es wellenförmig und gebrochen, und im westlichen Theile vom Ozarkgebirge durchzogen, welches sich 2—3000 Fuß über der Meeresfläche erheben soll. Nördlich vom Arkansas sind die Black Hills und die Washita Hills oder Masserne Gebirge an den Quellen der Washita. Boden findet sich von allen Gattungen, vom fruchtbarsten bis zum unfruchtbarsten, am meisten von letzter Beschaffenheit. Baumwolle ist das Hauptproduct; Welschkorn und süße Kartoffeln gerathen gut; Weizen und andere Getreidearten sind noch nicht genug gebaut worden; Reis und Taback geben gute Ernten. Aepfel wollen nicht gedeihen; dagegen gerathen Pfirsichen vortrefflich. An wilden

Früchten, Trauben, Pflaumen u. f. w. ist Ueberfluß. Merkwür=
dig sind über das ganze Land in Massen verbreitete Seemu=
scheln, die den Kalk ersetzen, weil sie besonders in Gegenden
gefunden werden, wo dieser fehlt. Ebenso ist die große Zahl der
heißen Quellen in diesem Staate eine auffallende Erscheinung,
da sie keine andere chemische Beimischung von Mineralien ent=
halten, als reines Quellwasser. Salzquellen, Blei und Eisen
werden auch hier gefunden. Büffel, Elennthiere, wilde Pferde
und anderes Wild ist in den großen Wildnissen des Landes noch
heimisch. Der Staat ist so jung, daß seine Entwickelung sich
noch in der Kindheit befindet. Der Städte sind wenige und ihr
Einfluß um so geringer, als sie noch klein sind. Little Rock,
früher Akropolis genannt, ist die Hauptstadt des Staats; sie
liegt auf einem felsigen Bluff, am rechten Ufer des Arkansas,
ungefähr 300 Meilen vom Mississippi. Washington, im süd=
westlichen Theile des Staats, unfern des Red River, und Ful=
ton an demselben Flusse, versprechen ein schnelles Aufblühen,
sobald die Verbesserung der Schifffahrt auf diesem Flusse durch
Wegschaffung des sogenannten großen Raft's (Floß) erfolgt
sein wird.

Die westlichen Territorien.

Wisconsin (Wisc. T.), zwischen dem Missouri und Mi=
chiganfee, hat einen Flächeninhalt, den man auf 130,000 Qua=
dratmeilen schätzt. Ein großer Theil des Territoriums ist noch
nicht bekannt und von Indianern bewohnt. Nur im Süden
und Osten sind Niederlassungen von Weißen. Im Jahre 1839
belief sich die Zahl der Weißen auf 23,000. Die großen Mine=
ralschätze und der fruchtbare Boden ziehen eine Menge Aus=
wanderer an. Das ganze Land ist eine Hochebene, hie und da
von Hügelketten durchbrochen, die sich aber nicht über 1200 Fuß
über das Meer erheben. Im Westen scheint ein großer Sumpf
die Quelle des Mississippi und anderer Flüsse zu bergen. Außer
ihm sind seine Nebenflüsse: der St. Peters, der Chippeway, der
Wisconsin, der Jowa u. f. w.; der Red River, St. Louis,
Montreal und andere, welche sich in den Obersee ergießen, die
wichtigsten. Für Jäger ist das Land vortrefflich; es ist voll von
Büffeln, Elennen, Hirschen, Bären, Bibern, Ottern und Musk=
ratten. Der Boden ist in einigen Theilen sehr fruchtbar und

bringt reiche Erntern in allen Getreidearten hervor. Wilder
Reis wächst am Michiganſee in großer Menge und bildet die
Hauptnahrung der Wilden. Wisconſin iſt eine der reichſten
Bleiniederlagen der Welt, doch wird auch Eiſen und Kupfer
gefunden. Bleiminen werden ſchon betrieben und Kupferminen
ſollen bald aufgenommen werden. Es ſind von den Ver. Staaten mehre Forts in dieſem Lande angelegt. Mehre der Städte,
welche als vorhanden in Wisconſin genannt werden, exiſtiren
nur dem Namen nach. Von Wisconſin wurde

Iowa 1838 getrennt und zum eignen Territorium erhoben.
Es liegt vom Miſſiſſippi weſtlich, berührt die nördliche Grenze
des Miſſouriſtaats und reicht bis zu den britiſchen Beſitzungen.
Es iſt ein ſchönes, wellenförmiges, fruchtbares, geſundes Land.
Burlington mit 600 Einw. und andere kleine Ortſchaften gehö-
ren zu dieſem Abſchnitt; er hatte 1839 bereits gegen 30,000 Ew.

Das weſtliche oder Indianer-Territorium iſt das
von den Ver. Staaten zum künftigen Aufenthalte der Indianer
in der Union beſtimmte Land. Viele von ihnen haben ſich aus
den ſüdlichen Theilen ſchon dahin begeben, und fortwährend
bereiten ſich Umheimungen dahin vor. Sein Flächeninhalt wird
auf 240,000 Quadratmeilen geſchätzt. Davon wird der Theil,
der an Arkanſas und Miſſouri ſtößt, für günſtig zur Anſiedelung
gehalten. Der Boden ſoll aber im Allgemeinen ſehr fruchtbar
und ſehr gut bewäſſert ſein. Der Red, der Arkanſas, der Kan-
zas und der Platte-River, die alle vom Felſengebirge öſtlich dem
Miſſiſſippi und Miſſouri zu laufen, ſind die Hauptflüſſe. Der
Boden iſt im Allgemeinen mehr flach, als hügelig, außer im
Südoſten, wo ein niedriger Zweig des Ozarkgebirges, Kiameche
genannt, ſich durchzieht. Das Klima iſt geſund. Das Land
beſitzt Kohlen, Eiſen, Blei und Salzquellen; nur fehlt es an
Holz, das jedoch auf den Prairies, die man bereits angebaut
hat, ſchnell aufwächſt, wahrſcheinlich weil die jährlichen Feuer,
womit das Gras niedergebrannt wird, es hier nicht vernichten.
Es würden hier alle Getreidearten gedeihen; zur Viehzucht eignet es ſich vortrefflich. 1836 befanden ſich hier 67,921 Indianer, wovon zwei Drittel aus den ſüdlichen Staaten hieher gezogen, die anderen Eingeborne waren. Die Chocktaws, Creeks,
Cherokees und Shawnees ſind von allen indianiſchen Stäm-

men dieser Gegenden die cultivirtesten. Sie haben gute Häuser, gut umzäunte und bearbeitete Felder, Pferde und sonstiges Vieh in Menge. Handwerker und Kaufleute sind unter ihnen, von denen manche ein Vermögen von 5—15,000 Doll. besitzen; selbst Spinnereien, Webereien, Säge = und Mahlmühlen findet man bei ihnen. Sie haben ein verbessertes Regierungssystem bei sich eingeführt und die Chocktaws haben sogar Geschwornen= Gerichte. Beweis genug, daß diese Menschen der Cultur fähig sind, wenn sie menschlich behandelt werden.

Das Missouri Territorium von etwa 300,000 Qua= dratmeilen ist eine große Wildniß, von einigen wilden Stäm= men durchstreift und nur unvollkommen bekannt. Es scheint aus großen Prairies zu bestehen, die am untern Theile der Flüsse von Gehölz eingeschlossen sind. Heerden wilder Thiere durch= schwärmen das Land. Im Westen desselben steigen plötzlich die Felsengebirge in steilen Wänden und mit immerwährenden Schneegipfeln auf. Von da bis zum Missouri bilden den ein= zigen erhabenen Punkt in der Ebene die Black Hills, ein Zweig der Felsengebirge, der die Nebenflüsse des Yellow Stone von denen scheidet, die dem Missouri zufließen. Letzterer ist der Hauptstrom, in welchen sich endlich auch der Yellow Stone ergießt. Die Wasserfälle des Missouri sind eine Naturmerkwür= digkeit des Landes. Der Strom stürzt sich 350 Fuß hoch von Felsenabsatz zu Felsenabsatz, ja einmal fällt der ganze Strom 87 Fuß hoch senkrecht herab. Das sogenannte Felsenthor, wo der Missouri das Gebirge verläßt, ist ein Riesenwerk der Natur.

Das Oregon Territorium liegt westlich vom Felsenge= birge bis zum stillen Meere und hat einen Flächeninhalt von ungefähr 450,000 Quadratmeilen. Die Oberfläche des Landes ist durchbrochen und gebirgig; im Osten wird es von einem Bergrücken durchzogen, dessen höchste Gipfel in der Schnee= region liegen. Westlich von den Gebirgen steigt das Land in ungeheuren Terrassen regelmäßig abwärts. 120—160 Meilen vom stillen Meere dehnt sich wieder ein Gebirge längs der Küste hin, das noch keinen allgemeinen Namen erhalten hat. Der Columbia oder Oregon ist der einzige bekannte Fluß in der Ge= gend; seine Quellen sind nicht weit von denen des Missouri. Noch ist der Besitz des Landes von den Engländern bestritten;

doch ist 1828 ein Vertrag auf 12 Jahre geschlossen worden, binnen welcher Zeit es kein Theil besitzen soll. 1810 wurde hier Astoria angelegt, auf Kosten des Hrn. Johann Jacob Astor in New York; allein die englische Hudsonbay = Gesellschaft ließ das Unternehmen nicht aufkommen. Das Klima des stillen Meeres wird für gelinder gehalten, als das des atlantischen Meeres in gleichen Breiten. Es gibt hier viele Pelzthiere. Der größere Theil des Territoriums ist für den Ackerbau geeignet.

- - - - - - -

III.
Abriß der Geschichte der Ver. Staaten.
I. Entstehung der Staaten.

Christoph Columbus aus Genua faßte am Ende des 15. Jahrhunderts den Gedanken, daß, wenn man von Europa immer westwärts um die Erdkugel schiffe, man Ostindien erreichen müsse. Die ersten Erdkarten, welche damals der Deutsche, Martin Beheim aus Nürnberg, bekannt gemacht hatte, bestärkten ihn in seiner Vermuthung. Er erhielt nach langen Bemühungen von Ferdinand und Isabella, welche zu jener Zeit die Königreiche Arragonien und Castilien in Spanien beherrschten, drei Schiffe und entdeckte damit auf drei Reisen von 1492 bis 1504 die Bahama = und mehre Inseln an der Küste und einen Theil des Festlandes von Amerika. Anfangs hielt er dieses Land für einen Theil Ostindiens und weil er es auf dem Wege nach Westen gefunden hatte, nannte er es Westindien. Diese Ungewißheit brachte ihn um die Ehre, daß der neue Welttheil nach ihm genannt wurde. Einer seiner Begleiter auf der ersten Reise, der Florentiner Americus Vespucius, segelte an der von Columbus entdeckten Küste des Festlandes einige Jahre später weiter fort und brachte zuerst die Nachricht von der unzweifelhaften Entdeckung eines neuen Festlandes nach Europa. Er machte eine genaue Zeichnung und Beschreibung von der Küste bekannt und so wurde sie nach ihm das Land des Americus, oder Amerika, genannt.

Die Könige Europa's sahen bald die Wichtigkeit der Entdeckung des Columbus ein und beeiferten sich, an der Beute

Theil zu nehmen. Damals stand der Venetianer Giovanni Gabotto in englischen Seediensten; denn die Engländer verstanden damals noch wenig vom Seewesen und brauchten dazu Fremde. Heinrich VII. von England sendete diesen Gabotto, den die Engländer John Cabot nennen, mit dessen Sohne Sebastian nach Westen, und er entdeckte 1497 die Insel Neufundland und das dahinter liegende Festland bis zum heutigen Maryland. Allein innere Wirren verhinderten England, diese Entdeckung zu benutzen. Franzosen, Spanier und Portugiesen betrieben zuerst die Fischerei an dieser Küste, allein eine Niederlassung erfolgte erst später durch die Franzosen. Die Goldgier trieb damals die Spanier von einer Eroberung zur andern und 1512 drang Ponce de Leon auch in Florida ein, und Ferdinand de Soto folgte 1541 dem Laufe des Mississippi aufwärts bis zum Missouri. Die erste Niederlassung im heutigen Gebiete der Union versuchten 1564 französische Hugenotten (verfolgte Protestanten) in Florida; allein die Spanier zerstörten sie einige Jahre später und bauten zur Verhinderung neuer Versuche der Art das Fort und die Stadt St. Augustin, welche also die älteste in der Union ist.

Erst 1579 gelangte der englische Seefahrer Francis Drake an die Westküste Amerika's und entdeckte das Oregon-Gebiet. Die damalige Königin von England, Elisabeth, ermunterte Unternehmungen auf Amerika, um Spaniens Eroberungen im Auge zu behalten. Nachdem mehre Versuche mißglückt waren, rüstete Sir Walther Raleigh zwei Schiffe aus und ließ 1584 Besitz von einem großen Landstriche, von Carolina an nordwärts, ergreifen, dem er zu Ehren der jungfräulichen Königin den Namen Virginia gab; doch gedieh auch die 1587 von Raleigh unter Ralph Lane zu Roanoke gestiftete Colonie noch nicht. Man suchte in den neuen Entdeckungen überall nach Gold und die Menschen, welche sich zur Ansiedelung anwerben ließen, waren Glücksritter und Abenteurer, aber keine Arbeiter; doch wurde man durch den Naturforscher Harriot auf die Producte des Bodens aufmerksam, denn dieser fand indianisches Korn (Mais), Taback und Kartoffeln in Virginien. Die Franzosen, welche in den nördlichsten Küstenstrichen sich mit Fischfang begnügten, waren glücklicher; denn sie stifteten 1604

Portroyal, das heutige Annapolis in Neuschottland. Jetzt erst
glückte eine englische Ansiedelung in Virginien (1606—7) und
bald darauf eine andere in der Bay von Massachusetts (1620),
die man bereits seit 1603 durch Bartholomäus Gosnold kannte.
Auch hatte Martin Brieg schon das nordöstliche Maine untersucht (1603—1606), Weymouth war den Penobscott, und
Hudson in dem nach ihm genannten Flusse im New York Staat
(1609) vorgedrungen. Für die Küstenländer zwischen dem 34.
und 45. Grade nördlicher Breite, also vom Vorgebirge Fear
bis Halifax, bildeten jetzt mehre Kaufleute und andere unter-
nehmende und begüterte Männer, an deren Spitze Sir Thomas
Gates stand, den Plan, eine Handels- und Colonisations-Ge-
sellschaft anzulegen. Jacob I. von England stellte dieser Gesellschaft am 10. April 1606 einen Freibrief aus, wonach die Gesellschaft in zwei Theile zerfiel; der eine erhielt das Land zwischen dem 34. bis 41., der zweite das Land zwischen dem 38.
und 45. Grade nördlicher Breite, so daß also das Gebiet zwischen dem 38. und 41. Grade beiden Gesellschaften, den Han-
dels-Compagnien von Süd- und Nord-Virginien, gemeinschaftlich zustand. Beide beeilten sich, Schiffe auszurüsten und
mit ihnen führte Capitän Newport 105 Colonisten an die Küste,
welche 109 Jahr vorher Gabotto entdeckt hatte. Newport sollte
bei Roanoke einlaufen, wurde aber in die Chesapeak Bay verschlagen, lief in den Fluß Powhatan ein, dem er dem König zu
Ehren den Namen Jamesfluß gab und die Reise-Gesellschaft
wählte 50 Meilen oberhalb der Mündung des Flusses einen
Ort zur Niederlassung (13. Mai 1607), den sie Jamestown
nannte. Sie legte ein Fort an, und wählte einen gewissen
Wingfield zu ihrem Präsidenten. Newport kehrte bald darauf
nach England zurück und die Niederlassung gerieth bald in die
größte Noth, aus der sie nur durch die Thatkraft und Ent-
schlossenheit des Capitän Smith gerettet wurde. Dieser sah
bald ein, daß hier nur durch Arbeit etwas zu gewinnen sei und
daß dazu die Edelleute und geldgierigen Abenteurer, aus denen
bei weitem die Mehrzahl der Gesellschaft bestand, nicht taugten;
denn man suchte hier alle die Erzeugnisse, welche die Spanier
in Südamerika fanden. Smith wurde bald an die Spitze der
Colonie gestellt, bis er nach einigen Jahren krank nach England

zurückkehren mußte. Bald gerieth die Colonie in Auflösung und die noch übrigen Ansiedler wollten eben nach England zurück, als Lord Delaware mit neuen Vorräthen und für die Niederlassung geschickteren Ansiedlern anlangte und die oberste Verwaltung übernahm. 1619 endlich begründete Sir Georg Yeardley, sein Nachfolger, die bürgerliche Freiheit der Colonisten durch Einführung der Geschworenen-Gerichte. Schwere Kriege mit den Indianern, wozu sich auch innere Unruhen gesellten, brachten die Colonie oft an den Rand des Verderbens; dennoch zählte sie im Jahre 1648 20,000 Köpfe, hatte über 30 Schiffe, womit sie ihren Handel nach England betrieb und befand sich in raschem Wachsthum.

Mittlerweile hatten die religiösen Bedrängnisse, welche die Reformation über England gebracht, eine Anzahl Protestanten, die sich der Gewalt der Bischöfe der englischen Kirche nicht unterwerfen wollten, aus England nach Deutschland und in die Schweiz vertrieben. Mit der Thronbesteigung Elisabeth's, der Tochter Heinrich's VIII., kehrten sie nach England zurück und ihr Anhang vermehrte sich hier bald dergestalt, daß sie dem Bestehen der bischöflichen Kirche gefährlich wurden. Sie hatten den Namen Puritaner (Reiniger) angenommen, weil sie die Kirche von Mißbräuchen reinigten; 1580 war Robert Brown an ihre Spitze getreten, von dem die strengsten den Namen Brownisten erhielten. Elisabeth, die sie anfangs begünstigt hatte, mußte jetzt ihre Macht gegen sie in Bewegung setzen, und wer seinen Glauben nicht verläugnen, oder sein Leben nicht verlieren wollte, floh aus dem Lande. Besonders geschah dies, als 1603 Jacob I. zur Regierung gelangt war. Holland gab ihnen Schutz; allein nach einem zehnjährigen Aufenthalte in diesem Lande beschlossen sie, nach Amerika auszuwandern. 1620 segelten 120 Brownisten auf Schiffen der südvirginischen Gesellschaft nach dem Hudson, wurden aber in das Gebiet der nordvirginischen Gesellschaft verschlagen, gründeten in der Stadefischbay New Plymouth noch im December dieses Jahres und gaben sich eine Verfassung, die sämmtliche 41 Familienhäupter, die sich Pilgrimme nannten, beschworen. Jedem freien Manne wurde dadurch, sobald er Glied ihrer Kirche geworden war, Stimme in der Gesetzgebung eingeräumt; allein es wurde auch Güter-

gemeinschaft eingeführt, die das rasche Aufblühen der Ansiedelung bis 1630, wo sie aufgehoben wurde, verhinderte.

Dieses Beispiel beseelte die Puritaner in England zur Nach-
eiferung. Der Prediger John White bildete eine Ansiedelungs-
Gesellschaft, die von 1626 — 1629 eine bedeutende Anzahl Aus-
wanderer in die Massachusettsbay sendete. Diese gründeten
1628 Salem, stifteten einen feierlichen Bund mit Gott, erklär-
ten das von der Gesellschaft dem Könige Carl I. für den verlie-
henen Freibrief gegebene Versprechen, sich der bischöflichen Kirche
unterwerfen zu wollen, für nichtig, und nahmen zwei Jahre
später statt des englischen Gesetzes das mosaische an.

Jetzt beschloß die Ansiedelungs-Gesellschaft des John White,
mit ihrem Freibrief sich selbst nach Amerika zu versetzen. 1500
Köpfe stark, lief sie 1630 an der Massachusettsbay ein. Der
Glaubensdruck, welchen Carl I. übte, vermehrte diese Gesellschaft
bis zum Jahre 1640 auf 21,000 Köpfe. Die ganze Massachusettsbay war von ihren Niederlassungen belebt. Vor allen aber
erhob sich auf drei Hügeln Tremont, oder Trimontaine, das
nachmalige Boston, welches durch seine glückliche Lage an der
Bay, Salem bald überflügelte, und Mittelpunkt dieser Niederlassung ward, die schon 1634 durch selbstgewählte Vertreter
hier eine Versammlung der Freimänner bildete.

Mittlerweile hatten die Holländer von ihrer Niederlassung
am Hudson, dem heutigen New York, am Connecticut, an
der Stelle, wo jetzt Hartford liegt, im Jahre 1633 eine Factorei
angelegt. Bald darauf legten die englischen Lords Say und
Brook hier ein Fort an, das eine Niederlassung, die sie hieher
führen wollten, beschützen sollte. Allein sie wollten einen Staat
mit Ober- und Unterhaus hier gründen, was Massachusetts so
mißfiel, daß sie von ihrem Freibriefe nachmals keinen Gebrauch
machten. Das Land wurde von Brownisten unter dem Prediger Thomas Hooker aus Massachusetts bebaut, die 1635 wegen
ihrer zu strengen Religions-Grundsätze von da verdrängt wurden. Die Niederlassung wuchs so rasch, daß sie 1637 schon,
ohne Hülfe von Massachusetts abzuwarten, den mächtigen
Stamm der Pequod-Indianer schlagen konnte.

Massachusetts, Plymouth und Connecticut hatten
nämlich 1637 einen Bund gegen die Pequods geschlossen, die

ste, wie einst die Kinder Israel's die Philister, als Götzendiener
mit Stumpf und Stiel ausrotteten. Zu fernerem Schutz und
Trutz brachte 1643 Massachusetts ein bleibendes Bündniß mit
jenen Niederlassungen unter dem Namen: Vereinigte Niederlassungen von Neu-England zu Stande, schloß aber Rhode
Island davon aus. Diese Ansiedelung erhielt ihren Namen
von einer Insel in der Narragansettbay, welche von den Holländern zuerst Roodt Eylandt, von ihrer rothen Färbung im Herbste,
genannt worden war. Ein puritanischer Prediger, Roger Williams, welcher 1630 aus England floh und eine völlige Freiheit
des Gewissens gegen die Glaubensverfolgungen von Massachusetts predigte, wurde 1636 von Salem, wo er Prediger war,
vertrieben. Er hatte früher die Rechte der Indianer vertheidigt,
und diese boten dem Heimathlosen alsbald in der Narragansett-
bay einen Wohnort an, den er Providence nannte und der sich
schnell mehrte, weil Religionsstreit in Massachusetts häufig, und
die Intoleranz groß war. Schon im folgenden Jahre mahnte
er die ihm befreundeten Indianerstämme von der Theilnahme
am Kriege der Pequods gegen die drei verbündeten Niederlassungen mit Erfolg ab; dem unerachtet grollte Massachusetts
fort und schloß 1643 diese Niederlassung vom Bunde aus. 1652
erhielt sie durch Williams' Bemühung einen besonderen Freibrief von England, der zuerst in Amerika das Sclavenhalten
untersagte.

New Hampshire und Maine verdankten dagegen ihre
ersten Ansiedler, wie Virginien, der Goldgier (1622 u. 1628).
Sir Ferdinand Gorges, Statthalter in Plymouth, wollte der
Ausbreitung der Franzosen in Canada durch Vermehrung der
Bevölkerung in jenen Gegenden ein Ziel setzen. Da die Colonisten, meistens zusammengelaufene Abenteurer, hier das ge-
hoffte Gold nicht fanden und nicht arbeiten wollten, geriethen
sie bald in Bedrängniß und beide Niederlassungen mußten sich
an Massachusetts anschließen. Erst 1679 wurde New Hampshire eine besondere königliche Provinz, nicht eher aber als 1719,
wo eine starke Einwanderung presbyterianischer Schotten in
New Hampshire erfolgte, die Fleiß, Genügsamkeit, Ausdauer
und Gottesfurcht in die Niederlassung brachten, erwachte hier
ein neuer Geist. Maine, das schon 1628 von Schotten bevöl-

kert worden war und damals einen Theil von Neu-Schottland
bildete, zählte erst 1820 Einwohner, genug, um einen eignen
Staat innerhalb der Grenzen des ursprünglichen Freibriefes zu
bilden.

Zu dem Gebiete von New Hampshire sollte nach dem ursprünglichen Freibriefe auch Vermont, so genannt von seinen
grün bewachsenen Bergen, gehören; allein eine spätere Acte
König Carl's II., welche die holländische Colonie am Hudson
seinem Bruder, dem Herzoge von York, verlieh und deren Grenzen ausdehnte, machte den Besitz zwischen beiden Niederlassungen streitig. New York entsagte seinen Ansprüchen 1789, worauf Vermont 1791 als selbstständiger Staat in den Bund der
Ver. Staaten aufgenommen wurde.

Während so der Kern der neu-englischen Staaten im Widerspruch mit dem Glauben an die Macht der englischen Bischöfe und durch den regsten Gewerbfleiß und Handel sich bildete,
während Massachusetts, der mächtige Mittelpunkt unter ihnen,
mit strenger, oft harter Folgerechtigkeit jeden Widersacher der
von den ersten Ansiedlern aufgestellten puritanischen Religions-
grundsätze niederhielt und sich dadurch gefürchtet, aber nicht beliebt machte: ging von Südvirginien aus jener abenteuerliche
Geist der Ritterschaft, der Europa beherrschte, aber mit dem
Festhalten an der bischöflichen Kirche England's auch eine größere Nichtachtung der unveräußerlichen Menschenrechte auf die
Ansiedelungen über, die schnell genug in der Nähe entstanden.
Schon 1620 begann hier der Sclavenhandel, eine Erfindung
der Holländer, und England selbst sendete seine Verbrecher als
Dienstleute in die Colonie. Das Land wurde in große Gehöfte
(Plantagen) getheilt, in deren Mitte die Abkömmlinge der Ca-
valiers, aus denen die ersten Ansiedler bestanden, sich Schlösser erbauten. Alle Bedürfnisse mußten bald die Sclaven herbei-
schaffen. Die Beschäftigungen des Herrn und der Seinigen bestanden in grenzenloser Gastfreiheit, der aufregenden Arbeit der
Jagd und der Pferdezucht, in Wetten und Glücksspielen und in
politischen Verhandlungen. Dort wie hier entstand indeß bald
das Bedürfniß nach Unterricht und Geistesbildung, ohne welche
bürgerliche Ordnung und wahre Freiheit nicht bestehen können.
Wie Connecticut noch mehr als Massachusetts selbst den

Character der neu = englischen Staaten festgehalten hat, so hat auch die erste Pflanzung, die von Virginien ausging, den oben bezeichneten Charakter dieses Landes am deutlichsten ausgeprägt. Carolina nämlich, welches 1660 zuerst durch virginische Pflan=zer bebaut wurde, aber bereits 1560 durch französische Seefahrer seinen Namen zu Ehren des französischen Königs Carl's IX. erhalten hatte, entwickelte sich bis 1729, wo es in zwei könig=liche Provinzen geschieden wurde, gemeinschaftlich und hätte anfangs eine völlige europäische Lehnsverfassung. Allmählig verfiel dieses hemmende Band und die Pflanzer führten mit Sclaven den Taback=, Reis= und Baumwollenbau mit großen Erfolgen fort. Durch die Goldgruben hat sich später in Nord=Carolina eine weitere Bevölkerung in den Bergwerksgegenden gesammelt, die mit der früheren nicht zu verwechseln ist, sich aber auch durch ihre roheren Sitten hinlänglich unterscheidet. Süd=Carolina zeichnet sich besonders durch seine Richtung zu höherer Bildung aus.

Der letzte unter Englands Schutz gebildete Pflanzerstaat war Georgien, das seinen Namen zu Ehren Georg's II., Königs von England, erhielt. James Oglethorpe bildete eine Gesellschaft, die 1732 einen Freibrief für den Anbau dieses Lan=des erhielt und arbeitslose und arme Engländer dahin führte, die bald durch Deutsche aus Salzburg und der Pfalz und durch Schotten vermehrt wurden. Als aber die Einwohner gegen den Freibrief der Gesellschaft Negersclaven einführten, gab diese ihre Rechte auf und 1752 wurde Georgien königliche Provinz.

Nördlich von Virginien entstand zuerst durch den englischen Staatsmann Sir Georg Calvert, welchen Jacob I. von Eng=land zum Lord Baltimore erhob, Maryland. Er erhielt vom Könige einen Freibrief für das, nach der Königin Henriette Maria genannte, Land nördlich vom Potomac als Erbeigen=thümer und 1634 führten seine Söhne 200, meist achtbare katho=lische Familien aus England hieher und stifteten St. Mary. Das Land blühete bald durch Uneigennützigkeit der Erbeigen=thümer und politische und religiöse Freiheit auf. Auch hier nistete sich die Sclaverei ein; den Sclavenhaltern stellte sich aber bald eine zahlreiche Bevölkerung, die der Handel hieher=zog, gegenüber.

Noch bedeutender war die Niederlassung, welche der Quäker William Penn, der Sohn eines englischen Admirals, des Eroberers von Jamaica, 1681 zwischen Maryland und New Jersey an der untern Delaware anlegte. Er hatte zwar für eine beträchtliche Geldforderung an König Carl II. einen Freibrief mit großen Vorrechten für das Land erhalten, kaufte es aber den früheren Ansiedlern, besonders Schweden, und den Indianern nicht nur ab, weil er die Ueberzeugung hatte, daß ihm der König das Land weder schenken, noch verkaufen könne, sondern er hielt auch Treue und Glauben in allen Verhandlungen, was nicht alle Niederlassungen gethan hatten. Auf diesem Lande erbaute Penn die Stadt der Bruderliebe Philadelphia und seine Glaubensgenossen, die in England viel zu dulden hatten, folgten ihm zahlreich nach. Außer Katholiken und Juden wurde hier allen Menschen jedes Glaubens und Volkes völlige politische und religiöse Freiheit und Rechtsgleichheit gewährt. Hierdurch erhob sich die Niederlassung rascher, als irgend eine ihrer Vorgängerinnen. Schon 1684 zogen ihm unter Pastorius viele Deutsche aus der Pfalz zu, welche Germantown gründeten, und in Deutschland wie in England bildeten sich Ansiedelungsvereine für Pennsylvanien. Besonders vermehrte sich nach Penn's 1718 erfolgtem Tode die Einwanderung aus Deutschland; denn auch hier fanden religiöse Bedrängnisse statt. Neben würtembergischen Separatisten zogen 1734 schlesische Schwenkfelder, und unter Spangenberg, Nitschmann und Zinzendorf Herrnhuter, die den Quäkern am nächsten standen, hieher. Sie gründeten 1741 Bethlehem und Nazareth. Aber auch Lutheraner und Reformirte strömten zahlreich in das Land, wo auch bald mehre neue Secten entstanden. Die Deutschen bewahrten ihre Sprache, die aber unbilliger Weise und nicht in der Idee der von Penn garantirten Rechtsgleichheit weder im öffentlichen Leben, noch in Staatsschulen fortgebildet worden ist. Denn obwohl die Mehrzahl der Bevölkerung des Staats aus Deutschen besteht, müssen sie doch ihr Recht in englischer Sprache nehmen.

An alle diese, von England ausgegangenen Niederlassungen schlossen sich schon seit 1609, wo der im holländischen Dienste stehende Engländer Hudson den jetzt nach ihm benannten Strom entdeckte, Handelsfactoreien der Holländer an. Schon 1614 gründeten sie Neu-Amsterdam, jetzt New York, im Grunde einer der geschütztesten und schönsten Buchten der Erde auf der zwischen dem Hudson und einem Meeresarme liegenden Halbinsel Manhatten, und das Fort Oranien, jetzt Albany, wo die Fahrbarkeit des Flusses für größere Schiffe aufhört. Von hier breiteten sie sich bald vom Connecticut bis an die Delaware und den Mohawk aus. Die Gründer dieser ausgedehnten Niederlassung waren aber nicht aus der Heimath gebannt und eben deßhalb waren ihre Bestrebungen mehr auf vorübergehenden Vortheil durch Handel, als auf Ackerbau gegründet. Zwistigkeiten zwischen Holland und England führten zur Besitznahme der Niederlassung durch die Engländer. Der holländische Statthalter Peter Stuyvesant gab jedoch nur nach einer tapferen Vertheidigung und durch ehrenvollen Vertrag die Herrschaft des Mutterlandes auf. Von nun an wuchs New York, das, jetzt erst diesen Namen zu Ehren des 1664 mit dieser Niederlassung beschenkten Bruders Carl's II. von England, des Herzogs von York, annahm, mit jedem Jahre. Der Seehandel Europa's zog sich dahin und der Strom der Einwandrer aus Neu- und Alt-England nahm seinen Weg hauptsächlich hieher. Allein erst nachdem die Franzosen in Canada und die sechs friedlichen Stämme der Irokesen besiegt waren, entwickelte sich der westliche Theil dieser Provinz.

Auch New Jersey wurde frühzeitig von den Holländern besetzt. Lange zerfiel dieses Land in Ost-Jersey am Hudsonufer und in West-Jersey, das zwölf Quäker gekauft hatten, an der Delaware. Beide Hälften gingen mit New York an England über. Engländer, Schotten und Deutsche vermehrten die holländische Bevölkerung, jedoch nur allmählig, weil der Boden abschreckte.

Delaware wurde von 1627—1655 von finnischen und schwedischen Kaufleuten angesiedelt, die hier ein Neu-Schweden gründen wollten. 1651 unterwarfen sich die Holländer diese Niederlassung, die 1664 als Anhängsel von Neu-Niederland an England überging. Eine Zeitlang war es mit Pennsylvanien vereinigt, wurde aber 1704 zu einer besonderen königlichen Provinz gemacht.

Bald mußten die Pflanzerstaaten des Südens sich neuen Boden suchen. Die großen Plantagen konnten nicht lange eine Zertheilung vertragen, wenn die Söhne der Besitzer auf ähnliche Weise wie die Väter als freie Herren leben wollten. Kühne Jäger aus Virginien und Nord=Carolina durchstreiften von 1750—1775 Kentucky, das die Indianer Kantuck=ee, den dunklen, blutigen Grund nannten und als gemeinsames Jagdrevier nicht bewohnten. Daniel Boone und Simon Kenton aus Virginien, berühmt durch ihre Kühnheit, siedelten sich zuerst hier an; allein erst 1792 wurde Kentucky als Staat in die Union aufgenommen.

Tennessee, das von dem Flusse gleichen Namens sich nennt, war schon seit 1745 den Nord=Carolinern bekannt, wurde aber erst 1766 angesiedelt und 1796 in den Bund aufgenommen.

Die Franzosen hatten ganz Canada inne und ihre Ansiedelungen am Mississippi herab bis New Orleans ausgedehnt. So lange sie im Besitz dieser Länder waren, konnten sich die englischen Niederlassungen nach Westen nicht ausdehnen. Die Niederlassungen in Neu=England hatten viel von ihnen und den mit ihnen verbündeten Indianern zu leiden. Von den Seen her beunruhigten sie die Gebiete von New York und Pennsylvanien, und vom Ohio aus standen ihnen auch Virginien und die Carolinen offen. Um die entfernten Besitzungen zu verbinden, errichteten sie an den canadischen Seen und dem Ohio entlang an geeigneten Orten kleine Forts, durch welche die Colonien sich in ihren Grenzen beeinträchtigt fanden. Von 1754 bis 1762 führten die Engländer nebst den Colonien gegen sie einen blutigen Krieg. In dem Frieden von 1762 blieben die Engländer Herren von Canada und des östlichen Ufers des Mississippi, mit Ausnahme von New Orleans. Dieses wurde 1717 von den Franzosen angelegt. Erst 1803 fiel diese Stadt mit der ganzen östlich und westlich vom Mississippi gelegenen Provinz Louisiana, wie sie zu Ehren Louis XIV. von Frankreich genannt worden war, für 15 Mill. Dollars an die Ver. Staaten. Sie war damals nur von etwa 30,000 Franzosen und Spaniern bevölkert. 1812 wurde der untere Theil als Staat mit New Orleans in den Bund aufgenommen.

1817 wurde zuerst jenseit des Mississippi, wo schon 1718

die Franzosen Natchez gegründet hatten, das Gebiet Missis=
sippi, und 1819 Alabama und Missouri, und endlich
1836 Arkansas als Staaten in den Bund aufgenommen.
Die spanische Provinz Florida war schon 1821 an die Union
abgetreten worden.

Alle diese südlichen Staaten sind Sclavenstaaten. Außer
zahlreichen Einwanderungen aus den halb erschöpften Pflan=
zungen der beiden Carolinen und Georgiens haben, nächst Eu=
ropa auch die neu = englischen Staaten einen wichtigen Theil der
neueren Bevölkerung geliefert. Denn die zum großen Theil
steinigen Gebiete von Neu = England, welche vom Anfange an
die Einwandrer nöthigten in dem ungemessenen Gebiete, was
westlich und südlich sich hinter ihnen ausbreitete, die Quellen
ihres Wohlstandes zu suchen, waren zu jeder Zeit bereit, ihre
zahlreiche und fleißige Bevölkerung zum vortheilhaften Anbau
der neuen Erwerbungen auszusenden. Noch mehr aber als jene
Sclavenstaaten südlich vom Ohio, reizte sie das nördlich von
diesem Flusse gelegene Gebiet. Kaum war die Unabhängigkeit
der Freistaaten anerkannt, so wurde der Ohio die große Heer=
straße für die Anbauer. 1795 besiegte General Wayne die In=
dianer und nun räumten auch die Engländer alles Gebiet süd=
lich der großen canadischen Seen. Das Gebiet Ohio, welches
damals etwa 45,000 Einw. zählte, hatte zehn Jahre später schon
230,000, nach den folgenden zehn Jahren 581,000 und abermals
zehn Jahre später 937,000, und alle vier Gebiete zwischen Ohio,
Mississippi und den Seen, vor einem halben Jahrhundert noch
allein von Indianern durchpirscht, zählen jetzt weit über 2 Mill.
Religion und Gesittung als das Höchste anerkennende Menschen.
Nach Ohio aber haben die Neu = Engländer hauptsächlich ihren
Fleiß, ihre Ordnungsliebe, ihren Rechtssinn und ihre Gesittung
gebracht. Es wurde bereits 1802 als Staat in den Bund auf=
genommen. Erst 1816 folgte Indiana und 1818 Illinois
und endlich 1836 Michigan, dessen Hauptstadt, Detroit, schon
1670 von den Franzosen gegründet worden war.

II. Entstehung der Unabhängigkeit und der Union.

Gehen wir nun auf den Zeitpunkt (1752) zurück, wo sich
unter der Oberhoheit von England allmählig die ersten 13 Pro=

vinzen gebildet hatten, so finden wir Virginien, die beiden Carolina's, New-York und New-Jersey unter königlichen Statthaltern und einem Verwaltungsrath, neben welchen sogenannte
Colonial-Verwaltungen, von den Einwohnern gewählt, zu gewissen Zeiten gehalten wurden. In Pennsylvanien und Maryland wurden dagegen die höchsten Verwaltungsbehörden von
den Familien der Grundeigenthümer (Penn's und Lord Baltimore's) eingesetzt. In den Neu-England-Staaten endlich war
durch Freibriefe sogar dem Volke das Recht ertheilt, den Statthalter, die Mitglieder zur gesetzgebenden Versammlung und die
Gerichtsbeamten zu erwählen.

Bis dahin bezeichnet die Entwickelungs-Geschichte dieser
Staaten hauptsächlich der Kampf mit den Indianern, auf deren
Gebiet die Niederlassungen geschehen waren. Die Weißen be-
hielten am Ende die Oberhand und hatten, wo sie dicht zusam-
menwohnten, wenig zu fürchten, während die Indianer sich in
entferntere Wälder zurückziehen mußten. Leider aber fanden
auch unter den Ansiedlern selbst Streitigkeiten und sogar blutige
Verfolgungen statt. Mißbrauch der Gewalt von Seiten der
Statthalter und Unduldsamkeit gegen Andersdenkende waren
die Hauptquellen dieser inneren Uebel. So feindeten sich die
meistentheils protestantischen Virginier und die Katholiken in
Maryland an. Aus Massachusetts wurden von Zeit zu Zeit
Diejenigen vertrieben, welche von den puritanischen Ansichten
des John White abwichen, und wir sahen daraus die Provinzen
Rhode Island und Connecticut entstehen; ja in Boston kamen
sogar die Herenprocesse, die damals in Europa hunderte von
unschuldigen Opfern verlangten, auf und mehre Personen wurden als Herenmeister oder Ketzer auf dem Scheiterhaufen verbrannt. Das wichtigste Ereigniß aber, welches noch jetzt hart
auf den Ver. Staaten lastet und sogar seiner Existenz Gefahr
droht, war die bereits erwähnte Einführung der Sclaverei. Im
Jahre 1620 hatte ein holländisches Schiff 20 Schwarze an der
Küste von Afrika geraubt und in Jamestown (Va.) verkauft.
Es wies sich bald aus, daß die Neger die schweren Arbeiten des
Landbaus in den heißeren und sumpfigen Gegenden besser ertragen konnten, als die Weißen, und so entstand daraus jener
verabscheuungswürdige Handel mit Menschen.

Besonders die Kriege mit den Indianern und den Franzosen waren es, wodurch die Ansiedelungen fast ununterbrochen sich an die Führung der Waffen gewöhnten und das Gefühl der Selbstständigkeit entwickelten. Als endlich die Franzosen ihre Grenzen bedroheten, konnten die Virginier im Jahre 1754 schon wagen, ohne englische Hilfe abzuwarten, sie zurückzuweisen. Sie schickten den damals 22jährigen Major Georg Washington an den Befehlshaber der französischen Befestigungen am Ohio mit der Aufforderung, das Fort zu räumen. Dieser aber berief sich auf die Befehle seines Obergenerals. Die Virginier nahmen diese Antwort für eine Herausforderung und sandten den Major Washington mit seinem Regimente ab, um die Stellung am Zusammenflusse der Monongahela und des Allegheny einzunehmen. Allein er ward von den Franzosen und Indianern mit Uebermacht auf dem Marsche angegriffen und nach tapfrer Gegenwehr gefangen. Die Franzosen legten darauf das Fort du Quesne an, welches später zu Ehren des damaligen englischen Ministers William Pitt, Grafen von Chatham, Pittsburg genannt wurde.

Dieser Krieg führte zu einem vereinten Handeln der 13 Provinzen, die ihre Gesandten nach Albany sandten und Shirley, der damalige Statthalter von Massachusetts, ergriff diese Gelegenheit, den übrigen Statthaltern durch ihre Abgesandten Eintracht zu empfehlen. Es wurde ein Plan zu einem Bündnisse der Colonien vorgelegt, nach welchem allen das Recht zur Wahl von Rathsgliedern vorbehalten, die Wahl eines General = Präsidenten aber, der mit jenen alle allgemeine Gesetze für den Bund geben sollte, dem König überlassen.

Dieser Plan, die erste Grundlage der nachmaligen Union, gefiel natürlich den Engländern nicht, weil er den Colonien eine zu große Macht einräumte. Es ward daher beschlossen, den Krieg mit englischen Truppen, die von den Colonien nach Kräften unterstützt werden sollten, zu führen.

Washington war indessen wieder ausgewechselt worden und machte als Obrist und Adjutant des Generals Braddock, der von England mit Hilfstruppen angelangt war, einen Feldzug mit, der, wenn Braddock seinem Rathe gefolgt wäre, nicht so unglücklich abgelaufen sein würde. Braddock kannte den Krieg

mit den Indianern nicht, die ihn nach ihrer Gewohnheit in Hin=
terhalte lockten. Nach Braddock's Niederlage, 7 Meilen von
Fort du Quesne, machte Washington, der mit den Colonial=
truppen das Schlachtfeld behauptete, einen Rückzug, auf wel=
chem er ausgezeichnete Beweise von Muth und Umsicht lieferte
und die Ueberreste der englischen Truppen rettete. Drei neue
Feldzüge brachten keine bessere Wendung der Dinge herbei. Jetzt
aber war William Pitt an das Staatsruder von England ge=
treten. Er war in Amerika beliebt und erkannte die Wichtigkeit
der Colonien. Die entschiedenen Maßregeln, welche er ergriff,
flößten diesen neuen Muth ein. Massachusetts stellte 7000,
Connecticut 5000, New Hampshire 3000 Mann in's Feld.
12,000 Mann neue Truppen langten von England an, und der
Obergeneral Abercrombie hatte nun 50,000 Mann beisammen,
von denen 20,000 Colonialtruppen waren. So endete der Krieg
im Jahre 1759 mit der Eroberung Canada's, bei welcher der
kühne und jugendliche General Wolfe in der Nähe von Quebeck
bei einem entscheidenden Siege blieb. Die Einnahme von Mon=
treal erfolgte jedoch erst 1760 und somit ward die Macht der
Franzosen in Canada gebrochen.

Erst jetzt durften die Colonien hoffen, sich den Segnungen
des Friedens hingeben zu können. Niemals war die Anhäng=
lichkeit an das Mutterland fester, als jetzt. Allein nun begann
England selbst die Niederlassungen zu unterdrücken. Massachu=
setts hatte seit 1692 ein Gesetz gegeben, daß jeder andern Ge=
setzgebung die Erhebung von Steuern in der Niederlassung un=
tersagte und New York war diesem Beispiele bald gefolgt. Von
1739 bis 1754 waren mehre Pläne zur Besteuerung der Colo=
nien dem englischen Parlamente vorgelegt worden, ihre Ausfüh=
rung aber unterblieben. Der jetzt beendigte Krieg machte eine
Erhöhung der Abgaben in England nöthig und 1763 schlug der
Schatzmeister, Lord Greenville, die Einführung von Stempel=
taxen auf gerichtliche Urkunden in den Colonien vor. Der Vor=
schlag wurde nebst gleichzeitigen Beschlüssen über Erhöhung der
Zölle angenommen und den 1. November 1765 sollte die Stem=
pelacte in Wirksamkeit treten.

Zuerst protestirte Patrick Henry in der Gesetzgebung von
Virginien dagegen, und man beschloß, Jeden als Feind zu be=

trachten, der behaupten würde, es habe Jemand außer der Ge=
neralversammlung das Recht, den Colonien Taren aufzulegen.

Diese Gesinnung bemächtigte sich schnell aller Provinzen.
Ohne noch die Beschlüsse der Virginier zu kennen, lud Massa=
chusetts zu einem allgemeinen Congresse nach New York ein, und
außer Virginien, Nord=Carolina und Georgien, die von ihren
Statthaltern gehindert wurden, beschickten alle Provinzen diesen
Congreß. Besonders wirkte damals Jacob Otis der Jün=
gere aus Massachusetts, der bis zu seinem Tode im Jahre 1771
die Seele aller politischen Bewegungen blieb, durch kühne und
klare Darlegung der Rechte der britischen Colonien.

Der 1. Nov. 1765 war ein ernster Trauertag des ganzen
Volks. Nirgends aber wagte man die Stempelgesetze zu hand=
haben. Zugleich stellte man den Verkehr und Handel mit Eng=
land überall ein, legte selbst Fabriken an, um der englischen Fa=
brikate nicht zu bedürfen und beschloß selbst mit den Waffen.
Die zu schützen, welche durch ihren Widerstand gegen die Stem=
pelacte in Gefahr kämen.

Dieses feste Benehmen verfehlte nicht in England Eindruck
zu machen. Dr. Benjamin Franklin, von Boston gebürtig, aber
in Philadelphia wohnhaft, befand sich damals als Agent mehrer
Colonien in England, um die Zurücknahme der verhaßten Taxe
zu bewirken. Man forderte ihn 1766 vor das Unterhaus, um
ihn um seine Meinung zu befragen, die er klar und so umfassend
aussprach, daß das Haus die Rücknahme der Gesetze beschloß.
Ganz England nahm lebhaft die Partei der Colonien. Allein
dennoch wollte das Ministerium das Recht der Gesetzgebung in
den Colonien nicht aufgeben. Man besteuerte nun Glas, Pa=
pier, Malerfarben und Thee.

Von Neuem erhob sich der Widerspruch der Colonien. Jo=
hann Dickinson, Franklin, Dr. Lee, Thomas Jefferson u. a.,
besonders aber der berühmte Thomas Paine zeigten in Schrif=
ten das Unrecht des Mutterlandes. Massachusetts leitete wieder
die andern Provinzen zu gemeinsamen Maßregeln. 1768 wur=
den zwei englische Regimenter nach Boston gesendet, um die
Zollbeamten zu unterstützen. Allein dies erhöhte nur den Wider=
stand. Am 2. März 1770 kam es zu blutigen Händeln zwischen
dem arbeitslosen Volke in Boston und den Soldaten: diese

gaben Feuer und tödteten drei Männer; aber der Gerichtshof benahm sich parteiisch und sprach den Officier und die Soldaten bis auf zwei frei. Endlich wurde 1772 das englische Zollschiff Gaspee bei Providence, R. J., überfallen und verbrannt, ohne daß man die Schuldigen ermitteln konnte. Jetzt beschäftigte sich das englische Ministerium ernstlich mit Gewaltmaßregeln und 1773 versammelten sich, von Virginien aufgefordert, Abgeordnete aller Colonien, um vereint die Mittel zum Widerstand zu berathen. Man ließ kein Schiff, das mit Thee beladen war, in die amerikanischen Häfen, und als man dieß in Boston nicht hindern konnte, überfielen Nachts 50 als Indianer verkleidete Männer die Schiffe und warfen die Ladung in das Meer.

Jetzt war der Bruch entschieden. Der Freibrief von Massachusetts ward vernichtet und der Hafen von Boston geschlossen, eine Maßregel, die alle Colonien, statt ihre Sache von der Boston's zu trennen, zum nachdrücklichsten Widerstand reizte. Am 4. September 1774 trat ein General = Congreß in Philadelphia zusammen. Er billigte das Verfahren von Boston. Der englische General Gage traf nun kriegerische Anstalten, welche am 18. und 19. April 1775 zu dem für die englischen Waffen nachtheiligen Gefecht bei Concord führten.

Ein förmlicher Krieg war die Folge. Am 10. Mai versammelte sich ein zweiter Congreß zu Philadelphia. Die 13 Provinzen verbanden sich enger und beschlossen ein Heer aufzustellen, zu dessen Oberbefehlshaber Georg Washington am 15. Juni ernannt wurde. Auch Gage hatte bedeutende Verstärkungen erhalten und noch, ehe Washington zur Armee kommen konnte, lieferte er am 17. Juni das Treffen von Bunkerhill bei Charlestown (Mass.), in welchem die nur schlecht bewaffneten amerikanischen Milizen, dem Kerne der britischen Armee gegenüber, eine Ausdauer und Tapferkeit bewiesen, welche den englischen General zu großer Vorsicht nöthigte. Am 3. Juli traf Washington bei der Armee ein, die auf 14,500 Mann gebracht wurde und nun die Engländer in Boston völlig umstellte.

Der Congreß dehnte auf den Vorschlag des unternehmenden Obristen, nachmaligen Generals Arnold den Krieg bis Canada aus. Am 2. November nahm General Montgomery das Fort St. Johns und am 11. zog er in Montreal ein, und vereinigte

sich am 5. December mit General Arnold. So rückte er bis
Quebec, wo der jugendliche Held, von Allen geliebt und geehrt,
am 31. December bei einem Sturme blieb. Quebec hielt sich
und im Mai 1776, als Verstärkungen von England ankamen,
mußten sich die Amerikaner, welche jetzt General Lincoln befeh=
ligte, aus Canada zurückziehen.

Auch auf die Seerüstungen wendete der Congreß seine Auf=
merksamkeit. Die kleine Flotte bestand aus fünf mit 200 Mann
besetzten Schiffen, die unter Commodore Ezechiel Hopkins an
der Küste gegen englische Fahrzeuge kreuzen sollte. Trotz der
gefürchteten Seemacht England's leistete diese Flotte große
Dienste. Sofort beschloß und begann man daher den Bau von
13 Schiffen mit 372 Kanonen.

Am 17. März 1776 mußte das britische Heer Boston, wo
es, von Washington eng eingeschlossen, an Allem Mangel litt,
räumen und sich sammt der Flotte nach Halifax zurückziehen.
New York, mehr der Mittelpunkt der Colonien, war jetzt, wie
Washington voraussah, in Gefahr; denn die Mittel, es zu ver=
theidigen, waren unzureichend. Zugleich erfuhr man, daß eine
Flotte von 50 Segeln mit 17,000 Mann von gewissenlosen
deutschen Fürsten an England verkaufter Truppen, die man in
Amerika mit dem Namen „Hessen" bezeichnete, und 25,000
Engländern nach Charleston in Süd=Carolina von England
ausgelaufen sei. Dieses griffen sie unter General Sir Henry
Clinton am 28. Juni mit der ganzen Macht an, wurden aber
von den Amerikanern unter General Lee und andern tapferen
Officieren völlig zurückgeschlagen. Clinton vereinigte sich nun
mit Howe, um New York zu erobern.

Die Erfolge von Boston und Charleston sicherten das An=
sehen des Congresses und gaben den Unschlüssigen Muth. Die
Grausamkeit und Rohheit, mit welcher die Engländer den Krieg
führten, erbitterte die Amerikaner. Der Congreß zu Philadel=
phia durfte nun wagen, einen entscheidenden Schritt zu thun.

John Adams, der Abgeordnete von Massachusetts, hatte
schon am 6. Mai den Vorschlag gemacht: eine Regierung an=
zunehmen, wie sie nach der Meinung der Stellvertreter des
Volks am geeignetsten sei, Glück und Sicherheit des letztern zu
begründen. Als hierauf Richard Henry Lee von Virginien am

7. Juni den Antrag gestellt hatte, daß sich die Colonien von Rechtswegen für frei und unabhängig von Großbritanien erklären sollten, wurden Jefferson, Adams, Franklin, Roger, Sherman und Robert R. Livingston zu einem Ausschuß erwählt, welcher jene Acte, die berühmte Unabhängigkeits-Erklärung, die Jefferson entwarf, dem Congreß vorlegte. Dieser genehmigte und unterzeichnete sie einstimmig und machte sie am 4. Juli 1776 dem Volke bekannt.

Am 12. Juli 1776 kamen die Engländer mit 30,000 Mann vor New York an. Washington hatte nur 14,000 Mann, meist ungeübte Milizen, die oft an Allem Mangel litten, während die Feinde wohlgeübt und mit Waffen und Lebensmitteln und Geld reichlich versorgt waren. Am 22. August landeten die Engländer auf Long Island, dessen Besitz für sie wichtig war. Nach einem blutigen Gefecht am 28. August wurde die Insel am 29. August geräumt. Erst am 12. October konnten die Engländer in die Stadt einziehen und im November erst vollendeten sie die Eroberung der Halbinsel, auf welcher New York liegt.

Diese Unfälle entmuthigten aber das Heer. Die Milizen liefen nach Hause und Washington hatte kaum noch 7000 Mann beisammen, die von Allem entblößt waren. Die Engländer bedrohten Philadelphia und der Congreß zog sich von da nach Baltimore zurück. Rhode-Island war von Clinton ohne Schwertstreich erobert worden; die Bestürzung war allgemein.

Indessen hatte der Congreß dem General Washington unumschränkte Vollmacht und Gewalt für die Organisation und Verpflegung der Armee ertheilt. Er aber wußte seinen Gegner, den General Howe, so sicher zu machen, daß er sein Heer in einzelne Haufen vertheilte, deren jedem Washington gewachsen war. Am 25. December überfiel er die Hessen bei Trenton, eroberte ihre Artillerie und nahm ihnen 1000 Gefangene ab. Am 2. Januar 1777 schlug er die Engländer bei Princeton, wo aber der eben so tapfere als liebenswürdige General Mercer blieb und Jacob Monroe, der nachmalige Präsident, verwundet wurde. Sorgfältig vermied er eine Hauptschlacht, beunruhigte aber den Feind auf allen Seiten und zwang ihn endlich, sich auf New York und Long Island, das ihm frische Lebensmittel lieferte, zu beschränken.

Im Frühling 1777 begann der englische General Bour= goyne mit 7000 Mann Kerntruppen, denen sich eine bedeutende Anzahl Canadier und Indianer anschlossen, den Feldzug von Canada aus, nahm am 2. Juli Ticonderoga, schlug den Gen. St. Clair bei Fort St. Anna und drang bis Saratoga. Wash= ington fürchtete eine Vereinigung Bourgoyne's mit Howe in New York. Aber am 23. Juli schifften sich 16,000 Mann bei Sandy Hook ein und steuerten nach Süden. Jetzt eilte Wash= ington Philadelphia und Baltimore zu decken. Howe landete mit 16,000 Mann bei Turkey Point in der Chesapeak Bay und am 11. Sept. lieferte ihm Washington mit 8000 Mann, wider seinen Willen, aber auf den Wunsch seiner Truppen die Schlacht von Brandywine. Die Uebermacht des Feindes zwang ihn zum Rückzuge, den er in guter Ordnung nach Philadelphia bewerkstelligte.

In dieser Schlacht fochten zum ersten Male zwei ausge= zeichnete Fremde mit, der französische Marquis von la Fayette und der Pole Graf Pulawski. Der erstere wurde verwundet, blieb aber im Felde und ermunterte die Armee zu neuem Kriegs= muthe.

Washington mußte bald Philadelphia dem Feinde über= lassen und General Stephens ließ sich am 4. October in einem Gefecht bei Germantown schlagen.

Ehe sie ihre Winterquartiere in dieser Stadt bezogen und Washington im Forge Thale, etwa 26 Meilen davon, eine Stel= lung einnahm, traf die Nachricht ein, daß General Stark am 14. August bei Bennington über eine Abtheilung von Bour= goyne's Heer gesiegt, die Obristen Brown und Johnson eine andere Abtheilung bei Ticonderoga geschlagen haben, am 17. Sept. und 7. Oct. aber Bourgoyne selbst bei Stillwater gegen General Gates den Kürzern gezogen, und am 17. Oct. mit sei= ner ganzen, noch 6000 Mann starken Armee von Gates' Heer bei Soratoga umzingelt und gefangen genommen worden sei. Der nachmals so berühmte Pole, Thaddäus Kosciuszko, ein Freund Lafayette's, diente in Gates' Heer als Ober=Ingenieur.

Unterstützt von Lafayette, hatte Franklin als Gesandter in Paris schon lange eifrig an einem Freundschaftsbündniß mit Frankreich gearbeitet, das aber erst den 6. Febr. 1778 abge=

schlossen ward. Allein schon am 1. December war ein franzö=
sisches Schiff mit Waffen und Kriegsbedürfnissen angekommen.
Das englische Ministerium, besorgt, daß die britische Armee in
Philadelphia eingeschlossen und ebenfalls gefangen genommen
werden könne, wenn eine franz. Flotte die Delaware schließe,
befahl dem General Howe, Philadelphia zu räumen, was auch
am 18. Juni 1778 geschah. Washington verfolgte ihn und
schlug den General Clinton, der von New York ausgerückt war,
um sich mit General Howe zu vereinigen, bei Monmouth am
28. Juni. Schon am 8. Juli landete eine französische Flotte
von 12 Linienschiffen und 3 Fregatten unter Graf Estaing an
der Mündung der Delaware. Da der Feind bereits entwischt
war, segelte die Flotte nach Rhode Island, vertrieb die Englän=
der aber nicht von Newport, weil Estaing nicht Washington's
Rath befolgte, sondern nach Boston segelte. Die englische Ar=
mee in Rhode Island wurde dadurch gerettet und dieses blieb
in der Gewalt der Engländer. Doch räumten sie es bald nach=
her, weil sie fürchten mußten, hier abgeschnitten zu werden, und
die Besatzung zu ihren weiteren Absichten brauchten. Am 29.
December nämlich erschienen sie vor Savannah in Georgien,
das sie durch Verrath eines Schwarzen am 6. Januar 1779
eroberten. Der Schauplatz des Krieges wurde dadurch in die
südlichen Staaten verlegt, in denen General Clinton große Ver=
heerungen anrichtete.

Washington konnte von seinem schwachen Heere vor New
York dem Süden keine Hilfe senden. Am 15. Juli 1779 ließ
er hier durch Gen. Wayne das Fort Stony Point mit Sturm
nehmen. Die ganze Garnison mußte sich ergeben. Eben so
wurde am 19. Juli das Fort Paulus Hook von Major Lee er=
stürmt und die Besatzung zu Gefangenen gemacht.

General Lincoln, der im Süden commandirte, wollte jetzt,
von der französischen Flotte unterstützt, Savannah stürmen.
Allein er wurde mit Verlust am 4. Oct. 1779 zurückgeschlagen.
Pulawski wurde tödtlich und Estaing leicht verwundet; die
französische Flotte segelte wieder ab und Lincoln mußte sich nach
Süd=Carolina zurückziehen.

Glänzende Thaten verrichtete in diesem wie schon im vori=
gen Jahre der amerikanische Seeheld Paul Jones mit einem

kleinen Geschwader an der englischen Küste. Er nahm im August
vor dem Hafen von Leith mehre bewaffnete Fahrzeuge und er=
oberte am 23. Sept. 1779 mit der 32 Kanonen führenden Fre=
gatte Bon Homme die britische Fregatte Serapis von 75 Ka=
nonen, während sein Begleiter, der Kaiser von 10 Kanonen, die
Gräfin Scarborough mit 20 Kanonen nahm.

General Clinton hatte durch die Ereignisse im Süden die
Schwäche dieses Theils der Union gezeigt. Im Februar 1780
erschien er mit 17 Regimentern vor Charleston in Süd=Caro=
lina und eroberte es am 12. Mai nach tapferm Widerstande.
Schnell suchte er das königliche Ansehen in Süd= und Nord=
Carolina herzustellen und kehrte, nachdem er den General Lord
Cornwallis zur Vollendung der Eroberung in Süd=Carolina
zurückgelassen, nach New York zurück. Cornwallis wollte die
Caroliner, die sich in Charleston ergeben hatten, zum Kampfe
gegen ihre Landsleute zwingen, und reizte dadurch Alles zum
Aufstande. Ein Parteigängerkrieg entstand und Obrist Sumter
bildete bald einen ansehnlichen Haufen um sich, mit welchem er
kühne Streifzüge unternahm und dem Feinde vielen Schaden
that. Eine kleine Armee von Milizen eilte aus Maryland unter
dem Baron von Kalb, einem reichen Gutsbesitzer aus Thürin=
gen in Deutschland, der den Amerikanern seine Dienste gewid=
met hatte, nach dem Süden. Mit ihm vereinigte sich General
Gates, der nach und nach gegen 5000 Mann um sich versam=
melte. Allein er wurde am 16. August bei Camden von Corn=
wallis geschlagen. Außer dem Verlust der Schlacht, seiner Ar=
tillerie und seines Gepäckes hatte er den Tod des Barons Kalb
zu beklagen, der, an der Spitze seiner Brigade fechtend, mehre
Wunden empfangen hatte, an denen er wenige Stunden nach
der Schlacht starb. Jetzt wurde auch der tapfere Sumter geschla=
gen und sein Freicorps niedergemacht, gefangen oder zersprengt.

Aber Cornwallis benutzte seinen Sieg nur zu neuen Be=
drückungen. Bald standen Sumter und Obrist Marion wieder
im Felde und überfielen die einzelnen Haufen des englischen
Heeres. Acht solcher Haufen vereinigten sich und rieben am
7. October das 1200 Mann starke Corps des Majors Ferguson
auf der Höhe des Kingsberges gänzlich auf. Cornwallis mußte
deshalb von einem Zuge nach Nord=Carolina zurückkehren.

Auf diesem Marsche beunruhigte ihn Sumter fortwährend und als er die Winterquartiere bezog, blieb Sumter im Felde stets um ihn.

Washington hatte in diesem Winter mit der größten Noth zu kämpfen. Seiner Armee fehlte es an Allem. Der Congreß hatte Papiergeld gemacht, das aber jetzt fast völlig entwerthet war. Endlich gelang es ihm, seinen Klagen Gehör zu verschaffen. Philadelphia subscribirte allein in wenigen Tagen 300,000 Doll. Neue Aushebungen wurden gemacht, für Waffen, Kleider und Proviant gesorgt und bald sah sich der Obergeneral in den Stand gesetzt, das Feld mit besseren Hoffnungen zu halten. Endlich traf auch am 10. Juli 1780 ein französisches Hilfsheer von 6000 Mann unter dem Grafen Rochambeau bei Rhode Island ein, und Washington begab sich, nachdem er sein Heer bei Westpoint in eine unangreifbare Stellung gebracht hatte, am Ende des September nach Rhode Island, um sich mit dem französischen General und Admiral Ternay zu besprechen.

Während seiner Abwesenheit gab er das Heer in die Hände des Generals Arnold, desselben, der sich seit Beginn des Krieges vielfach mit Ruhm bedeckt hatte. Arnold, eben so tapfer als verschwenderisch, hatte Armeegelder zu eignen Zwecken mißbraucht und fürchtete die Rechenschaft. Er ließ sich vom Feinde erkaufen und leitete mit General Clinton Unterhandlungen ein, welche bezweckten, das Heer der Union in dessen Hand zu liefern.

Die näheren Unterhandlungen führte der englische Major André. Bei einer nächtlichen Unterredung mit Arnold verspätete er sich und ward entdeckt. Von Arnold geschriebene Papiere, die den ganzen Plan enthielten, wurden in seinen Stiefeln gefunden. Noch gelang es ihm, dem General Arnold von seiner Gefangennehmung Nachricht zu geben, so daß dieser Zeit erhielt, in das englische Lager zu entwischen; dann aber wurde er vor ein Kriegsgericht gestellt und als Spion zum Galgen verurtheilt.

Washington ließ, so weh es ihm that, das Urtheil vollziehen. André war ein edler, junger Mann und braver Soldat. Aber sein Verbrechen war zu groß. Arnold diente gegen sein Vaterland, lebte aber, als man ihn nicht mehr brauchte, verachtet in London, wo er 1801 starb.

General Greene war nach der Schlacht von Camden an Gen.

Gates' Stelle nach dem Süden gesendet worden. Er entschloß
sich zu einem Plänklerkriege, weil das Heer ohne Ordnung,
Waffen und Vorräthe war. Am 17. Januar 1781 schlug Gen.
Morgan den Obristlieutenant Tarleton bei den Cowpens, und so
vollständig, daß er ihm seine ganze Artillerie, alles Gepäck und
500 Gefangene abnahm. Jetzt manoeuvrirten Greene und
Cornwallis in Virginien umher, bis sie am Gerichtshause von
Guilford am 15. März ein unentschiedenes Treffen lieferten.
Cornwallis mußte sich jedoch wegen starken Verlustes an Mann=
schaft am folgenden Tage zurückziehen und Greene warf sich
nach Nord = Carolina, wurde aber bei Camden von Lord Raw=
don geschlagen. Doch zog er sich nur 5 Meilen weit zurück,
schnitt den Engländern den Proviant ab, und zwang sie zum
Rückzug nach Santee. Endlich schlug er den Feind an den
Eutaw Quellen und nun blieben die Engländer auf Charleston
beschränkt.

Dieser höchst rühmliche Feldzug des Generals Greene hob
den Muth der südlichen Provinzen. Cornwallis hatte sich nach
Virginien geworfen. Hier ward er von Lafayette beobachtet,
der sich endlich mit General Wayne vereinigte, wodurch Corn=
wallis sich zum Rückzuge nach Yorktown genöthigt sah, was er
stark befestigte. Washington entschloß sich nun, da Clinton in
in New York nichts gegen das Heer, welches er in Verein mit
den Franzosen um diese Stadt aufgestellt hatte, unternehmen
konnte, den Kriegsschauplatz nach Virginien zu verlegen. Im
Einverständnisse mit den Generalen Rochambeau und dem Gra=
fen de Grasse, dem französischen Admiral, rückte er unaufhalt=
sam vor, sammelte den 25. Septbr. ein 12,000 Mann starkes
Heer bei Williamsburgh und rückte am 30. Sept. vor York=
town, während die französische Flotte in den Yorkfluß einlief.
Am 14. Oct. wurden zwei Redouten bei Yorktown erstürmt.
General Lafayette führte die Amerikaner, Baron Viomel die
Franzosen. Am 17. October knüpfte Cornwallis Unterhandlun=
gen an, in deren Folge er am 19. die Truppen dem Congresse,
die Flotte den Franzosen übergab. Erst am 24. October erschien
eine englische Flotte mit 7000 Mann, kehrte aber eilig nach
New York zurück, da Alles verloren war.

Von dieser Zeit blieben die Engländer in New York, Char=

leston und Savannah eingeschlossen. Amerika war für sie ver=
loren. Der offne Krieg war beendigt. In Amerika verbreitete
sich ein allgemeiner Jubel. In England dagegen entschloß man
sich endlich, diesen Krieg aufzugeben, der ungeheuere Summen
verschlang. Am 30. November 1782 wurden die vorläufigen
Friedensbedingungen und am 20. Jan. 1783 der wirkliche Friede
in Paris von den amerikanischen und engl. Abgeordneten ge=
schlossen. Am 10. April 1783 traf die Nachricht davon in den
Ver. Staaten ein. Den 25. November räumten die Engländer
New York, und am 20. December gab Washington in dem zu
Annapolis versammelten Congreß seinen Commandostab zurück.
Aber ehe dies geschah, befreite er den jungen Staat noch von
einer großen Gefahr. Der Congreß hatte in seiner Noth den
Officieren, die sich und ihr Vermögen im Dienste aufopferten,
1780 versprochen, als Ersatz ihnen nach dem Frieden halben
Sold fortzuzahlen. Jetzt verweigerten viele Staaten zu diesem
Beschlusse ihre Zustimmung. Die Unzufriedenheit in der Armee
war groß; sie hatte bedeutende Rückstände anzusprechen; man
befürchtete ernstliche Folgen. General Washington beschwich=
tigte die Gemüther und bewirkte eine Zahlung auf den halben
Sold. Die Armee ward nun aufgelöst und Alles ging ruhig
an die Gewerbe des Friedens zurück.

Der Friede von Ghent sprach der Union das Gebiet zwi=
schen den Seen und Mexico zu. Die Feststellung der Grenzen
erfolgte nach und nach, hat aber noch bis auf den heutigen Tag
nicht durchaus erledigt werden können.

Seit dem 12. Juli 1777 hatte eine gemeinschaftliche Regie=
rung sich gebildet; allein Vieles war in dem System mangel=
haft, Vieles schädlich befunden worden. Um diesen Uebelstän=
den abzuhelfen, versammelten sich am 25. Mai 1787 Abgeord=
nete aus allen Staaten zu Philadelphia. Washington, der auch
unter ihnen war, wurde zum Präsidenten der Convention er=
wählt. Am 17. September hatten sie ihre Arbeit beendigt und
theilten sie zur Begutachtung und Beistimmung dem Volke mit.
Johann Jay, Jacob Madison und besonders Obrist Alexander
Hamilton wirkten durch gute Schriften auf die Einsichten des
Volks. Im folgenden Jahre ward sie durch Abstimmung an=
genommen und mit dem 4. März 1789 trat sie in Kraft.

Die einstimmige Wahl rief den Liebling des Volks, Georg Washington, auch jetzt an die Spitze der Geschäfte. Er ward der erste Präsident der Ver. Staaten und bewährte seine Befähigung als Staatsmann eben so glänzend, als die zum Feldherrn. Seine Reise nach New York, wo damals der Congreß versammelt war, glich einem Triumphzuge. 1792 wurde er das zweite Mal auf vier Jahre zum Präsidenten gewählt.

Seine erste Verwaltung beschäftigte sich besonders mit Tilgung der Schulden und Wiederbelebung des Handels. Alex. Hamilton's Vorschlag, für alle öffentlichen Schulden ein Anlehen zu machen und diese damit, die Zinsen davon aber durch Abgaben auf verschiedene Einfuhrartikel zu bezahlen, wurde angenommen. Es entstand aber auch die Frage, ob die Schulden der einzelnen Staaten von der Gesammtregierung abgetragen werden sollten, denn die nördlichen Staaten, die mehr der Schauplatz des Krieges gewesen waren, hatten größere Schulden. Der erbitterte Streit darüber rief die Parteien der Föderalisten und Republikaner in's Leben. Die ersteren betrachteten die Union als einen Bund unabhängiger, nur durch ein Wehrsystem verbundener Staaten, von denen jeder seine Schulden selbst bezahlen müsse; die letzteren sahen in ihr eine einzige, zu gemeinsamer Entwickelung strebende Republik. Diese Ansicht ist gewiß die allein richtige; dennoch hat die erstere immer noch ihre Vertreter, wie wir später sehen werden. Madison's Vorschlag, hohe Tonnengelder auf fremde Schiffe zu legen, um die Schifffahrt der Amerikaner zu beleben und Seemänner aus ihnen zu bilden, fand ebenfalls Billigung. Durch diese und andere weise Maßregeln hob sich das Land schnell wieder empor und besonders sein Credit im Auslande. Kriege mit den Miami- und anderen Indianern und Irrungen mit der damals entstandenen Republik Frankreich, in welchen letzteren die Partei der Republikaner lebhaften Antheil nahm, bezeichnen besonders die zweite Verwaltungsperiode Washington's. General Wayne besiegte die Indianer an den Fällen des Maumee den 15. August 1794. Im folgenden Jahre bequemten sich alle Stämme zu dem Vertrag von Greenville. Auch mit England ward am 12. August 1795 ein Freundschafts-, Handels- und Schifffahrts-Vertrag zu Stande gebracht.

John Adams, aus Massachusetts, geboren den 19. October 1735, folgte in der Präsidentschaft am 4. März 1797. Jefferson ward Vicepräsident; der erstere von den Föderalisten, der letztere von den Republikanern unterstützt. Washington verlebte den Rest seiner Tage in Mount Vernon. Er war den 22. Febr. 1732 geb. und starb den 14. December 1799 mit dem Ruhme eines der größten und edelsten Männer aller Zeiten.

Unter Adams kam es zu Feindseligkeiten mit Frankreich, die sich jedoch auf einige Seegefechte beschränkten. Jefferson hatte sich dieser Feindschaft nachdrücklich widersetzt. Als Bonaparte 1799 erster Consul von Frankreich geworden war, wurde 1800 der Friede hergestellt.

Adams hatte sich anfangs von Washington's weiser Mäßigung leiten, zuletzt aber von den Grundsätzen der Föderalisten hinreißen lassen. Er mißfiel durch Vermehrung der Regierungsgewalt und wurde daher nicht wieder gewählt. Thomas Jefferson wurde 1801 und 1804 zum zweiten Male durch Wahl zur Präsidentschaft berufen.

Er schaffte die große Anzahl von seinem Vorgänger eingesetzter Beamten ab, beseitigte die unnöthige Regierungsgewalt, legte alle aristokratische Formen bei Seite, verminderte die Nationalschuld, erleichterte die Einwanderung aus Europa, welche neue Gewerbe, und eine Menge fleißiger Hände und somit steigenden Wohlstand in das Land brachte und zog der Aristokratie so beengende Grenzen, daß Obrist Aaron Burr, welcher von der letzteren Partei zum Vicepräsidenten bei der ersten Wahl ernannt worden war, bei der zweiten Wahl dem Georg Clinton aus New York Platz machen mußte. Burr ermordete den Obristen Alexander Hamilton in einem Zweikampfe und wurde 1807 wegen Verdachts des Verrathes der Republik vor Gericht gestellt und verbannt.

Unter Jefferson begannen die Unterhandlungen mit Frankreich wegen Louisiana, aber auch die Beeinträchtigungen der amerikanischen neutralen Flagge durch die Engländer, die damals gegen Frankreich im Kriege waren. Die ersteren führten zur Abtretung aller französischen Besitzungen am Mississippi gegen 15 Mill. Dollars; die letzteren waren der Keim zu einem späteren Kriege mit England. Auch ward der Dey von Tripolis

1803 durch eine amerikanische Flotte unter Commodore Preble gezüchtigt, weil er amerikanische Handelsschiffe rauben ließ. Lieutenant Decatur zeichnete sich hiebei besonders durch seine Kühnheit aus.

1808 wurde Jacob Madison zum Präsidenten und Georg Clinton abermals zum Vicepräsidenten gewählt. Jefferson zog sich in's Privatleben zurück. Er ist der Stifter der Demokratie und einer der edelsten und klarsten Männer aus jener Zeit. Er war 1742 am 2. April zu Shadwell in Virginien geboren und starb am 4. Juli 1826 am 50. Jahrestage der Unabhängigkeit und an einem Tage mit John Adams.

Unter Madison's erster Verwaltung wurde am 1. Juni 1812 der Krieg gegen England, dessen Anmaßungen zur See unerträglich geworden waren, erklärt. Die Briten regten zunächst die Indianer an der ganzen Westgrenze auf, weil sie, selbst im Kriege mit Frankreich begriffen, nur schwache Mittel auf den Krieg mit Amerika verwenden konnten. Gen. Harrison schlug die Indianer am 7. Nov. 1811 bei Tippecanoe. Im folgenden Jahre wurde der Krieg gegen Canada begonnen, aber sehr unglücklich; denn Gen. Hull ergab sich mit 2500 Mann auf feige Weise. Gen. van Rensselaer aus New York führte den Krieg mit wenigem Glücke fort. Nur zur See waren die Amerikaner glücklich und die Capitäne Hull, Jones und Bainbridge zeichneten sich besonders aus.

Die Indianer brachen jetzt unter ihrem großen Häuptling Tecumseh wieder los und zum zweiten Male wurde Wilh. H. Harrison an die Spitze der Freiwilligen gestellt, die sich zum Kriege gegen sie meldeten. Er schlug endlich die Indianer und Engländer am 5. Oct. 1813 an der Thames. Tecumseh wurde in der Schlacht vom Obristen R. Johnson erschossen. General Jackson aus Tennessee focht mit gleichem Erfolg gegen die Creek-Indianer im Süden, die er von 1812 bis 1814 in mehren Treffen schlug und endlich am 27. Mai 1814 auf dem Horse Shoe Bend an der Tallapoosa umzingelte und ihre Macht für immer vernichtete.

Auf den Seen des Lorenzo war unter Commodore Perry 1812 eine Flotte von 6 Schiffen gebaut worden und am 10. September 1813 lieferte er dem Geschwader der Engländer eine

21*

Schlacht auf dem Ontariosee, worin er das ganze englische Geschwader nach heißem Kampfe gefangen nahm.

Die Engländer hatten 1813, nach dem Frieden mit Frankreich, größere Anstalten getroffen Amerika zu züchtigen. 1814
aber wurden sie von Gen. Brown am 15. Juli bei Chippewa,
und von ihm und Scott am 25. Juli bei Bridgewater an den
Fällen des Niagara, am 4. August von Gen. Gaines, und am
17. September wieder von Brown bei Fort Erie geschlagen.

Am 11. September errang McDonough mit der Flotte auf
dem Champlainsee einen neuen vollständigen Sieg über das
englische Geschwader, von welchem fast kein Schiff entging,
ungeachtet die amerikanische Flotte schwächer an Kanonen und
Mannschaft war. Während dieser Seeschlacht griffen die Engländer bei Plattsburg am Champlainsee auch zu Lande an,
ließen aber ganz unerwartet, als die Flotte besiegt war, ihr
ganzes Gepäck im Stiche, ungeachtet sie mit 14,000 Mann
Veteranen gegen etwa 5000 Mann, meist Milizen, fochten.
Auch auf dem Meere waren die Amerikaner in einzelnen Ge-
fechten meist glücklich. Die Capitäne Porter, Warrington,
Blakely, Stewart, Decatur, Biddle und andere ernteten große
Lorbeeren.

Unterdessen war eine 60 Segel starke englische Flotte unter
Admiral Cochrane mit 6000 Mann Truppen unter Gen. Roß
in der Chesapeak Bay erschienen. Roß schlug die Milizen unter
Gen. Winder am 24. August 1814 bei Bladensburgh und ver-
brannte darauf in Washington die öffentlichen Gebäude. Darauf griff er Baltimore am 11. Sept. an, wobei er blieb und am
13. wurden die Engländer unter Obrist Brook auf allen Seiten
von den Generälen Smith, Winder und Stricker von Baltimore zurückgeschlagen.

Glücklicher waren die Engländer um dieselbe Zeit in Neuengland, wo sie am 1. Sept. in den Penobscott einliefen und einen
bedeutenden Landstrich besetzten, weil die zahlreichen Milizen
nicht Stand hielten. Die Neuengland-Staaten hatten sich
vom Anfange an dem Krieg mit England widersetzt; jetzt wurden sie um so aufgebrachter gegen die General-Regierung, der
sie eine Beeinträchtigung ihrer Interessen Schuld gaben.

Während dies hier geschah, begann der Krieg gegen New

Orleans im Einverständniß, mit den Spaniern zu Pensacola und den von ihnen aufgereizten Seminolen. Hier commandirte jetzt General Jackson. Die Verhältnisse waren mißlich; die Miliz von New Orleans hatte sich geweigert, gegen den Feind auszurücken. Jackson erklärte, sobald er in die Stadt eingerückt war, diese und die Umgegend am 16. Dec. 1814 unter Kriegsgesetz und ergriff mit militärischem Scharfblick die Vertheidigungsmaßregeln. Mehre glückliche Gefechte machten den Truppen Muth. Am 8. Januar 1815 erfolgte ein Hauptangriff der Engländer unter Gen. Packenham auf die von Jackson zum Theil von Baumwollenballen errichteten Verschanzungen, wurde aber mit großem Verlust zurückgeschlagen. Gen. Packenham blieb und am 16. Januar räumte der Feind die ganze Gegend.

So war denn der Feind überall von den Küsten zurückgeschlagen! Kaum war der Siegesjubel über diesen letzten, den General und seinen Truppen wirklich zur Ehre gereichenden Sieg durch das Land erschollen, als am 11. Febr. die Nachricht von dem, am 24. October 1814, in Ghent in Holland durch Henry Clay und Jonathan Russell mit England geschlossenen Frieden ankam. Die Eroberungen von beiden Seiten wurden zurückgegeben. Der Hauptgrund des Kriegs aber, daß frei Schiff, frei Gut mache, und daß also die Engländer nicht das Recht haben, amerikanische Schiffe zu untersuchen und auf ihnen Matrosen zu pressen, blieb unentschieden.

Jetzt blieb noch der Dey von Algier zu züchtigen, welcher während des Kriegs sich Feindseligkeiten gegen amerikanische Schiffe erlaubt hatte. Die Commodore Decatur und Bainbridge führten dies mit Erfolg aus und der Dey verzichtete fortan auf jeden Tribut der Ver. Staaten.

Der Freibrief der unter Washington gegründeten Bank von Nordamerika war 1811 erloschen und da eine Bank Bedürfniß des Handels war, so wurde 1816 vom Congresse eine Nationalbank genehmigt, deren Freibrief auf 20 Jahre lautete. Madison's zweite Dienstzeit erlosch in diesem Jahre und Jacob Monroe aus Virginien wurde zum Präsidenten, Daniel D. Tompkins aus New York zum Vicepräsidenten gewählt.

Unter Monroe erlitt die Politik der Regierung keine Ver-

änderung. Der Erwerb von Florida wurde zur Vervollständi=
gung des Gebiets der Union stets für wesentlich gehalten. Die
spanischen Colonien in Südamerika waren im offenen Kriege
mit dem Mutterlande und dieses nicht im Stande, den Ansprü=
chen der Union, die von Florida aus öfters beunruhigt ward,
etwas entgegen zu setzen. 1816 erhielt Gen. Jackson Befehl
die Seminolen zu züchtigen, die Einfälle in das Gebiet der
Union gemacht hatten; zwei Engländer, Arbuthert und Arm=
brister, wurden ergriffen; sie hatten die Indianer aufgereizt, und
als sich ergab, daß die Spanier ebenfalls den Indianern Hilfe
leisteten, verjagte Jackson 1818 die spanischen Behörden von
Pensacola und nahm Besitz von dem Platze. Zwar wurde er
vor ein Kriegsgericht deshalb gestellt, rechtfertigte sich aber voll=
ständig. Endlich traten die Spanier 1821 Florida förmlich ab.
Monroe blieb Präsident bis 1825. Vor seinem Amtsaustritt
besuchte Lafayette 1824 die Ver. Staaten. Fast ein Jahr lang
durchzog er die Haupttheile der Union, überall wurde er mit
herzlicher Freude bewillkommt. Ehe er nach Frankreich zurück=
kehrte, beschenkte ihn der Congreß mit 200,000 Dll. und einem
Township Land, als Ersatz für die während des Unabhängig=
keitskriegs aus seinem Vermögen gebrachten Opfer.

Unter Monroe wurden mehre Staaten in die Union aufge=
nommen. Der Streit, der über die Aufnahme Missouri's ent=
stand, wurde durch H. Clay beseitigt; allein es trat eine andere
Frage über die Zollbestimmungen ein, welche die südlichen Staa=
ten anregten. John Quincy Adams aus Massachusetts wurde
Präsident und Calhoun Vicepräsident. Ein neuer Zolltarif
kam zu Stande, befriedigte aber den Süden nicht, weil er auf
Kosten der Pflanzer und ihrer Producte die nördlichen Fa=
briken begünstigte. Unter Andreas Jackson, dem Sieger von
New Orleans, der 1829 zum Präsidenten erwählt ward, wurde
der Streit so ernstlich, daß Süd=Carolina sich mit den Waffen
in der Hand zu widersetzen drohte. Calhoun, ein Süd=Caroli=
ner, der abermals Vicepräsident war, legte seine Würde nieder
und schloß sich der Ansicht seines Staates an, die eine Zerstö=
rung der Union und des Ansehens der obersten Regierung zur
Folge gehabt haben würde. Man nannte diese Partei Nulli=
fiers; sie behauptete, daß ein Staat das Recht habe, alle ihn

beläſtigenden Geſetze der Union zu vernichten. Ihre Grundſätze waren die föderaliſtiſchen, welche ſchon beim Beginn der Union ſie zu zerſtören drohten. Ihre Abgeſchmacktheit wird jetzt allgemein eingeſehen. Endlich kam 1833 auf H. Clay's Antrag ein Tarif zu Stande, dem auch Calhoun und der Süden beitraten. Die Hauptbeſtimmung war die allmählige Verminderung der Zölle, die beſonders zum Schutze der neu-engliſchen Fabriken und Manufacturen dienten.

Während Jackſon's erſter Verwaltung fielen die Winnebagos in die weſtlichen Staaten ein. General Scott überwand ſie und nahm ihren Anführer, den berüchtigten Black Hawk, gefangen; den Winnebagos aber wurden Wohnſitze im fernen Weſten angewieſen.

Das wichtigſte und folgenreichſte Ereigniß aber knüpfte ſich an die Debatten des Congreſſes über Erneuerung des Freibriefs der Ver. Staaten-Bank, deſſen Erlöſchen 1836 bevorſtand. Jackſon legte nämlich das ihm geſetzlich zuſtehende Veto gegen den Beſchluß der Erneuerung ein, weil er dieſes Inſtitut für gefährlich und ſchädlich hielt, indem es ein Monopol über die ſämmtlichen baaren Staatseinnahmen übte und dadurch als Geldmacht der Regierungsgewalt gegenüber einen fühlbaren Einfluß übte. Die Bank hörte nun auf ein Nationalunternehmen zu ſein. Als Jackſon 1833 wieder und Martin van Buren aus dem Staate New York zum Vicepräſidenten erwählt worden waren, entzog der erſtere der Ver. Staaten-Bank ſelbſt die Regierungsgelder und legte ſie in andere Banken. Die Repräſentanten unterſtützten den Präſidenten, der Senat war gegen ihn. Jackſon blieb aber ſtandhaft, wiewohl bedeutende Handelsſtockungen daraus entſtehen mußten. Als er 1837 die Verwaltung in die Hände des, zum Präſidenten erwählten, van Buren, dem Obriſt Johnſon zum Vicepräſidenten zugeſellt wurde, niederlegte, behielt dieſer die Grundſätze Jackſon's in dieſer Angelegenheit bei. Die Ver. Staaten-Bank verwickelte ſich indeſſen ſo tief in gewagte Speculationen, daß mehrfache Stockungen in ihren Baarzahlungen eintraten, an welchen die übrigen zahlreichen Banken Theil nahmen. Das gefährliche Syſtem des Papiergeldes, welches die Banken eingeführt hatten, äußerte nun auch in den V. Staaten, wie ſeit einem Jahrhundert mehrfach in Europa, ſeinen unheilbringenden Einfluß. Das baare Geld war für wilde Handelsſpeculationen und für Zinſen unüberlegter Anleihen zu ſog. öffentlichen Verbeſſerungen in's Ausland gegangen und aus Amerika mehr und mehr verſchwunden. Endlich ging das Geſetz vom 4. Juli 1840 durch, welches für die Staatsgelder beſondere Einnahmen und Niederlegungen ver-

ordnete (Subtreasury Bill), um sie den damit speculirenden
Banken zu entziehen. Die Partei Derer, welche das Bankwesen
bewohnerachtet für nützlich hielten, war gegen dieses Gesetz; sie
benutzte die Stimmung des Volkes, das allerdings der Stockun=
gen in Handel und Verkehr und der wiederholten Entwerthun=
gen des Papiergeldes müde war, die Wahl eines Präsidenten
durchzusetzen, welcher für das Bank= und Papiergeld=System
günstiger gestimmt war. Allein dieser Präsident, General Wilh.
H. Harrison von Ohio, starb bereits am 4. April 1841, nach=
dem er nur 1 Monat sein Amt verwaltet hatte und sein Nach=
folger, John Tyler von Virginien, ist durch keine Versprechun=
gen gebunden, das Papiergeld= und Banksystem zu begünstigen.

Jackson's Beharrlichkeit und Festigkeit zeigte sich aber auch
in Unterhandlungen mit Frankreich, das seit dem Kaiserreich an
Amerika Entschädigungen für von 1800—1817 widerrechtlich
weggenommene Handelsschiffe in Gemäßheit eines Vertrags
vom 4. Juli 1831 schuldete. Frankreich weigerte sich nachmals
der Zahlung, verstand sich aber endlich dazu, um den Frieden zu
erhalten.

Mit den Seminolen in Florida brach 1836 ein Krieg aus,
der wegen der Schwierigkeiten des Terrains noch nicht beendigt
werden konnte und große Summen und viele Menschen kostete.

Während der Präsidentschaft van Buren's brachen Unruhen
in Canada gegen Bedrückungen England's aus, die in den Ver.
Staaten viel Mitgefühl erregten. Die bewiesene Theilnahme
aber hat zu Verwickelungen mit England geführt, das zugleich
den Streit wegen der noch immer nicht berichtigten Grenzen des
Staats Maine lebhafter aufgriff. Auch hat es mehre Handels=
schiffe der Ver. Staaten wegen muthmaßlichen Sclavenhandels
weggenommen und andere aus angeblichem Verdacht des Scla=
venhandels einer Untersuchung unterworfen. Die Union hat
zwar die Sclaveneinführung seit 1807 gesetzlich verboten, sie
soll aber bewohnerachtet immerfort heimlich in den südlichsten
Staaten stattfinden. England hat in seinen Colonien erst 1838
die Sclaverei abgeschafft, sucht nun aber, in Uebereinkunft mit
allen civilisirten Staaten, diesen schändlichen Handel völlig zu
unterdrücken. Die Abschaffung der Sclaverei in den Pflanzer=
staaten der Union ist bereits eine Lebensfrage für sie geworden.
Im Falle eines Krieges mit England könnte leicht die Existenz
der Union davon abhängen, daß England die Sclaven gegen
ihre Herren bewaffnet und freigibt.

Lightning Source UK Ltd.
Milton Keynes UK
UKHW020605170219
337398UK00013B/1021/P